U0565430

编辑委员会名单

主　　任　孔庆伟

副 主 任　傅　帆　季正荣

主任委员　刘济南　顾　越　潘艳红　赵永刚　俞　斌　马　欣

委　　员（按姓氏笔画排序）

于业明　石　践　孙培坚　张卫东　苏　罡　苏少军

陈　巍　张远瀚　金在明　钱仲华　徐　蓁　徐建国

顾晓锋　路　趱

编辑部名单

主　　编　孔庆伟　李　芸

责任主编　金在明

编　　辑（按姓氏笔画排序）

马波勇　王　勇　王　晶　王明超　牙新岩　许似迅

牟玉婷　刘文蔚　陈　昊　李　鹏　吴乘风　李　霞

狄孟峰　周卫东　洪　运　施秋韵　栗　芳　殷自力

席志民　蒋胜宇　程丽洁　曾琼梅

起于浦江潮
扬帆太平洋

中国太保30年

主编／孔庆伟　李　芸

上海三联书店

领导题词

祝贺中国太平洋保险（集团）股份有限公司创立三十周年，预祝今后三十年在中国现代金融和强国金融建设中再创新业绩！

戴相龙

二0二一年二月二十六日

■ 首任董事长戴相龙为中国太保
建司三十周年题词

不忘初心　坚持发展

庆祝太保成立卅周年　王明权

■ 前董事长王明权为中国太保建
司三十周年题词

开业典礼

■ 1991 年 4 月 26 日，中国太平洋保险公司暨上海分公司隆重开业

■ 时任中国人民银行副行长郭振乾（右）和时任上海市副市长庄晓天（左）
为中国太平洋保险公司开业揭牌

历任董事长

■ 戴相龙

（任期 1991 年 4 月—1993 年 11 月）

■ 王明权

（任期 1993 年 11 月—2000 年 10 月）

■ 王国良

（任期 2000 年 10 月—2006 年 9 月）

■ 高国富

（任期 2006 年 9 月—2017 年 4 月）

■ 孔庆伟

（任期 2017 年 4 月—　　）

历届董事会

■ 公司第一届董事会

■ 公司第二届董事会

■ 公司第三届董事会

■ 公司第四届董事会

■ 公司第六届董事会

■ 公司第七届董事会

■ 公司第八届董事会

■ 公司第九届董事会

重要会议

■ 2000 年 9 月，产、寿险分业经营机构体制改革暨思想政治工作会议

■ 2019 年 7 月 5 日，中国共产党中国太平洋保险（集团）股份有限公司第
一次代表大会

■ 2008 年 8 月，中国太平洋保险（集团）股份有限公司第一届职工代表大
　会暨工会会员代表大会

■ 2020 年 9 月 25 日，共青团中国太平洋保险（集团）股份有限公司第一
　次代表大会

三地上市

■ 2007 年 12 月 25 日，中国太保 A 股上市仪式在上海证交所隆重举行

■ 2009 年 12 月 23 日，中国太保 H 股上市，管理团队启动亮灯仪式

■ 2020 年 6 月 17 日，中国太保 G 股（全球存托凭证）在伦交所挂牌上市
  受新冠疫情影响，上市仪式分别于上海证券交易所和伦敦证券交易所同时
  举办

公司总部职场

■ 1991 年 4 月—1997 年 8 月，
中国太保总部设在上海衡山路
534 号

■ 1997 年 9 月—2002 年 10 月，中国
太保总部入驻上海中山东一路 1 号

■ 2002 年 10 月—2019 年 9 月，
中国太保总部入驻上海浦东新
区银城中路 190 号

■ 2019年9月—至今，中国太保总部入驻上海中山南路1号

■ 2019年9月28日，未来中国太保总部——太平洋新天地商业中心开工奠基

目　录

序一

百舸争流，奋楫者先

1991 年 5 月，中国太保集团前身——中国太平洋保险公司在改革开放的"龙头"城市上海诞生，不但是改革开放的产物，更是改革进程的参与者、推动者和受益者。

作为中国保险业的一员，我见证了中国太保从无到有、由弱到强的历程。30 年来，通过分业、上市、转型等具有里程碑意义的关键变革，中国太保经受住了市场环境变化、行业政策调整的深刻考验。特别是党的十八大以来，中国太保高举中国特色社会主义伟大旗帜，牢固树立"四个意识"，坚定"四个自信"，坚决做到"两个维护"，审时度势，锐意进取，稳健经营，追求卓越，逐步成长为资本雄厚、价值创造、风控能力较强、专业水平较高的综合性保险集团，为传统国企向现代金融企业转型提供了改革开放的上海样板。

最近几年，中国太保更是领行业之先，在"以客户需求为导向"的转型 1.0 基础上，果断把握机遇，启动转型 2.0 战略，形成了各司其职、协调运转、有效制衡的公司治理体系，公司规模、价值、效益持续提升，综合竞争能力进一步提高。寿险板块坚定"双轮驱动"，率先实现渠道结构成功转型；产险板块着力提升发展质量，综合成本率稳定向好；资管板块发挥保险资金优势，稳居保险资管行业第一方阵；扎实推进机构布局与融合，全面提升专业能力和主业优势。

就在去年，中国太保又掀开了中国保险业发展的崭新一页：成功完成伦交所 GDR 的发行，成为国内首家 A+H+G 三地上市保险公司，为上海国际金融中心进一步对接全球资本市场开辟了重要窗口，也为中国保险业的国际化探索树立了标杆。

回望致远。历史是最好的教科书，所有面向未来的答案都需要从过往找寻。

　　当第一时间看到《起于浦江潮　扬帆太平洋》书稿时，非常欣喜。这本书系统梳理了中国太保的成长史，让我们看到这家中国保险业先锋的风采，同时这本书也从一个侧面展现了中国保险业30年来的改革成就。

　　当前，我国已经开启全面建设社会主义现代化国家新征程，已经进入了经济社会发展的新阶段，正在形成以国内大循环为主，国内国际双循环相互促进的新发展格局。我国的保险业发展也进入了重要战略机遇期。在未来一段时期，保险作为支持经济社会发展转型的市场化风险管理手段，要在贯彻落实加快构建新发展格局的决策部署中找准发力点，发挥优势；要坚定不移贯彻新发展理念，在危机中育新机，于变局中开新局，把握住发展机遇，加强前瞻性思考、全局性谋划、整体性推进，加快在关键领域的战略性布局，为行业进入新的发展阶段集聚新的能量。期待我国的保险行业适应更为开放的金融市场，打造互联互通的保险生态圈，优化及创新保险产品结构，加快保险科技的应用发展，实现保险业高质量发展。

　　百舸争流，奋楫者先；千帆竞发，勇进者胜。希望中国太保未来能够继续把自身发展融入国家的发展大局中，不断找准时代赋予保险业的使命和定位，加速自身改革进程，进一步提升可持续发展的能力，在养老产业布局、科技创新引领、服务国家战略、助推实体经济等方面始终屹立时代潮头，创造属于这个时代的新传奇。

周延礼

全国政协委员、国务院参事室金融研究中心研究员、

原中国保监会副主席　周延礼

2021年5月

序二

与尔同行，与有荣焉

　　诞生于黄浦江畔的中国太保迎来了 30 年华诞，我们欣喜地看到，中国太保一步步成长壮大，成为中国保险业稳健发展的引领者。

　　与尔同行，与有荣焉。作为与中国太保并肩前行的中国宝武，我们为有这样的合作伙伴而深感骄傲和自豪。

　　自 2007 年中国太保登陆 A 股、2009 年登陆 H 股市场，成为国内首家真正意义上实现"A+H"股整体上市的保险集团以来，中国宝武就一直是中国太保的第一大股东。2007 年，当时的宝钢集团审时度势，成立华宝投资有限公司，利用公司的资金优势和上下游资源的协同能力，开展股权投资业务。这么多年过去了，我们一直坚定持有中国太保，看好中国太保。

　　中国宝武投资中国太保，一方面是看好中国太保稳定的发展前景；另一方面，更看重的是保险业承担的服务实体经济的使命，这与我们投身实业、钢铁报国的初心不谋而合。

　　事实证明，我们的选择是正确的。

　　中国宝武的愿景是"成为全球钢铁业引领者"，使命是"共建高质量钢铁生态圈"，我们希望集团产业金融板块要成为钢铁生态圈的重要推动力，依托金融牌照资源，以现代科技赋能，实施产业培育和布局调整，做强做优做大国有资本。中国宝武虽然还不持有保险行业的金融牌照，但作为中国太保的第一大股东和重要合作伙伴，已将中国太保融入我们的钢铁生态圈，并期望中国太保继续与中国宝武共建共享，更好服务实体经济，支持产业转型升级，携手践行国家战略，共同实现高质量发展。

　　高质量发展的背后，我们看到的是中国太保人"闯"的精神、"创"的劲头、"干"的作风——服务国家战略，助力实体经济，守护美好生活，在转型2.0 战略下，中国太保坚定不移地专注保险主业，在国家高质量发展的每一个

关键节点和高光时刻都有中国太保的身影。

摆在案头的中国太保30年书稿，讲述了中国太保如何成为一家世界500强企业的故事，读来生动鲜活，引人入胜。也让我们明白，中国太保多年来取得的成就，凝聚着一代代太保人的智慧和汗水。

中国太保人用30年时间锻造了专注、稳健、活力、责任的品格，成为一家既有"颜值"，更有"内涵"的保险行业标杆。

中国特色社会主义进入了新发展阶段。站在30年的新起点上，我们将一如既往与中国太保并肩前行，树立新发展理念、构建新发展格局，携手走向更加美好的未来。

中国宝武钢铁集团有限公司
党委书记、董事长　陈德荣
2021年5月

序三

革故鼎新，价值护航

——写在中国太保成立三十周年之际

　　过去三十年，中国日新月盛的发展给中国人民的生活带来了翻天覆地的变化，同时也改变了世界的面貌。在美国、欧洲、亚洲和澳大利亚，无论是在繁华都市还是边陲小镇，人们都无一例外地感受到全球化浪潮的力量。如今的全球经济拥有数十亿的积极参与者，他们或是消费者，或是工人，又或是企业家。总体来看，全球经济的强劲增长给人们生活的很多方面带来了积极的改变。

　　中国的经济发展成果举世瞩目，这离不开数亿人民群众、各级政府机构以及数百万企业的孜孜耕耘和不懈努力。追溯很多企业的创立机缘，当初只是一个或一些人发现市场上存在某些产品和服务的需求，继而在狭小逼仄的家中、车库或棚屋中开启了自己的创业之路。很难想象，如今的大型中国企业，很多缘起于当年饭桌边的侃侃而谈，或发端于某个最初的业务雏形。

　　一家企业从最初创立到取得如今的规模，是一个崎岖漫长的旅程。初期有很多努力付诸东流，抑或难言完美。不断的碰壁与犯错在所难免。但对于拥有强烈创业热情和执着精神的人，这些挫折不会令其一蹶不振。相反，他们能够在错误中汲取经验，反复试错，不断修正并最终取得成功。既往的成功又激发了他们更大的抱负，希望拓展企业的产品和服务，吸引更多的人才精英，进一步做大做强。

　　中国太保的发展历程就是这样一部波澜壮阔的传奇。从最初借在宾馆里办公到如今的中国领军保险企业；从寥寥可数的客户到如今坐拥近一亿五千万客户；从寥寥数人的小小团队到如今十多万人的庞大员工队伍；从最初单一的产险业务到如今综合性的保险公司，且同时布局健康管理与养老服务。本书通过记录中国太保三十年来的各种大小事件，串联起中国太保三十年来的发展历程。其中既有鲜为人知的小小浪花，亦有扬帆阔海的重大飞跃。

这些故事的核心离不开人——中国太保人希望为客户、同事、业务合作伙伴及其生活和工作的社区带来积极的改变。他们希望为客户提供保障，这也是所有保险公司的初衷。保障不在于预防风险，而是帮助客户"消灾解难"，减轻一生中各类"大灾小难"造成的损失。

中国太保如今已在上海、香港和伦敦三地证券交易所上市，但股东价值从来不是中国太保唯一的关注。中国太保一贯坚持为包括客户、企业合作伙伴、员工、社区、政府与投资者在内的全体利益相关方创造价值。倘若中国太保未能如此勤勉周到地服务利益相关方，过去三十年亦难以取得如此亮眼的业绩。

这些故事的核心还包括长期的坚持——坚持反复试错，坚持追求完美，坚持持续转型。早年间，中国太保并未制订正式的转型计划。转型工作之所以能够年复一年地持续进行，是因为中国太保人看到众多领域亟需变革，包括产品和服务、分销体系、理赔处理以及员工之间的互动方式。

随着公司规模越来越大，数十万员工"调转方向"变得越来越难，因此中国太保推出了转型1.0，五年之后又推出了转型2.0。任何一项转型要想取得理想的结果，都需要付出巨大的努力、非同一般的坚持以及反复不断的沟通。从中国太保相对于竞争对手的成绩来看，上述计划无疑是成功的。同时也要看到，转型是一场没有尽头的征途，因为标准在不断拔高。

我们从书中的故事看到，中国太保已经开始着手应对中国乃至全球其他地区当前面临的一系列重大挑战，包括人口结构、数字化以及脱碳转型等议题。随着老龄化形势日趋严峻，我们需要更多、更好的方式来照顾老年人，管理好他们的健康和护理问题。数年来，中国太保拓展了产品和服务，全面覆盖客户从出生到死亡的完整生命历程，确保客户无论在人生任何阶段都能体面地生活。

数字化将会深刻地改变各行各业的商业模式。对于从事无形产品和服务的行业而言，数字化有着更加紧迫的现实意义。数字化不仅令产品的销售更加简单，而且加快了理赔处理速度。此外在数字化的支持下，企业得以与客户建立更广泛、更深入的关系。例如，帮助客户养成更健康的生活方式，当家中或车内有东西损坏时，寻找最佳的服务，制定更好的救生决策等。数字化还意味着对整个保险代理模式的重新思考。代理人并不会过时，但其工作内容和工作方式将会被改变。

为了拯救我们赖以生存的世界，个人和企业均应担负起"脱碳转型"的重大使命。中国太保已经着手减少自身的碳排放。太保还将加大投入，重新分配其投资方向，聚焦那些致力提升可持续性的企业。为了给客户提供生命、健康和财产方面的保障，中国太保可以提供必要的信息和服务以帮助客户实现目标，这一点非常重要。

中国太保前三十年的发展历程以及本书所讲述的故事，是众多中国太保人不畏艰辛，不断磨砺的结晶和总结。中国太保人通过多年努力建立起一个强大的企业组织，改善了数百万客户的生活，创造了历史。这些故事将为后来者提供重要的教益。最重要的是，这些故事给我们以鼓舞和启示，让我们以百倍的勇气和信心去迎接挑战，以无限的热情和执着去拥抱前方的机会。毫无疑问，在中国未来的发展征程中，中国太保将继续扮演塑造者的角色。

Hans-Paul Buerkner（汉斯—保罗·博克纳）

BCG 全球主席

2021 年 5 月

30 Years of Value Creation

Over the last 30 years, the development of China has fundamentally changed the life of the Chinese citizens and also changed the face of the world. Through globalization almost everybody from the big cities to the small town in remote parts of The Americas, Europe, Asia and Australia have felt the impact. Billions of people have become active members of the global economy as consumers, workers and entrepreneurs. Overall, the strong growth of the global economy has enabled great progress in most dimensions of life.

The economic development of China is the results of hard work by hundreds of millions of people, many government entities and millions of companies. Many of these companies were established because an individual or a group of people saw the need to provide of products and services and started in a small home, a garage or a shack.It is difficult to imagine that most of the big Chinese companies started through the discussion around the kitchen table or through the building of a first prototype.

The development of a company from its early beginnings to its current status is a long and winding road. Many first efforts are failing or are far from perfect. Mistakes are made all the time. But for those with passion and persistence mistakes are not ending in frustration. Rather, mistakes are driving efforts to try again and again, to improve and to finally succeed. And success leads to higher ambitions, to expanding the offering of the company, to bringing in more talent with ideas for further expansion.

The history of CPIC is such a story; from small beginnings to one of the leading insurance companies in China;from serving a few customers to serving more than a hundred and fifty million; from a small team to more than one hundred thousand employees; from a property insurer to a comprehensive insurance company with health services and elderly care. In this book, the journey of CPIC is described through small and big events on the way, sometime small steps and sometimes big leaps.

At the core of these stories are of course people, people that wanted to make a difference for their customers, their colleagues, their business partners, the communities in which they lived and worked. And they wanted to provide protection, the true purpose of any insurance companies. Protection does not mean preventing disasters but helping to alleviate the consequences of the small and big disasters that hit their customers throughout their lives.

Even though today CPIC is listed on the Shanghai, the Hongkong and the London stock exchanges is has never only focused on shareholder value. Its efforts have always centered on providing value to all its stakeholders: customers, business partners, employees, communities, government entities and investors. The strong performance of CPIC over the last 30 years would not have been possible if it had not tried to serve the various stakeholders so diligently and so well.

At the core of these stories is also the constant drive for experimenting, for improvement and ultimately for continuous transformation. In the early years, there were no formal programs of transformation. Transformation just happened year after year because people saw the need to change the product and service offering, the distribution system, the claims processing or simply how people engaged with each other.

As the company became really big and it became more difficult to mobilize hundreds of thousands of people to change direction Transformation 1.0 was initiated and five years later Transformation 2.0. Any such change efforts require huge efforts, enormous persistence and constant communication if they are to deliver the desired results. The relative performance of CPIC versus it competitors demonstrates the success of these programs. But they also underline the importance to understand that transformation never ends as the bar is constantly rising.

The stories in these books also demonstrate that CPIC is already embracing the key challenges that China and in the rest of the world face: Demographics, digitization, decarbonization. In an aging population we need to find more and better ways to take care of our elderly, for their health and care. Years ago, CPIC broadened

its offering to serve its customers from cradle to grave and to ensure a decent living in all stages of life.

Digitization will fundamentally change the business model of all industries. This is particularly true for all industries with many intangible products and services. Digitization does not only allow for an easier selling of products and faster processing of claims. It also allows for a much broader and deeper relationship with the customers. For example, helping customers to live a healthier life, finding the best service if something is broken in the home or in the car, making better decisions about life savings, etc. Digitization also means to rethink the whole agency model. Agents will not become obsolete, their work and they way they work will have to change.

Decarbonization is a crucial task for all individuals and all companies if we want to rescue the world we live in. CPIC has already started reducing its own emissions. And it will further increase its efforts to reallocate its investments into companies that try to become more sustainable. Ultimately, in order to help customers to protect their lives their health and their property it is crucial that CPIC provides the necessary information and services and thus enable its customers to fulfill their objectives.

The first 30 years of CPIC and the stories in this book are testament to the enormous efforts that so many people have made. The people at CPIC have made history by building a strong institution that serves millions of customers in living better lives. The stories provide great learnings for the generations to come. But above all they are an inspiration for the us all to address the challenges with courage and confidence and to embrace the opportunities that lie ahead with passion and persistence. No doubt, CPIC will continue to shape the future of China.

Hans-Paul Buerkner

Chairman of Boston Consulting Group

May, 2021

序四

全球化的中国太保令人期待

　　自中国保险市场对外开放以来，瑞士再保险成为首批来华的外资再保险公司之一，先后于 1995 年和 1996 年分别在北京和上海设立了代表处，并于 2003 年 9 月正式成立北京分公司，在中国开展全面的产、寿险再保险业务。

　　随着中国市场的开放程度不断提高，中国目前已成为世界第二大保险市场，并吸引了大量外资机构。瑞再是中国保险业改革的见证者和受益者。这一过程中，瑞再与中国众多保险公司开展了深入合作，中国太保就是我们最亲密的合作伙伴之一。多年来，我们与中国太保在产寿险的再保险业务合作上成果颇丰。

　　我们深切感受到中国太保的创新活力，更感受到中国经济高质量发展的脉动。

　　2020 年，中国太保克服疫情的影响，抓住机遇成功登陆伦交所，成为中国首家在上海、香港、伦敦三地上市的保险企业，为中国资本市场的创新和国际化进程书写了浓墨重彩的一笔，赢得全球保险业的瞩目。

　　在中国太保全球存托凭证（GDR）的发行中，瑞再成为基石投资者。这源自于我们对中国保险市场和中国太保发展前景的长期看好。

　　这一具有行业意义的合作也充分说明双方在企业文化上的高度互信、在发展理念上的高度契合以及在业务品质上的高度认可。长期合作的历史和 GDR 投资，为双方下一步开展深度合作打下了良好基础。我们将以此次合作为契机，继续为中国太保提供全力支持，助力价值创造，使双方的联系更加牢固、友谊更加深厚、合作更加长久。

　　2021 年是中国太保成立 30 周年，这对于正在国际化征途中全力奔跑的太保而言，是一个极具意义的年份。看到《起于浦江潮　扬帆太平洋》书稿时，我十分兴奋。它让我们看到了中国太保取得如此成就的背后故事，让我们更加

全面深刻地了解了我们的合作伙伴，也更加坚定了我们与中国太保深度合作的信心。同时，这本书也让我们从另一个侧面感受到中国金融业开放大步向前的步伐。

令我印象深刻的是，中国太保近年来推出的转型2.0战略成效日益凸显，潜力让人期待。这也让我们看到了中国保险业未来发展的巨大潜力。我们判断，未来十年新兴市场仍是驱动全球经济及保险行业发展的重要引擎，而中国更有望在2030年代中期成为全球最大的保险市场。

中国宏伟的"十四五"规划的瑰丽画卷已徐徐展开，中国太保下一个30年也已掀开序章。我们有理由相信，一个更加充满创新活力、更具全球化基因的中国太保将呈现在世界面前。我们也期待，与中国太保在未来的日子里继续书写友谊故事。

Walter B. Kielholz（康浩志）

瑞士再保险集团前董事长

2021 年 5 月

Preface

The Highly Anticipated CPIC's Internationalization

Swiss Re was one of the first global reinsurers entering the Chinese market since the "open-up". In 1995 and 1996, Swiss Re set up its Beijing and Shanghai representative offices, respectively. In September 2003, the Beijing branch was officially established and started to carry out comprehensive P&C and life reinsurance business in China.

China has become the world's second largest insurance market and attracted a large number of foreign institutions with its further "open up" approach. Swiss Re has witnessed and benefited from the reform of China's insurance industry. Through this process, we have carried out in-depth cooperation with many insurance companies in China, among which CPIC is one of our closest partners. Over the years, we have achieved fruitful results in the P&C and life reinsurance business cooperation with CPIC.

We are impressed by CPIC's dynamism and innovative capabilities, and the high-quality development of China's economy.

In particular, CPIC became the first Chinese insurance company listed in Shanghai, Hong Kong and London after successfully issuing Global Depository Receipts (GDRs) in London amid the pandemic in 2020. CPIC's GDR issuance has not only contributed to the innovation and internationalisation of China's capital market, but also represents a milestone for the global insurance industry.

Swiss Re was the cornerstone investor in CPIC's GDR issuance. It has fully demonstrated our long-term confidence of China's insurance market and CPIC's fundamentals.

The cooperation between Swiss Re and CPIC has fully demonstrated that both

organisations have a strong alignment on corporate culture, mission, and recognition of each other's quality businesses. The long cooperation history and Swiss Re's GDR investment have laid a great foundation for further in-depth collaboration between the two organisations. We continue to provide full support to CPIC, facilitate its underlying value creation, and promote a more solid relationship, a more profound friendship and an even longer cooperation between the two organisations.

2021 is the 30th anniversary of CPIC, representing an important year for CPIC's internationalisation. I was excited when I saw the manuscript of the book "Starting from the Pujiang River, Sailing to the Pacific Ocean". The stories in the book have provided me with a comprehensive and profound understanding of CPIC, and further strengthened our faith in a deeper cooperation with CPIC. At the same time, through the book, we gained better understanding of the significant progress made in China's financial opening-up from another perspective.

I was impressed by the large progress and ample growth potential of CPIC's Transformation 2.0 initiative. Through the initiative, I also see the strong growth potential of China's insurance industry. We believe that over the next decade, the emerging markets will continue to be the growth engine for the global economy and the insurance industry. China is expected to become the world's largest insurance market by the mid-2030s.

As China sees its 14th Five-Year Plan graciously unfold and unlock this country's true potential, CPIC has also embarked on its next 30-year chapter of excellence and innovation. We believe that a more innovative and globalised CPIC will be presented to the world. We also look forward to working together with CPIC to continue our friendship in the future.

Walter B. Kielholz

Former Chairman of the Board of Directors of Swiss Re

May, 2021

序五

回望初心，笃行致远

打开 40 年来的中国历史画卷，展现在我们面前的是这样一幅波澜壮阔的画面——党的十一届三中全会吹响了改革开放的号角，经过 40 多年毫不动摇的砥砺前行，中国从低收入发展中国家，一跃成为全球第二大经济体，并阔步迈向中等收入国家行列。

改革开放犹如大潮奔涌，一往无前，浩浩荡荡，改变着中国大地的沧海桑田。在这股历史洪流之中，无数浪花你追我赶，搏击风浪，而中国太保，就是这其中奔腾澎湃的一朵浪花。

在过去的 30 年，我们应改革而生，因开放而盛，坚守价值，坚信长期，在初创期夯基垒台、立柱架梁，在发展期全面发力、快马加鞭，在转型期攻坚克难、纵深推进，一步步成长为资本雄厚、价值创造、风控能力较强、专业水平较高的行业头部企业。

即使在"极不平凡"的 2020 年，面对新冠疫情全球蔓延、国内外形势复杂多变、宏观经济增长承压、行业面临发展周期转换的内外部形势，我们始终保持定力和韧性，唯实唯干，求新求变，善作善成，成功完成全球存托凭证（GDR）的发行并登陆伦交所，成为首家在上海、香港、伦敦三地上市的保险公司，集团营业收入历史性突破 4000 亿元大关，当年合计分红水平达到 50.9%，交出了高质量发展的优异答卷，书写了起于浦江潮、扬帆太平洋的华章。

一点星火就可以燎原，一道隙缝就能够破冰。中国太保在勇毅笃行中刻画了从追赶到领先、从籍籍无名到迈向卓越的高质量发展轨迹，这是一代代太保人过去 30 年接续奋斗的结晶，是敢闯、敢试、敢担当、敢作为的精气神的集中体现，而这背后，更是我们与伟大祖国同呼吸、共命运的使命担当。

共庆而生，笃行致远。

　　30 年，30 万字——今天，我们以《起于浦江潮　扬帆太平洋》一书，回首筚路蓝缕的创业之路，全面梳理中国太保过去 30 年的成绩单，这既是为了更好地总结历史经验，更是为了把握历史规律，增强开拓创新的勇气和力量，以更加自信的姿态、更加昂扬的斗志，去迎接下一个 30 年，再一个 30 年……

　　不忘初心再出发，继往开来再超越。

　　我们很幸运，在一次次跋山涉水、翻山越岭之后，依然保有一颗年轻进取之心。站在"两个一百年"奋斗目标的历史交汇点上，中国太保的新 30 年已掀开序章，我们定将拿出乘风破浪的太保精神、拼搏进取的太保力量、爬坡过坎的太保韧性、只争朝夕的太保速度、奋楫笃行的太保担当，用卓越的表现续写中国太保基业长青的绚丽篇章。

中国太平洋保险（集团）股份有限公司

党委书记、董事长　孔庆伟

2021 年 5 月

第一章

创业年代：浦江新潮风乍起

徐　蒙

　　一方水土养一方人。日夜奔流的黄浦江，滋养着上海这座城市的品格，也孕育出一批又一批具有世界影响力的企业，它们生长于浦江之畔，在改革开放大潮中，一步步走向世界舞台。

　　中国太平洋保险公司，便是其中的典型代表。它在上海诞生时，正逢浦东开发开放吹响号角之际，赶上浦江潮起、万象更新的时代脉搏。

　　这是一家带着使命而生的企业。中国保险业200多年历史，从解放前弱小的民族保险业，到新中国成立后长期停滞，恢复后又以计划模式专营。二十世纪八九十年代，计划经济向市场经济转轨，保险业亟待改革突破、打破坚冰。

　　当时，我国经济体制改革的关键，是企业要转向自主经营，真正成为市场主体。因此，企业就必须有自己的经济补偿能力，有来自市场而非行政指派的保险服务。行业改革和全社会的改革需求，催生太保在上海这片改革开放的热土落地。

　　1991年5月13日，中国太平洋保险公司正式成立，成为国内首家全国性股份制商业保险公司，如新风"吹皱一池春水"，行业体制改革自此拉开序幕。保险市场打破垄断格局，竞争角力自此真正启动。

　　起于浦江潮的中国太保，本着改革开放中上海打破常规、创新突破的精神，肩负起推动中国保险业改革的使命，三十载如一日，在市场竞争的大潮中搏风击浪，在壮大自身的同时为中国保险业的改革发展提供宝贵经验，作出卓越贡献。

　　风起于青萍之末。30年前中国太保成立时，就其规模、人数、影响力而言，和同行前辈差距巨大。但从一开始，中国太保上下就统一思想，明确发展道路：太保是保险体制改革的产物，不能走老路。承担着创办社会主义商业保险企业任务的太保，相比追求规模之大，更重要的是实现机制之新。

太保诞生之初，经营管理层就确定了企业的经营理念：以市场经济为导向，自主承担和分散风险，以获取持久增长利润为经营目标。对于长期处于计划模式的中国保险业，这便是标志性的突破，以太保、平安为代表的商业性保险公司，通过改革创新，为中国保险业闯出一条市场化发展的新路。

太保初生的前十年里，经历创业、发展和治理的过程。企业茁壮成长，发展很快，同时也遭遇过一系列矛盾与问题。但中国太保始终坚持诞生之初的经营理念，坚持"胆子大"和"步子稳"的方法论，在大胆改革的过程中不断总结经验，解决问题，不断完善和深化企业的经营发展理念。

创业初期，中国太保围绕市场化改革，在艰苦的环境下激发动力与活力，充分展现出商业性保险公司的竞争力，短短数年，便在国内保险市场崭露头角。从太保前身交行保险部为中国丝绸公司开出第一张保单开始，一张张重要保单的签约，都曾面对质疑、顶住压力，以高效优质的服务，赢得客户的信任，改变了中国保险行业长期以来"等客上门"的经营模式，开拓了焕然一新的市场局面。

伴随着改革开放不断深入，建立社会主义市场经济体制的各项重大改革措施陆续出台。1995 年，全国人大常委会颁布了新中国建立以来第一部保险业基本大法——《中华人民共和国保险法》。改革的顶层设计，意味着巨大的发展机遇。中国太保按照国家监管要求，实施了"五分开"的重大改革，积极推进产、寿险分业经营体制改革。

产、寿险分业经营后的中国太保，力推专业化的加速发展，由此释放出惊人的生产力。在体制机制的束缚解除之后，太保以开放的心态，在资本层面、技术层面和业务层面稳步推进对外开放，为后来的引资、上市奠定基础，市场化、专业化、国际化发展步伐持续加快。

太保发展的早期阶段，也经历过重重困难，曾彷徨于发展路径的选择。20世纪 90 年代末，要规模速度，还是要质量效益，曾一度是争论的焦点；多年高速发展中，也伴随出现一系列问题和风险。企业管理层清醒地意识到，发展和管理其实并不矛盾，抓住机遇，加快发展，就是要在讲效益、讲质量的前提下进行。

　　"一个老是亏损的保险公司，能为社会提供什么优质服务呢?"当时，直面发展中的经验教训，这样的反思发人深省，帮助企业上下一次次思考改革的初心、发展的目标。思想统一后，通过业务、财务、资金"三集中"等一系列行之有效的改革措施，中国太保及时治理了发展中的问题，逐步形成了"以效益为中心、以市场为导向、以客户为基础"的经营指导思想。

　　进入 21 世纪时，中国太保更进一步地认识到，市场经济要求公平竞争、信守承诺、兑现履约，并以诚信确立秩序、制定法规、完善企业内部规章、规范行为。诚信是市场经济的一条基本规律，也是保险行业安身立命之本。经过较长时间的宣传、讨论，太保确立了"诚信天下、稳健一生"的企业核心价值观，并在实践中明确要求认真培育以价值观为核心的企业文化。

　　20 年前，"诚信天下、稳健一生"这一企业核心价值形成，就反映了太保当时的发展目标——建成国际化保险集团。那时太保经营者就意识到，身处中国"入世"后更加开放的国际化竞争环境，围绕上海建设国际金融中心的目标，保险服务必须面向全球、对标世界一流，以现代化的经营理念，始终不懈地对客户、对员工、对股东、对社会负责。

　　在这一价值观的引领下，中国太保为百姓安康和经济社会发展撑起一把保护伞，用实际行动诠释了"保险"二字的真谛。

第一节

借在宾馆里办公

1991 年，上海衡山宾馆靠近网球俱乐部的楼里，一批年轻人从其他单位来到这里，奔走忙碌，投入风风火火的创业。

谁能想到，中国太平洋保险，这家从"借在宾馆里办公"起步的公司，30 年后在世界 500 强中已位居第 193 位，成为在上海、香港、伦敦三地上市的国际化企业集团。

30 年前，中国太保诞生于黄浦江畔的上海，诞生于浦东开发开放的时代大潮，诞生于中国金融体制改革的历史机遇。

改革风起云涌

"振兴上海，开发浦东，服务全国，面向世界"——这是 20 世纪 90 年代上海经济发展战略。浦东开发开放的目的，就是通过以东带西、东西联动，使上海以及长江流域能协调地和世界经济接轨，进而使中国改革开放大格局出现新的突破。

"背靠黄浦江、面向太平洋"，是今日上海之写照。而这家以"太平洋"命名的保险公司，生于上海、长于上海，地处改革开放前沿，伴随改革开放的浪潮，始终沿着"服务全国、面向世界"的发展方向，砥砺前行、茁壮成长。

中国太保成立的 1991 年，浦东开发开放刚刚交出第一年的答卷，那一年，又被称为上海的"金融年"。就在当年，还是片片田野和烂泥渡路的浦东陆家嘴，开始聚集起一批批国内外知名金融机构。改革开放后上海最重要的地标东方明珠，也是在那一年开工建设，它的背后，就有几十家银行的银团贷款支持，以及包括中国太保在内的一众保险公司提供保险的服务。

随后，党的十四大提出，以上海浦东开发开放为龙头，进一步开放长江沿岸城市，尽快把上海建成国际经济、金融、贸易中心之一，带动长江三角洲和整个长江流域地区经济的新飞跃。

到 1992 年底，上海金融领域已经出现了证券、外汇、拆借、贴现、保险五大市场并驾齐驱的繁荣局面，一个初具规模且比较规范的金融市场体系开始形成。

当时，在众多集聚到上海的国内外知名金融机构面前，中国太保初出茅庐，并不耀眼。然而，得益于改革开放，得益于在上海这片热土上诞生，得益于国际金融中心建设，中国太保抓住历史机遇，不断开拓进取，从一株小苗长成参天大树。作为现今市场上的领军者，中国太保又以卓越的成就，反哺着中国保险市场和上海国际金融中心的发展。

从诞生之日起，中国太保就承载了满足人民群众日益增长的保险需求的天然使命。改革开放大潮中，尚在初创期的中国太保很快就找到了适合自己的科学的发展理念，确立了"诚信天下，稳健一生"的核心价值观。这代表了中国太保对保险应信奉最大诚信原则的尊重，以及长期风险管理者所应有的对行业发展规律的认知。

30 年间，中国太保通过改制、上市、转型，探索出一条符合自身实际的改革发展之路，逐步成长为资本雄厚、价值创造能力强、专业水平高的综合性保险集团，为传统国企向现代金融企业转型提供了有益借鉴。

破冰的里程碑

从 1805 年英国商人在广州成立第一家保险机构算起，中国保险业发展已经有 200 年历史。最初的 100 年，中国民族保险业规模和实力非常弱小，保险市场长期被外国公司垄断。

新中国成立后，中国保险业发展进入新的历史发展时期。1949 年 10 月 20 日，我国就成立了中国人民保险公司。然而受计划经济的影响，1959 年到 1979 年我国保险业停办业务长达 20 年。

1978 年，十一届三中全会召开，改革开放春风吹来，包括保险业在内，中国各行各业迎来重大机遇。改革开放后，计划经济体制向市场经济转轨，各行各业走向市场，需要自负盈亏，国家不再对企业风险和损失大包大揽，迫切需要保险业从沉睡中醒来。

1979 年，国务院在第 99 号文件转批的《中国人民银行分行行长会议纪要》中指出："为了使企业和社队发生意外损失时能及时得到补偿，而又不影响财政支出，要根据为生产服务，为群众服务和自愿的原则，通过试点，逐步恢复国内保险。"

当年，我国恢复了中国人民保险公司的财产保险业务，1982 年又恢复了人身保险业务。历史数据显示，1980 年我国恢复保险业务之初，当年全国保费收入仅为 4.6 亿元；到 1989 年，保费规模已发展到 142.4 亿元，增长约 31 倍，年均增长速度为 46.4%。

在 20 世纪 80 年代末，这一极具代表性的时间点里，日后叱咤国内保险市场的中国太平洋保险正在酝酿一次胎动。

中国恢复保险业务之初，全国只有一家中国人民保险公司负责全国的保险业务。尽管保险业快速壮大，但整个行业仍是典型的计划经济体制，这样的模式，与发展市场经济的时代要求并不相称，也难以满足各行各业、广大人民群众与日俱增的市场化保险需求。

1987 年，交通银行上海分行组建了一个营业部——保险业务部，打破了中国人民保险独家专营保险业务的局面，也成为了中国太保的前身。

1988 年，经中国人民银行批准，深圳市蛇口区在招商局已办财产险的基础上成立了"平安保险公司"，当时这是新中国第一家地方性的股份制保险公司。

1991 年，中国太平洋保险公司正式成立，成为继中国人保之后，新中国第二家全国性的保险公司。

中国保险业历史上，20 世纪 80 年代末 90 年代初的那段日子，正是保险行业从计划走向市场，从国家专营走向竞争发展的破冰阶段。太平洋保险公司和平安保险公司的成立，是中国保险业改革和发展的里程碑，从此开创了多种保险公司竞争发展的新局面。

与计划经济时代的中国保险业相比，初创期的太平洋保险公司有着鲜明的特征：从股权设置上看，过去保险公司是国有独资公司，中国太保是股份制公司；从保险业务上看，长期以来，国内保险业不愁客户，中国太保是要自找客户。保险领域研究者认为，当时太平洋保险和平安保险的成立，对促进我国保险业改革和发展，发挥了非常重要的作用。

脱胎于交行

20 世纪 80 年代中期，中国经济体制改革进入重要的历史时期。中央研究如何振兴上海、沈阳等工业基地。1984 年中央成立国务院改造振兴上海调研组，帮助拟定上海经济发展战略，并带动长三角地区的发展，把上海打造成为太平洋西岸重要的经济、贸易中心和金融中心。12 月，国务院主要领导到上海视察时，提出要设立一个新的全国性银行，与 4 个专业银行平行，总部设在上海。

1986 年 7 月 24 日，国务院发出《关于重新组建交通银行的通知》。1987 年 2 月 23 日，经过时任国务院总理及 4 位副总理批准，中国人民银行发出《关于贯彻执行国务院〈关于重新组建交通银行的通知〉》，明确交通银行业务范围共 14 项，除办银行业务外，还可以办理证券、保险、信托、租赁等非银行金融业务，是一个"全能银行"的发展模式。

十一届三中全会一年之后，我国恢复保险业务的第一年，上海便正式恢复了保险业务，成为中国改革开放后保险业务恢复得最早、发展得最快的城市。

1987 年 12 月 17 日，经中国人民银行批准，恢复后的交通银行率先在上海分行正式开设保险业务部，经营保险业务，此后其他地区的一些分行也陆续开办保险业务。

这便成为中国太平洋保险的前身。然而，令人难以想象的是，1987 年时的交行上海分行保险业务部在筹备时仅仅只有 4 名工作人员。

邵党娣是这 4 名当年"创业者"中的一位。1987 年，她还在北京人保总公司工作。当人保领导征询她是否愿意去总部在上海的交行工作时，考虑到事业和家庭双方面的因素，她决定回到上海，加入交通银行。

"那一年，交通银行保险部以令人难以置信的速度成立了。"邵党娣回忆，当年 9 月 7 日，她正式到交行报到；9 月底，根据要求，她提交了关于交行开办保险业务的可行性报告；12 月 17 日，人民银行上海分行向交行上海分行颁发经营保险业务许可证，中国大地有了第二家经营保险业务的机构。

起初，对于这样一件打破垄断的事件，身处其中的人可能还缺乏深刻认识。但在国际保险业的同行们看来，交行保险部的成立，却是中国保险业一件具有划时代意义的事件。

1987 年，人们的头脑中还没有广告宣传的概念。"悄无声息"地成立以后，出于开展涉外业务的需要，邵党娣和同事们开始考虑如何让外界知道自己的存在。圣诞节前夕，她给国外保险界的朋友们发出了一批贺卡。在贺卡上，除了祝福话语，只在落款处写了"交通银行保险部"的字样。

没想到，贺卡发出去以后，立刻造成了轰动效应。先是日本的安田火灾保险社，继而是英国的劳合社先后对外发布了消息；紧接着，全球的各大通讯社、报纸刊出大幅新闻报道——中国出现第二家保险机构。一时间，交行保险部被推到了聚光灯下。

虽然交行保险部一鸣惊人，但随着保险业务不断的快速发展，"保险部"这样的管理机构显然已经不能满足市场和管理的需求，尽快成立一家具有独立法人资格的保险公司被提上了议事日程。

另一方面，经过两年多实践，交通银行领导层感到，在交行内部成立保险业务部从事保险业务，不利于保险业务实行专业管理，不利于保险资金和银行资金的分别运营，因此，开始酝酿把交通银行保险业务部承办的保险业务分出去，成立交通银行全资附属公司。

"这样做，开始是出自交通银行防范银行业务和保险业务在一个银行的混业经营风险，是交通银行主动提出来的自身需要，而不是当时人民银行明文要求保险业务和银行业务脱钩的。"时任交通银行行长、太平洋保险首任董事长戴相龙表示。

将保险业务从银行中分离出来，既为防范风险，又为推动保险业以市场化方式独立发展，实践证明，交通银行的选择是正确且具有前瞻性的。1993年6月24日，中共中央、国务院下发宏观调控"十六条"，其中提出"人民银行、专业银行和商业银行兴办的非银行金融机构和其他经济实体要与银行彻底脱钩"。

戴相龙回忆，当时交通银行管理层认为，既要坚持把交通银行办成可从事银行、证券、保险等各项业务的综合性银行的发展方向，也要避免混业经营的风险，采取由交通银行设立附属或控股非银行金融企业的做法是可行的。

1997年11月，中央召开全国金融工作会议，加大金融整顿力度，对银行与所办非银行金融机构脱钩采取了更严厉的政策。随后，交通银行不仅在机构、人事、财务上与保险公司脱钩，而且把交通银行在保险公司的股本全部转让给了其他公司，形成了现有交通银行与中国太平洋保险公司完全独立的关系。

定名"太平洋"

1991 年，经中国人民银行批准，交通银行在其保险业务部的基础上组建了中国太平洋保险公司，中国太保成为国内首家全国性股份制商业保险公司。太平洋保险公司的开业庆典在上海和北京分别举行，在首任董事长戴相龙的致辞声中，太平洋保险从无到有，正式迈开了前进的步伐。

多位参与太平洋保险公司筹建的人士都清楚记得，1990 年是中国太保孕育诞生的关键一年，而这件事的发端，从 1989 年就开始酝酿。

戴相龙回忆，1989 年下半年，交通银行已第一次打报告拟成立一家独立的保险公司，"太平洋"的名字就是在当时开始酝酿，并达成一致共识。

早在 1943 年，原交通银行就投资建立过太平洋水火险保险股份有限公司，1949 年原太平洋保险已在全国设立了 45 个分支机构。新的保险公司要在上海成立，"太平洋"这个名字历史上就有影响力，很容易叫得响，且国际上无同名，所以当时交行管理层一下子就认定了这个名字。

开办的三年里，交行保险部在中国经济改革和对外开放的大潮中吸收养分，茁壮成长。到了 1990 年，交行总管理处的保险部已从筹备时的 13 个人——他们后来在中国太保内部被亲切地称呼为"13 太保"，发展到在全国各地拥有近 30 家分支机构，年保费规模达到 60 亿元。千头万绪的管理工作汇集到总管理处的保险部，已经日益不能满足庞杂的管理需要，成立一家独立法人的保险公司势在必行。

现在看来，从规模庞大的交行保险部到太平洋保险公司，只是水到渠成的事情，可是在当年，却是经历了一段紧张复杂的筹备史。这背后涌动着改革开放初期，一批敢闯敢试奋斗者干事创业的激情，也反映了国家对于这一金融领域改革突破的认可，对保险业改革在上海落地实施的充分支持。

为了申领保险公司的牌照，筹备组的成员一次次地往返于北京和上海。在银行界德高望重、时任交行董事长的李祥瑞，交行总经理、中国太保第一任董事长戴相龙，更是频频奔走于人民银行的各个处室，与那些年轻的处长们细致沟通。

1990 年 2 月 10 日，戴相龙到交通银行任职仅一个月，一次赴北京开会时，他就向时任国务委员兼人民银行行长李贵鲜送了报告，请人民银行帮助交通银行解决 4 个问题，其中一项就是请人民银行批准交通银行组建太平洋保险公司。最初的报告中，交行的建议是与交行恢复重建一致，太平洋保险不作为"新建"，而是"重建"。

1990 年 8 月，李祥瑞和戴相龙在哈尔滨组织召开交通银行分支行总经理会议，分支行主要负责人对交行成立附属太平洋保险公司均表示同意，同时研究太平洋保险公司的管理体制、财务分配等问题。

1990 年 10 月 9 日，戴相龙又带着有关同志向人民银行分管副行长陈元汇报筹备太平洋保险公司的问题，并第三次报送交通银行关于筹备成立中国太平洋保险公司的报告，得到了陈元同志的支持。

作为中国太保筹备组成员，邵党娣回忆了一个插曲：一次，她和另一位筹备组成员乘坐麦道飞机从上海去北京，不料飞机在滑行即刻就要起飞的时候，机翼突然爆炸起火。"我这一辈子只经历过一次这样的情形，后来回想起来，那次就那么几秒钟的瞬间，差点就为中国的保险事业'献身'了。"正式退休时，邵党娣还对那段奔走的岁月记忆犹新。

■ 中国人民银行《关于成立中国太平洋保险公司的批复》
（银复【1991】149 号）

当年 12 月 8 日，三次请示后，交通银行终于等来了人民银行珍贵的批复："原则同意你行在目前开办保险业务的基础上筹建一家保险公司，其名称为中国太平洋保险公司"。在筹建工作完成后，1991 年 4 月 2 日，人民银行批复："同意成立中国太平洋保险公司，并核准其章程"。

"太平洋保险"这个名字，终于在 40 多年后重新回到公众视野。不过，新生的中国太平洋保险公司，最终成立方式是"新建"，而非"重建"。知情人士回忆，一方面解放前太平洋保险存在时间不长，不像交通银行那样历史悠久、影响深远；另一方面因为保险业比银行业更为复杂，为了避免历史纠纷，建立一家全新的公司，更有利于轻装上阵。

1991年4月20日，交通银行常务董事会宣布了有关太平洋保险公司的决定：由戴相龙任董事长，潘其昌任常务副董事长，诸清、徐家渊为副董事长；聘任潘其昌兼任总经理，徐家渊、邵党娣为副总经理；公司为交通银行直属局级单位；注册资本金10亿元，由交通银行总管理处和分支行集资入股。

因为已获人民银行批准，同时在获得工商总局同意的情况下，当年4月26日，在人民银行领导、上海市领导以及部分外国驻沪领事、驻京、驻沪金融机构代表共同见证下，中国太平洋保险公司在上海华亭宾馆宣布正式开业。当天经戴相龙提议并经大家议定，"太平洋保险保太平"这句后来家喻户晓的话，成了中国太平洋保险公司的第一句广告词。

当时的新闻媒体，纷纷聚焦于这一重大金融改革事件。有媒体以"保险业不再独家经营"为题报道了这则消息。金融界人士认为，中国太平洋保险公司成立，是我国保险体制深化改革的产物，将使我国保险市场出现竞争的局面，从而推动我国保险业的发展。

"我国保险业由中国人民保险公司独家经营的局面已被打破。"当时的新闻报道中这样写道。

■ 1991年4月27日，媒体报道保险业不再独家经营

1991年5月13日，国家工商总局给太平洋保险公司颁发许可证，此后公开资料就把1991年5月13日作为中国太平洋保险公司正式成立的日子。

时代的基因

中国太保成立之初，著名沪剧演员茅善玉曾半开玩笑地对当时太平洋保险副董事长、上海分公司总经理诸清说过："我想给我的嗓子保险。"

20世纪90年代初，计划经济向市场经济转轨的时代大潮中，许多人的固有思维被打破，市场意识开始扎根，"消费者""需求"这些字眼逐渐走向国民经济的台前。即便像茅善玉这样文艺界的大师，也开始带着"市场思维"考虑

问题。

改革开放初期，相比产业和消费等实体经济领域，金融领域的市场化相对滞后。国家重建交通银行，就是因为原来的四大行都承担着国家部分财政职能，需要在此之外，面向市场，建设一家"真正的商业银行"。

当时保险业的改革和开放，秉承着同样的逻辑。从交行保险部，到平安保险、太平洋保险相继成立，紧随其后的还有外资友邦保险入华。那几年里，一连串动作紧锣密鼓，就是要推动我国长期独家专营、计划色彩浓厚的保险业尽快转向市场。

1992年是中国太保成立的第二个年头。当年邓小平同志先后赴武昌、深圳、珠海和上海视察，沿途发表了重要谈话。在南方谈话和党的十四大精神鼓舞下，全国人民思想更加解放，精神更加振奋，改革开放的深度和力度进一步加强。

1993年2月，中国太保在广东中山召开全国工作会议。会上大家心绪激动，纷纷认为小平同志南方谈话和党的十四大之后，公司在中国保险市场这个大舞台驰骋发展，通途已经辟出，坚冰已经消融。董事长戴相龙慷慨陈词："中国太保必须坚持走商业化保险的道路，否则是没有出路的。"

每一家成功的企业，都有自身独特的个性与基因。如今走向世界舞台的一批中国企业，很多和中国太保一样诞生于20世纪90年代初，时代在这些企业身上留下深深的烙印。

中国太保成立之初，最早的一批管理层中，许多人从银行中来。比如，诸清等人长期从事金融、经济工作。来到风险高、竞争强的保险业后，他们很快意识到，经营保险公司，不能再用传统国有银行的那套老做法，必须激励员工投身市场竞争。

1991年中国太平洋保险公司成立仪式在华亭宾馆隆重举行，时任全国政协副主席刘靖基，人民银行副行长郭振乾，上海市常务副市长黄菊，上海市副市长庄晓天等领导共同见证。隆重背后，这家初生的保险公司各方面环境

■ 1991年4月26日，中国太平洋保险公司暨上海分公司隆重开业，时任上海市常务副市长黄菊到会祝贺

却是艰难且艰苦。当时上海甲肝流行，许多宾馆酒店生意冷清，工资都发不出。时任中国太保总经理潘其昌原来是在上海财贸系统工作，熟悉相关情况，就与当时衡山宾馆总经理一拍即合，借租了衡山宾馆一栋楼的 2 至 9 楼，单独电梯上下，与宾馆住客分开。

"宾馆里不像大国企提供伙食，太保员工只能每天自己带小菜，衡山宾馆食堂帮忙提供些米饭，这样的工作环境比起过去在国有大银行、大保险公司有明显落差。而在市场环境方面，相比中国人保这位'老大哥'，中国太保知名度低、资金实力不足，要赢得客户信任，拿下重磅保单，难度可想而知。"时任中国太保总公司办公室主任李祖德回忆道。

就像一些世界知名互联网企业从车库起步，从借住在宾馆里起步的中国太保，有种与生俱来的拼劲，有强烈的市场化基因。

中国太保成立后不久，公司内部就开始实施模糊奖金制度，员工的奖金收入和岗位、业绩直接挂钩，能多能少。一个勤于开拓业务领域的员工可以拿到比总经理还多的收入；干部实行聘任制，能上能下；用工方面则以员工能进能出、充分调动积极性为原则。有了这些激励机制的催化作用，初期的中国太保规模虽小，员工却充满竞争意识，人人愿意主动出击，找市场、抢市场，改变了中国保险行业长期以来"等客上门"的经营模式，从而赢得竞争优势。

谈及茅善玉"给嗓子买保险"的要求，诸清就曾感慨："今后的保险市场将是一个竞争日益激烈的市场。谁开出的险种能够适应市场需要，谁就能赢得市场。"

那时候中国太保的经营者已在实践中发现，保险公司应和工厂一样，改"以产定销"为"以销定产"，加强市场调查，客户需要什么险种就推出什么险种，改变新险种的开发跟不上社会发展需要的局面。

20 世纪 90 年代初，国外保险公司为女明星大腿承保，为香水调配师的鼻子、食品品尝家的舌头承保，这在国人的心中，已非天方夜谭。国内保险业人士也发挥奇思异想，设计出种种保险新品种，以拓展业务，扩大社会影响。当时在上海，中国太保就为市人大和市政协代表、委员提供人身意外伤害保险。

中国太保从成立伊始，秉承着交通银行"一流的服务质量、一流的工作效率和一流的行业信誉"的宗旨，不断在前进途中克服初创阶段的艰苦，围绕市场化改革，大力推进机构与队伍建设。在这一核心思路的作用下，年轻的太平洋保险短短几年时间里，便在国内保险市场上崭露头角。保险业务收入由 1991 年的 2.8 亿元迅速提升到了 2000 年的 152.5 亿元。成绩斐然，让各界瞩目。

20 世纪 90 年代，太平洋保险在上海东方明珠广播电视塔、香港"亚太一号"通信卫星、海南航空公司客机群、第 25 届奥运会的中国体育代表团、国家海洋局"雪龙号"赴南极科考等诸多重大事件上留下了自己的身影。通过承保和服务这些重大项目，年轻的太平洋保险锻炼了队伍，积累了经验，为今后的发展夯实了基础。到产寿险分业经营前的 2000 年底，公司已在全国设立经营机构 511 家。同时，太平洋保险成立初期，就开始着眼于国际化发展。1992 年 11 月 7 日，中国太保一届 2 次董事会上就提出了在海（境）外设立机构的要求，并很快推动落实。中国太保美国服务公司和中国太保（香港）股份有限公司分别于 1993 年和 1994 年成立。1997 年和 1998 年，中国太保又相继在伦敦和纽约设立代表处，迈开走出去的步伐。

诞生于 20 世纪 90 年代初期，脱胎于交行，初生时的背景还给中国太保留下另一层独特印记——稳健。早期业内就有评价，认为中国太保走的是一条既不同于人保，也不同于平安的路径，它既注重商业化市场化，也始终力求不偏离稳健经营的原则，更像是一种"中间路线"。

这与中国太保早期管理层构成息息相关，许多人来自银行系统，对于防范风险、稳健发展有着从不动摇的坚守，对国有金融企业的使命和责任有着非常深刻的认识。戴相龙回忆说，他到交通银行工作以及后来筹办中国太平洋保险出自一个理念，就是服从党中央和国务院对自己的分工，到党组织指定的工作单位，坚持改革，坚持创新，同时争取业务量有较大发展，"不可能刻意追求去发展一个同行中规模最大的企业"。

正是基于这样的理念，从交通银行到太平洋保险，这两家总部位于上海的金融机构，都形成了极强的发展韧性。1990 年初戴相龙到交通银行工作时，交行总资产只有 100 多亿元，但他始终认为这是一家有很强生命力的银行，是商业银行改革的实验田。1990 年底，交通银行只有 29 个分支行开办保险业务部，承保保额 432 亿元，保费收入 1.1 亿元，赔款支出 2104 万元。1991 年成立中国太保后，公司业务迅速发展，基于的也是改革和创新的基因，而非忽视风险、盲目追求规模。

1992 年初，中国太保召开分支机构负责人会议，戴相龙代表董事会提出公司工作的指导思想："加强管理、理顺关系、优质服务、拓展业务"，争取1992年实现5亿元保费收入，同时强调要改善交通银行与太保公司、太保总公司与分支公司、太保公司与全国其他保险公司的关系，促进太保公司的稳步发展。正是这种稳健的发展经营思路，使得中国太保在创立之初就站稳脚跟，1992年全年业务比年初目标多了2.5亿元，人均创利9万元之多。

回首中国太保发展的三十年风风雨雨，可以清晰看到，市场化的基因和稳健的经营理念，如同一个硬币的两面，始终没有偏废。中国太保成立之初，和其他初创企业一样，急需打响品牌，做大影响，但中国太保并没有急功近利，从未为了走捷径，放弃企业遵循的价值观和肩负的社会责任。

"1993年7月，我被调到人民银行工作，不再任中国太保董事长。虽然我任中国太保董事长只有两年多，但这是我金融从业生涯中十分难忘的一个历程。"2021年，北京。曾任中国人民银行行长、天津市市长等职务的戴相龙退休后，谈起那段在黄浦江畔带领中国太保"创业"的经历，仍然记忆犹新。他表示，自己离开中国太保后，看到中国太保历届领导班子坚持改革，严格管理，创造了一项又一项优秀业绩。如今，"三十而立"的太保集团，在中国境内，已经成为国内前三、国际前十的保险公司，这令他感到十分欣慰。

作为中国太保首任董事长，且长期在金融领域担任领导工作，戴相龙也一直关心着中国保险业的发展。"三十年来，我国保险业迅速发展，为我国改革和开放，增强社会保障力，促进社会稳定发挥了重大作用。"戴相龙表示，同时也要看到，我国保险业还有不适应的地方，保险业发展仍然是我国金融业发展的短板。

■ 2021年1月6日，中国太保首任董事长戴相龙接受解放日报社采访

站在"十四五"的新起点上，戴相龙对中国太保提出展望。"期待中国太保在今后15年，为把我国建成社会主义现代化国家作出新贡献。"戴相龙说。

（作者：徐蒙）

第二节

竞争中的"早鸟"

应改革而生、因开放而盛的中国太保，用了 30 年，刻画出从追赶到领先、从籍籍无名到迈向卓越的高质量发展轨迹。

然而九层之台，起于累土。如今乘风破浪的中国太保巨轮，从未忘怀过去，也永远记得它蹒跚起步的来时路。

且来听听几位中国太保资深"老人"，说说初创期的那些往事。

第一张保单背后

1979 年起，我国逐步恢复国内保险业务，但此后多年，中国保险业只有一家保险公司——中国人民保险公司。直到 1987 年，国家决定在金融领域引入竞争机制，一家不同于中农工建、将"司令部"设在上海的国内首家股份制银行——交通银行由此诞生，在其经营范围上，赫然写着保险、证券等业务。

当年，有些已在中国人民保险公司工作了 10 多年的资深保险从业者，被征询是否愿意去交通银行工作，事实上是被委以筹备交通银行保险业务的重任。考虑到事业和家庭双方面因素，1972 年进入中国人民保险公司工作的邵党娣决定从北京回到上海，加入交通银行。同年，交通银行上海分行保险部正式挂牌。

■ 1987 年交通银行上海分行保险业务部成立时全体员工合影

这个打破垄断格局的我国第二家保险机构，其从筹建到成立，进度可谓神速。

当初在筹建过程中，邵党娣、杨顺根等，都是作为信得过的贤才，从中国人民保险公司等机构抽调而来，组成了交行上海分行保险部的 4 人初创团队。其中杨顺根，当年还被叫"小杨"，此前是在中国人民保险公司上海分公司负责进口货运险查勘理赔的科长，其业务熟稔。然而，组织的一纸调令，作为有14年党龄的党员杨顺根没有二话，坚决服从。

于是，初创团队加紧申请批文、建章立制、物色人才、培训练兵……但最紧要的，是要开出第一张保单。

1987年，纺织专业毕业的大学生乐长青被吸纳进来，成了交行上海分行保险部具体开拓业务的"第一个兵"。在进出口业务板块中，她从事出口业务。

20世纪80年代末，上海拥有进出口经营权的企业不过十几家，涉及矿产、丝绸、工艺品等门类。由于此前市场上只有一家保险公司，且根据贸易合同约定，部分进出口业务又需要在国内购买保险，这独此一家的保险公司当然完全不愁业务。不过，独家垄断也导致了一种现在看来匪夷所思的局面——各家进出口公司需要自己把保单送上门，"朝南坐"的保险公司不折不扣地在家坐收保单。

然而初生的交行上海分行保险部却破了规矩，主动出击。

应该是1988年2月，刚过完春节，乐长青便意气风发开始跑业务，经由交行上海分行保险部出口科科长介绍，要去攻下上海丝绸进出口公司这个"山头"。出口科科长也是从人保来的理赔人才，曾多次为丝绸公司提供理赔服务，因此丝绸公司多少会给这位科长一点面子，对于"愣头青"乐长青并未一拒了之。

时隔33年，乐长青依然清晰记得那天她在丝绸公司绸科办公室听到的各种质疑声——

"交行保险部？怎么听都没听说过，到底会不会做业务啊？""原来的保险公司不是蛮好？知根知底的，突然换一家新的，万一犯错怎么办？""要是结汇结不掉，算谁的？""如果理赔赔不起，就是吃不了兜着走"……

但与此同时，也传来少数开明之声，"人民银行都批准了，还有交通银行这么大一块牌子撑着，怕啥"……

各派意见纷争之下，绸科负责人最终拍板，"要么试试看，让小乐做一单近一点的，先从香港做起吧。"

正是这位负责人的包容心态，成就了乐长青职业生涯的第一单。这也成为交行上海分行保险部有据可考的出口业务第一单。

接到第一单，乐长青的心情激动到无以复加，赶紧催着印刷厂印保单。她犹记，保单正面是中英文对照的保险项目及条件，背面则是清一色的全英文保险条款，一个个英文字母和条款，专门请来"老法师"反复核对，以免差错。1988 年 2 月底，在千催万催之下，印刷厂首批格式化保单终于送来。那是刚从机器上下来的保单，就连浆糊都还没完全干透，纸张仍带着热度，一如乐长青们一颗颗热忱滚烫的心。

此后好几个月，每天下班前，乐长青都要将这 001 号保单拿出来，反复端详。后来，一张保单变成了一叠保单，她也总要数了又数，心满意足后才离开。同事们自是"羡慕嫉妒恨"，有时忍不住走过来跟她叫板，"今后我一定要超过你，我做一张的金额，以后能抵你几十张！"

■ 成立初期保单

激情燃烧的岁月

在当年乐长青等小字辈们看来，那真是一段激情燃烧的岁月。交行上海分行保险部自上到下，开疆拓土，用自己的智慧才干、敢拼爱赢，去搅动保险业这个巨大但亟待变革的市场。

1988 年开始，上海加快发展外向型经济，对企业外贸经营权的限制日渐松动，获批得到进出口经营资格的企业数量越来越多。这年上海外贸洽谈会（俗称"小交会"）于 3 月初如期在上海展览馆举行。这样一个摆在家门口的大好机会，交行保险部自是不会错过，于是订下 9 平方米最小服务贸易展位，开出"交通银行"窗口，打出交行保险广告，"交行办保险，保险到交行"。

展位如何吸引人，大家集思

■ 业务员在展会上为客户提供服务

广益，想出一个好办法——去批发市场，批量采购长毛绒狗玩具，贴上交通银行保险部的标志，每天成箱成箱地搬入展会现场。这"旺旺狗"果然讨喜，成为最佳宣传品，每天都被一抢而空。与此同时，交行保险部也主动去拜访各外贸企业的展台，用"旺旺狗"换来对方的名片。一场小交会下来，积累下数百张名片，待小交会一结束，业务员们又挨家挨户登门，逐一攻破，用自己的热情和专业服务，一步步占领市场份额。

有一个场景在交行上海分行保险部首批业务员中永久定格——那是 1991 年，当时交通银行总管理处保险部已在筹备成立一家具独立法人资格的保险公司，即后来的中国太平洋保险公司。作为元老之一的邵党娣召集员工开会，她动情地说："别看我们现在才 60 多号人，今后我们公司一定会不断壮大，一定会从黄浦江走向太平洋。而你们，都是星星之火……"

这段掷地有声的话语，预言了今天的中国太保巨轮。而正是那些星星之火，催生了中国保险业的竞争意识，燎原了中国保险行业划时代的变革。

杨顺根每每回想，都有无尽的感慨。他本就是从一家独大、"朝南坐"的保险公司里走出，来到交行上海分行保险部，为争夺市场份额，他当然知道如何以自己之长攻别人之短。于是他指导业务员，要提高服务意识和服务效率，不仅要主动上门送保单、拉业务，赔付时也务必要送钱上门，而且越快越好。

鉴于中国"第二家"全国性保险公司的服务口碑，位于嘉定区的大众汽车公司决定放一些小单，交给中国太保上海分公司小试牛刀。但一试便试出了差距。大众汽车公司进口的一批马口铁在收货时发现已生锈，太保上分立即介入，迅速查找到这批货物的理货签证中的蛛丝马迹，证明货物在运输途中生锈。毫不耽搁，太保上分立即启动理赔流程，一周后赔款就到账了。如此高效的服务，妥妥征服了大众汽车公司的心。之后，大众汽车公司押注的天平逐渐向太保上分倾斜，以至于到最后，其大大小小进口业务全部划归至中国太保，并且合作至今。

"当时，急客户所急、为客户着想、客户就是上帝的服务理念在业务员中深入人心、蔚然成风。不少业务员为保护客户的利益，甚至不惜与公司核保核赔部门翻脸。这种'自己人帮外人说话'的现象，在我们公司特别常见。"而今忆及过往点滴，杨顺根仍自豪不已。

"但凡顾客有需求，我们都会想尽一切办法去满足。那些需求其实十分朴素，有些甚至是对方无意间流露，但被我们观察入微、及时捕捉到了。"

比如，一位客户跟杨顺根说起，儿子即将升初中，做家长的正发愁没有针对性的学习资料，问杨顺根有没有。当时，杨顺根心里其实压根没底，却立即回答："有。"对他而言，哪怕真没有，他都得"无中生有"。后来，杨顺根想方设法，内部挖潜，将同事们的同龄孩子的试卷资源挖掘了个遍，再给客户送去，这让客户不感动都难。

交行保险部以及后来的中国太保所推崇的服务意识，还包括经得起客户的冷言冷语、被客户晾在一边好几个小时也无怨言，以及承受客户翘着二郎腿勉为其难地同你握手等等，业务员们都拥有一颗坚韧不拔的心，都保持着最勤劳的姿态。外贸公司早上8时半开门，业务员们常常七八点钟就已在门口守候。他们都有同样的信念——早起的鸟儿有虫吃。

竞争，也带来对手间的暗中较量。

当时，竞争对手采取"消毒战术"，即一家企业或单位，一旦交行保险部上门洽谈过业务，对手就会派出数倍于交行的阵容前去"消毒"。

1989年末，交行保险部曾痛失飞机大单。当时，广州交行保险部经长时间攻坚，终于拿下南方航空公司的飞机保险大单，计划赶在元旦前完成签单、收取保费和分保等工作。

然而，正当大家准备为交行保险部"飞机保险第一单"的诞生而庆祝时，令人难以接受的消息传来——竞争对手并不甘心，由其总公司出面，向当时的监管机构即人民银行痛陈利弊，质疑交行保险部，说它不仅不具备承保飞机的能力，而且还会破坏市场。人民银行随即将指导性意见反馈给了交通银行的领导。无奈之下，交通银行忍痛作出服从大局的决定，同意将已经签下的保单和已经到账的保费、分保协议等，悉数转给竞争对手。

时值元旦放假期间，因保单无法第一时间同竞争对手交割，而南航每天的航班仍在正常运营，因此，交割空白期间，南航飞机的运营风险仍由交行保险部来承担，直到全部保险手续完成交接……

然而大势难挡。交行保险部，如同一颗顽强的种子，拼命汲取着中国经济发展的养分，抢抓着改革开放与市场之门洞开的红利，茁壮发育长大。

到1991年，交行保险部在全国各地已拥有近30家分支机构，年保费规模已达60亿元。1991年，脱胎于交行保险部的中国太平洋保险公司正式开业。

开业庆典在上海和北京分别举行。上海庆典进行得十分顺利，北京则安排在人民大会堂。为表明友好竞争的立场，中国太保特地邀请了中国人民保险公司总公司的一位老总。但当天，这位老总并未出席。庆典仪式结束后，中国太保数位高管左思右想，认为还是应主动联系中国人保那位老总，登门拜访为妥。不料，上班时间几通电话，秘书均说那位老总不在办公室。晚上，中国太保又数次拨打老总宅电，依旧没有回音。无奈之下，中国太保作出一个决定：由时任交行和中国太保的领导一行四人，直接去那位老总家拜访。直到深夜，中国人保那位老总终于在家中接待了四位"不速之客"……

这种情形，或许只是最初数年两家保险公司间激烈竞争的一个缩影。前辈同行对于市场被切割的不甘，后来者为获得市场份额及市场认同所付出的努力，这一切的一切，一言又怎能道尽。

然而历史的车轮滚滚向前，起于浦江潮，扬帆太平洋，中国太保终得以茁壮成长，这是它顺应市场、抢抓机遇的结果，而市场的客观规律，并不以人的意志为转移。

磨砺中练就专业

中国太保的竞争力当然远不止主动、热情、周到、高效的服务。能够持久赢得客户信任和依赖，其核心在于专业。

从承保货值仅几万元、需要集装箱拼箱出口的丝绸货物，到敢于接下数十亿元人民币的大型发电机组项目，正因为专业，中国太保的"胃口"越来越大。

在各类保险中，海上保险是一切保险的起源，带动了整个保险业的繁荣与发展。而中国太保的水险业务，一度也是公司创汇和贡献度最大的业务。关于这一点，退休前担任太保产险航运险营运中心承保总监的林志坤颇有些发言权。在他看来，正因为有足够的专业性，中国太保才能保有自己的见解和判断，不轻易被假象所迷惑，也不被假话所忽悠。

大约是在20世纪90年代初，一艘货船在马六甲海峡中途抛锚，后被拖轮拖至新加坡修理，单单拖轮临时救助就花费不菲。该船由中国太保承保，最终抵达上海后即向中国太保索赔。但负责查勘的林志坤懂船，他上船查勘检验时问二副，船怎会抛锚，二副称是电缆松了。他觉得此话有蹊跷，即刻反驳，船上有应急发电机，数十秒就能续电，怎会存在抛锚问题？中国太保也由此推断，这艘船或存有不适航的嫌疑，最终有理有据，通过共损担保，切实维护了中国太保自身利益。

对此，中国太保人深有感触："在我们中国太保，始终有一条原则，不惜赔，但也绝不滥赔。"

没有人是天生的强者，中国太保的专业性，其实是在一次次跌跌撞撞中磨砺出来的。

1994 年，林志坤接手一件棘手事，客户宝钢向中国太保求助，一艘"KAMARI"轮，自委内瑞拉 BOCA GRANDE 港启航，装有宝钢订购的 14 万吨矿砂，货值 320 万美金，却突然没了音讯。中国太保层层细查，发现该船居然跑去了乌拉圭。原来，该船在启航时就发现局部裂缝，"吃水"较深，不敢开快，中途实在撑不下去，只能在乌拉圭修理，但修理费高达 100 多万美金。此船本就是最后一次出航，完成这班任务后，原准备开到上海崇明岛拆船，未料中途还需修理，船东想想太不划算，索性弃船跑路。然而，船上还装着宝钢的货呢！遗憾的是，该轮最终在巴西海岸沉没。一船东逃走了，中国太保又查到了二船东和三船东，且该船未支付保险费，因此到头来，还是要由中国太保来承担责任。中国太保可谓想尽办法，这包括封掉一船东的美国账户，与船东相关船级社打官司等。然而中国太保在追偿过程中，道理虽在，官司虽赢，却难以执行到位。

对于该案，林志坤曾不断反思，从中吸取教训。"如果现在再遇到这类案子，我可能不会着急打官司，而是充分调查、锁定证据，再邀请多家共同谈判，抓住各利益方的弱点，尽最大可能挽回自己的损失。"

挫折，反而加速了中国太保专业化成长之路。

中国东方电气集团，是乐长青遇见的大客户之一，由中国太保承保的是东方电气数十亿元人民币的中国制造出口项目。1995 年，中国东方电气集团与伊朗电站管理公司签定合同，为伊朗承建 4 台 325 兆瓦的火电机组，由东方电气集团全权负责火电机组的设计、供货和技术服务。这是当时我国最大的出口电气设备之一，成为中国制造打破低附加值、向世界证明自己技术实力的风向标事件。最让东方电气吃惊的是，中国太保当时的费率已经低到只有 2.5‰，这与东方电气之前合作的保险公司几乎相差了数倍。火电机组从上海出口，为此东方电气专门在上海设立了办事处。在频繁密切的合作中，对方发现，能体现中国太保专业度的不仅仅是低费率，还有各种附加服务。比如，对于海运过程中的翻船、进水等运输途中的风险，中国太保均有研究，并提出"监装监卸"等承保前后风险查勘的概念。由于发电机组大型设备无法使用集装箱运输，都以件杂货形式出口，这些件杂货大家伙如何积载才符合安全运输的要求，最为合理和安全等，这些方案都由中国太保方面替客户考虑周全。这让东方电气集团恍然大悟，中国太保保费费率之所以能那么低，皆因十拿九稳，有专业性作为底气。

因为专业，中国太保敢于给机场上保险。

20世纪80年代末，随着国门开放，外国航空公司的飞机开始逐渐在我国主要城市起降。但当时外国航空公司要求我国起降机场出具足额限额的责任险保障凭证，以此确保飞机及旅客在我国机场起降或停航期间，因机场方面原因遭受机身损失或人员伤亡时可得到足够的保险赔偿。

中国民用航空总局随即向国内主要保险公司征询，确保国内主要机场能提供符合国际标准的机场责任险。对此，中国太保给予积极响应，公司领导亲自挂帅，由国外部和再保部精兵强将组建项目团队，引入消化国际航空险市场的相关条款措辞，钻研有利于中国民航的最佳投保方案，最终确定了由民航总局作为投保人，组织国内主要机场统一投保，以一张大保单的方式承保所有机场运营风险的保险方案，获民航总局充分认可。

1992年1月，民航总局与中国太保总公司签署了我国第一张符合国际标准的机场责任险大保单，向中国太保投保包括北京首都、上海虹桥、广州白云、成都双流和沈阳桃仙在内的五家机场的责任险，填补了我国航空保险的一项空白。

此后，中国民航机场责任险大保单历经变化，在1998年由一张分为两张，2016年又合并为一张。目前，中国民航机场责任险大保单承保了国内162家机场的责任险，由中国太保和中国人保共保，轮流担任首席。

"小舢板"的担当

时间倒退到1991年，尚在褪褓中的中国太保，就已经承担起客户在1991年全国特大洪灾中巨额损失的赔付责任。这是"小舢板"的担当。

1991 年 4 月，中国太平洋保险公司刚刚迎来公司开业。3 个月后却听闻噩耗——1991 年 7 月初，苏南地区遭受百年不遇的特大水灾，给企业生产和居民生活造成巨大损失和困难。

这对于开办保险业务不久的无锡公司而言，是一次严峻的考验。

当年，无锡公司规模不大，保费收入只有 400.15 万元，人员也少，仅 16 名员工。尤其是外勤员工，他们不仅要展业，还要做理赔，从查勘到定损，再到整理查勘报告做赔案，都是独自完成。

洪灾来临后，无锡公司迅速组织救灾查勘队伍，员工们发扬不怕苦不怕累和连续作战的精神，开展查勘理赔工作，深入受灾企业的生产车间和物资仓库，逐一查勘，掌握第一手资料。当时，无锡受灾非常严重，无锡公司员工们对许多受灾企业的查勘，都是划着小船进入厂区。他们有的身体浸在没及腰部的污水里，忍着刺鼻的异味，一待就是几个小时，而有些机油粘在皮肤上，油腻好几天都洗不干净；有的员工白天忙查勘，深夜做案卷，废寝忘食，夜以继日。

无锡地区的严重灾情，也引起了上级领导的高度重视，时任交行总经理、中国太保董事长戴相龙致电慰问，中国太保总经理助理施解荣、中国太保上海分公司总经理诸清、副总经理米安昌等先后赴无锡指导救灾理赔工作，要求无锡公司发挥优势，尽力为企业排忧解难，并请交行追加贷款指标，专项用于受灾企业恢复生产。

因此，按照"主动、准确、迅速、合理"的原则，无锡公司的员工们硬是在不足一个月的时间里结清赔案，使 1000 多家受灾企业和居民家庭及时得到经济补偿，共计赔款 923.4 万元，赢得了社会各界的广泛好评，打出了中国太保的品牌。这种"不服输，敢担当，勇拼搏，有作为"的精神也就此深深根植在中国太保人的心中。

1991 年 12 月 7 日，中国太保总公司发出《表彰 1991 年抗洪救灾理赔工作先进集体、先进个人、积极分子的决定》。无锡公司吴国荣被评为先进个人，范帆被评为积极分子。

"小舢板"正是在担当中，练就了抗击风浪的能力。

1995 年初，中国太保又面临一桩棘手的赔案，这次金额着实巨大。此前，中国太保独家承保了由美国休斯公司生产、中国长城工业公司发射的一颗卫星，即亚太二号卫星。但不幸的是，该卫星 1995 年 1 月 26 日升空时发生爆炸，造成星箭全损，损失达 1.6 亿美元。摆在中国太保面前的，就是这涉及 1.6 亿美元的赔偿。

当时很多人向中国太保抛来怀疑的目光，中国太保到底能不能熬过这一关？但事实上，在那次卫星的承保工作中，中国太保已经做了充分的分保和再保工作。由此，中国太保非常自信地回应那些怀疑者："我们既然保得了，当然也赔得出！"

经过中国太保理赔团队连续多日的奋战，这一涉及国外多家再保机构的重大赔案提前顺利完成。根据当时媒体报道，中国太保作为承保人迅速摊回并在 50 天内兑现了全部赔款，获得了良好的信誉，在国际保险业引起了强烈反响。

可是，理赔虽已告一段落，但这一事件所带来的后遗症却在日后暴露出来。1996 年，当休斯公司和长城公司决定再度合作发射另一颗卫星时，国际上的分保和再保商对这一项目却无人问津，一旦保险的事宜无法解决，整个发射计划都将搁浅。

■ 1995 年 3 月 28 日，举行赔付亚太二号卫星损失新闻发布会

按照国际保险业的惯例，上一颗卫星发射失败后，保险公司必须提供有资格认证的调查报告，找出其失败的原因，以便于分保和再保公司评估下一次承保的方案。在 1995 年的赔案结束时，中国太保曾要求美国休斯公司提供卫星残骸，但美方以涉及重要机密为由拒绝提供。事后，中国太保又聘请国际知名的美国专家组成专家小组，对卫星发射失败的原因作研究报告，但报告也因同样的原因，美国政府不允许向美国以外的保险公司详尽披露。

时间紧迫，中国太保只好联络协调中国长城公司、美国休斯公司、国际分保和再保商的代表坐下来开会磋商。会议地点定在德国的慕尼黑——慕尼黑再保险公司总部所在地。会上，各方唇枪舌剑，经过长时间的讨论，终于在未涉及重要机密的前提下，就发射失败的原因形成了共识，关于国际分保和再保也达成了口头协议。

另一方面，在国内，国务院也紧急召集国内的各家财产保险公司，要求大家积极参与分保，促成这一项目。

就这样，经过多方面的共同努力，这一"难产"的保单最终在中外多家保险机构的携手合作下完成。

1996 年 2 月，中国太保再次承保亚太通信卫星，保额折合人民币 23 亿元。中国太平洋保险公司和香港亚太通信卫星有限公司在上海签署了亚太 1A 号通信卫星发射、在轨运行保险及第三者责任保险保单，保额分别为 1.3 亿美元和 1 亿英镑，折合人民币 23 亿元。此次卫星发射采用美国休斯公司制造的 HS376 型通信卫星和我国自行研制的长征三号运载火箭，定于 1996 年 3 月在西昌卫星发射中心发射。

而这一案例也为我国的航天保险事业积累了宝贵的经验。再到 1997 年，由国内的数家中资产险公司和再保险公司组成的中国航天共保体成立。这其中，中国太保的积极作为无疑起到巨大而关键的推动作用。

大江流日夜，慷慨歌未央。中国太保"老人"们在回顾创业峥嵘岁月时，都不免激动落泪。千淘万漉虽辛苦，吹尽狂沙始到金。哪怕只一点星光，也有燎原的志气，仅一道缝隙，便有破冰的机会。如此积少成多、积厚成势，白纸般的交通银行保险部，如今已是全球舞台 C 位亮相的世界五百强。

三十年白驹过隙，站在"两个一百年"奋斗目标的历史交汇点，中国太保"十四五"蓝图已谋定，中国太保下一个三十年已掀开序章。

这是属于中国太保的新时代，新时代是奋斗者的时代；这是属于中国太保的新征程，新征程是追梦人的征程。

（作者：李晔）

第三节

"分灶吃饭"藏变数

中国太平洋保险公司呱呱坠地后的头一个 10 年里，按照国家监管要求积极推进产、寿险分业经营体制改革，一直是它牢牢秉承的历史使命。产、寿分业，分出了新团队、新模式，形成了新理念、新机制，开辟了新路径、新天地，为中国太保后来的健康发展夯实了基础。

1995 年，全国人大常委会颁布了新中国建立以来第一部保险业基本大法——《中华人民共和国保险法》，明确规定："财产保险业务和人身保险业务实行分业经营和管理、同一保险机构不得同时兼营财产保险和人身保险业务。"也就是说，从事财产保险业务的保险公司不能从事人身保险业务；从事人身保险业务的保险公司不能从事财产保险业务。

改革开放以来，我国每一项改革动作似乎都伴随着新的法律法规条例的颁布，两者也互为因果。然而，生产力决定生产关系从来是颠扑不破的真理，回过头来看，尽管产、寿分业经营体制改革是防范金融风险的行业监管需要，但事实上，这一改革举措的"助推器"却是来自保险行业自身发展的"变量"。

山雨欲来的时刻

1992 年 9 月 25 日，美国友邦保险公司作为中国内地引进的第一家外资保险公司，在上海设立了分公司，并率先将寿险代理人机制引入中国。当年底，友邦培养出中国内地市场第一批 36 位寿险营销员，成为上海滩最早的"跑街先生"或者"跑街小姐"。

彼时，友邦就是一头狼，而且是突然闯入羊群的野狼。它引入的寿险个人营销，锋利无比，开启了中国保险营销的一个新时代，这成为那时影响中国保险行业的最重大事件，也让早在 1991 年成立之初就开始涉足人身保险的中国太保，感受到了扑面而来的竞争压力，有了刀刃向内的"分"的动力。

其实，自 1991 年中国太平洋保险公司成立以来，他们发展人身保险业务的步子并不算慢。当年，中国太保的人身保险业务主要以团体人身保险和团体意外伤害保险等短期产品为主，销售渠道主要是在企业财产保险业务拓展的基础上，面向团体客户销售。中国太保成立的第一年，人身保险费就实现了收入578万元，共开办了17个人身保险产品。

1992年，中国太保人身保险保费收入逐步增长到7800万元。该年6月27日至7月1日，总公司在吉林长春召开第一次国内人身保险工作会议，分管业务的副总经理作了名为"积极开拓人身保险业务，为人民群众和经济建设、改革开放服务"的工作报告，会议还讨论了《人身险业务汇编》和《人身险实务手续规定》两个文件。

到1993年，全司人身保险保费收入猛增到3.6亿元，开发的人身险产品（险种）也发展到40个。尽管如此，这笔保费收入占全部业务收入仅18%，占国内市场份额也仅1.4%。

伴随着改革开放不断深入，建立社会主义市场经济体制的各项重大改革措施正在陆续出台；随着人民群众生活水平不断提高，人们的消费观念和消费结构有了新的变化，以生命、健康为内容的人身保险需求也在不断增加……在这一新的时代背景下，中国太平洋保险公司迎来了新一任董事长王明权。

■ 2021年1月21日，中国太保前董事长王明权接受解放日报社采访

王明权曾经担任过武汉市副市长，时任交通银行副董事长、行长，作为一名有着丰富阅历和广阔视野的领导者，"胸怀大局、把握大势、着眼大事"一直是他从事各项领导工作的"定盘星"。顺应新的行业竞争态势，大力推动人身保险业务的发展，毫无疑问成为他到任后的首要工作。

在各种重要会议上，他都会反复强调："人保、平安等一些国内保险公司目前人身保险业务占整个业务已经达到30%—50%。世界上整体寿险业务已经超过了非寿险，在亚洲地区，寿险业务占比更高，达到70%多，在日本达到80%。中国有12亿人口，是世界上最大的人寿保险市场，中国市场被国内外各家保险公司看好，中国太保作为第二家全国性综合保险公司，在这种形势面前，应该紧紧抓住这一历史发展机遇不放，切实把发展相对滞后的人身险业务搞上去。不进则退、慢进则汰，我们不能错失这一机遇。"

1994 年 3 月 29 日—4 月 3 日，中国太平洋保险公司 1994 年度国内业务工作会议在南宁召开（被称为"南宁会议"），会议就 94 年度财产险、人身险，新险种开发与管理等问题进行了讨论。

在会上，与会人员一致认为，目前我国中、外人身险市场已形成各种新的格局，外方正进一步注视着中国潜力较大的人身保险市场，竞争愈加激烈，就我司目前人身保险业务的密度、深度以及业务规模与其他保险公司相比显得十分落后，为了实现我司至 1996 年年保费闯 100 亿大关的目标，加快发展人身保险业务势在必行。

也就是在这次会议上，中国太保明确提出了"长短结合，产寿并重"的业务发展总方向，相应的机构改革也同步启动，总公司设立人身险部。此后，28 家分公司和办事处开始陆续成立人身险管理机构。

一子落定，满盘皆活。1994 年的中国，是小平同志南方谈话后的第三年，神州大地，处处洋溢着一派蒸蒸日上、热气腾腾的改革氛围，中国城市化进程加快，城市居民收入在不断提高，作为人们安定、幸福生活的"保护神"的人身险业务的发展正逢其时，由于中国太保准确切入了这一新"赛道"，当年，公司的人身险业务开始步入全面发展。

资料显示，到 1994 年底，中国太保成立人身险机构的分公司、办事处尽管只占到总公司旗下分公司、办事处总数的 40%，但完成业务量却占到 80%。1994 年，公司人身保险保费收入 7.79 亿元，占全部业务收入比例上升到 21%，市场份额上升到 2.5%；人身险产品也由 40 个增加到 107 个。

抓住改革机遇

事实上，早在《中华人民共和国保险法》出台之前，产、寿险"分灶吃饭"的念头就一直萦绕在中国太保领导班子的心头。

为什么要"分灶吃饭"？这是因为，由于财产险和人身险承保的保险标的不同，因此，财产保险与人身保险在保险期限、保险费率、赔付方式、风险核算、危险单位划分、保险费收取以及准备金提取等方面都完全不同；与此同时，财产保险和人身保险的保险期限也不同，财产险保险期限一般为一年，而人身险中人寿保险期限一般为十年或二十年以上，周期比较长。如果允许兼营，难以保证财产保险和人身保险核算的真实性和准确性，也很难避免保险公司内部各种准备金的相互占用。长此以往将严重影响保险公司的偿付能力。

"这是一场及时雨！"《保险法》的出台，让中国太保的领导班子意识到，它正是加快人身险业务发展千载难逢的"推进器"——因为我国改革开放进程中的一个个鲜活案例都在反复说明一个事实：尽管"我要改"是内因，但它也必须有"要我改"的外因进行配合。

与《保险法》出台同一年举行的"天马会议"，势必将载入中国太保的发展史册。

王京时任中国太保苏州分公司国内部总经理，他对 1995 年 7 月 26 日至 29 日在上海天马宾馆举行的"1995 年中国太平洋保险公司第二次人身险工作会议"（公司内部把这次会议也称作"天马会议"）记忆犹新。

据他回忆，根据《保险法》颁布后的新形势，这次会议确立了中国太保人身险工作方针、政策和措施，还就佣金制营销体制改革交流了经验。而就在这次会议上，产、寿分业经营体制改革的实际操作办法——产寿险机构人员、业务管理、财务核算、资金运用、经营成果"五分开"原则被首次提出。

会上，总经理林中杰重申，把"五分开"搞好，是当前人身险发展的关键，只有做到"五分开"了，人身险的业务力量才能加强，管理才能规范，人身险效益才能得到保障。"我们不能仅仅把'五分开'看作一般的要求，它既是一项业务发展的基本措施，更是一个体制问题。"林中杰还为"五分开"明确了"时间表"：1996 年上半年各分公司、办事处要完全做到"五分开"。

"五分开"看似简单，但具体"分"还是遇到了不小的阻力。时任中国太保副总经理的施解荣坦言，当时，员工特别是中层干部，对于"五分开"的疑虑有三：一是担心人身险发展前期效益不好，而且人员增加后工资解决不了，人均利润、福利水平要下降；二是担心管理跟不上去，怕出问题；三是担心人身险搞大了总要分出去，抓不抓意义不大。

特别是一些在一线干具体工作的同志对"五分开"是有想法的，这是因为按照当时的考核体制，他们干部职工的收入要与当年的利润挂钩，行业内都知道，产险属于保险业务当中的短期业务，利润"短平快"，当年就可以结算出来。而寿险处于长期业务，前期投入大，按照国际惯例，出利润一般得 7 至 9

年以后。产险寿险"混灶吃饭"，好坏相抵，职工收入不影响，而一旦"分灶吃饭"，寿险头几年都是投入，没有产出，在这块业务干的人只能去喝西北风。

众所周知，中国太保的企业基因是"积极稳健"，尽管它是一家商业股份制企业，但它更是一家国企。中国太保自诞生起，任何一次改革都不以侵害职工利益和股东利益为交换。

"天马会议"上，公司领导对一线干部职工的呼声及时进行了回应：在人身险财务核算方面，总公司已制定《长期人身险会计核算暂行办法》并开始实施，基本实现了产寿险账务分开，并在此基础上，将人身险业务资金按安全性、收益性、流动性原则进行运用，保证公司具备足够的偿付能力；总公司人身险部还对部分分支机构业务经营状况进行试点性的考核，对各分支机构历年长期人身险业务进行了首次精确计提责任准备金的测算，这些工作为今后对人身保险业务经营状况进行单独准确的核算打下基础。

1996 年 10 月，中国太平洋保险公司 1996 年第二次全国人身险业务工作会议在北京市举行。会议研究制定加快人身险业务发展的措施，安排部署下阶段人身险工作。因这次会议在北京农业银行培训中心红螺园宾馆举办，被称为"红螺园会议"。

■ 1996 年 10 月 9 日—11 日，中国太保第二次人身险工作会议在北京怀柔红螺园宾馆举行

"红螺园会议"的历史意义不亚于"天马会议"。"'天马会议'是推动大家去做寿险，而'红螺园会议'要求全系统建立寿险部门，做到机构分开。寿险经营不再停留在试点，而是全面开办。"据太保寿险营销管理部第一任负责人赵荣年回忆，"红螺园会议"进一步明确了产寿险在机构人员、业务管理、财务核算、资金运用、经营成果上的"五分开"。

——机构人员的分开。第一，凡是没有单独成立人身险部的，要在一个月内分设完毕，不能再搞一套班子，两块牌子。第二，在机构分开的基础上，要配备必要的管理人员，包括专职的统计、会计，有条件的还可以配备精算人员。第三，人身险部门分开后，必要的职数要到位，不能只有机构没有人。

——业务管理分开。第一，要求凡是能与财产险分开的人身险业务，例如寿险、短险，包括国内部、国际部做的，包括基层做的业务，都要归口到人身险业务部门管理，至于那些分不开的，就算在财产险里了。第二，作为人身险部，不仅要管理好自己直接展业和代理业务，还要对其他部门搞的人身险业务加强指导和把关，从展业到理赔到资金运用，都要很好管理。

——财务核算分开。第一，要求统一按照《人身险会计核算暂行办法》的要求来管理人身险。真正做到与产险分开核算。这里要重点指出的是，要正确提取责任准备金，正确合理摊销费用。第二，意外伤害险要直接并入人身险部进行归口核算，统一计算盈亏。第三，要马上下达一个会计核算的补充办法，保证核算的准确性，财会人员要严格履行人身险的财务会计制度和准则。

——资金运用分开。也就是说对人身险业务历年提取的责任准备金和当年产生的可运用资金，按照与财产险分开运用的原则，人身险部要加强监控，认真进行资金运用的管理，保证回收资金产生的效益，一般来讲，不要低于三年期定期存款利率。对大额资金运用，要认真审批。

——经营成果分开。通过上述的几项分开的落实，要保证经营成果的完整和正确。从1996年开始，要对人身险业务计算盈亏。随着管理的加强，"五分开"的落实，各司、处人身险部的财会统计和报表的汇总也要分开，既要上报分公司的计划财会部，同时要上报总公司人身险部，到一定的时候，进一步调整这个做法。

会上，施解荣强调："在盈亏的问题上，大家不要顾虑太多，早抓主动、晚抓被动、早抓早得益、晚抓晚得益，我们千万不能再错失时机了。"

火车跑得快不快，关键看坚强领导。会上，他又特别强调了一把手全面负责的问题："凡是人身险计划完不成，或者'五分开'不能落到实处，分管领导没有正常原因迟迟不能到位的，有关分公司的一把手要负主要责任。""产险搞得好，寿险上搞不好，该罚的还是要罚。"

"就在红螺园会议之后，我的调令也下来了，总公司调我到上海担任人身险部营销处处长。"王京说道。

当时，由于国内各大保险公司都在大力开拓人身险业务，因此保险精算人才非常紧缺。非常幸运的是，中国太保总部地处上海这一金融人才高地，人身险部成立后，总公司从银行专科学校、复旦大学、湖南财经大学等高校，招募了一批精算骨干。如今这批干部，绝大多数都走上了总公司的各级领导岗位。

发展快马扬鞭

"五分开"，意味着寿、产险业务"分灶吃饭"的时代终于来临，体制机制的束缚解决之后，人身险业务迎来了集约化、专业化的加速发展，由此释放出惊人的生产力。

"五分开"后，当务之急是要建立一套适合于寿险业务发展的软件系统。1996 年 9 月 16 日，王京正式上任。他说，1996 年 9 月从苏州来到上海之后，将近一年，他就直接睡在人身险部在衡山宾馆租借的办公室。"'五分开'千头万绪，建立起专属信息系统是'牛鼻子'。"

"拿最简单的信息化应用来说，以往我们各地分公司为寿险客户出具的保单和发票看上去面目都各不相同，甚至有客户以为是拿到了假保单前来投诉。而统一的信息系统建立后，就让各分公司、办事处的业务流程按照总部人身险部的统一规范，对外一个'手势'。新版的人身险软件系统，涵盖核保、收费、出单、保单保全、理赔给付、客户服务等人身险业务处理和寿险营销人员管理两个子系统，为公司强化集中管理、防范风险打下了扎实的基础。"

更让他骄傲的是，这套自主研发的软件系统，为日后享誉全国同行的太保寿险 P10 项目的开发奠定了基础。若干年后，P10 项目得以成功实施，太保寿险从此实现了真正意义上的业务数据大集中和应用系统大集中，为整个集团全面实施以客户需求为导向的战略转型"如虎添翼"。

"五分开"是一场改革，而改革有没有效果，关键看能否释放出生产力。

"分灶"吃饭后，中国太保的人身险业务走上了专业化发展轨道，总公司挖来的那些保险精算行家里手，精心设计出的各款人身险产品一炮打响。

从最早的"老来福""步步高""少儿乐""福禄寿"生命全周期关怀产品，到后来"太平盛世长泰安康 B"寿险、意外险、健康险的组合险系列，再到1999 年在中国首发的万能寿险……据一位老员工讲，当时几乎每一个人身险产品都叫好又叫座，在国内寿险行业写下了浓墨重彩的一笔。"当年，在河北、山东，甚至许多客户就直接把太保公司叫做'长泰 B'公司。"他不无自豪地回忆道。

数据显示，1995 年，中国太保的寿险营销在部分城市试办时，人数不过2000 人，业务收入不足 3000 万元，仅占人身险保费收入比例 2%。1996 年，全公司加强了营销工作力度，到年底营销员人数已经达到 3 万人，业务收入

5.8 亿元，占比提高为 17.91%。

而"五分开"之后，在中国太保历史上最要留下一笔的是建立了一个符合寿险业务发展规律的寿险代理人制度。

1996 年北京红螺园召开的中国太保人身险工作会议上，施解荣宣布，为促进中国太保寿险营销事业的发展，鼓励佣金制营销员创造佳绩，拟召开中国太保首届寿险营销工作群英会，他还宣布，将在群英会上向优秀代理人颁发"蓝鲸奖"的荣誉称号。

寿险行业举行一年一度的优秀代理人表彰大会，这在中外保险业界是惯例。它最早源自美国保险行业"百万佣金收入"大会，当时国内其他保险公司，沿用我国港澳台地区的称呼，也把它叫做"峰会"。为何中国太保把它叫做"群英会"呢？这是因为一提到"群英会"，人们就会联想到劳模进京接受表彰，公司认为，一名优秀的保险代理人，给客户和企业都带来价值，同样也是推动企业和保险行业发展的英雄和模范。

中国太保优秀代理人的荣誉称号"蓝鲸"又有怎样的故事？一位老"蓝鲸"说，因为公司叫做"太平洋"，太平洋里最大的动物是蓝鲸，它身姿矫健、劈波斩浪，是大海中的王者，以"蓝鲸"来命名优秀业务员，就是在发扬光大他们身上一往无前的冲劲和韧劲。此后，为表彰连续多年获得优异业绩的营销精英，群英会又设立了"蓝鲸奖终身会员"奖项，这也是中国太保寿险营销员的最高荣誉。

半年后的 1997 年 3 月 15 日，对于为公司创造了辉煌业绩的营销英雄们来说，中国太保言而守诺，中国太平洋保险公司首届寿险营销群英会在海口正式举行，这既是对英雄们辛勤劳动的回报与表彰，更是各路英豪们交流经验、沟通信息、充满希望迎接挑战的一次精神聚会。

■ 1997 年 3 月 15 日—18 日，中国太保首届寿险营销群英会暨 1996 年度寿险营销业务表彰大会在海口市举行

经历过首届群英会的中国太保人至今津津乐道当年的盛况。

那天，海口市宝华海景大酒店门前，悬挂着数十条"热烈欢迎中国太平洋保险公司寿险营销真心英雄"的红黄标语，走进大会的举办地宝华厅，入眼是两条醒目的条幅："瞻五指，饮万泉，光大红军传统；唱凯歌、展宏图，聚会天涯海角"，台下就座的是从四万多名热血营销健儿中涌现出来的 10 个先进集体的代表和 48 位优秀营销员、优秀营销主管。他们之中，年龄大的已届不惑，年纪小的，则不足 20 岁。常州分公司的唐春赟和她的领导孙克裘相差近一代人，但营销事业却使各色各样的人生奏响了相同的乐章。

在雄壮欢畅的《拉德斯基进行曲》的伴奏中，获奖者在礼仪小姐的引导下依次上台，接受鲜花、掌声、获奖证书和中国太保寿险营销蓝鲸奖章。一级蓝鲸奖章获得者、北京分公司的张英，代表 58 名来自全国各地的寿险营销同仁，宣读《倡议书》："我们幸运地赶上了中国寿险迅猛发展的大潮，在拓展关爱他人的寿险营销工作中，不仅成就着我们的事业，而且造就了我们百折不挠的气质；我们既是拓荒者，又是铺路石，更是爱的使者。"二级蓝鲸奖章获得者、扬州分公司的华英葵在获奖之后，动情地说："此刻，我想，要是我再年轻 20 岁该有多好！"

"当你改变你的期望时，你改变了你的态度；当你改变你的态度时，你改变了你的行为；当你改变了你的行为时，你改变了你的一生。"首届寿险营销群英会上，培训讲师的谆谆教导，让学员们如沐甘霖。会后，越来越多有志于中国太保寿险营销事业的人士，从四面八方各行各业跨入中国太保的佣金制营销员行列。

2021 年，中国太保迎来 30 华诞，群英会也已经召开了 25 届。每逢群英会，来自全国各地的销售精英欢聚一堂，共享成功喜悦，交流经验与感受。群英会通过表彰先进，激发员工热情，弘扬团结协作和主人翁精神，成为中国太保企业文化的重要组成部分。

开启新的局面

中国太保的产、寿分业经营体制改革，始终得到各大股东的关注和支持。企业与股东们拧成一股绳，对各种改革方案的可能性进行充分酝酿、反复权衡，这也从又一个侧面体现了中国太保"积极稳健"企业文化的可贵之处。

1996 年 7 月 18 日和 12 月 4 日，中国太保两次召开常务董事会会议，研究对公司业务管理体制作进一步调整的问题。

与会代表一致认为，为了深入贯彻《保险法》关于产寿险业务分开经营、分业管理的要求，大力推进公司人身险业务的发展，必须进一步加强对人身险业务的管理力量，以切实推动"五分开"的落实，为下一步实行产寿险分业经营改革打好基础，做到水到渠成、平稳过渡。

会议同意，公司人身险部扩展为综合管理、业务管理、营销管理三个部；分公司、办事处则应根据人身险业务规模和今后的发展需要，逐步设立对口部门，以切实加强对人身险的业务管理。

■ 1997 年 8 月，中国太保寿险业务经验交流会在北京举行

1997 年 8 月，公司在北京举办了一次人身险业务经验交流会，对分公司落实"五分开"所取得的经验和成效进行总结交流。在此基础上，当年 12 月，中国太保又一次常务董事会议举行，审议的重点依然是产寿险分业经营改革方案。会上，董事们一致认为，通过组建集团公司的形式来实施公司产寿险分业经营的改革，是一个比较好的模式。

在充分听取董事的意见后，中国太保董事长王明权总结发言时宣布，改制后的中国太平洋保险（集团）公司仍为全国性商业保险企业，下设中国太平洋财产保险股份有限公司和中国太平洋人寿保险股份有限公司，加上原已设立的中国太平洋保险（香港）有限公司和中国太平洋（美国）服务公司，共有四个子公司。

1998 年，第二届董事会第四次会议召开，这次会议再一次认真研究了下一阶段将要进行的分业经营改革问题。会上，还传来令人欣喜的数据，王明权自豪地向董事们透露："经人总行批准的国内 78 家中国太保分支机构当中，已有 70 家设立了单独的人身险部。全系统现有人身保险业务经营管理人员 1360人，占员工总数的 22.7%。"

2000 年 9 月 22 日，新华社发电文向全国、全世界发布了这一重大信息："根据国务院和中国保监会的要求，中国太平洋保险公司将在年内完成产、寿险分业经营体制改革。"

详细的电文内容为："日前举行的太保分业实施工作会议透露，现中国太平洋保险公司将改为中国太平洋保险（集团）股份有限公司，并在全资控股现太保公司财产险和人身险业务基础上，分别设立中国太平洋财产保险股份有限公司和中国太平洋人寿保险股份有限公司。

"太保集团将直接对原太保公司284家股东的权益负责。集团不直接经营保险业务，主要履行研究制定集团发展战略和长期规划、年度经营目标和计划、资产管理和监督、投资和资金运用，电子信息技术的统一开发和应用管理、再保险业务、涉外事务等，并负责对太平洋产、寿险公司领导干部的管理。现太保公司产、寿险业务的债权债务也将彻底分开。

"太保集团承接现太保公司在中美合资的太平洋安泰人寿保险股份有限公司及其他境外机构的投资者权益，并作为投资人对太平洋安泰及太保境外机构实施监督和管理。目前，太保公司正在由下而上逐级实施各地分支机构的分业改革……"

2001年，中国太保步入成立后的第十个年头。5月10日，它迎来历史上一个值得永远铭记的日子。中国太保对外郑重宣布：经中国保监会批准，中国太平洋保险公司已顺利完成产、寿险的分业经营，中国太平洋保险（集团）股份有限公司控股设立中国太平洋财产保险股份有限公司和中国太平洋人寿保险股份有限公司。

在成功地实施分业之后，中国太保的业务增势强劲。2001年，中国迎来了"十五"规划的第一年，也是中国太保分业经营的第一年。这一年，中国太保保费收入228.56亿元，同比增长49.91%。太保寿险全年保费收入达到143.43亿元，完成年计划143.43%，比上年增长70.68%，比行业平均增幅高28个百分点，市场占比从上年的8.43%提高到10.07%，其中，个人寿险传统业务保费收入55.95亿元，完成计划112.03%，比上年增长33.9%。到2001年末，太保寿险的营销员更是达到了历史性的14.43万人，比上年末增加8.1万人，增长127.8%。

不仅如此，中国太保分业经营后的第一年，公司在新人大幅增加的同时，保持了人均产能的提高，在加强营销建设的同时，加大与兼业代理机构和专业代理机构的合作力度，开展电子商务网上销售业务，形成多渠道、立体型的销售网络，同时，中国太保还与四大国有商业银行、部分股份制商业银行、国家开发银行、国家邮政总局签订了全面合作协议，与大的保险经纪公司、代理公司、公估公司等之间建立了业务合作关系。

时任中国太平洋保险（集团）股份有限公司党委书记、董事长的王国良自豪地表示："2001 年是中国太平洋保险公司发展史上的一个重要里程碑，随着产寿险分业经营体制改革任务的完成，中国太保进入集团化管理、专业化经营、市场化运作的健康发展轨道。"

（作者：吴卫群）

第四节

到中流击水

20 世纪末，中国太保已经小有规模。截至 1997 年底，成立不过六年的中国太保已经在全国设立了近 60 家分公司、300 多个支公司和办事处，并在美国和中国香港设有两家境外子公司、在英国设立了境外代表处。与此同时，中国太保在世界上 90 多个国家和地区的 180 多个主要港口和城市聘请了保险检验、理赔、追偿代理人，与国际保险界建立了广泛又密切的业务关系。

不过，飞速发展也引发一系列问题。1998 年早春的北京，在一场高规格会议上，有中央领导问时任交通银行行长、中国太保董事长王明权："你怎么还来北京开会，不回去处理太保的事吗？"之所以这么问，是因为中国太保正面临财务困境：不良资产高企，严重影响到公司的持续经营能力。

一边是飞速发展形成的全国乃至全球保险网络，另一边却是岌岌可危的财务状况。此时的中国太保，何去何从？

"太保是一级法人，只有一个领导"

1998 年 3 月 6 日——这是中国太保前董事长王国良记忆犹新的日子。当天晚上，职务还是交通银行计划部总经理的王国良接到交通银行党组秘书的电话，要求他列席第二天召开的交通银行党组会议，"照理说，我不是党组成员，不应该参加这个会议，当时就觉得，有事情要发生。"

第二天上午，王国良按时达到会议室。王明权向党组成员传达了中央领导对中国太保的最新指示，主要有关中国太保的资金安全和偿付能力。多年后回忆，王国良还记得，中央领导的指示中有一句话："保费是老百姓的血汗钱。"当时，列席会议的王国良意识到，让他了解中央领导对中国太保的指示，恐怕是因为自己的工作将与中国太保更加紧密地结合在一起了。

果真，当天下午，王国良就收到了任命通知，他将担任中国太平洋保险公司的党组书记、总经理，3 月 8 日到岗。

对于交通银行党组的这个决定，王国良并不意外。他从 1993 年开始担任中国太保的常务董事，对中国太保的业务不算陌生。从个人经验看，他对经济很熟悉，又担任过地方行政管理者，属于业务和管理两手都很硬的角色。所以，组织安排他管理当时的中国太保，可以说是知人善用；对他而言，则是临危受命——当时的中国太保，迫切需要一番改革。

自成立以来，经过七年的发展，中国太保已成为中国第二大保险机构，业务遍及全国各地，并且创下多个"全国首创"甚至"世界首创"。以中国太保旗下的上海分公司为例，第一个为上海人大、政协"两会"提供保险服务；第一个承保国内返回式卫星和发射铱星保险及其第三者责任险；第一个推出"非正规就业人员综合保险"。同时，中国太保为当时国内最高的金茂大厦提供了建筑安装、企业财产保险，也受理了上海最大的企业财产保险理赔案。"太平洋保险"已经成为中国保险界响当当的品牌。

但从整体看，中国太保面临严峻的内外形势。当时，中国保险业刚刚起步，保险制度还不完善。对中国太保来说，一边是快速发展暴露出的管理短板，包括流动资金、偿付资金等都出现短缺，这也是中央领导关心中国太保资金安全的最大原因。另一边却是日渐开放的市场环境，如果太保不能夯实根基，很难面对经验更加成熟的海外同行的正面竞争。

这个时候，恰恰需要一位新的掌门人，用"新官上任三把火"的劲头，为中国太保新阶段的发展明确方向。作为中国太保的主管企业，交通银行也对王国良给予充分信任。在前往中国太保任职时，王国良对王明权提了一个要求：不要干涉中国太保的组织人事。王明权一口答应："绝不干涉太保的人事任命。"

就这样，3月8日一早，王国良坐进了太保总部的办公室。

中国太保前期积累的问题，在王国良上任后第二天就爆发出来：时任计划财务处负责人叶文燕找到他，表示当月太保总部员工的工资发不出来了。有意思的是，就在10天前，她才找过王国良贷款，希望交通银行能够贷10亿元人民币，以缓解中国太保流动资金不足的问题。当时，王国良拒绝了，原因很简单：保险公司的资金稳定性要比银行强，怎么会没钱？可事实上，中国太保的流动资金真的紧张，总部员工工资都发不出了。

那么，中国太保的流动资金到底去了哪里？粗粗梳理，有多个原因：一是不良资产占用严重，主要是前几年的投资或是闲置，或是无法收回。二是固定资产占用现象严重。按照规定，保险资本的建设投资总额不能超过净资产的50%，但当时中国太保总共投资了22栋办公楼，价值几十亿元人民币。办公楼建设周期太长，引发资金周转困难。三是业务经营亏损严重。四是公司内部机构之间横向往来较多，公司内部存在三角债。五是业务水分较多，部分分支机构的实际业务数据与业务报表有一定差距。六是部分分支机构的产寿险资金相互占用情况比较严重。七是部分分支机构退保数额较大。

更深层次的原因，在于中国太保虽然是一级法人，但在成立初期延续了交行的二级管理模式，分支机构主要负责人由各地方组织部门协管，业务管理、财务管理、资金管理、项目开发、人事任免等权限很大。结果，部分分支机构频繁出现呆账、坏账甚至假账，还有部分业务员与客户串通起来骗保的情况。

由此可见，当时中国太保所面临的，不仅是要按时给员工发工资，还要走出现金流困境，更要梳理原先的体制机制，从根本上走出发展困境。

王国良看到了其中的原因，所以采取了两步走：第一步，请上海分公司先汇款2000万元，缓解发工资的燃眉之急。因为相比其他地区，上海分公司业务模式较为成熟，资金相对宽裕。第二步，明确各地分支机构的业务、财务、资金全部实行统一管理——这也是后来不仅决定了太保的命运，并且推动太保规范、健康发展的重要一步：业务、财务、资金三集中。

其实，在宣布任命决定的太保中层会议上，王国良的讲话就展示出"新官"的管理方向。他提出，一要正确看待太保目前的形势，振奋精神，增强信心，克服困难，把握时机，发挥优势，稳健发展；二要加强管理，严格防范风险，把风险管理放在各项工作的首位，特别要进一步加强资金运用等内部管理；三要严格实行董事会领导下的总经理负责制；四要一着不让地抓好当前各项工作，努力完成当年的各项业务；五要坚持两个文明一起抓，当前特别要抓好反腐倡廉工作。

这一"就职演讲"在中国太保上下引发震动，因为讲话直指中国太保的各种弊病。所以，在解决员工工资发放问题后，"三集中"变成了一项项具体的措施。部分中国太保的老员工还记得，针对当时各地分支机构各自为政的现象，在当年4月3日的总公司全体员工大会上，王国良强调，必须强化一个法人体制，加强总公司建设。他还通俗易懂地解释："中国太保是一级法人，只有一个领导，不能人人都做领导，所有的资金都要上交。"

　　从 5 月下旬开始，王国良、邵党娣、施解荣、乔林、金文洪等管理层分别带领各有关部门负责人，组成 66 个调研组，赴各分支机构调研防范和化解经营风险以及业务发展的情况。6 月 26 日，王国良在调研情况汇报会上再次明确，当前中国太保着重要解决六个问题：风险防范和化解问题、业务发展问题、产寿险一体化管理问题、完善一个法人二级管理问题、领导班子建设问题，以及总公司建设问题。

　　彼时，中国太保还对内发布了《中国太平洋保险公司资金管理办法》《关于正式实施资金集中统一管理和印发〈资金集中统一管理实施细则〉的通知》等文件，明确提出中国太保要实现全系统资金的集中统一管理，提高资金运用过程中的风险防范能力，保证一个法人体制的正常运行以及公司重大项目与正常业务的资金需求，减少沉淀资金，提高资金使用效益。

　　中国太保还明确，"三集中"的要求适用于各省会城市、直辖市、计划单列市分公司以及有关地市级分公司、支公司、办事处。

　　以资金集中统一管理为例，总公司资金调度中心全面负责全公司的资金监控、调拨、结算等管理工作。各分公司及分支机构应指定具体职能部门与专人负责本司处内部的资金管理工作，并接受总公司资金调度中心的管理和监督。实行集中统一管理的资金包括报废资金、资本金（包括营运资金）、未分配利润、公积金、公益金、责任准备金、未决赔款准备金、保险保障基金等各项非保费资金。

　　对于违反"三集中"规定的，也有惩戒方案。例如，分公司、支公司或办事处未落实资金统一管理要求，总公司视具体情况，分别给予内部罚息、停止固定资产购置、缩小经营核算范围等不同程度的处罚，并追究有关领导和当事人的责任。

■ 1999 年公司年度工作会议

　　王国良也不止一次地在内部会议上强调，资金集中管理是一个法人体制下加强管理、防范风险的重要手段。只有集中管理，才能保证全公司业务的正常运行，才能在遇到重大灾害、重大赔案时保证赔付，以维护公司一个法人的对外形象。

管理层的调研、不断强调的"一个法人"原则，以及具体细致的"三集中"实施方案，各个分支机构的资金、业务和财务管理权逐步上交。对一家已经小有规模的保险公司来说，太保总部在核保核赔、产品开发等方面都有对应的专业人员团队；不过与企业发展速度相比，原有团队的业务能力出现脱节。随着"三集中"的推进，总部在约束分支机构的同时，也开始扩充专业人员队伍，并积极推动 IT 系统建设，进一步实践统一管理、科学管理。

大约一年后，"三集中"初见成效：分支机构随意动用保费、开发产品、投资项目的现象基本消失。

多年后，王国良在回忆作出"三集中"的决定时说，"当时，并没有'三集中'的说法。但后来有效果了，大家归纳出了这个说法，而且在行业中推广。可以说，中国太保的'三集中'是在当时情况下被逼出来的决定，但中国太保也是将'三集中'做得最彻底的一家保险公司，在中国保险企业现代化管理上进行了积极探索。可以说，乱象把中国太保逼上了绝路，绝路把中国太保逼上了正路。"

分业经营怎么分？

2000 年 9 月 16 日《解放日报》第四版上有一条 200 多字的小消息，背后却是中国保险业正在进行的一项事关未来发展的改革。

这篇消息的标题是"两家保险公司准备上市"，内容包括："从有关方面获悉，中国太平洋保险公司和中国平安保险公司正在为上市做准备，而分业经营是这两家保险公司上市的先决条件。据了解，太平洋保险和平安保险的分业经营及重组已分别进入方案实施阶段和报批阶段。太平洋保险将改组成集团公司，集团公司下设两个子公司，即产险公司和寿险公司，主要经营保险业务，预计具体实施工作将在年内完成……"

毫无疑问，"分业经营"是这篇新闻报道的关键词。

2000 年初，按照国务院和保监会要求，中国太平洋保险正式启动产、寿险分业经营机构体制改革。为了表达贯彻落实分业经营要求，中国太保还向社会公开宣布要进行分业经营，并明确将实施"产险上市、寿险合资"的发展计划。

不过彼时，中国太保还在"三集中"的进一步梳理完善和巩固中。此时要进行分业经营，分得了、分得好吗？

当时，国内已有保险公司先于中国太保启动分业经营改革，主要遇到两个问题：一是高级管理人才不够分。原先一家分支机构要分成两家公司，总公司要分成三家公司，而且高层管理者不能兼任，高级人才势必要翻倍。短时间内，人才从哪里来？二是资产分配的问题。各家保险公司都有大量子公司及各级分支机构，有些公司独立核算为负资产，这样的子公司分给谁？

此外，还有公司内部情绪稳定协调的问题。保险企业开展分业经营是"摸着石头过河"，大家不知前途如何。"去哪里""去做什么"等，几乎萦绕在每个人的心头。

在"吃透"分业经营的要求并仔细梳理中国太保的资产和人才现状后，中国太保首开先河，提出"资产从上往下分，干部从下往上分"，以及"先分资产再分人"的分业经营操作方式——将资产与人员分开分配，资产与人员不对应，而且先分配资产，再分配人员，高级管理人才最后分配。这样，哪怕是被分配的干部，也不知道自己会去哪家公司，就不会存在"好资产带了走，坏资产分出去"的想法。

当年9月10日至12日，"中国太平洋保险公司分业经营机构体制改革暨思想政治工作会议"在上海召开。王国良作了主题为"高度统一思想、统一工作步调，成功实施产寿险分业经营改革方案，确保年度计划经营目标的全面完成"的报告。会议全面部署了公司分业经营机构体制改革工作和思想政治工作，而核心就是"资产从上往下分，干部从下往上分"。

果真，这一分业经营方式很奏效。中国太保进行分资产和分人员的过程非常顺利，没有一个管理人员带头闹事或者"打小九九"。而且分业经营还成为中国太保考察人才的机会，那些能做事、敢做事的人才在分业经营的过程中拥有了自己的舞台。

"即使是缺人才，也不能揠苗助长。我们想了不少办法，比如高级人才不够分，就由我暂时兼任两家子公司的党委书记，但董事长、总经理分开，太保产险由夏林和张俊才分别担任董事长和总经理，太保寿险则由洪涛和金文洪分别担任董事长和总经理。"王国良当时承担起两家新公司的党委书记职责。

与此同时，中国太保全面招兵买马，前往各大名校招聘优秀的应届毕业生，储备人才、培养人才。据时任中国太保纪委书记兼组织部长洪涛回忆，当时，中国太保给予应届毕业生的不仅有可观的收入，而且有完整的职业生涯规划。从当时的工资发放记录看，应届毕业生在实习期满转正后，本科生年薪可达 8 万元人民币、硕士研究生年薪可达 10 万元人民币。这在 2000 年的上海，属于相当有竞争力的薪酬。

这些新鲜血液的加入，为中国太保带来了年轻的气息。同时，他们善于学习、勇于学习，很快就在各自的岗位上大展身手。20 年过去了，他们中的一大部分如今已经成为集团总部、产险及寿险公司的中层干部，也验证了当年中国太保网罗人才、建立人才梯队的远见。

中国太保于 2000 年初启动分业经营，差不多在当年底，就已基本完成了改革。2001 年 4 月，中国保监会向中国太平洋保险（集团）股份有限公司颁发"法人许可证"；当年 11 月，由中国太平洋保险（集团）股份有限公司控股投资设立的中国

■ 2001 年 4 月 28 日，庆祝中国太保成立十周年大会上，时任保监会上海办公室主任周延礼代表原中国保监会向太保集团董事长王国良、太保产险董事长夏林、太保寿险董事长洪涛颁发《保险公司法人许可证》

太平洋财产保险股份有限公司和中国太平洋人寿保险股份有限公司正式宣告成立。这意味着中国太保的分业经营画上了圆满的句号，中国太保也初步形成了集团化管理、专业化经营、市场化运作的管理体制。

与外资同台共舞

在中国太保进行"三集中"和"分业经营"改革期间，还有一件载入中国保险史的重大事件：1998 年 10 月 16 日，中国第一家中美合资保险公司——太平洋安泰人寿保险有限公司在上海开业。

太平洋安泰由中国太保与美国最大的健康医疗险公司之一、美国安泰人寿保险公司合资组成，注册资本 2 亿元人民币，双方投资各占一半。在太平洋安泰的开业仪式上，还有一个让所有与会嘉宾大为惊讶的产品：只需 2 分钟就可

以由电脑提供从申请投保、核保、制作、发单全过程服务的"太平洋安泰影像发单系统",这也是全国保险行业第一个影像发单系统。

其实,中国太保投资成立合资公司,并非仅仅为了新产品和新服务,而是希望引入国外保险公司先进的管理理念。中国太保很早就意识到,中国保险业的大门会向外资保险企业打开,只有尽早建立起与行业同步的管理理念、人才团队,才能在世界保险业的舞台上与外资同台共舞。

对年轻的中国太保来说,与外资共舞,谈何容易?太平洋安泰的诞生,也经历了一波三折,从双方酝酿合作到最终达成合作协议,足足花了七年时间。其中最大的分歧在于,中美双方都希望对新公司控股,至少要占 51% 的股权。且不说中国太保不愿意被控股,即便愿意,按照当时的中国法律法规,也不可行,因为法律规定中外合资企业必须由中方控股。

可引入外资、引入先进的保险管理理念又刻不容缓,双方僵持不下,怎么办?王国良在前往中国太保任职的第七天,就碰到了这个问题。那天,美国驻上海总领事馆相关代表带了几名工作人员前来拜访,希望能推进中国太保与美国安泰的合作,并提到了双方的股权之争。

王国良觉得,合作对双方都有利,以他之前与外商打交道的经验看,双方与其为了 1% 的股权互不相让,不如各退一步,各占一半股权,合力把新公司做好。这一点也得到美方代表的认可。

但各占一半股权不符合当时的中国法律法规,怎么办?

当年 6 月,时任美国总统克林顿访华为双方合作提供了机会。克林顿在与江泽民主席会谈时,提到了美国安泰想与中国太保合资建立公司的事,但因股权问题始终没有落地。中美最高领导人磋商后决定,中国太保可以试一试,中美各占一半股权。

就这样,得到中央"特批"的太平洋安泰终于问世。这一问世,也打开了中国太保与外资合作的大门,为中国太保进一步开放、深化与外资合作提供了经验。

■ 1993 年 10 月 19 日,太平洋–安泰保险有限公司合营协议签字仪式在上海举行

继美国安泰之后，中国太保面对的第二个重要的海外合作伙伴是总部设在美国华盛顿的凯雷投资集团，希望引入凯雷投资。

自1998年以来，中国太保保费年均增幅超过20%，而计划增幅只有18%，偿付能力始终吃紧。当时，中国太保的主要投资方不再计划增资，如果不补充资本金，随着业务扩张，中国太保将出现偿付风险。为此，中国太保计划引入民营和外资等新的外部资本，既能充实资本金，又能改变原先国资为主的股权结构，让企业股权结构更加完善。

在与凯雷接洽前，中国太保与多家外资企业洽谈过，因为种种原因没有成功。而凯雷作为全球知名的投资集团，是很理想的合作伙伴。对方对中国太保也很感兴趣，却不料从洽谈开始到最终签约，足足花了三年时间。

问题的关键是凯雷提出的三点要求被太保认为是"霸王条款"：第一，按照投资意向金额，凯雷未来约占中国太保不足五分之一的股权，但凯雷希望获得中国太保的经营权；第二，凯雷要求获得中国太保的资金运用权；第三，凯雷要求获得高级管理人员的任免权。这三条都是中国太保万万不能接受的，但凯雷看准了中国太保对外部资金的渴望以及双方洽谈时签下的"排他期"，对三点要求坚决不让步。

虽然凯雷是不错的合作伙伴，但中国太保坚决不同意"霸王条款"，而且凭借中国太保的发展势头，并非不能找到其他合作伙伴。眼看还有一个月"排他期"就结束了，王国良联系到了另一家全球知名投资集团的上海代表处负责人。在听完中国太保的发展情况后，该投资集团中国首席代表觉得，值得与中国太保合作，并当即打电话向总部汇报。同时，该投资集团也认可中国太保的想法，诚恳地表示，等到中国太保与凯雷洽谈的"排他期"结束，可以立刻与中国太保磋商，并且不会提出"霸王条款"。

有了这家投资集团抛出的"橄榄枝"，中国太保在与凯雷谈判时，底气更足了。在距离"排他期"到期前20多天，王国良告知凯雷中国代表，不打算谈了，因为"等'排他期'结束，我们和另一家投资集团谈，对方没有'霸王条款'"。

听说这一消息，凯雷中国代表当场傻眼，留在王国良的办公室里不肯走，请求王国良再给凯雷一点时间，让他向凯雷总部以及卸任美国总统后进入凯雷挂职的老布什汇报。

一周后，中国太保得到通知，老布什将来上海参加商务活动，希望与王国良见上一面。会面地点约在波特曼酒店，王国良只被允许带着担任翻译的助手进入。

见面后，老布什表示，这次来上海与王国良见面，因为行程安排得很紧，只有 40 分钟沟通时间。王国良以为老布什会聊凯雷与中国太保合作的事情，不料 40 分钟过去了，老布什只字未提此事，而是谈兴甚浓地围绕中美关系、中美文化交流等话题滔滔不绝。原定 40 分钟的沟通时间延长到 1 小时 40 分钟，直到工作人员来提醒老布什要进入下一档安排，才结束了这次交流。在与王国良道别的时候，老布什颇有深意地表示，凯雷和中国太保是否合作，"会有人通知你"。

果真，半个多小时后，凯雷中国代表告诉王国良："老布什说，（凯雷和中国太保）不谈了。"话一出口，他立刻纠正："说错了，老布什的意思是，不用再谈了，只要合作成功就是胜利，我们抓紧签约。"

10 天后，凯雷如约与中国太保签订了初步协议，三条"霸王条款"一条未见。

另一边，中国太保也向另一家投资集团表达了歉意。该投资集团表示理解，因为凯雷在"排他期"内与中国太保签约，符合游戏规则。不过，该投资集团同时表示，如果未来有机会，希望"再续前缘"。

■ 2005 年 12 月，中国太保与美国凯雷投资集团签署合作协议

2005 年 12 月，中国太保与凯雷签署正式协议，双方以对等方式向太保寿险注资 66 亿元人民币。凯雷携其战略投资伙伴美国保德信金融集团共投资 33 亿元人民币（约合 4.1 亿美元），将在注资后拥有 24.975% 的太保寿险股份。

有了凯雷的投资，中国太保寿险的偿付能力得到了明显的提升。更重要的是，在与凯雷洽谈的三年多里，中国太保也积累了与外资打交道的经验。

诚信天下，稳健一生

王国良从 1998 年 3 月担任中国太保党组书记、总经理，到 2006 年 8 月从中国太保董事长岗位卸任，8 年多时间里，中国太保已经建立起完善的"三集中"管理体系，顺利实现了分业经营，更在与外资共舞上走出了太保道路。可以说，临危受命的王国良带领中国太保，展示了"到中流击水、浪遏飞舟"的气概。

值得一提的是，这一阶段的中国太保还形成了企业文化核心价值观：诚信天下，稳健一生。这也出自王国良的手笔。

"我记得那是在中国太保进行分业经营改革时，我和洪涛去杭州查看当地的分业进展后，坐车回上海。我俩在车上聊天，我说，公司要有灵魂，最好能用几个字把这个'灵魂'概括出来。用'诚信天下，稳健一生'行不行？洪涛觉得不错，八个字就这样定下来了。"回忆往事，王国良说，并没有太多的字斟句酌，这八个字就顺势而为地成为中国太保的"灵魂"。

如果一定要说这八个字有什么不同，王国良觉得，不论是做人还是企业发展，"诚信"都是立足之本。诚信是中华民族的传统美德，既是一个人立足社会的基础，更是一家企业应有的道德品质。而"稳健"是金融行业的普遍规律，金融行业的任何创新都要符合行业的发展规律，在稳健的基础上推陈出新。所以，"诚信天下"说的是企业文化，通过讲诚信、支持经济发展，才能服务社会，为社会发展作贡献；而"稳健一生"强调的是要稳健经营，以效益为中心，指明了中国太保的经营指导思想。

关于诚信、稳健与经营效益、发展速度之间的关系，王国良还有过一段颇为辩证的阐述。他表示，"诚信稳健经营"和"以效益为中心"都是中国太保的经营指导思想。"由于市场竞争的压力，我们在发展过程中的某些阶段偏重于抓规模而忽视经营效益，某些阶段又偏重于抓经营效益而忽视必要的业务增长速度，时常在发展速度和经营效益的关系上左右摇摆，这说明公司核心经营指导思想还没有真正牢固确立。盈利是企业经营的基本要求，企业要讲社会效益，它必须以企业自身的盈利能力为前提；企业不盈利，就拿不出为社会提供服务的基本财力。一个破产的或盈利能力很弱的公司，没有资格讲社会效益；只会给社会稳定、人民群众生活保障造成巨大的麻烦。所以办现代企业，尤其是办现代金融企业，必须首先讲经营效益，并在此基础上保持平稳较快的发展。企业的发展目标首先是要盈利，违背了这个要求，就是违背了整个金融经济工作的基本规律。"

但是，企业要取得效益，又必须坚持"稳健经营"，"要处理好速度与效益的关系，关键是要转变业务增长方式，把业务发展重点转到提高业务增长的质量和效益上来，实现又快又好的发展。无论经营管理还是党务工作，都要把企业盈利和取得良好的经济效益作为工作的主要目标，离开企业经营效益这一目标，企业的经营行为和其他的工作都会偏离轨道"。

正是有如此深刻的认识，中国太保坚持将"诚信"和"稳健"作为企业的核心价值观，处理好发展速度与发展质量的关系。在中国太保的发展历程中，并不追求"惊天动地"，而是坚持诚信、稳健，一步一个脚印做好中国的保险事业。

值得一提的是，因为"诚信天下，稳健一生"八个字，贵州毕节还多了一所"太平洋希望小学"——可以看作是整个保险业对太保核心价值观的认可。

原来，在2003年前后，王国良受邀到中国香港参加一场保险行业研讨会并发言。他在研讨会上围绕"诚信天下，稳健一生"做了20分钟主题演讲，大致意思是这八个字是金融行业的立身之本，不仅中国太保，其他金融企业、机构也应当注重诚信和稳健。

这段演讲引起与会者的共鸣，研讨会还向王国良个人颁发了一个"特别奖"，奖金20万港元，以奖励他对金融业立身之本的诠释。

王国良带着奖金回到上海，与妻子商量后，一致认为这笔钱不能自己花，最好是建一座希望小学。于是，20万港元被汇到太保寿险贵州分公司。一年后，在当地相关部门支持下，建立了"太平洋希望小学"，每年可招400多名学生。

王国良并没有参加学校的落成典礼，此后也没有去学校参观。他不想打扰师生的正常生活和学习。在他看来，能有这所学校，源自行业对中国太保核心价值观的认可，只希望学校的师生们能把诚信的做人理念、稳健的做事态度延续下去。

（作者：任翀）

第二章

稳健前行：市场长河无穷时

王志彦

2007 年 12 月 18 日，中国太保发布公告称，太保 A 股发行数量为 10 亿股，发行价格为 30 元 / 股，对应 2007 年预测市盈率为 35.8 倍。

在随后接受媒体采访时，时任中国太保董事长高国富表示，这个定价超出他的预料，但这是投资者给出的价格。同时，他将保险行业比喻成一头慢牛，规模做得越大，投资效益越好，内涵价值越高。"如果我们的内涵价值做上去，我们对这个股价还是有信心的。"

同样的场景，两年后再次重现。

2009 年 12 月 23 日，中国太保登陆 H 股。在当日举行的 IPO 仪式上，高国富历数公司上市后的艰巨任务——"坚持专注保险主业""价值持续增长""完善公司治理""深化经营管理"，以及如何拿出更好的成绩单来回报投资者。

对于 H 股的 28 港元发行价，高国富坦言，发行价是四家投行当时竭力推荐的，"我们也感到非常合适"。对于未来经营业绩，他说，内地保险业经营环境好转，未来还将受惠于企业年金业务，一定会"一年比一年好"。因此，他对股价充满信心。

两次上市，两次提到信心，这份信心来自中国对外开放的大门越开越大，中国保险市场的蛋糕越做越大，更来自对市场化改革的坚守，来自用改革手段提升自身价值的底气。于中国太保而言，每一次市场化探索，都是发展"再进一步"的新契机。

回溯看，1991 年，踏着中国改革开放的春风，乘着上海搭建国际化金融服务中心的浪潮，中国太保在浦江岸边应运而生。随后，与中国高速发展的保险市场同步，中国太保在以客户需求为导向的"转型 1.0"及"三最一引领"

为目标的"转型 2.0"中不断坚守、创新前行。

走得快不如走得稳，中国太保一直坚信，高质量前行离不开持续的市场化改革及自身完善升级。这正是太保矢志不渝走市场化发展之路的初衷。

应运而生，顺势而为。改革开放与上海建设国际金融中心的双重利好之下，中国太保抓住了一次次内、外部的发展机遇，实现了跨越式发展。中国太保 A+H 股上市经历和过程，标志着中国保险业全面走向资本市场。

可以说，中国太保是国家改革开放和我国金融业对外开放的受益者；另一方面，中国太保走向资本市场后，引入瑞再等更多优质海外股东，将打造更加市场化的董事会，进一步提升公司治理水平，中国太保又成为我国改革开放及金融业对外开放的助推者。

而立之年的中国太保用实力彰显了中国保险的力量。这种力量既根植社会大众，心系民生冷暖；又始终牢记历史使命，放眼世界，不断吸纳外来的先进管理理念和技能。

A+H 股上市之后，中国太保在经营市场化、公司治理市场化等方面做了大量努力。继续加大引进战略投资者的力度，先后引进了安联、日本三井财产险集团等海外伙伴，使得公司的国际化视野日趋宽广，保险专业日愈精进。曾几何时，中国保险业在海外保险巨头面前，只能亦步亦趋地学习。终于有一天，中国太保发现自己也能和国际同行们坐在同一张桌子旁，平心静气地谈论保险业的明天，这是何等巨大的进步。

一流的公司离不开现代化的治理体系，对一家金融企业而言，治理体系的规范和科学，如同生命线一般重要。在不断变化的市场环境中，中国太保保持了健康稳定的发展态势。稳健，体现的是一种最佳标准，对金融行业而言，合规经营是稳健发展的核心；稳健也是一种理想的发展状况，避免因偏激而可能造成的损失，避免"欲速则不达"；稳健贵在坚持，坚定信念，持之以恒。这些理念，中国太保都在一一践行。

按照上市公司要求，中国太保把稳健经营作为第一要务，实现了风险管控从"集中化"向"一体化"转型，树立了风险防控的行业标杆，各级机构风险防控能力中不平衡不充分的问题，得到了有效的化解。与此同时，中国太保的资产负债管理、精算基础等框架搭建逐步完成，通过智能化、精细化、专业化手段，财务和精算正成为中国太保这艘"保险巨轮"乘风远航的压舱石和稳定器。

基于保险经营的本质，为增强企业可持续的价值创造能力，中国太保在转型中加入了"资产负债管理改革"，实现了"保险投资要姓保，保险投资要服务于保险负债，保险投资责任要归产品主体"的改革目的。实践证明，中国太保的这项改革从机制上杜绝了激进投资，让中国太保拥有了稳健经营的内生动力，直到现在，中国太保的较长周期的投资收益率在保险行业是处于领先水平。

21世纪，什么是市场竞争中的第一资源？答案是人才。人力资源外部咨询、引进国外专业人才、采取市场化的激励措施……中国太保在市场化跑道上向前疾驰的同时，面向全球招揽顶尖人才，打造吸引人、留住人、激励人的综合环境。

正是这些市场化的探索，使中国太保的价值创新能力跃上新的台阶，成为一家具有高度投资价值的保险公司。市场化转型升级让中国太保不断创新产品供给，提升客户精准销售能力，为客户提供保额更高、保龄更宽、保障更广、保费更省的全面风险保障，把客户不断上升的风险保障需求转化为公司持续增长的保费收入。

人们相信，作为一家面向国际的上市公司，中国太保将始终以海纳百川的胸怀，不断吸纳、消化外来的优秀管理理念和技能，面向市场，建立现代企业的治理结构和国际化的管理架构。中国太保的未来潜力无穷。

第一节

"赔"出声誉来

2007 年 12 月 25 日，上海香格里拉酒店，一场答谢会隆重举行。金碧辉煌的大厅，热情洋溢的致辞，群贤毕至的盛景，一切都美轮美奂，每个细节都透露出主人的细心、周到和那份抑制不住的激动。

这一天，中国太保在上海证券交易所挂牌上市，成为中国第一家真正意义上集团整体上市的保险企业。

这一天晚上，时任中国太保董事长的高国富失眠了。高国富曾担任过共青团上海市委副书记、市青联副主席，后担任过上海外高桥保税区开发公司总经理，上海万国证券代总裁，上海久事公司副总经理、总经理及上海市城市建设投资开发总公司党委书记、总经理。2006 年，他履新中国太平洋保险（集团）股份有限公司党委书记、董事长，一直到 2017 年离任。

很多年后，回忆那个晚上发生的事，高国富说自己睡不着，是因为 A 股上市意味着太保万里长征走出了第一步，未来在市场化的征途上，还有更多的险关隘口要去攻克。

回溯中国太保走过的 30 年历程，坚持市场化改革方向，是始终不变的旋律。应改革之势而生，坚持自己的价值追求是中国太保的企业"基因"；为开放树立典范，中国太保始终走在行业前列。

A 股上市的"十大坎"

其实，早在诞生之初，市场化的烙印就深深刻在了太保的血液中。

1991 年 5 月 13 日，中国太平洋保险公司正式成立，成为国内首家全国性股份制商业保险公司，如新风"吹皱一池春水"，行业体制改革自此拉开序幕。

随后，产、寿险分业经营后的中国太保进一步加快市场化、专业化、国际化步伐。中国太保以开放的心态，在资本层面、技术层面和业务层面稳步推进对外开放——通过引资、上市，建立起全球化资本补充机制和市场化的经营约束机制；通过与瑞再、慕再、安联等国际知名大公司建立合作，不断提高专业化经营水平和核心竞争力；通过与麦肯锡等国际著名专业、咨询公司合作，努力提升经营管理国际化水平。

2006年，为满足公司业务发展对资本金的需求，中国太保引进了境外投资者美国凯雷投资集团。5年后，当羽翼渐丰的中国太保在激烈的保险市场中巍然屹立、在跌宕起伏的资本市场备受投资者关注时，当年对引资的声声疑问，已化作企业相册中的一抹烟霞。

2007年，中国太保在A股成功上市，是公司发展历程中一个标志性的事件。十几年来，中国太保之所以能在国内外保险市场大踏步前进，与成功上市息息相关。如今，回头再看这一决策，无疑是正确的。可是，时光倒流至2007年，那时关于中国太保上市以及如何上市都有着不小的争议。

■ 2007年12月25日，时任上海市常务副市长冯国勤（左）与时任中国太保董事长高国富为中国太保A股上市鸣锣

当时中国太保旗下的太保产险和太保寿险两家子公司都是由集团控股的多元投资股份制企业，其中，太保产险股东中既有市属国有企业，也有外省市投资者，当时太保产险还在和澳大利亚一家财产险公司谈合作，而寿险则已经引进了美国著名基金公司凯雷作为战略投资者。

两家子公司是分开上市，还是一次性整体上市，这个问题当时在中国太保内部存在着不同的声音。一些人认为，曲线救国，分步实施，先让整体表现较为突出的产险上市，是比较稳妥的方案，而整体上市则面临很多难题，前景难卜。

然而，经过深思熟虑后，中国太保高层最终还是坚持"走那条最难但却是最好的路"。"我们反复考虑利弊，最终认为整体上市是对中国太保未来发展最有利的选择。"高国富说。当时中国太保面临着一些突出的问题，首先是偿付能力不足，尤其是资本金短缺导致了经营风险的出现，其次是在经过一段时间的发展后，中国太保产生了一些结构性的风险，这些问题只有通过整体上市，通过市场化改革手段才能逐一化解。"当时，我们提出要通过上市形成市场化资本补充机制，彻底摆脱资本金不足的短板。而要实现这样的目的，整体上市无疑是最好的结果，因为如果产险板块单独上市，由于体量太小解决不了资本金的问题，而且子公司上市会对今后整个公司的有序治理带来许多后遗症。表面看，分开上市是一条捷径，但长远看，只有整体上市才能让中国太保发展得更稳健，想通这一点，就能理解当年中国太保为什么要明知山有虎，偏向虎山行了。"

尽管已经有了心理准备，但整体上市会面临这么多的障碍和难点，仍旧出乎高国富的预料。时至今日，他依然能够清晰地记得中国太保 A 股上市过程中遇到的"十大坎"：

"清理上市前的信托持股问题，太保老股东确权问题，凯雷集团股权上翻并放弃少数股东权益问题，太平洋安泰保险公司同业竞争问题，等等，这些问题当年就像一座座大山，横亘在中国太保上市的道路上，我们必须用愚公移山的精神，一座山接着一座山去翻越，一个难题接着一个难题去解决。"

功夫不负有心人。终于，2007 年 12 月，中国太保拿到了中国证监会颁发的"路条"，可以进行上市路演了。12 月 11 日，北京迎来了当年的第一场大雪，满天飞舞的雪花把首都装扮成一个洁白晶莹的童话世界，就在这场大雪中，中国太保迎来了 A 股上市的第一场路演。

A 股上市的经验，让中国太保在资本市场变得更加游刃有余。2009 年 12 月 23 日，中国太保又登陆 H 股。在当日举行的 IPO 仪式上，高国富历数公司上市后的艰巨任务——"坚持专注保险主业""价值持续增长""完善公司治理""深化经营管理"，以及如何拿出更好的成绩单来回报投资者。从此，中国太保面向国内和国际市场，成为一家国际化的保险公司，也有了更广阔的发展空间。

■ 2009 年 12 月 23 日，中国太保 H 股上市仪式在香港联交所举行

整体上市的效应很快显现出来。2011 年 3 月 28 日，早春的上海暖风拂面，香格里拉大酒店长安厅内座无虚席，中国太保在沪港两地同时举行两地上市后的第一个财务年度——2010 年度业绩发布会。

年报显示，2010 年中国太保保费收入 1395.55 亿元，同比增长 44.9%；资产规模达到 4757 亿元，净资产 803 亿元，实现净利润 85.6 亿元。从市值来看，中国太保已跃居全球上市保险公司第十三位——各项数据均好于行业平均水平。能交出这样的成绩单，无论对股东还是客户，都是在兑现一份沉甸甸的承诺。

在随后半个月的全球路演中，投资者对中国太保表现出极大的热情和信心。A 股路演的投资者主要为持有公司较多股份的大型基金，而 H 股路演投资者主要为香港、新加坡、欧美等全球一流机构投资者。各机构普遍认为，中国太保 2010 年业绩表现超越预期，他们对公司发展战略持肯定态度。

"投资者对中国太保的认可，是市场对这家企业全方位肯定的最直接体现。而这背后，是中国太保多年来的辛勤耕耘与探索，特别是对诚信、稳健、卓越的执着坚守。"高国富说。

作为位居行业前列的"A+H"股上市综合性保险集团，中国太保在实践中始终保持战略定力，专注主业，做精专业。连续多年上榜世界 500 强，从一个侧面印证了：中国太保已成长为资本雄厚、价值创造、风险管控能力强、专业水平较高的稳健发展的综合性保险集团。

截至 2017 年，上市十年间，中国太保的保险业务收入从不足千亿跃升至近 3000 亿元；总资产从 3000 亿增加到近 1.2 万亿元；有效客户数由 2514 万增加到 1.16 亿；年末总市值达 3475 亿，排名全球保险业第 10 位。

抵住诱惑坚守保险主业

2008 年 2 月 11 日，也就是中国太保 A 股上市后的第三个月，中国太保在上海西郊宾馆举行了一次年度工作会议。这次会议在之后很多年被人反复提及，因为就是在这次会议上，中国太保明确了要"专注保险

■ 2008 年 2 月 11 日，中国太保召开年度工作会议

主业，心无旁骛把未开垦的险种、未触及的客户挖掘出来，推动和实现可持续价值发展"。

做大做强做精保险业，这样的战略方针如今看来也许显得很平常，可是在当时却是一种了不起的决断。本世纪初，国内金融业正兴起一股"混合经营"的浪潮，银行做保险，保险做地产，这样的案例比比皆是。很多人认为只要有钱，金融业的触角就可以无限延伸，在这过程中，财富也会滚滚而来。

要想抵御住这种诱惑，可不容易，不过中国太保最终顶住了。"我们当时有个想法，那就是中国保险业发展空间巨大，还有很多保险领域未被开掘出来，还有很多国人对保险的理念还停留在初级阶段。作为一家保险公司，我们有责任也有动力把保险业做大做好，让每一户家庭、每一个企业都能通过保险，实现可持续地发展。"高国富说。

2006年，太保产险保费收入181亿元，寿险378亿元，而到2020年底，太保产险保费收入已经超过了1400亿元，太保寿险超过2100亿元，全部客户超过1.4亿。数字表明，中国太保当年的判断是正确的，中国保险业舞台很大，潜力无穷，不过它只会奖励那些最专心，最专业的人。

任尔东西南北风，咬定青山不放松。正是因为在整体上市后，坚持发展保险主业，中国太保在市场化的道路上才驶上了快车道。2006年，中国太保只有产险和寿险两张保险业务经营牌照，如今健康险、养老险、农险等专业性保险业务已经一一建立起来，从险种看，基本实现了保险业的全覆盖。

"推动实现可持续的价值增长"，是中国太保实现整体上市后，提出的又一个战略目标。据说，当时公司里有不少人觉得这句话太长了，建议把它精炼缩短一点。但经过反复权衡后，公司高层认为，不能缩短，因为它体现了中国太保人的根本追求。

在大浪淘沙的资本市场上，一家上市公司能不能实现价值提升，有没有投资价值，是它成功与否最重要的衡量标准。整体上市之后，中国太保要经受住资本市场的洗礼，必须不断提升自身的价值。而对一家中国保险公司来说，提升价值又具有特殊的重要性。在中国，过去很多人不买保险，后来才逐渐发现保险可以锁定成本，抵御灾害，实现一个企业、一个家庭更可持续的健康发展，从不接受到接受，理念的转变离不开保险企业兢兢业业地发展，不断为保险客户提供价值。

　　对上市公司来说，价值的重要性不言而喻，但如何实现价值增长，不同的公司却有不同的选择，中国太保选择的是一条可持续道路。"价值增长一定要可持续，不可持续的价值增长，在资本市场上面，终究会遭到投资者唾弃的"，这就是中国太保当时的共识。围绕"可持续的价值增长"去做改革、调整或者转型，将会是一条漫长、艰辛，但充满光明前景的道路，从某种意义上说，中国太保人永远在路上。

　　中国太保在创新产品服务、实施专业化经营方面，舍得"大投入"。在加强产品创新方面，中国太保与具有丰富经验的全球知名再保险公司合作，引进产品开发理念和技术，先后推出了境外旅游综合及紧急救援保险等产品。中国太保还积极发展商业养老保险、健康保险和社区保险，探索税收递延型养老产品，为完善风险保障体系做出积极努力。

　　在营销模式创新方面，中国太保积极推进银保合作与产、寿险业务协同，并积极探索开发电话销售、网络销售和手机销售等新渠道。

　　在服务创新方面，中国太保建立核保核赔与客户服务一体化的寿险营运管理中心，完善标准化服务体系，推行全国通赔，提升自动化服务水平，建立完善客户投诉、回访机制。同时，公司还提供急难救助、理赔绿色通道等增值服务，不断提高客服水平和客户满意度。

　　中国太保在完善内控、实施集约化管理方面也做出了卓有成效的探索。公司在完成了业务、财务、资金三集中的基础上，启动了财务管理框架和内控体系、信息技术策略规划及共享中心建设等项目。2010 年 12 月，历时 3 年建设、总面积 7500 平方米的新型数据中心投入使用。该中心把全国 77 家分公司的客户信息、产品信息、服务信息以及客户与公司互动的信息都收集到一起，进行分析和预测，以此展开更加个性化的服务。

　　中国太保持续、全方位的创新，不仅为自身赢得了市场，也为中国保险业在更广领域、更深层次服务百姓和社会，创造了宝贵的经验。中国太保的创新发展得到普遍认同。

　　中国太保多年来的价值追求，与行业新政的脉动，形成了强烈共振，更大的能量被激发出来。

　　只要有利于民生福祉、社会进步，中国太保就愿意积极求索，就能够耐住寂寞，就舍得壮士断腕。这是中国太保多年来坚守的"诚信和稳健"之道，也是中国太保所有能量的源泉。

■ 时任保监会副主席王祖继调研江阴新农合工作

这，究竟是怎样的一种求索？

当整个保险业还在为保费规模搏占疆土时，中国太保把目光转向了财务效益并不高的社会风险管理领域，将保险的风险管理功能与民生痛点、管理难点、治理堵点相结合，运用商业保险运作机制，积极参与社会管理和公共服务体系建设。在没有明确政策支持的情况下，中国太保积极参与江阴的"新农合"试点。三轮合作下来，90.6 万名农民自愿参保，参保率达 99.2%，实现了农民和政府满意、公司蹚出一条新路的多赢局面。曾战战兢兢"吃螃蟹"的江阴支公司经理李亚杰不会想到，8 年后保险业"国十条"明确提出，保险业在全国范围内大规模参与新农合。"江阴模式"已成为现代中国保险史上亮丽的一笔，成为中国太保参与社会管理的一个缩影。随后，中国太保又建立了基本医疗经办的"晋江模式"，并于 2018 年率先在沪发布税延型商业养老保险综合解决方案，更开出了税延养老险的全国首单，全面助推构建个人商业养老保险"第三支柱"的政策框架，推动个人养老保障市场健康良性发展。

在农险等新兴业务领域，中国太保积极推动创新型的农险产品，助力稳定农民收入，提升农业生产积极性。针对猪肉价格持续下跌后令广大生猪养殖户蒙受巨大损失的情况，太保产险天津分公司 2017 年即推出全国首个动态费率的生猪价格指数保险。创新型的农险产品，填补了传统产品只能涵盖生产风险的缺陷，将保障范围扩展至市场风险，真正实现了农险保障从"保成本"到"保收入"的转变。目前，中国太保的创新型价格指数农险产品已经扩展至多个农产品种类和地区，包括广西糖料蔗价格指数保险、山东鸡蛋价格指数保险等，覆盖面不断扩大，风险保障水平持续提升。

在围绕国家重大战略和实体经济发展方面，中国太保亦切实发挥保险资金融通功能，服务实体经济发展，服务民生保障。近年来，中国太保积极创新另类投资，成为基础设施领域长期资金供给者，全面服务长江经济带、京津冀协同发展、上海自贸区建设等国家重大战略规划。

30年来，中国太保始终坚持"保险姓保"，质量优先，通过"输血"与"造血"并举，持续发挥保险"增有余补不足"的长期稳健风险管理和保障功能，努力成为经济社会发展助推器、社会矛盾减震器、社会风险稳定器，为百姓安康和经济社会发展撑起一把"保护伞"，用实际行动诠释了"保险"二字的真谛。

客户至上声誉靠"赔"出来

有句老话说得好，保险公司的声誉是靠"赔"出来的。从某程度上说，客户就是保险业的上帝。

多年来，中国太保始终将客户利益放在首位，从产品开发、营销、承保、理赔、保险知识普及等各方面围绕客户需求不断扩展和深化服务内涵。在激烈的市场竞争中，客户满意度不断提升。

"平时注入一滴水，难时拥有太平洋"，这句脍炙人口的广告语不仅蕴含着深刻的保险哲理，更是中国太保对客户乃至整个社会的郑重承诺。

2008年"5·12"汶川大地震，东方汽轮机公司遭受重创。地震发生的第二天，中国太保的理赔查勘人员就不顾余震的危险进入了东汽。时间就是生命，这批最早进入东汽的"外人"，马上投入抢救伤员、查勘损失等工作，半天顾不上喝水，双手磨出了血泡。在不到1个月的时间内，中国太保便厘清了损失情况，随后立即向东汽公司支付了当时在现代寿险史上的最大单笔赔款5000万元，为东汽灾后重建赢得了时间。

2009年1月30日，上海一旅行团在美国发生车祸，中国太保第一时间启动绿色理赔通道，2月1日便快速赔付遇难游客185万元保险理赔金。

而理赔仅仅是这次保险服务的开始。中国太保随后立即投入到跨国救援中，委托国际SOS第一时间派出救援小组，两天后终于把遇难者遗体转运回国、安慰生者、告慰逝者。这是迄今国内保险业最大的一次跨国援助，中国太保不仅创造了自身客户服务的奇迹，也树立了行业客户服务的典范。

成功在沪港两地上市的中国太保，资本金充足，视野愈益宽广，更具备了为客户提供优质服务的实力。站在新的发展平台上，中国太保围绕客户服务"筹谋方略"，打造未来发展的引擎——2010年10月，中国太保率先在国内保险业将客户服务上升到战略层面，实施"以客户需求为导向"的战略转型。

"客户需求导向战略"就是要从客户的需求和体验出发来主导公司的发展战略，整合产品开发、销售渠道等资源，让客户得到全方位、高层次的保险服务；就是要帮助公司在市场中逐步确立客户资源、服务品牌、产品创新、科学定价、精准营销及多渠道接触等比较优势，带动业务规模与价值的提升。

以客户需求为导向，中国太保的"软""硬"件建设不断提速：2009 年起，中国太保开展"乐行天下"交响乐巡演暨客户服务活动，架起保险与音乐沟通的桥梁，让客户在音乐中感受保险的美好。而与之相伴的客户联谊、VIP 体检、关爱住院客户等特色客服活动，让客户体验全方位的保险保障。如今，类似的"温情服务体验"在中国太保层出不穷。

此外，中国太保还进一步开拓电销、网销、交叉销售等新渠道，满足客户的多元化需求；基于客户服务需求建设公开透明的理赔服务流程和市场领先的理赔运营模式；打造实现客户接触多渠道、客户服务标准化的全功能客服门店……

2007 年前，中国太保就提出了"诚信天下，稳健一生"的企业核心价值观，高国富就任董事长后，在八个字的基础上，又将"追求卓越"写进了公司核心价值观中，这既是对历史的传承，又是一次新的开拓 。"诚信天下、稳健一生、追求卓越"构成了一个完整的思想体系。如果没有做到诚信服务，稳健经营，企业就会失去生存和发展的基础，追求卓越自然也就无从谈起；如果没有把卓越作为目标，企业也会迷失方向，失去做大做强、实行又好又快发展的动力。

多年来，执着的中国太保人用自己的行动诠释着对这 12 个字的深刻理解和体会，用不懈努力，赢得了成功，铸就了卓越，向着"专注保险主业，价值持续增长，具有国际竞争力的一流保险金融服务集团"大踏步前进。

熟悉保险业的人会说，中国太保这家企业有那么一种特别的劲儿：

这家市场化、现代化的大公司，进行战略抉择时果敢坚毅，令同行钦佩；而贯彻国家政策、引领行业发展、履行社会责任，又事事往前赶，颇有些老到深沉。

经营管理上，中国太保新意迭出却又"万变不离其宗"，不走险招、步步为营、稳扎稳打。

中国太保人说，我们的"拼"，不单纯是创绩效，而是为了打造优秀的中国保险企业。有了这样的责任感、使命感，在前进的道路上始终不忘"本土"血统，"根"植于人民大众，"心"系在民生冷暖，"路"通向和谐社会。

中国太保人说，我们的"新"，是稳健为先，目的是打造百年老店、永续经营，不是拿国家的利益、客户的权益、股东的收益去"标新立异"。我们要以专业的精神做好"专注"的事情，以"自信"的姿态走自己的发展之路。11万员工和77万营销员不仅仅在做一家企业，同时也在成就一份事业。

"做一家负责任的保险公司"，让中国太保赢得了社会的尊重，在《21世纪经济报道》主办的中国最佳企业公民评选中连续四年被评为"中国最佳企业公民"。

正是得益于这种海纳百川的胸怀和博采众长的"文化给养"，中国太保在剧烈的市场竞争中打造了生存与发展的"软实力"，赢得了卓越。而优秀的企业文化，必将为这家志存高远的企业提供源源不竭的发展动力。

对标国际先进加速市场化步伐

A+H股上市后，中国太保加快了对标国际先进，努力赶超世界一流保险公司的步伐。在完善公司制度，实现管理市场化、人才市场化、业务市场化等方面全力加速。

完善公司治理结构，形成较为完善、相互制衡、相互协调的公司治理体系，将一家国有企业变革成完全现代化的公司，这是中国太保面临的第一个挑战。

沪港两地上市后，公司董事会由十多名董事组成，包括执行董事、非执行董事和独立非执行董事。独立非执行董事全部来自金融、财税、审计、法律等方面的专业人士，董事们的思想碰撞对董事会的治理起到了关键作用。

像中国太保这类的金融保险企业，必须要明确选择哪一种管理模式。2007年时，太保启动了组织架构变革，从总公司分业经营、分公司单打独斗的状态，向集团化管理架构转变。集团层面不再经营业务，专注于"战略规划、政策指引、风险管控、资源统筹"职能。同时，在集团层面成立了7个条线的专业委员会，具体负责战略、财务精算、人力、风控、合规、审计、资产负债管理等。仅仅以审计工作为例，过去无论是集团，还是子公司都有审计部门，改革后成立了集团审计中心，集团由外部审计，子公司、分公司、中心支公司等机构由集团审计中心审计，这样就强化了内审的独立性和标准化，保证了审计质量，加强了内控管理。

改革后，集团层面的部门精简为四大部门两个中心：行政人事部、战略企划部、财务管理部、风险管理部、信息技术中心和审计中心，每个部门均实现条线管理，一贯到底。这个矩阵管理模式也保证了后来的稳健发展。

伴随着组织架构调整，中国太保又开始探索职业经理人管理模式。按照部署，公司管理层建立起了契约制管理制度，每三年换届进行考核，除了考核优胜劣汰之外，在职位薪酬上也进行改革。中国太保还委托了一家国际咨询公司，将整个职位薪酬体系从上到下进行重塑。公司鼓励集团和各子公司领导班子成员，在法律法规允许的框架内，购买中国太保自己的股票，鼓励大家把蛋糕做得更大更好，自身收益与公司发展共同成长。

正是得益于公司治理的变革，中国太保实现了稳健发展，综合实力明显增强，品牌形象持续提升，行业领先优势和持续增长的投资价值获得了市场的广泛认同。

在诸多竞争优势和优良增长模式的背后，离不开一支专业管理团队和人才队伍。整体上市后，中国太保公司树立了适应新形势新任务要求的科学人才观，努力建设好以经营管理、专业技术、保险营销这三类为主体的人才队伍，充分整合各类资源，大力引进人才，精心培养人才，优化人才结构，为公司的可持续发展提供强大的人才保障和支持。

发挥人才资源在公司发展中的基础性、战略性、决定性作用，通过长期不懈努力，公司管理团队和广大员工不断成长，发挥各自专长和优势，真正把人才资源转化为人才优势。上市后，中国太保拥有了一支具备丰富专业经验和国际视野的高级管理团队，90%以上的高级管理人员在本公司的服务年限超过10年，约30%具有海外从业经历。同时，公司还汇聚了许多优秀的经营管理和专业人才。这些都是中国太保宝贵的资源和财富，也是公司赖以发展的基石。

中国太保把促进人才健康成长和充分发挥人才作用放在首要位置，努力营造鼓励人才干事业、支持人才干成事业、帮助人才干好事业的公司环境。公司拥有专业化的培训体系，对专业领域和不同岗位的员工，进行有针对性的培训，还积极营造学习型组织，提倡自我学习，互相分享，共同进步。更为重要的是，鼓励领导者发挥教练的职能，在日常的实际工作中培训员工，帮助员工和公司一起成长。

尤为重要的是，中国太保把品德、知识、能力和业绩作为衡量人才的主要标准，不唯学历，不唯职称，不唯资历，不唯身份。公司引进了著名的人力资源顾问公司，完善人力资源管理制度和绩效考核体系，把对部门、管理者以及员工的考核，与公司的发展目标、战略重点和日常经营管理工作有机结合起来，建立一个立足于市场经济的人才竞争机制。

公司成功上市以后，一方面对人才的要求更高，另一方面对人才的需求也更多。中国太保真诚欢迎国内外有志于保险事业的优秀人才加盟，汇天下才俊，创公司盛业。高国富回忆："当时，我们也引进了一批专业化的干部，比如引进了加拿大籍的总精算师，在当时国内保险行业来说，是为数不多的。公司还引进了新加坡籍的财务总监和一位美国籍的技术人员，负责 IT 开发。"

有了人才的支撑，中国太保业务的市场化也大踏步向前发展。当时，中国太保提出，产险要持续实现承保盈利，这是产险稳健经营的核心，因为产险和寿险不一样，没有负债成本，如果产险不能够持续实现承保盈利，说明保险风险管理当中存在缺憾。对寿险业务，公司则提出了要大力发展个险，聚焦营销渠道，聚焦期缴业务，持续推动新业务价值的增长。在这样的背景下，太保产险按照"规模险种出效益、效益险种上规模"的思路，扶持优质业务，发展有效益的险种，不断加大对核心业务发展的资源投入和推动力度。太保寿险则从保险行业的特殊估值方法——内含价值估值出发，优化资源配置，保持内含价值和新业务价值的高速增长。

短短几年中，中国太保又先后引进了安联、日本三井财产险集团作为战略投资者，在对标这些国际保险同行的过程中，不断完善自身业务。通过创新实践引领转型，太保更好地履行了"做一家负责任的保险公司"的企业使命，在市场化的大潮中披荆斩棘，扬帆远航。

（作者：王志彦）

第二节

转型中行稳致远

保险公司因风险而生。

正因为如此，市场对保险公司的要求不仅在于帮助客户化解风险、减少损失，还在于公司自身是否练就了高超的"化险术"，这也是创造更大价值的根本。

从 1991 年诞生于黄浦江畔，到 2010 年近弱冠之年，不到 20 年的时间里，中国太保像一艘勇敢的巨轮，航行在市场经济的大海中，上演了数次"化险为夷"的好戏：比如承保香港"亚太一号"通信卫星；又比如根据"风云二号"卫星对巨灾业务进行分保，几十天即赔付到位……

大项目的承保理赔，体现出的是公司在有效风险管控之下的硬实力。2010年，中国太保首次进入《福布斯》中文版和国际知名品牌咨询公司 Interbrand 联合发布的"中国品牌价值排行榜"，位列第 10，成绩斐然。

但是，大海中潮起浪涌，永不停歇。在 2000 年前后，中国太保遇上了更大的风浪，需要调整航行的方向。

入世后的新挑战

2001 年，发生了一件影响中国未来 20 年发展的大事——中国加入 WTO。自此，中国对外开放的大门越开越大：中国的企业走出去，外国的企业走进来，保险行业也不能例外。

面对越来越多的跨国企业，中国太保所承保的业务也越来越国际化。"原先粗放式的发展已不能满足中国太保业务发展的需要，并且对公司的稳健经营形成了巨大挑战，所以要进行集约化经营。"时任中国太保总裁霍联宏透露，因此中国太保提出"两核集中"。

所谓"两核集中"，即对核保和核赔实行集约化管理，这与之前的方式大不同。"两核集中"前，中国太保的经营以分公司为主。在这样的管理方式下，分公司的自主性很强，支公司负责人也有相当的权限。

任何一项改革都不会一帆风顺。所以刚开始实施"两核集中"时，以分公司为主的基层非常不理解集团所推行的举措。"总部把理赔权限收回后，是否会影响客户的满意度？""以后拓展业务时，会不会更难？"……质疑之声不绝于耳。

如何破题迫在眉睫。"当时我们想了一个办法，总部从基层收走一些权力的同时也要另外下放一些权力。"霍联宏回忆，破题办法就是把理赔质量的监督权力交给支公司，即由基层来负责监督理赔的案件，而总部则负责监督理赔流程和质量。为了增加基层的信任感，改革前后几年，中国太保每年都会开展"理赔质量大检查"。

实践证明，中国太保集约化经营的改革之路没有走错。集团内部数据显示，改革之后，支公司经理有了更多时间去拓展公司新业务。"我去基层调研的时候，一位支公司经理很坦诚地告诉我，他们一开始很抵触，不接受。但不负责理赔以后，发现有两个好处：一是发展业务的时间更多。二是牵涉精力的人情理赔变少，考核的业务指标更容易完成。"霍联宏说。

"两核集中"不仅提升了中国太保的经营效率，控制了业务质量，还让公司在对外开放的竞争中得到国际保险中介机构的认可。

2012年前后，大海中的风浪又有了更剧烈的变化——2011年11月1日，银监会发布90号文，限制银行网点代理保险的数量，并且禁止保险公司在银行网点驻点销售。彼时，银保业务占太保寿险新保收入的70%，90号文发布后，公司将面临持续增长的巨大挑战。

几乎同时，保监会主导实施的保险费率市场化改革，加剧了产寿险的市场化竞争和经营压力。而当时，受2008年金融危机的持续影响，整个保险业的投资收益率低至3.39%，不如银行的存款利率。

从内部看，中国太保在2011年前后还面临几大问题——

寿险业务个险不强、银保占比高，低边际利润率的趸缴和短期业务占比过高，新业务价值增长面临挑战。

产险业务中车险业务中介渠道占比过高，电网销等新渠道占比仅12%，直接掌握客户能力不强，难以应对费率市场化改革给公司带来的冲击；非车险新领域拓展滞缓，面临业务增长乏力、综合成本上升甚至承保亏损的困境。

资产负债管理方面未建立负债端成本约束机制，长期易形成利差损等系统性经营风险，同时也未建立第三方资产管理业务的市场化拓展能力。

客户经营方面，公司的目标客群和价值主张不清晰，产品及服务无差异化优势，不具备捕捉市场机会的能力；客户信息掌握能力较低、信息缺失严重，未形成大数据经营，不具备挖掘客户价值的能力；线上服务客户能力未建立，客户界面不友好、客户体验差，不具备应用新技术服务客户的能力。

这时候，中国太保这艘巨轮不但需要调整业务方向，还需要对装备进行升级改造，以找到一条将广大客户日益增长的保险需求转换为公司日益增加保费的可持续增长路径。

"高速路上换轮胎"

怎样进行战略转型才能让公司获得可持续增长并实现稳健经营？经过讨论研究，中国太保建立了集团董事会、党委会、转型领导小组三维度转型领导体制，从客户端出发，展开了顶层设计。

谋定而后动。

■ 战略转型 1.0 宣导会

之后每个月，中国太保都召开转型领导小组会议，统筹推进转型，形成关键决策。为了让转型更接地气，中国太保还设立战略转型办公室作为转型日常工作机构，负责战略转型的实施管理。办公室成员全部从集团、总公司、分公司以及中支公司等基层进行抽调，形成一个跨子公司、跨条线、跨层级的团队。

与此同时，公司还设立转型项目组负责项目准备、细化设计、创新试点、推广实施四阶段推进项目实施。选取福建、宁波产、寿险分公司作为转型试点基地，验证项目设计的可操作性和可复制性。设置产、寿险总分公司转型推广总监承担转型推广落地工作。

第一次战略转型持续了 5 年。5 年间，太保寿险业务与主要竞争对手拉开了差距。公开资料显示，太保寿险的个人业务由转型初期的 510 亿元增加至2016 年的 1222 亿元，银保业务占比下降至 5.3%。新业务价值也从 61 亿元增长到了 190 亿元，新业务价值在转型期间持续实现了两位数的快速增长。并且太保寿险的新业务价值率比主要竞争对手高出 10 个百分点，2017 年上半年太保寿险保费收入超过主要竞争对手 494 亿元。

5 年后的 2016 年，转型发展成为中国保险业最"热"的词汇，行业从业者们无不竞相思考。而此时，中国太保的第一轮战略转型已经完成，各项举措成为业内标杆。

转型成果中，最醒目的一个就是银保业务占寿险个人业务比重下降至5.3%，而可持续增长性、价值率高的个险业务比重持续快速上升。因此，中国太保实现了寿险业务的结构大调整，形成了大个险的发展格局。

市场证明，大个险的发展格局提升了中国太保自主发展能力。"银保业务取决于多少银行网点愿意销售中国太保的保险。而发展个险业务则是通过中国太保自身的努力。"霍联宏指出，当时老业务"砍下去"容易，但新业务要迅速上升却并不那么简单。"集团在推进战略转型时，对个险业务实施'双聚焦、双驱动'策略。"

所谓"双聚焦"是指聚焦营销渠道聚焦期缴业务；"双驱动"即人力驱动产能驱动。"在进行这项改革时，中国太保就像在'高速路上换轮胎'，一方面要保持业务的基本稳定，一方面又要加快转型的步伐。"霍联宏感叹。

"高速路上换轮胎"很难，因为既要注意手下动作，又要关注前方风险。好在，在这轮战略转型中，中国太保做到了，成功度过风险期，重新安全行驶在高速公路上。

中国太保又是怎样完成这一高难度动作的？及时调整节奏——一份内部资料显示。比如，在大刀阔斧砍去寿险银保业务时，中国太保并不追求短时间内所取得的成绩，而是根据个险业务的增长速度和能力来决定银保业务的调整速度：个险业务发展快，银保业务调整就多一点；个险业务发展慢，银保业务调整的速度也减慢。

对保险公司来说，个人期缴业务的好坏是能否实现持续稳定增长的关键。因此，一个保险公司的期缴业务占比越高，该公司的可持续增长能力就越强。

资料显示，转型以后，拥有两张以上中国太保保单的客户数量从 943 万增加至 1390 万；客均保费，从 5954 元增加至 8300 元；期缴业务超过 1.5 万以上的客户数量达到 166 万；老客户加保的保费超过了 128 亿；新保期缴业务从

103 亿增加到 380 亿。

这一连串的数字说明，中国太保通过更好满足客户的保险需求，推动了个险新保期缴业务持续快速的增长。

"这让中国太保找到了新的内生增长动力，价值增长方式也实现了根本转变。"霍联宏说。如是，公司的稳健经营也得到更充分的保障。

"神器"背后的"地气"

在调整节奏的同时，中国太保还特别注意动作分解。因此，当时中国太保有一个说法叫"两手抓"策略，即一手抓市场策略的执行，来推动价值的增长；另一手抓转型项目的实施，来培育价值创造的能力。这样在保证公司业务稳定发展的同时，可以实现价值创造能力的提升。

在一份内部报告中，战略转型办公室总结：中国太保在第一轮战略转型过程中，按照问题导向的思路形成了 18 个转型项目，来破解发展难题。

业务转换随着业务的节奏，而项目的实施则是分阶段。主要分成三个阶段：项目设计、项目试点和项目落地。

在项目实施过程中，战略转型办公室成员构成的"接地气"帮了大忙。

2012 年前后，移动互联网和大数据日渐兴起，中国太保也适时抓住这一轮新技术带来的发展机遇，推动项目实施。在进行大数据分析时，有基层员工根据平时工作经验，提出了一个打破"固有思维"的想法：在车险中，女性是比男性更优质的客户。

这可能吗？项目组中很多人提出质疑。因为在很长一段时间里，女性司机是"马路杀手"的新闻经常出现在网络媒体醒目的标题中。好在，中国太保项目组负责人没有陷入"固有思维"的泥淖，提出对各大分公司的客户数据进行分析。

大数据分析出的结果显示，基层员工的判断是正确的：女性司机发生大事故的概率显著低于男性司机。

有了数据的支持，新项目的推进也有了明确目标。"我们开始把女性定义为优质客户，并且开始针对女性群体，推出一些与她们更相适应的服务。"霍联宏举例，比如给女性司机换轮胎等。

"18 个项目中，很多创新性想法的提出或者落实，都离不开广大的基层员工。"中国太保领导层认为。这其中，最典型的莫过于"神行太保"智能移动保险平台的推广应用。

"神行太保"智能移动保险平台是太保寿险应用新技术的重要载体，涵盖销售、契约、服务、管理四大领域。该智能移动保险平台通过中后台强大的技术支持，突破了保险营销的时间和空间限制，使金融服务时间可以在朝九晚五之外，地点从网点柜台延伸至其他场景，特别是中国的老少边穷地区。

在中国太保内部，流传着一个"因为'神器'，所以'神气'"的故事——

2012年，甘肃天水，当清晨第一缕阳光照射到天祝藏族自治区天堂镇那威村时，太保寿险甘肃天祝支公司业务主任李洪春便出发了。在他随身携带的展业包里，除了业务资料，"神行太保"是必不可少。这个"神器"如今已是李洪春的"贴身小伙伴"。这一天，他的目的地是河对岸的青海省乐都县。

■ 寿险业务员李洪春用"神行太保"在现场进行业务操作

李洪春家住天祝偏远山区，位于甘青两省交界地，出门500米就是乐都县，而他家离支公司却有近200公里路程。但他说："有了'神器'，想去哪里展业就去哪里，不用再像以前那样费心计算展业成本。"

对李洪春来说，2010年和2011年是非常"难熬"的两年，因为没有"神行太保"，他常年随身携带十几张投保单，一边给客户讲解险种，一边查询费率表。若客户同意投保，当天填完资料以后，李洪春第二天就得坐着当天唯一一趟公共汽车去县城，将客户的身份证、银行卡等资料带到柜面录单，最后还要将这些连同保单送还给客户——宝贵的时间全都花在了保单流转上，每个月通常只能签下一两件保单。费时、路远、没有成就感——边远地区的保险业务很难开展。

好在李洪春没有放弃，并凭借不俗业绩获得了"神行太保"的业务支持。这个"神器"极大地简化了展业流程，让他能在偏远分散的乡里现场进行业务操作，时间和地理成本大大降低，现场签单几率大大提高。2012年首月，李洪春凭借"神行太保"签单 23 件，保费逾 9.2 万元，排名全辖区第二，一举成为支公司"件数王"——取得开门红。这要在以前，李洪春想都不敢想。

"神行太保"的出现，还让住在深山老林的客户倍感新鲜，在他们眼里，"李太保"手中的"神器"不仅是展业工具，更是一个"不会骗人"的稀奇玩意儿。"无论是藏族、土族、回族、裕固族还是汉族，老百姓就认高科技的理。""神器"让李洪春的业务如虎添翼。不少前两年没签单的客户，当李洪春带着"神行太保"再次拜访时，都很爽快地签单了。

到 2016 年底，太保寿险"神行太保"智能移动保险平台成为营销员"标配"，拥有数量超过 32.2 万台，实现个险新保出单全覆盖。

除了太保寿险，在产线、农险、网上商城等方面，网络和移动互联新技术也成为推动中国太保进行第一轮战略转型的重要要素。

一方面，不断优化客户界面，为客户提供直达的端到端交互平台："中国太保"微信服务号提供贷款、回访等自助服务及社交活动等移动服务；"在线商城"融合官商网，提供"一个太保"综合服务，累计访问超过 7000 万人次；"中国太保"APP 集合自助投保、自助续保、自助保全、自助查勘等功能于一体，突破传统保险时间、空间上的限制，成为"在你身边"的保险服务窗口。

■ 产险业务员使用无人机航拍验标

另一方面，通过新技术应用，形成强大的中后台支持：太保产险创新研发"码上保"技术，无需下载移动应用，通过手机扫码即可完成自助投保和支付过程；全面推广"e 农险"，积极运用无人机航拍、卫星遥感定损等新技术，提升农险差异化竞争能力与服务水平。

回归本源的改革

"双聚焦、双驱动"让中国太保有了更广阔的"开源"空间，但对保险公司来说，若要做到真正意义上的稳健经营，还离不开"节流"。

这是为什么？"这要从保险经营的本质说起。"作为在保险行业工作了近三十年的"老法师"，霍联宏娓娓道来，"保险经营的本质，实际上追求的是投资收益和负债成本的差值，差值越大说明保险公司的价值创造能力越强。"通俗一点说，即保险公司的价值创造能力不是简单取决于投资收益是否够高，而是取决于投资收益与负债成本的差值。

在投资领域，人们总喜欢说一句话："人努力天帮忙。"这句话说明，投资收益率的高低，除了自身努力之外，还要看市场眼色。这也意味着，资本市场的波动变化，会给我们保险的投资带来非常大的影响。这种影响从短期看，可能仅仅只是影响当年收益的高低，但若从长期看，就有发生"利差损"的可能。

"利差损"是保险行业的专有名词，意思是实际投资收益率没有达到保险保单所预定的投资收益率。"利差损"一旦出现，就会给保险公司的稳健经营带来巨大的冲击。这在国际国内都有发生。

"所以我一直强调，保险的投资收益一定要高于负债成本，并且需要穿越经济周期，在整个保单的生命周期内都有所持续。"霍联宏指出，这个周期可能是 10 年、20 年，甚至是 30 年以上。

因此，基于保险经营的本质，从而增强企业可持续的价值创造能力，中国太保在第一轮转型中加入了"资产负债管理改革"。"就是保险的投资要姓保，保险的投资要服务于保险的负债，保险的投资责任要归产品的主体，即是要归到寿险公司。"

而在"资产负债管理改革"前，中国太保内部的分工是这样的：太保寿险负责销售寿险的保单，太保资产负责投资。

转型后，这一切都发生了变化——太保寿险不仅卖保单，还要按保单的成本提出投资收益的目标要求，并且还要确定大类资产配置的要求，比如银行存款、债券、权益投资等占比各有多少。同时集团层面也给予太保寿险一个新权利：可以按市场化的原则来选投资人，即太保寿险根据保单成本和投资者的投资收益率，既可以选太保资产，也可以选市场上其他投资者。若选择了太保资产，太保资产则成为受托人，来完成双方达成的业绩目标。

改革总是会触及一部分的利益，挑战在所难免，这次也不例外，甚至反对声音更为激烈：资产方和负债方都不接受。

作为负债方，太保寿险认为保单销售任务已相当繁重，再加上结构调整，提升员工工作能力等要求，工作负荷差不多饱和。若在此时加入大类资产配置、选择投资人的新任务，太保寿险认为能力跟不上，所以不接受。

作为资产方，太保资产认为，公司主业做投资，最熟悉投资市场，但现在却不让全权负责了，所以也不接受。

两方的观点看上去都很有道理。"不过，要透过现象看本质。"霍联宏提醒，如果这么做，负债方为了提高销售，就会提高产品投资收益率的预期。因为投资收益的预期高一些，销售就会好一些。而资产方则为了追求更高回报收益率，自觉不自觉地去增加高风险投资。

"高回报率意味着高风险"，这是资本市场的运行规律。如果负债方和投资方都自觉不自觉地做了高风险的事情，保险公司的稳健经营就会受到冲击——因此，中国太保下定决心不顾激烈反对一定要进行"资产负债管理的改革"。

改革启动，推行很难。霍联宏回忆，作为策略，改革领导层首先争取到了董事会的支持。比如，中国太保的董事会中既有外资股东代表，又有国内资本市场的知名专家。这些懂投资的董事会成员都积极地支持"资产负债管理改革"。具体推动工作则由管财务的副总经理来实施，并且在内部不断地进行沟通。

虽然有了董事会的支持，但在改革推行时，依然天天开会，天天吵架。"好在事情一步一步地做下去了。"霍联宏说。改革初期，账户分类更粗一些，选外部投资者也更少一点，一步一步地增强了大家的相互理解。再到后来，抱怨开始减少。

改革运行一段时间后，"投资收益要高"的抱怨开始消失。负债方不再抱怨，是因为开始了解投资市场，了解到保险投资风险会怎样产生。资产方不再抱怨，是因为太保资产在做服务的过程中更容易与负债方达成共同目标。磨合磨合再磨合，共识初步形成，转型不再痛苦。

转型5年后，寿险业务价值率，从2011年的13.6%增加到2016年的32.9%，价值创造能力显著增强。而太保资产则根据负债业绩的目标，坚定执行稳健投资、价值投资、长期投资。

"实践证明，中国太保的这项改革从机制上杜绝了激进投资。"霍联宏欣慰地表示，所谓良性机制，就是在实际运行中，负债方和资产方之间需要通过谈判达成投资业绩的基准，从而减少激进投资的冲动。

"这样的机制让中国太保拥有了稳健经营的内生动力，即把外部的不确定性变成自身的可确定性。"——截至目前，太保资产的较长周期的投资收益率在保险行业处于领先水平。

转型是一场马拉松

经过第一轮的持续改革，中国太保的稳健经营能力得到市场认可。

这些数据可以证明：截至2016年底，中国太保实现保险业务收入2340亿元，同比增长15.1%。总资产首次超过万亿，达到1.02万亿元，净资产1318亿元，净利润120.6亿元。有效客户数突破一个亿达1.04亿人，年度增长首次超千万。财务基础稳健，偿二代下综合偿付能力充足率达294%。连续

■ 2011年9月20日，时任中国太保总裁霍联宏接受《财富》执行主编梅思梵颁发的世界500强荣誉证书

6年入选《财富》世界500强，并于成立25周年之际，首次跻身前300强，位列251位。

转型让中国太保的价值创造能力不断提升，与上海自贸区建设和科创中心建设相辅相成。作为首批35家获批入驻上海自贸区单位之一，中国太保在自贸区设有产险、寿险、养老投资、健康险公司及国内首家专注于信用保险的销售公司，实现了在上海自贸区的机构全布局。

2016年太保产险上海自贸区分公司实现保险业务收入1.1亿元人民币，同比增长39.5%。其中离岸业务保费收入4263万元，占比39%，涵盖汽车制造、卫星、电影、能源等多个领域。作为上海航运协会秘书长单位，大力推进航运专业数据平台建设，推动航运协会条款出台、航运保险产品注册制改革和航运保险指数发布。

在服务上海科创中心建设中，中国太保针对科技型中小企业融资难问题，在全国率先开发了科技型中小企业短期贷款履约保证保险产品。公司还通过保险公司、银行、风险补偿基金三方共担风险，有效改善科技企业融资环境，截

至 2016 年底，累计保障贷款金额近 19 亿元。

针对创业风险高、孵化成功率低的问题，中国太保推出国内首款科技企业创业保险产品，为入围张江高科创业孵化营的 16 个创业项目企业的 32 名创始人创业团队提供保障，入选上海首批科技金融创新案例；针对创新产品市场认可度低的难题，开展重大装备（首台套）产品质量和产品责任保险，如奥泰医疗 1.5T 超导磁共振医学成像系统、上海隧道工程有限公司隧道掘进机、中国商飞 ARJ21 飞机等，促进创新成果转化、提升国产科技产品竞争力。

转型让中国太保创新产品供给，提升客户精准销售能力。公司建立基于客户生命周期设计、涵盖所有风险保障的 9 张保单保障体系，为客户提供保额更高、保龄更宽、保障更广、保费更省的全面风险保障，把客户不断上升的风险保障需求转化为公司持续增长的保费收入。

转型让中国太保拓展中高端客户和中小企业客户等新领域。公司通过建立"金玉兰"高素质、年轻化销售队伍，实现中心城市点上突破，加快在城区开拓中高端个人客户。针对数量庞大的中小企业蓝海市场，通过对餐饮、住宿、商业楼宇等优质行业实施标准化产品和预核保等措施，开拓中小企业客群新领域。

转型让中国太保实施客户体验闭环管理，持续提升客户体验。公司建立了高管聆听客户声音和客户体验闭环管理的常态机制，梳理车险和寿险客户的六大关键旅程，推动各级管理层实现从口号到行动的转变，推动客户体验共性问题的发现和解决。引入客户净推荐值 NPS 监测体系，及时收集客户反馈，牵引公司优化流程。公司监管投诉明显下降、监管服务评价指标显著改善。

转型让中国太保推动协同发展，跨公司、跨渠道开展客户资源共享。公司制订并发布多元化交叉销售纲领，建立客户资源内部市场化共享机制，确立 8 种客户资源共享模式，形成了客户资源共享的可持续发展基础。2016 年交叉销售的佣金收入占营销员佣金总额的 12%。

转型让中国太保形成全员共识。在转型启动初期，集团党委成员带队召开 40 场转型专题宣导会；在转型中期，集团高管带队下基层开展调研和座谈；在转型后期，对分公司转型总监和四总部部门负责人进行进阶培训。

转型还使中国太保一大批年轻人在实践中成长。他们有的成长为数据治理的能手，有的成长为脸谱绘制的专家，有的成长为精准销售的先进，有的成长为流程优化的高手，也有的成长为客户体验的行家。

如今，又一个 5 年过去，从客户增长、价值增长，以及分红增加三个方面看，中国太保依然走在稳健经营的道路上。

首先，从客户增长来看，经过 30 年的发展，截至目前中国太保拥有客户超 1.4 亿，约占全国总人口的十分之一。也就是说，每十个中国人，至少有一个人拥有中国太保的保单，或者体验过中国太保的服务。"所以我们经营保险公司最需要稳健，只有经营稳健了，才能对得起客户。你才可以说你能做到真正对客户负责。"霍联宏说。

第二，从公司价值增长来看，一方面，公司的内含价值的数量持续增加；另一方面，体现公司价值的指标、参数都相对保守，这是资本市场认为一家公司稳健的因素之一。

第三，从股东分红看，上市以后，中国太保的分红持续而稳定，并且分红金额稳定增长，大致保持三年一个台阶的增加。"10 年以上分红保持稳定对投资者的信心来说，是重要的支撑。"霍联宏表示。

经营保险就像跑马拉松，既要跑得远，还要跑得好。中国太保的稳健经营实践表明，在保险行业，用短跑的方法用力不会成为马拉松名将，反而更有可能在中途退出比赛。

大海的波涛依旧汹涌，中国太保这艘巨轮还要继续航行，市场的广泛认可，同业的广泛认同，更加坚定了中国太保要通过转型"坚守价值，行稳致远"的信心。

（作者：张煜）

第三节

产险在风雨中磨砺

夜幕降临，黄浦江两岸华灯初上。从中山南路 1 号中国太平洋保险集团总部的新办公楼向东望去，还能清楚看见江对岸小陆家嘴高耸的建筑群。

中国太平洋财产保险股份有限公司董事长顾越走到窗前定了定神，伸手指向一处掩映在陆家嘴霓虹之中的招牌说："那是太保产险的办公大楼，那里的 1000 多号员工，无时无刻不在创造着新的历史。"

1991 年 5 月，中国太平洋保险公司作为由交通银行投资组建的中国首家全国性股份制商业保险公司在上海成立，总部设在衡山宾馆。

1997 年，公司搬到了中山东一路 1 号亚细亚大楼，总部进驻当时的上海金融中心，外滩。这座当时已有 80 岁的外滩南端最高建筑，彰显着太保的实力和地位。

1997 年，陆家嘴的交银金融大厦开工建设。这座大厦是 H 形的双塔楼，计划西塔给中国太保用，东塔给交行用。1999 年底，交银金融大厦完工时，交行已经不再是中国太保的股东。但中国太保照样按原定计划于 2002 年搬进了新楼，成为首家将总部设在陆家嘴地区的保险集团公司。

2019 年 9 月 10 日，中国太保发布公告称，正式变更公司注册地址，由原来的上海银城中路 190 号变更为中山南路 1 号。也就是在那之后的半个月，集团总部搬进了新楼里。太保产险，则留在银城中路 190 号，开启新时代新征程。

一步步壮大，一步步靠近金融中心，30 年间，中国太保的每一次搬迁，都被外界视作民族保险业的标志性动作，象征着全国性商业保险的腾跃。

而作为中国太保祖业的太保产险，同样历经着 30 年风雨磨砺：从最初的一百多号人，到今天在上海有近 4000 名员工，在全国设立 8 个分中心；从最初一年收入不足 1 个亿，到现在年收入超过 1400 亿元……立足上海、服务全国、面向全球，太保产险用 30 年时间证明，只有谋求创新突破，保持高质量发展，才能始终领先赛道。

从保一颗卫星开始，打下产险第一片江山

1995 年 3 月 28 日的《人民日报》上，登载了一则篇幅不大的地方新闻：

"今年 1 月 26 日，在西昌卫星发射中心用长征二号捆绑火箭发射美国休斯公司研制的 HS601 型亚太二号通信卫星，在星箭飞行过程中突然发生爆炸，造成星箭全损。2 月 8 日，太平洋保险公司及国际上主要分保接受人确认了被保险人提交的损失证明，同时确认了 1.6 亿美元的全部赔偿责任。近日，太平洋保险公司将赔款全部划付卫星所有者香港亚太通信卫星有限公司，结束了这次高保额、高风险、高技术的卫星理赔工作。"

赔付成为当时震惊全球的标志性事件，回忆起那段往事，顾越不由得提高了声量。

1991 年的中国保险市场相当有限，产险几乎占据了保险业务的全部。建司之初的中国太保，虽然是第二大全国性的保险公司，但相对于人保老大哥来说，外部影响力微乎其微。"为了在某些细分市场领域打出品牌，我们开始涉足卫星、飞机、核电等高端业务领域。"顾越说。

所谓高端业务，即风险较高、难度较大，且需要一定专业支撑的保险领域，卫星保险就是其中一个具有标志性的领域。"当时商业卫星发展刚刚起步，根据国际惯例，如果没有保险，商业卫星是不允许发射的。这样的市场需求，与我们的战略规划非常契合，中国太保的卫星业务正式推出。"顾越说，前两次承保的卫星发射比较顺利，但是到了亚太二号通信卫星时，发射失败了。"1.6 亿美元的保额现在看来并不高，但当时来看是个天文数字。能不能按期赔付，直接反映了你保险公司的能力。"

全世界都盯着，中国太保做到了。整个赔付只花了短短 50 天，比国际惯例提前了一半时间。从此以后，中国太保代表中国民族保险业，在世界上挺起了脊梁，也由此奠定了中国太保作为航天险主要承保人的市场地位。至今，中国太保已承保了 31 颗通讯卫星的初始轨道运行保险、第三者责任险，为中国的航天事业保驾护航。

得益于 20 世纪 90 年代初，中国太保就开创性地通过国际再保险形式，形成与国际资源共担风险的良好机制，提高了自身的承保能力，也在高风险业务领域方面打开了局面。1995 年，时任中国太保董事长的王明权在股东大会上表示，公司组建 4 年来，开设的险种已从建司初期的 80 多种，发展到包

括卫星保险、飞机保险等在内的 300 多个险种。通过承保亚太卫星、国内八大机场责任保险、核电项目等一批高风险特大项目，以及积极处理华东地区水灾、上海联毛火灾、西安"6·6"特大空难事件、亚太二号卫星发射爆炸等一批重大保险赔案，中国太保在国内外树

■ 1999 年 6 月底，时任中国太保副总经理张俊才将 900 万美元赔款送交上海航道局领导手中

立了良好的公司声誉，进一步促进了全司业务的发展。到当年年底，中国太保资产总额已经达到 83.9 亿元，在册员工人数近 6000 人。中国太保在全国产险市场上，牢牢占据市场第二的领导地位。

2000 年 7 月，中国太保获得《国务院批复通知》，同意其进行分业经营机构体制改革的方案。自此，中国太保产、寿险分业经营。乘着次年中国正式加入世界贸易组织的东风，太保产险的市场空间迅速扩展。"那时候经济发展速度始终保持在两位数增长，保险公司也在大量增加。由于市场的极大机会，各家保险公司也都收获了胜果。"顾越说。与此同时，太保产险开始尝试引入国内外资本充实资本实力，2007 年 6 月，中国保监会批准中国太保增资扩股的计划，总股本由 43 亿股增至 67 亿股。

2007 年 12 月 25 日，中国太保 A 股在上海证券交易所"闪亮登场"。上市之后，A 股市场开始步入深度调整。不过，2008 年半年报，低调的中国太保却用实在的业绩"惊"动市场。上半年净利润同比增长 44%，远远超出了所有投行的预期。

然而，面向未来的隐忧，也在那时埋下伏笔。"中国太保前 10 年的发展重心在产险领域，而且是以面向法人的业务为主，个人业务非常少。随着进入新世纪，家用车市场的崛起，原本另辟蹊径深耕寿险的平安找到了机会。"顾越说。

2006 年 3 月 28 日，国务院令第 462 号颁布《机动车交通事故责任强制保险条例》，并于 2006 年 7 月 1 日实施。政策的驱动和各大保险公司机构网点的拓展，触发产险领域的一个分支——面向个人的车辆保险业务快速发展。

奋力打开车险局面的平安，在当时作出一个营销体制上的重大改革——

全面推行电销。"通过开发电销专用产品，平安推出的车险比其他公司要便宜15%，发展非常迅猛。到 2009 年前后，中国太保的产险业务被对方全面反超，到 2010 年时，对方的年保费收入已超过我们 100 亿元以上。眼看太保产险在全国产险业内市场第二的地位不保，全司上下心急如焚。"

很多年后的一次讲话中，顾越回忆起这段往事，他说：先进同业在 2007年半年度工作会议上，提出了新的"三年发展战略"，这个战略很简单，就是计划在 2009 年超越中国太保。事实上，2008 年我们就被先进同业超越了。先进同业当时认为，中国太保是一个值得尊敬的对手，但两年都不到，我们就被人家超了，先进同业更值得尊敬。

"思路决定出路。汉字中，'仙'字是一个'人'站在'山'上，看到的是一种愿景；而'俗'字则是一个'人'站在了'谷'底，看到的都是问题。在特定的历史环境中，我们怎样认识自己、认识市场、认识未来的发展机遇，是关系我们走向成败的核心。"顾越说。

"时代弃儿"重出江湖：三年三步走，破解生存问题

2015 年 4 月，一篇题为"时代弃儿：太保产险"的文章在保险圈内广泛传播，作者是一位行业内颇有名气的自媒体人。

文章是这样说的："看老大人保财险 151.2 亿元的净利润、72.9 亿元的承保利润；曾经的老三，如今的老二——平安产险 88.1 亿元的净利润、51.5 亿元的承保利润，不管承认与否，太保产险与之渐行渐远……"

很长一段时间里，顾越保存着这篇文章，时不时翻开来看看，一字一句戳痛了每个太保产险人的心。

而更令人痛彻心扉的是现实本身。2014 年，太保产险综合成本率高达103.8%，亏损严重，且前五大险种尽墨：车险综合成本率 102%，承保亏损12.2 亿元；企财险综合成本率 119.4%，承保亏损 6.7 亿元；责任险综合成本率 122%，承保亏损 5.7 亿元；意外险综合成本率 105%，承保亏损 1.3 亿元；货运险综合成本率 105%，承保亏损 0.6 亿元。

要知道，此前 10 年间，太保产险综合成本率超过 100% 的年度只有两年，分别为 2008 年、2014 年，被整个产险行业视为灾难性的 2008 年，太保产险的综合成本率也不过 102.2%，而 2014 年的综合成本率实属太保产险 10 年来

的最差承保业绩。

高国富在中国太保 2014 年业绩发布会上坦言："面对产险交出的这份不合格答卷，深感自责和压力，将多管齐下加大综合成本率管控力度。"

就在当年，太保产险陆续启动了一系列大力度的自救动作。先是在年报发布前宣布换帅，由中国太保常务副总裁顾越出任太保产险一把手。到任后，太保产险大刀阔斧进行改革，包括：渠道优化、理赔管控、应对商车改革等；同时积极培育在信用险、农业保险以及政策类保险等新领域的非车险业务增长点。

这一年，顾越刚满 50 岁，上任后他坦率承认，当时的太保产险在发展策略、风险选择、理赔管控等经营管理方面存在诸多问题："综合成本高；准备金严重不足；分支机构管控不力；再加上干部队伍老化，人才青黄不接……每一个都是要命的问题。如果不止住这些出血点，太保产险没法发展。"

顾越带领团队痛定思痛，开启了一场重振之旅，拟定"三年三步走"计划，刺刀向内，大刀阔斧谋转型，制定了"第一年剜疮止血，第二年活血化瘀，第三年通经活络"的转型策略，在 2015 年当年即顺利实现扭亏为盈。

"我上任后召开的第一个会议是打假工作会，调集全公司专职人员，成立打假办，确定'三个一律'的工作原则——涉及到假赔案、假业务的相关负责人，一律问责；涉案当事人一律开除；涉及违法犯罪的一律移送司法机关。打假花了大概两年时间，情况明显好转，基本遏制假赔案、假业务。'剜疮止血'任务基本完成。"

"活血化瘀"，就是加强品质管控，其中最主要的动作就是淘汰劣质业务。此前太保产险很严重的一个问题就是业务品质较差，导致综合成本率持续攀升。"淘汰劣质业务很难，因为牵涉很多既得利益者，一些员工为了维持个人利益，采用买的方式获取业务，但买得到的业务肯定不是好业务。面对这种情况，只能下狠手，由总公司制定一刀切的行政化管理手段，将需要淘汰的所有业务列出清单，采取行政手段强力推行，基层机构必须执行，决不允许任何的讨价还价。"

推动直销队伍转型。太保产险之前的业务主要由业务员的分散经营方式获得，导致了"买业务"的多发，进一步引发业务品质差、费用高等问题。"所以在打假、淘汰劣质业务的同时，我们辅之以渠道建设，提出'3+N'的渠道建设策略。所谓'3'，是指三大核心渠道，包括电网销、车商，以及与寿险交叉销售；'N'是指根据每个地区的业务特点、区域特点来进行渠道创新。"

通过改变渠道策略，渠道结构改善明显，三大核心渠道业务占比从原来的不足 50% 提升到 80% 以上，显著提高。"为了建设三大核心渠道，2015 年，我向集团申请把电网销业务的运营从兄弟公司转回产险，降低沟通成本，加大电网销发展力度。截至目前，电网销渠道成为最重要的核心业务渠道。"

而外部机遇也在这时向触底反弹的太保产险抛出橄榄枝。"国民经济发展势头迅猛，新经济、新产业层出不穷，当时我们立刻成立了创新发展中心，针对一些新兴市场，主动介入布局。农险是这时开始起步发展的，我们还在消费信贷方面做了布局。"

通过打击骗保假案、淘汰劣质业务、推进渠道转型、开拓新型业务领域等举措，太保产险用了 3 年时间，理顺了内部关系，彻底解决了影响发展的出血点，同时布局了一系列面向未来的新领域，彻底从泥潭中挣扎而出。从 2015 年到 2017 年逐月的增速趋势图上看，公司始终处于增长势头，与行业的差距逐年缩小。

在 2018 年度工作会议上，顾越第一次欣喜地对太保产险"三年三步走"进行了小结。他概括了三句话：一是逆势增长、二是全面改善、三是创新突破。

太保产险，自此重出江湖。

创新为王，寻找高质量发展的"第二曲线"

2020 年 9 月 24 日，中国太保举行了资本市场开放日活动，一位记者向顾越提问：顾董，太保产险的第二增长曲线在哪里？顾越回答道："其实，2015 年以来，我们一直在追求'第二增长曲线'。"

第二增长曲线是《第二曲线：跨越"S 型曲线"的二次增长》中提出的。它的核心理念是，在线性增长的同时，要时刻寻找到下行拐点出现时的新增长曲线。

顾越认为，广义上的第二增长曲线，就是指创新，创造新的市场，创建新的活力。"我没有这么大本事，能预测到、找到未来产险的第二增长曲线。我们唯一所作的，就是在前行的每一步都要保持清醒的头脑。"

经过 3 年的恢复调整，到 2018 年时，太保产险的增速已经突破两位数，基本接近行业发展水平。在此基础上，顾越提出"双优双对标"战略，希望通过保费收入和综合成本率对标先进同业，推动公司进一步提升发展质量与管理能力，在逆境之中谋求发展。

而太保产险面向未来的"第二增长曲线"，实际上已在那时崭露头角。

2002 年，太保产险对农险业务曾有少量尝试，当年保费收入 700 万元。2004 年，太保产险正式开办农险业务。"然而农险之于太保产险的重要性，是在 2015 年后真正体现出来的。"太保产险农险市场发展部资深经理朱启丹回忆，此前很长一段时间，农险就是挂靠在其他处室下的一个分支业务，直到 2015 年有了专职的分管领导和队伍机构。农险，真正成为太保产险三大条线之一，进入专业化经营阶段。

有了这样一个全新的业务抓手，太保产险找到了第二增长曲线。通过提前预判，大规模布局农业保险，特别是随着农险市场的发展和中国太保与安信融合的推进，太保产险农险业务跨入第一集团军。公司在农险市场的份额已经从 2015 年时的行业老六，一步步攀升至当前的行业老三。

进入农险市场之初，太保产险并没有占据先发优势。顾越说，实际上我们是后进入者。"在 2015 年我们开始大规模布局时，人保和中华保险在当时中国农业保险市场中占据的份额已经超过 90%。我们在这样一个高难度竞争环境中参与，怎么建立差异化的竞争优势，成了关键中的关键。"

也正是这一轮的实践，奠定了顾越"第二增长曲线的核心是创新"这样一种超前认知：通过建立产品创新、技术创新的"双创模式"，太保产险很快在中国农险市场中站稳脚跟并持续释放创新生产力。

■ 太保 e 农险获 2019 世界人工智能创新大赛潜力奖项目

围绕技术创新，太保产险在 2015 年底，就上线试点了"太保 e 农险"。这是太保产险与中国农科院联合开发的"互联网＋数字"农险移动运营体系，旨在通过移动互联、遥感测绘、大数据、云计算等高新技术应用，全面提升保险服务能力。

"e 农险 1.0 版"推出后，即具有了影像资料采集处理、标的地理信息处理、电子芯片识别读取、无人机航拍辅助等实用功能。而次年升级的"e农险2.0版"，更是进一步完善了"技术应用"，共有承保管理、理赔管理、业务综合、客户服务、智能应用和实用工具等六大类，e键承保/理赔、验标/查勘助手、移动核保/核赔、产品/制度汇编、农业常识、风险地图、气象服务、农情早知道、经营概览、农易保、保单/赔案查询等30多个功能。

在2018年的一次保险界年度盛会上，中国农业保险发展受到了在场业界人士的广泛关注。会上，农业农村部、财政部、银保监会以及国内外保险企业一致认同e农险可作为行业标杆。到今天，e农险已经历6次更新换代，进入6.0阶段，所提供的科技服务，不光可以帮助保险公司更好地推行保险服务，也更符合"三农"发展需要，提高理赔时效，为农民兄弟真正带来福音。

与此同时，围绕产品创新，太保产险持续推进农业保险扩面、增品、提标，重点从标的品种、产品形态、保障程度、销售服务场景等多维度增强保险产品研发供给能力，开发满足新型农业经营主体需求的保险产品、开发支持地方发展特色的农产品保险。

仅2018年，太保产险开发特色险种122项，包括宁波市象山县地方财政"红美人"柑橘目标价格保险、新疆维吾尔自治区喀什地区地方财政核桃目标价格保险、山东省长岛县海产品养殖风力指数保险、云南省地方财政生姜种植保险等，创新产品占到产品总数的35%。

太保产险还不断探索农产品价格保险、收入保险，深入推进涉农企业期货、期权保险，全国首推"保险+期货"试点等，是目前为止中国农险市场当中产品最全，产品研发能力最强的公司。农险成为太保产险高质量发展新阶段的"主力帆"。

此外，太保产险在个人信用保证保险、责任险业务发展等方面，同样以产品创新为抓手，并通过转型创新客户经营，保持高质量发展势头。"太保产险前几年客户经营比较薄弱，典型的有业务没客户，对客户的行为特征、消费习惯几乎没有了解，所以从2015年开始，我们重点抓客户经营。包括怎样打造平台，配套相关服务，产品之间如何融合发展等等，实现了公司的内涵式增长。"顾越说。

找准服务国家战略与企业发展结合点

2020 年之于太保产险，是极为特殊的一年。这一年初，因"新冠肺炎"疫情的暴发，全员工作重心紧急转向了助力抗疫和"复工复产"中去。

1 月 23 日，总公司党委第一时间部署；1 月 25 日大年初一迅速启动一级响应机制，成立疫情防控领导小组和工作小组；2 月 14 日会议研究支持社会及企业复工复产工作方案；2 月 19 日召开"支持复工复产"专题会议，全面部署助力社会及企业复工复产支持方案。

3 月 6 日，产险公司召开开门红再动员再推进视频工作会议，更是太保产险史上第一次把视频工作会议的范围扩大到四级机构，有 3700 多人通过视频和移动端参会。

顾越在那次大会上激昂慷慨地说："我们就是要把近一阶段的工作要求和工作举措一竿子插到底，确保有关的决策、举措真正落实到位。"这是面对全国性突发事件时，太保产险作为国有大型保险公司应有的使命担当。

■ 太保产险获 2020 年上海国资系统"红旗党组织"荣誉称号

据统计，2020 年新冠疫情期间，太保产险向全国各地医护人员、公安民警、辅警及驻村干部等约 1100 万抗疫一线人员免费提供了含新冠肺炎责任的保险保障；为工信部 45 家重点物资企业免费提供逾 5 亿元的复工复产风险保障，助力全国十万多家中小微企业复工复产。而顾越也因此获得"上海市抗击新冠肺炎疫情先进个人"称号。

进入 2019 年后，太保产险正式开启"顺境提升"序幕。顾越表示，我们现在进行的实现高质量发展的工作，如果借用解放前的三大战役来比喻，2019 年是"辽沈战役"，巩固前期转型攻坚的成果，夯实跨越发展的基础，增强全司"对标一流，看齐先进"的信心。2020 年是"淮海战役"，全面奠定"对标一流，看齐先进"的胜利基础，树立全司从局部胜利走向全面胜利的勇气，实现从数字对标到能力对标。

经过全司干部员工艰苦拼搏，太保产险达成了"对标与看齐"的经营目标、前两战取得了全面的胜利——在整个产险市场竞争加剧、车险监管形势严峻的大环境下，凭借车险优化、非车险加速的双轮驱动，太保产险 2020 年保费增速达到两位数，比行业平均水平高出约 6 个百分点以上，明显高于主要同业；综合成本率也持续向好，明显优于行业水平，与最优同业处于同一水平。

顾越感慨，未来，车险仍是产险市场的"压舱石"，而非车险市场将存在巨大发展空间成为我们的"顶梁柱"。这一方面是因为双循环的新发展格局下，非车险业务的需求将保持持续旺盛；同时，"十四五"规划对保险有新的期待，健康险、意外险、责任险、农险等新领域业务将呈现更好的发展机遇。

长期以来，非车险在太保产险经营过程中，都起着重要的引擎作用。特别是近年来公司主动对接国家战略和社会治理要求，不断创新推出保险产品，找准了服务实体经济、社会民生与企业发展的结合点。

政保业务部副总经理韩瑞介绍："公司与工信部战略合作，服务高端制造业；为一带一路保驾护航，海外业务覆盖超 120 个国家，为第一、二、三届进博会提供全面的综合保险保障；积极对接长三角一体化、自贸区新片区、乡村振兴、健康中国等国家战略。"

就在 2015 年，为了服务高端制造业，助力民族大型工业企业扩大出口、提升销售规模，太保产险积极推进首台套项目落地。韩瑞介绍，公司曾承保过某企业出口至境外的民用无人机。根据出口合同，境外用户企业要求出口方投保相关产品责任险，由于该出口地区风险级较高、装备整体技术新、价值大，对于出口企业来说面临询价难、成本高的难题，超出保险公司承保能力，因此如果单独以产品责任险询价难以承保。"首台套项目推出后，不仅满足了客户需求，还极大地降低了企业保费负担。我司在装备生产过程中即投入与企业、用户之间的沟通、用户、企业了解相关保障后给予了高度评价并予以充分配合。通过首台套项目成功助力我国企业获得出口大单，后该产品出险，获得保险赔付超过 3000 万元。"

2020 年是脱贫攻坚决胜之年。决战关头，从太保产险传来喜讯：公司首创的"防贫保"，已覆盖全国 50% 相关地区，争取在 2021 年实现全国相关地区的全覆盖。

"防贫保"最早诞生于 2017 年 10 月。在脱贫攻坚决战决胜的关键阶段，针对非贫低收入户和非高标准脱贫户存在的边脱边返、边扶边增的"沙漏式"

扶贫难题，太保产险聚焦"因病、因灾、因学"三大致贫、返贫成因，在河北邯郸魏县推出国内首款商业防贫保险，立足于"未贫先防"和"扶防结合"要求，探索建立起"政保联办、群体参保、基金管理、阳光操作"的创新扶贫模式，以行之有效的支出管理确保家庭可支配收入的相对稳定，填补了扶贫领域的空白点，为险企发挥主业优势参与社会管理、节约政府开支、促进相对公平、提升服务效能积累了有益经验，也为国家建立"脱贫不返贫"长效机制提供了成功的实践案例。

位于湖南省沅陵县筲箕湾镇的龙潭坪村，是当地有名的贫困村。2019 年 9 月 18 日，在太保产险的支持下，沅陵县政府与太保产险沅陵支公司签下全省精准防贫综合保险第一单，即由县财政拿出 700 万元作为防贫保险金，为全县"两类人群"购买防贫综合保险。

沅陵县马底驿乡长界村村民舒荣生原来养猪养鸭，小日子还算过得去。然而天有不测风云，2019 年 8 月，他被查出了胃癌，巨额的手术费和治疗费，让舒荣生和子女家庭都滑向了贫困的边缘。是"防贫宝"让他看到了希望。一天，一笔 37665 元的保险赔偿金打到了他的账户上，并得知保险年度内最高可获 15 万元赔偿金。

由相关部门依据大数据分析，设置防贫预警线，第一时间发现致贫返贫隐患，纳入重点监测范围，县防贫办实施定向跟踪；以上年度国家农村扶贫标准的 1.5 倍为限，设置防贫保障线，低于防贫保障线的纳入防贫范围，经调查确认符合相关规定的，即赔付防贫保险金。精准防贫综合保险，从源头上筑起了致贫、返贫的"拦水坝"。截至 2020 年底，中国太保"防贫保"项目在全国 28 省 739 个区县落地。"防贫保"项目获颁 2019 年全国脱贫攻坚奖组织创新奖，"防贫保"案例获颁由联合国粮农组织等机构发起的首届"全球减贫案例征集活动"最佳减贫案例。中国太保为中国脱贫攻坚和全球减贫事业贡献了"太保力量"，输出了"中国案例"。太保产险也因在脱贫攻坚中所做出的突

■ 太保产险内蒙古分公司与当地政府签约防贫保险

出贡献，于 2021 年 2 月获中共中央、国务院"全国脱贫攻坚先进集体"荣誉表彰。

探索全面数字化经营

刚刚到来的 2021 年，被太保产险喻为高质量发展"平津战役"的关键一年。顾越表示，今年，公司要进一步解决跨越式发展的问题，目标是成为行业内高质量的标杆性企业。

谋求高质量发展，首先要建立健全公司架构体系。"高质量发展往往会变成一句口号，但是在太保产险的实践当中，高质量发展是有深刻内涵的，并且有标准、路径和实践方案。"顾越说，明细的目标指引和顶层设计，将是企业未来的总舵手。在此基础上，要解决经营集约化问题、平台经营和客户经营融合问题，同时引领整个太保产险进入全面数字化经营时代。

数字化，是太保产险不断探索的方向。这几年里，太保产险的增长更多是通过科技手段来实现的，包括运用科技的力量打造更多的平台，通过技术创造新的市场、新的需求，推动平台经济发展，这其中也包括跟社会各界的合作，打通相关环节，形成有序流动，价值挖掘更快。

顾越认为："过去我们讲'保险＋科技'，但是现在大数据、人工智能、区块链、物联网等等新技术带来的变化，将是'保险×科技'。'保险×科技'是倍数效应，它会产生新的模式、新的方法。如果不掌握科技，如果不把科技作为未来的核心，终究会被市场所淘汰。"

"在车险领域，通过科技手段理赔减损对于改善赔付率、降低赔付风险是非常有效的。"车险市场发展部资深专家李莉表示。

作为太保产险利用语音情绪识别技术在车险反欺诈领域打造的一款人工智能产品，"听风者"通过在车险报案环节嵌入声纹识别，将客户报案的"喜、怒、哀、沉、惊、恐、厌"7 种情绪特征与"疑似酒驾顶包、疑似逃逸和先出险后投保"等车险欺诈场景进行匹配建模，测算欺诈指数，并将疑点类型、现场调查建议第一时间推送给理赔前端的查勘员，实现风控前置，成功识别率超过 90%。

"太好赔"等移动端自助服务工具，让客户随时随地轻松申请理赔；打造全国通赔通付服务，解决客户异地理赔烦恼；简化理赔申请资料，让理赔更省心。"太好保"聚焦货运企业的痛点难点问题，通过远程智能等各项技术，实时监控并干预驾驶行为，有效解决了运输企业安全生产的痛点问题，此项技术被深圳市政府方面肯定，纳入深圳市交通统一平台，并多次在公安部交通局进行交流，获得了社会各界高度肯定，获深圳市、上海市金融创新一等奖。"风险雷达"整合了气象信息与业务端，将各种灾害预警与客户风险管理有序衔接，极大提高了风险预警效率，为企业防损减损及风险管理提供了强大的支持保障。

此外，生物脸部识别技术的研发，让传统农险行业不敢推出的养殖险，也可以走向市场。通过技术识别，太保可以精准判断标的的真实情况，大大减少了骗保现象的出现。"如果你有机会和我们的农险工作人员一起跑现场风勘，就会发现农险并不是外界想象的那样风餐露宿，和泥土打交道，我们在农险领域的技术应用，甚至已经超过了传统的非车险和车险领域。这也是我们农险发展截至目前，始终保持行业增速第一的原因之一。"顾越说。

"还有如我们的被保险人承包了一万亩农田或者养殖了一万头牛，通过传统方式验标是非常困难的。然而通过遥感卫星技术和无人机技术，可以快速验标。目前为止，我们已经建立了拥有 600 多架无人机的飞行大队，可以进行全范围立体式的验标。"

2021 年，太保产险将在过往单节点数字化应用的基础上，探索全流程的数字化经营。"让整个经营和管理的流程全面实现数字化，从而提升经营的效

■ 2020 年 12 月，太保产险召开 2021 年工作务虚会

率、精度，这将是我们今年乃至今后一段时期的关键课题。"顾越表示。

　　宝剑锋从磨砺出。回首过往 30 年，太保产险不断刀刃向内，改革倒逼发展，走出一条属于自己的道路。当前，太保产险正处于战略转型 2.0 攻坚克难的关键时期，其目标是清晰的，即坚持高质量发展根本目标、坚持客户经营核心诉求、坚持合规经营基本理念、坚持转型创新主要路径，致力于服务国家战略、服务社会民生、服务实体经济，为成为"行业健康稳定发展的引领者"的战略愿景注入新动能。

（作者：杜晨薇）

第四节
寿险在时光中沉淀

工作日傍晚，外滩十六铺码头上的人流渐多。黄浦江上停放着一艘中国太保冠名的浦江游览船，岸上的中国太保大楼在江畔的黄昏景色里投下优美的背影。中山南路 1 号，中国太保集团总部 10 层的一间办公室里，潘艳红换上一双跑鞋，与几名同事相约好一起从公司大门出发，沿着外滩滨江步道向南浦大桥方向奔跑。

一身运动装，梳着一头利落短发的潘艳红是太保寿险的女掌门人。这些年来，即便工作再忙，她都习惯于长跑。她说："在长跑的过程中，能体会到时间的力量。"而这，与寿险的价值观不谋而合。

种苹果还是种小麦？

1994 年，潘艳红获得上海财经大学财经专业硕士学位后即加入中国太保。保险业在中国兴起之初，国内人均保险费还不到 100 元人民币，而在发达国家，这一数字已经达到 4000 美元。国人不理解保险公司是做什么的，让早期保险人印象最深的是，曾有上海市民用黄鱼车拉了一只保险箱到保险公司门口询问："你们这里修保险箱吗？"

我国保险业的开端可追溯到 1949 年 10 月 20 日，中国人民保险公司成立，从此我国开始独立自主地经营保险业务，其中包括人身保险业务，后来行业内简称"寿险"。当时的寿险主要是根据人民群众的需求开展简易人身保险业务，吸收零星的居民资金，在风险发生时起到经济补偿作用。

中国太保成立初期一直都是以财产险为主，只有少量的意外险和简易人身储金保险。所谓的"简易人身险"，就是个人每个月交一元钱，20 年后还给你 400 元钱，这期间一旦出现意外，赔付金额还是 400 元。虽然人身险保费从 1991 年的 386 万，到 1994 年达到 3.03 亿元，但当时在中国太保的总保费收入中，仅占不到十分之一。

产险一年收一次保费，当年即产生利润。而寿险的一张保单，前三年往往是亏损的，因为负责销售保单的代理人（行业内又称"营销员"）需要收取佣金，前三年的佣金就花掉了一张保单的保费，一张寿险保单要从交保费的第7年才能开始盈利。因此与产险相比，寿险不见利润。

在中国太保发展寿险之初，从事寿险业务的中国太保人自身对寿险的认知仍处于模棱两可的状态，对应该如何评估计算寿险的利润和价值，没有形成共识。"公司里经常有人按照'会计准则'，说寿险的人是产险的人养着的，这让我们很委屈。"太保寿险办公室副主任殷自力在1996年留学回国后便进入中国太保从事人身保险业务，他回忆当时公司内部普遍存在一种质疑："寿险发展得越快，是不是公司背的负债就会越多？"

1998年，中国太保与美国安泰保险公司合资成立了太平洋安泰人寿保险有限公司，潘艳红作为中方派驻的财务总监，较早地接受了国际上关于寿险业管理的理念和知识。她用了一个生动的比喻来阐述产险和寿险之间的关系，她说："我曾听太保寿险前董事长金文洪讲过一个很有名的小麦与苹果的故事，经营产险就好比种小麦，一年一收成，种下去收割了，当年就可以卖钱，变成利润。而经营寿险相当于种苹果，苹果树种下去不是当期结果，要三年才结果，但苹果的价值比小麦高。"理解寿险的价值，不能看当期利润，而要看"内含价值"。"内含价值"就是寿险公司现有的价值，直接反映寿险公司当前的经营成果。"相较于产险，寿险的价值并不体现在新保单上，不能用新保单的数量和利润来衡量。"太保寿险战略企划部总经理王珏说，"寿险保单在当下可能不产生利润，但在未来长时期内会产生价值。就好比一个人要吃三个包子才能吃饱，但你能不能不吃前面两个包子，只吃第三个包子呢？没有人能做到。"

苹果和小麦的比喻，与"吃包子理论"在某种角度上异曲同工，均揭示了寿险经营背后的价值逻辑。

寿险将人的生命、身体作为保险标的，一张寿险保单的保障期间长达几十年甚至终身，长期性、稳健性是寿险的基本属性。寿险行业和其他传统行业的盈利模式有着显著差异。一般传统行业卖出产品即可结算利润，当期的利润就是这单业务在公司经营中的价值体现；而对于寿险行业来说，保单销售的完成只是价值的开端，业务利润需要在较长的保险期内实现。初期保费的收入不等于企业盈利，而是对客户的负债。所以，对寿险公司来说，不能仅看当期盈利，而要延伸到整个保险期间。聚焦"价值"，做好经营效益和社会效益在长周期的平衡，更符合寿险经营规律。

由于寿险和产险在价值利润的产生时间和计算方式上均不一致，中国太保人意识到，如果仍像过去一样简单地将产寿险混在一起的话，往往只会看到寿险是"亏本"的。产寿险的分业经营势在必行。

2000 年 9 月 10 日，中国太平洋保险公司分业经营机构体制改革暨思想政治工作会议在上海市召开，时任总经理王国良作了题为《高度统一思想、统一工作步调，成功实施产寿险分业经营改革方案，确保年度计划经营目标的全面完成》的报告。会议全面部署了公司分业经营机构体制改革工作。

2000 年实行的产寿险"分业经营"是一个分水岭，此后太保寿险开始大发展。

事实上，中国太保的寿险业务经历了"3 个十年"的发展阶段。

从 1991 年到 2000 年是初创期，国内保险市场初步形成，中国太保以产险起步，寿险的价值还没有被发掘出来。

从 2000 年到 2010 年是扩张期，通过代理人大量增员、分支机构广泛铺设、银行渠道规模上量，跑马圈地实现规模快速扩张。大型保险公司在这个十年里先后完成上市，追求规模增长的经营理念开始转变。此过程中让潘艳红印象较深的是与凯雷集团的合作。

"当时太保寿险在不断发展过程中遇到了偿付能力不足的问题，筹划上市需要募集资本，于是决定引入海外投资者。"2005 年，太保寿险增资扩股并引进凯雷集团等外资参股经营，时任太保寿险董事长金文洪积极参与并亲自操盘，与外资方经历了艰难和繁复的磋商，最终实现了引入外资合股经营的目标，而这个过程就是一个学习寿险经营的过程，通过这种交流合作，太保寿险引入了很多国外先进的寿险经营管理理念。

"当时外方提出，三年内把中国太保打造成亚洲最有价值的寿险公司，这个目标再次强调了'价值'的重要性。"潘艳红说，"在上市之前，中国太保通过与外资企业的谈判，更加深刻地认识到了什么是新业务价值，什么是内含价值，为我们下一阶段坚持价值导向奠定了基础。"

从那时起，中国太保人开始对寿险价值有了一致的理解——寿险公司是追求价值的，评估寿险公司的好坏要用价值来说话，不是用利润来说话。稳健发展，一直是太保寿险的重要主线。2007年，中国太保完成A股上市，2009年完成H股上市。直到今天，"追求价值可持续增长"仍是公司内部"凡会必提"的一句话。

对价值理念的探索，更落实到寿险的营销运营当中。"按照价值的可持续增长理念，营销业务一定是慢慢做出来的，不可能今天是0，明天是100，不能光图业务规模，而是要关注以效益为中心的规模。"太保寿险一位老员工讲道。营销业务对客户来说是长期保障，对公司来说是经营效益。30年来，太保寿险正是遵循寿险发展的规律来经营。

从2011年到2020年，太保寿险进入了"第三个十年"。在这个阶段，太保寿险抓住先机，进入快速的价值成长期。令潘艳红印象最为深刻的是太保寿险从2011年起进行的一场压缩银保、聚焦大个险、回归价值的战略转型。

寿险业务根据销售渠道进行分类，主要可以分为个险、银保和团险等。个险是代理人渠道，由保险公司的营销员推销产品；银保则是保险公司与银行合作，由银行代理销售理财型的保险产品；团险主要是公司员工集体投保的产品，通常是作为员工福利。此外还有经纪公司渠道、电话销售渠道和新近出现的互联网保险。

2011年是太保寿险价值探索的一个关键节点。在此之前行业政策环境的突变，对整个银保市场形成了超预期的冲击。彼时的太保寿险银保渠道保费占比超过50%，而个险业务是短板。

作为时任副总经理，潘艳红参与领导了此次转型。"当时银保业务占比很高，市场规模大，但带来的价值很弱，从历史发展规律来看，我们决定减掉银保业务。然而减掉银保业务后，整个业务就是负增长的，股东给我们的压力很大，但是时任太保寿险董事长徐敬惠带领我们经营班子顶住内外部压力，毫不动摇地坚持调减银保业务规模。实质上这是一个甩掉包袱轻装上阵的转型开始"，此次转型为公司未来发展奠定了良好的基础，推动公司进入了行业的前三名。

如今回过头来看，转型的困难是必然的，关键是要有平常心和信心。2011年初，中国太保正式提出"以客户需求为导向"的转型战略，伴随整体策略的改变，太保寿险明确了价值可持续增长的理念，时任太保寿险董事长徐敬惠率先在业内提出"聚焦营销、聚焦期缴"的业务发展策略，打造大个险经营格

■ 时任太保寿险董事长徐敬惠宣导双聚焦战略

局，实现渠道结构的转型，为连续八年新业务价值增速领先上市同业奠定了扎实的基础。

在寿险业界，向来有趸缴和期缴保费要哪一个的问题，趸缴是一次缴清保费有规模，期缴是分期缴付可持续。"期缴业务好还是趸缴业务好的争论，从产寿分业经营开始一直在讨论。"潘艳红说，"一次性缴付保费，账面上的钱是多了，但从长时间的角度看，期缴的长远价值更大。"潘艳红一语道破了寿险经营的价值观念，可持续发展才是寿险经营的根本之路。

分期缴付意味着保险营销员需要和客户建立长期的关系。因为分期付款，每年营销员有了上门服务的由头，而在每次收费的过程中，还会有新的需求出现。这种长期的关系正与寿险可持续增长的价值理念一脉相承。

"聚焦营销、聚焦期缴"，即从渠道上聚焦个人营销渠道，从业务类型上聚焦期缴型业务，这种策略会带来长期稳定的业务增量。

在中国太保有一种说法："寿险稳则太保稳，寿险是太保的压舱石。"这种说法基于寿险的三大特点。首先，寿险具有长期性，人身险业务采取期缴的方式，建立从摇篮开始的客户关系。其次，由于中国人口基数大，人们的风险意识逐渐增强，因此寿险业务发展初期仰仗人口红利基础。再次，寿险的可投资性比较强，可投资渠道宽广。而从"内含价值"看，2014年以来，寿险价值贡献占集团总价值的比例保持在70%以上，确实是集团价值的主要贡献者、名副其实的压舱石。

一份保单的终身陪伴

保险是一种射幸合同（Aleatory Contract），合同当事人一方支付的代价所获得的只是一个机会，对投保人而言，他有可能获得远远大于所支付的保险费的效益，但也可能没有利益可获。由于保险从诞生起就带有不确定性，因而契约精神对保险来说尤为重要。

"平时注入一滴水，难时拥有太平洋。"这是中国太保的一句经典广告语，也是保险的价值所在。寿险公司的经营过程实际也是为社会筹备了一笔巨大的风险防范基金。在发挥保险保障功能的同时，让企业可以实现盈利，平衡自身经济效益和社会效益，健康、稳定的发展。

那么保险公司的利润是怎么来的？具体来说有"三差"，即死差、利差、费差。

死差是由保险公司预定死亡率与实际死亡率的差异造成，保险公司按照生命表来确定预定死亡率，如果客户的实际死亡率低于预定死亡率，则产生死差益；费差是保险公司从当期保费中提取的营业费用和当期的营业支出的差值，一张保单的实际花销费用低于预定费用，就产生费差益；利差是保险公司资金运用收益和资金成本的差值，如果预定利率低于实际利率，则产生利差益。

寿险经营是价值经营，在实现盈利同时要做好"三差"管控。在"三差"中，死差和费差主要来自保险公司的业务运营能力和管理效率，尤其是费差管控，其实就体现出了保险公司如何降低自身消耗，把最大利益让渡给老百姓，包含着经济效益和社会效益的统一。利差则来自保险资金的投资收益，考验资产端的投资能力。

在寿险业务中，个人业务又被称为分散性业务，相较于团体业务，分散性业务对客户的黏性较高，个险的"三差"盈利大于团险，因此个险是保险公司里面内含价值最高的业务。

太保寿险的个险业务从四大险种起步。1995 年 8 月，中国太保发布首个寿险险种"步步高"，1996 年继步步高以后，又开发了"老来福""少儿乐""福禄寿"，三个寿险营销新险种。其中"老来福"是聚焦终身寿险、意外、养老保险，"步步高"为增额终身寿险，"少儿乐"专为孩子设计，提供教育辅导金、就业辅导金和婚嫁金；"福禄寿"是具有养老性质的定期寿险。

1999 年，中国太保引进国外先进产品，在国内率先设计出万能寿险，同时在北京和上

■ 公司第一批寿险长期服务系列产品

海投放后即引起全城轰动，仅 50 天便销售了 1.03 亿元，100 天达到 4 亿元。2000 年万能寿险大规模起步，这种新兴的保险产品除了意外伤害保险功能外，还兼具投资理财功能。

进入新世纪以来，国民健康、养老意识提升，对人身险的消费场景、服务需求提出更高要求。太保寿险不再满足于给客户提供简单的保险产品，而是提供综合性解决方案。

随着我国市场经济体制的逐渐完善，养老、医疗体制改革的逐步深化，国民对人身险的意识和需求呈现出三方面的变化趋势。第一个变化在于，客户购买保险从关注风险补偿向关注风险管理和补偿转变。过去客户购买人身险，主要出发点是在风险发生时能够获得保险公司的财务补偿。随着居民保险意识的觉醒和保险需求的升级，客户需求正从事后的财务补偿向事前的风险管理转变，希望保险公司帮助自己主动管理风险，降低风险发生概率。

第二个变化体现在客户更加注重全流程的服务体验。相较于投保环节本身，客户更加看重售前、售中和售后的全流程，希望在产品信息获取、投保、续期保费缴纳、理赔、咨询与查询、保单变更等环节，获得高效便捷的良好服务体验。

第三个变化在于，客户更希望获得产品和服务相融合的综合解决方案。尤其是随着国内老龄化的加剧，健康养老需求旺盛，而相较于单一的保险产品，客户更加希望获得涵盖老年护理、慢病管理等增值服务的产品服务一体化解决方案，提升全生命周期的生活质量。

如果说传统寿险经营是太保寿险的第一曲线，那么如今太保寿险所在的第一曲线增长已经放缓。在潘艳红看来，在第一曲线下滑之前，太保寿险公司需要打造第二曲线，通过健康养老业务的发展激活传统寿险业务，并创造新的增长点。

一家寿险公司开始发力健康养老服务，意味着公司商业模式的全面变革，这种变革必须从产品端和营销端开始。

在产品端，太保寿险持续优化保险产品供给，推动客户分群、产品分层，完善覆盖客户全生命周期、满足不同收入群体需要的产品体系。持续深化保险与健康养老产品服务的融合，推出"太保蓝本"、生命银行、视频医生、健康监测一体机等健康服务产品。

在销售端，推动寿险营销员
从单纯的保险销售者，向健康养
老整体解决服务方案提供者转变。
借助客户分层经营、科技赋能平
台两大支撑，推动队伍转型升级。
"要是近80万人一股脑同时去升
级那是不现实的，我们就得识别
当中素质高的、接受力强的、客

■ 2021年CG20太保寿险引领者庆典

户服务意识强的，分层分类或者分批地逐步去升级。2020年以来，我们从中
甄选出一批最优秀的伙伴，成立CG20引领者（CPIC GIANT）组织，以行业
最高标准，打造专业、能力和品格的标杆，带领更多营销伙伴，通过更专业地
服务客户，做好风险与财富管理，实现保险事业的成功。"潘艳红说。

同时，通过丰富健康养老服务产品，为保险营销提供场景化支持，提升客
户服务体验，助力客户经营和开拓。以"视频医生"为例，疫情期间，配合保
险主业开展全国免费10万家庭视频医生月卡赠送活动，超过34万营销员通过
"视频医生"权益转发，实现获客125万。

从保险到健康养老，潘艳红说这并不是"跨界"，而是在保险产业链上的
延伸和扩展。"寿险公司做健康养老有先天的优势。"寿险作为一种支付手段和
需求分发枢纽，上游汇集客户需求，下游连接着健康和养老服务。换句话说，
健康养老服务本身就是寿险公司客户的需求。寿险公司完全可以携海量客户之
优势，进入这两个领域。

做健康养老又推动了代理人模式的变革。"在新的模式下，代理人向客户
提供一揽子大健康解决方案，从而推动他们和客户之间的关系从买卖到长期的
服务。"

打造第二曲线意味着启动新增长引擎，这个巨大的转型工程也伴随着各种
压力和风险。"任何新生事物的出现都需要经历一个从被质疑到接受的过程。"
潘艳红说。曾经，从事寿险营销的人被称为一群"净会花钱的疯子"。当时人
们对寿险价值认知的不一致，与当前对健康险和养老险的质疑是相似的。每一
次转型都是新一轮革命，需要更多的勇气和远见。

而不变的，唯有保险的初心，始终服务着人的生活。如今的一份保单，不

再是困难时的一笔赔款，而是最长情的终身陪伴。

这是寿险的初心本源，也体现了寿险公司和客户的关系。保险的基本功能是提供风险保障，对于寿险业来说，就是要围绕客户的生老病死残提供保障。保单将陪伴客户走过漫长岁月，在各个阶段，提供风险保障解决方案。

在整个保障周期中，寿险公司都将基于保单为客户提供全流程的服务，在每一个服务环节上如何给客户更好的体验、提升这份"陪伴"的质量，正是"以客户为中心"的一个重要课题和实现路径。

寿险人只跑马拉松

最近人们发现一个有趣的现象，中国太保人都在跑步。"太保寿险成了'上海滩最爱跑步的公司'。"潘艳红笑着说。每星期三和同事们约跑一次，从公司门口跑到南浦大桥，一跑 10 公里。"我们不跑短跑，只跑马拉松。因为马拉松与寿险的经营规律是一致的。"

2019 年潘艳红担任太保寿险总经理前后，整个行业格局正在发生着巨变，太保寿险正经历了上一轮转型，在银保渠道上且战且退，把更多的资源、注意力、精力聚焦到了个险渠道，聚焦有价值的增长。

"上一轮银保且战且退、聚焦个险的转型，可以用'加减法'来形容。我们把握住了代理人资格考试取消后人力快速增长的机遇期。"潘艳红说，但到了 2019 年，人口红利逐渐消失，太保寿险面临着双重压力。

第一个压力来自每年的新增保单量。随着全球经济步入低利率时代，寿险公司的利差收益快速下降，资产配置压力迅速增长。"寿险保单每年像滚下来的雪球，虽然在当期内的保单具有内含价值，但如果不做新保单，内含价值总会有衰减的一天。"而行业内对如何衡量一家保险公司的价值，新业务价值是一个重要的指标。

"去年有不少保险公司为了冲业务规模，发布了许多价值率较低的产品，确实给我们一定的压力。就像跑马拉松一样，虽然短期内会有压力，但时间最终会给出最好的答案，一时的风光并不代表什么。"潘艳红说，太保寿险始终稳住初心，没有为了让数字"好看"而冲规模，没有去追求低价值的业务和保费。

而第二个压力则来源于人口红利的消失，公司增员压力大。实际上除了太保寿险，自 2019 年起，许多寿险公司的营销员数量均出现了负增长，寿险公司长期依赖的人海战术之路越走越窄了，原有的增长动能已经开始乏力。此时，粗放式发展所带来的营销员高流失率、低产能、素质不高等问题开始全面暴露。

代理人规模在萎缩，触达的客户圈就缩小了。2018 年年报显示，太保寿险个人客户业务收入 1954.18 亿元，同比增长 14.9%。其中，代理人渠道的新保业务收入 467.04 亿元，同比减少 5.6%——人海战术的深层次矛盾开始暴露。"我们意识到，这样一种低端的重复扩张越来越走不下去。"

原有的发展路径走入死胡同，唯有变革。上任伊始，潘艳红即在谋划转型之路，而这次转型做的是"乘除法"。"乘"是指通过以聚焦价值为方向，以聚焦队伍为内核，以聚焦赋能为支撑的"三个聚焦"来改变队伍内质，提升队伍能级，形成杠杆效应，撬动发展动能的转换；"除"则是指打破惯性思维，破除路径依赖，凝心聚力苦练内功。

近年来，保险客户群体开始分层，三大客群正在崛起，这为寿险覆盖领域的外延拓展提供了新的市场增长点。一方面，潜在银发消费者的健康养老需求凸显。国内老龄化趋势加剧，45 岁至 59 岁潜在银发消费者是未来"大健康"产业的一支消费主力军。然而，现有社会保障体系难以充分满足其健康养老保障需求。在健康领域，虽然社会医保已基本实现全民覆盖，但个人支付比例仍然达到 28.2%，老年人难以支付高昂的医疗费用。在养老领域，政府主导的基本养老保险替代率大约为 40%，远低于发达国家 75% 的平均水平。

另一方面，高净值人群追求财富保值。2018 年我国个人可投资金融资产 600 万元以上的高净值人群已达 167 万人，预计到 2023 年将增至 241 万人，其可投资金融资产总额也将升至 82 万亿元。高净值人群普遍追求财富的稳健、保值和长期收益，希望保险公司提供长期稳健的财富管理服务。

此外，还有新生代客户呈现新消费需求。"90 后"作为互联网世代，受新技术影响显著，展现出注重体验、理性消费等多元特征，更加追求多样化、个性化、自主便捷的智慧服务。

新出现的三大客群对应着太保寿险的第二曲线，目前太保寿险正打造"保险 + 管理式医疗 + 健康服务"的全生命周期服务生态圈。

疫情发生以来，健康类保险产品和服务受到空前的关注，健康养老话题成了人们关注的焦点。

在健康领域，太保寿险投资设立太平洋医疗健康管理有限公司，深耕医疗健康数据科技、创新移动互联健康管理、打造医疗健康服务网络，为客户提供全生命周期智慧化解决方案。投资设立联仁健康医疗大数据科技股份有限公司，业务将主要覆盖"健康医疗大数据""互联网医疗健康""健康医疗产业园"三大板块。

在养老方面，探索"城郊颐养、旅居乐养、城市康养"三位一体的太保家园养老社区。太保寿险全国迅速发力，拿下多块养老用地。位于上海市宜山路719号太保家园·示范体验中心集中展示了太保家园规划设计、文化理念、运营服务、设施设备及颐养、康养、乐养三大产品线的主要户型。体验中心设置了体检一体机、数字作业训练系统、脑功能定量成像仪、磁感应手指活动检测仪等设备，参观者可亲身体验智慧养老对长者的精心呵护。

"科技正在改变保险业的运营模式。尤其是 2020 年这场疫情，加速了整个行业的线上化进程。"潘艳红坚信，科技能够引领新的商业模式，大幅度降低健康养老服务的成本，从而让越来越多的普通人可以享受到优良的健康、养老服务。

而提升队伍能级、开拓养老健康、引入科技手段，最终还是要回到寿险的主业上来，遵循寿险的发展规律进行创新。

"太保寿险一直坚持着'长期主义'，我所理解的'长期主义'并不是不顾当下，也不是只顾当下，而是要处理好继承与创新的关系、当下和长远的关系、变和不变的关系。"长期主义不是一成不变，不能吃老本，而是在不变的规律基础上，与时俱进。

回顾从 1994 年加入太保，到 2007 年 5 月任太保寿险财务总监，2011 年 3 月任太保寿险副总经理，2013 年 12 月任中国太保副总裁，后担任常务副总裁，2019 年 9 月起成为太保寿险总经理，"我相当于一辈子都在做一件事。"潘艳红说，保险是一个需要时间沉淀的行业，就像跑马拉松，需要保持定力，一路向前。

"我还记得我第一次跑全马，当时紧张得不得了。"那是 2015 年 11 月的上海马拉松，潘艳红完成了人生中第一次"全马"。"跑之前很焦虑，担心 42 公里完成不了，跑完了自己都有点不敢相信。"

　　这次全马的经历让她明白了一个道理——只要方向不变，不停往前走，就一定会到达终点。"在这个过程中，身边对手的快慢、能力各不相同，你可能会被超越，这时要沉得住气，不一定要跟别人去比，只要遵循自己的能力一步步跑下去。"从跑马拉松中，潘艳红愈发领悟了寿险的发展规律。

　　"在新业务价值增长过程中，太保寿险面临着很多压力。我们没有为了增加规模而选择去做一些保费高但价值率低的新保单。"潘艳红说，这就好比短跑虽然能在短期内速度很快，但并不能长久。"寿险人只跑马拉松。"

　　2021年，太保寿险"转型2.0"进入收官之年。这一年是两个百年目标的交汇之年，也是中国太保成立30周年和转型2.0的决胜收官之年。面对内外部的深刻变化，2021年1月中旬，太保寿险对外发布"长航行动"，提出将"打造服务体验最佳的寿险公司，做寿险行业的长期主义者"为愿景，识变、应变、求变，全面开启高质量发展新征程。选择在此时推出"长航行动"作为其在行业新发展阶段的纲领和指南，正对应着寿险人的马拉松精神。

　　"长航行动"的"长"是长期主义，其核心就在于以长期眼光去解决公司发展过程的各种问题，长期坚持对行业健康稳定发展的规律的尊重，长期坚持以客户需求为导向的思想理念，长期坚持以专业能力建设为核心的发展路径。"长航行动"的"航"是转型续航，就是要在汲取过去转型宝贵经验的基础上，进一步明确转型方向，找准转型破局点，挖掘价值增长点，形成战略蓝图和落地施工图，找到新周期下的持续发展动力，以持续转型的确定性，应对新周期下多元化选择的不确定性，通过主动识变、主动应变、主动求变，从渠道思维转向客户思维，从销售思维转向经营思维，全面开启高质量发展新征程。

　　在"长航行动"引领下，太保寿险将着力打造队伍升级、赛道布局、服务增值、数字赋能四大战略内核。通过"334"战略施工图，即三个增长点（升级营销队伍、布局1+X渠道、拓展重点区域），三个优势源（承接大健康战略、打造大养老生态、提升数字化赋能），四个支撑力（增强科技能力、健全数据基础、提升组织能力、强化人才支撑），实现"一优两稳四新"战略目标，以穿越行业发展周期，在不断变化的市场形势下稳步前行。

　　在"长航行动"中，"人"再次被提升到一个重要的位置。进一步升级营销队伍被视为公司开启高质量发展新征程的破局点，是"长航行动"战略实施的首要着力点。

在保险行业内，"无代理人，无寿险"。寿险营销是一个"与人为伍"的行业，也是一份成就自我的事业。公司追求长期可持续的发展，为代理人提供了事业的平台。营销员通过深耕寿险销售、客户经营、服务，为客户提供长期服务，同时也实现自身长期的发展和成长，公司与代理人形成共赢共好的伙伴关系。

2020 年 6 月 16 日，太保寿险庆祝了业内首创的营销员专属节日"616 伙伴节"。自此，每一年的 6 月 16 日成为展现太保寿险"以队伍为尊"的理念的重要日子。该节日旨在服务 80 万寿险营销团队，进一步提升营销伙伴的从业体验和综合能力，并以"你的事就是我的事"作为标准，使内勤外勤形成合力，做到一家人、一条心、携手共好。

2021 年起，太保寿险将每月 16 日作为"太保寿险伙伴日"，以此促进 2020 年"伙伴节"的传承与升华、常态与固化，进而搭建内外勤伙伴互动的长效平台。

■ 2020 年 6 月 16 日，太保寿险首届"616 伙伴节"开幕式

2021 年 2 月 16 日 的"伙伴日"当天，全国逾 23 万名内外勤伙伴线上线下共启"长航"，共同见证公司新阶段战略蓝图。

潘艳红在伙伴日上表示，坚持"长期主义"，在营销伙伴层面体现为企业与伙伴的"长期共好"。在新的发展阶段，公司将以"长航行动"为新引擎，全面推动"太平洋保险号"巨轮转型续航、行稳致远。"营销伙伴是中国太保寿险新征程上最重要的同行者、同航人，希望这支队伍在为公司价值增长贡献力量的同时，收获客户的尊重和感谢，收获个人的成长和成就，收获美好生活的富足和幸福，收获内心的自豪和骄傲，实现公司发展与个人发展的共赢共好。"

"长航行动"，是一个总体工程，不是单点发力，而是体系性的转型升级。"上一轮转型的增长动力源是人口红利，如今这条路已经走不下去，寿险公司必须找到新的动能和增长点。"潘艳红说，新一轮转型是整体商业模式升级、队伍升级，让更专业的人来服务客户，通过体系性改造，提升整体服务能力，最终在新的市场变革下，推动寿险价值的可持续稳定发展。

当前，国家处于百年未有之大变局，行业处于三十年未有之大变局。任何事物的发展，都往往是一个波浪式前进、螺旋式上升的过程。行业和企业发展同样如此，不会总是风和日丽，也会有浮云飘过，甚至面临风霜雨雪的时候。越

■ 太保寿险总经理潘艳红在集团 2021 年度工作会议上介绍长航行动

到这种时候，越需要拨云见日，登高望远。如果仅看一时，会感觉困难重重。一旦跳出当下看长远，跳出困难看机遇，视野和格局就会大不一样。

"不畏浮云遮望眼"，"风物长宜放眼量"。从一个历史进程中去分析把握行业发展方向，从客户需求和行业初心去谋划公司未来发展战略，不仅能够见"危"知"机"，见"微"知"著"，更能看到光明的前景。

（作者：黄尖尖）

第五节

人顺路不迷

2021 年 1 月 14 日，一个阳光暖意的冬日下午，窗外，蜿蜒的黄浦江水安静流淌，外马路的游船正蓄势待发，临江而开的会议室里，挤满了来自中国太保 A14 风控一体化项目集的核心骨干，数小时的轮动复盘与精心研讨终于落定，项目集负责人张卫东一语中的，一体化风控项目集内部结项完成。那一刻，璀璨的黄浦江，载着一江彩色的灯光奋勇而进，满屋的掌声，既献给风控和审计人协同奋战的 1000 天，也致敬太保一体化风控建设的新未来。

不破不立，不塞不流，中国太保的集中化管控之路已行进十年之久，在业内树立了良好标杆的太保，却在 2018 年开启转型大幕，选择了从"集中化"到"一体化"的转型路径。到底是什么力量，让中国太保未雨绸缪而启航，又是什么思量，让中国太保坚定信心而发力。当问及集团合规、审计分管副总裁赵永刚时，他在玻璃幕墙下站立良久，反问道，是什么，能使滔滔江水顺流入海？

其实，这个问题早有人实践过。千年前的钱王，曾用万支弓箭射潮企图退之，用牛羊美女作贡品投入水中。无功而返后，钱王终于懂得：潮可顺应不可逆之，潮可疏导不可拦阻。唯有以疏通江道、筑堤防范并用，才能使得江水顺流入海。

钱王治水和企业经营的道理一脉相承。花繁柳密处拨得开，才是手段；风狂雨急时立得定，方见脚跟。30 年来，伴随着改革开放时代大潮而成立的中国太保，在规模、营收、影响力飞速发展的同时，在完善内控、实施集约化管理方面也做出了卓有成效的探索，"风控一体化及三道防线"分别发挥着疏通江道、筑堤防范的作用，为行业风险管理筑起铁壁铜墙。舟循川则游速，人顺路则不迷。在落实风控一体化，抓好"三道防线"基础上，中国太保扬帆起航，加速展开高质量发展的新时代征程，三十而立再出发。

打造强而有力的风控一体化新格局

势！何谓势？孙子兵法曰："激水之疾，至于漂石者，势也。"湍急的流水，飞快地奔流，以致能冲走巨石，这就是势的力量！

中国太保的一体化风控体系建设正是因势而动，聚势而强，乘势而上，在公司筚路蓝缕的发展道路上，让建设行进中一些时间节点，嵌入历史记忆，镌刻下熠熠生辉的金色坐标。

太保产险广东分公司一把手郁宝玉对一体化风控建设感触良多。作为分公司的一把手，风控压力大，如何有效准确识别和处置风险，一直是他的心头之急。第一次听到一体化风控，是在 2019 年 2 月 19 日的一体化风控与审计工作大会上，集团董事长孔庆伟铿锵

■ 2019 年 2 月 19 日，集团召开加强一体化风控建设暨审计工作会议

发声，强有力的一体化风控体系，是公司高质量发展的坚强基石，也是培育长期动能的关键所在，一体化这三个字自此印记在分公司随后的每一步发展中。2019 年 4 月至 8 月，项目集在福州、郑州等五地召开五场区域研讨会，项目集负责人——集团首席风险官、合规负责人、总法律顾问张卫东回答了一体化风控建设的五大问题，为什么，是什么，怎么做，谁来做，如何用，项目创新设计了三大应用场景——辐射全国的"情景式"研讨，与高管人员的"浸润式"互动，面向基层机构的"下沉式"实践，一体化从一个概念细化到具体的任务清单，从一个理念落实为有效的项目交付。在 2019 年 10 月的项目试点总结会上，产险广东分公司团队拿出了一体化风控建设落地实践的一揽子成果。

一体化风控项目集起源于中国太保转型 2.0 的大背景，在集团党委、董事会、经管会的坚强领导下，应运而生。张卫东清晰地记得，中国太保召开第一次党代会时的情景。"会上明确将'风控能力最强'作为集团党委未来五年的奋斗目标之一，在公司发展进入新时代，踏上新征程的关键时刻，构建一体化风控体系，既是集团战略转型 2.0 的要求，也是集团新一届党委的历史使命，集团风控工作再次吹响了集结号。"

2018 年 7 月，集团董事长、全面深化转型领导小组组长孔庆伟主持召开转型 2.0 专题会议，规划了公司一体化风控建设愿景，要求全面实现"风控权

责清晰、一道防线强大、监督力量高效、工具平台智能、考核牵引鲜明"的定性目标，全面达成"损失低、成效好、评价优"的定量目标，集团 A14 项目集全面启航。

"风控能力最强"是 A14 项目集目标，要使命必达，必须解决多主体、多场景、多任务特征下，如何凝聚一体化风控共识。2020 年 9 月 4 日，赵永刚以"激扬青云志，常怀敬畏心"为主题，在集团"青训营"上与学员们分享一体化风控建设之路时感叹道："再拼，也要遵循规律；再难，也要严守底线。"

一体化风控建设之路是开放而包容的，各方团结一条心，才能久久为功。"我们要唱同一首歌，既要各司其职，又要形成合力，努力提高一体化风控的有效性。"集团总审计师、审计责任人钱仲华表示，要构建一体化风控"命运共同体"，审计工作要坚持实事求是，做到"一手抓审计监督，一手抓审计服务"，推动 A14 项目真正落地、开花结果，实现联防联控。

一体化风控建设也是创新和韧性的，各方拧成一股绳，才能迸发力量。项目集独创跨公司、跨条线的协调机制，既能保持决策高效，也能坚持实施有效。集团合规负责人是项目集负责人，也是协调组组长；集团总审计师为协调组副组长；产险公司、寿险公司和长江养老公司合规分管领导为子项目负责人，集团法律合规部负责人为项目集经理。同时，集团及各子公司风险管理、法律合规、审计管理、人力资源、信息技术、纪检监察等一、二、三道防线骨干人员组成项目团队。

项目集围绕转型 2.0 目标，积极探索实践，突破思维定势，第一次交付就直击公司风控短板痛点，针对风控能力薄弱的中支机构，发布《关于进一步加强中支公司风险防控能力建设的指导意见》，制订《中支公司经营行为规范 50 条》。现如今，这些规范在基层人尽皆知，50 条规范也是朗朗上口。

■ 2019 年 4 月 16 日，集团首席风险官、合规负责人张卫东部署 A14 一体化风险管理项目集工作

三年的时间，一千个日夜，一体化风控项目集坚持穿透和融合，坚持一体化、高效化、智能化目标，"强筋骨""促循环""智

核心"，以"1234"为标志的一体化风控体系初步建成。通过补强治理架构，做实一道防线，深化监督力量合作，建立风险数据集市支撑下的风险管理信息系统，一体化风控取得明显成效，推动关键领域的转型成果从"形"落到"实"。

2020年，国内疫情防控仍然严峻，但A14项目集没有停下步伐。孔庆伟赴集团风险管理中心调研时表示，要以风控有效性促进一体化风控水平，构筑公司战略发展的安全边界。A14项目集再一次握指成拳，精准发力，实施了重点流程再造专项，共性问题治理专项、精细化管控专项、压力测试专项等4大工程，一体化风控建设，在实现"风控能力最强"的转型愿景引领上，越行越实。

十年磨一剑，中国太保的一体化风控建设先行先试，将项目集成果转化为公司的生产力和竞争力，将风控核心要求穿透至业务前线，切实解决各级机构风控能力发展中的问题，让基层机构真正体验到转型项目的有效性。

2021年1月15日，集团法律合规部总经理袁烨提出了A14项目集结项申请，邮件发送的那一瞬间，他深知，一切，只是面向过去的结束，也是走向未来新的起点。面临外部经济不确定性加大等诸多挑战，一体化风控建设必须精进一步，要汲取项目宝贵经验，推动项目成果在关键领域的落地应用，切实提升一体化风控水平，为一体化风控的长效建设打牢基础。同时，也要进一步释放风险管理活力，使一体化风控发展成果惠及各方，打造共建共享的风控新格局。用风控体系的精心打磨，全面稳定公司经营大盘，实现风控能力最强。

从弱到强：在起浮中探索新路

十年磨一剑，铁胆铸丹心，这是中国太保审计人的初心和灵魂。

2001年安然倒闭事件、2003年世通100亿美元的财务造假案等，都对保险金融行业完善治理结构提出要求。随之而出的美国《萨班斯—奥克斯利法案》改变了整个西方、甚至整个世界的公司治理实践，也影响了风控在保险公司的定位。

中国太保成立以来一直重视风控一体化工作，风控相关的三道防线从无到有、从小到大，最后从大到强，也是中国太保日新月异发展的一个缩影。

如果说合规是风控的组织者，那么审计就是"吹哨者"。作为第三道防线，中国太保的审计工作一直走在业内前列。早在 2007 年，审计条线 20 余人齐聚上海徐虹北路太平洋保险培训中心，从产寿险条线展开了公司内控审计指南的编制工作，从一个制度、一个流程、一个环节逐项梳理，逐项讨论，完成了第一版的《内部控制审计指南》，实现了各子公司的审计标准统一。

虽然集中管理提高了审计的组织地位，但一些根本性的问题仍未得到有效改善。首先是地位之困：用审计中心一位"老法师"的话说，就是"公司上下不甩你"：部分子公司管理层有时也不理解内部审计的工作价值。一些子公司的干部拒绝审计、对抗拖延检查的情况仍很普遍。

其次是考核之困：审计部门由被审计单位来考核打分，考核结果一直不高，排名常常靠后。审计工作得不到肯定，导致人员大量流失，而人力紧张使得工作能力难以达到董事会与高级管理层的要求，形成恶性循环。"得罪人的内部审计，考核还想得高分？"

2011 年，为改变审计组织地位不高、审计人员专业能力不足的状况，时任集团审计总监的陈巍，组织制定了审计改革方案，一是从审计的治理架构进行改革，提升审计的独立性，解决审计人员"敢审"问题，从组织上保证审计人员的动真碰硬。二是进行人员调整，并配套相应的工作流程和审计标准，通过专业水平的提升来解决审计人员"能审"问题。在董事会和高层领导的支持下，审计中心采取了集团成立以来从未有的行动：对内部审计进行专业化改造，包括对审计中心部门领导和 100 多名职工的工作重新安排岗位。

其实，公司董事会和高级管理层、审计中心的领导当时也都捏把汗：会不会出乱子？老的二级部门领导一旦不能回到原位，会不会闹情绪？审计中心下一步工作能否达到预期的设计要求？后来的运行结果表明，效果好于预期，工作开展高效有序。

心之所向，披荆以往。转型后的审计中心可谓是柳暗花明又一村。2012年，审计中心经过一年的运行，专业化流程渐渐顺畅，审计计划安排的科学性不断提升，效率明显改善，审计技术应用水平明显提高。2012 年 11 月底，时任中国太保董事长高国富在"2012 年度审计工作会议"上对内部审计工作给予了充分肯定："审计中心在机制转换、技术创新、专业能力建设这三个方面，都有了明显进步。"

天行健，君子以自强不息。2019 年，审计中心对标国际一流，最高标准、最好水平，自加压力，开启了二次转型：围绕审计中心外部叫好、内部不叫座的局面，改革再出发，形成贴近业务一线，一盘棋的格局，凸显内审价值。

在孔庆伟的精心部署下，钱仲华组织开启了"打造精兵总部、做实片区部门、探索数字创新、抓好专项审计"的再次转型。在这一过程中，审计中心成立了专项工作小组，立足长远发展，积极谋划审计"1216"转型工程：1个精兵总部、2个评价指标、1个健康指数平台、6个专项审计项目。

通过审计中心各部门通力合作，"1216"转型进展顺利，各项工作按计划完成，转型成效逐步体现。内审高质量发展阶段的内涵也从实现发现问题到解决问题的转变，从看病治病到治未病的转变。

可以说，这次转型如同风向标，让大家看到了董事会筑牢风控一体化及三道防线，坚持高质量发展的决心，也看到了未来的发展路径——在防范内部风险、扎牢三道防线的基础上，推动保险业务健康发展。随之，审计中心的改革成果得到了公司高层领导、被审计单位、监管机关、社会团体的诸多认可。

中国内部审计协会、上海市内部审计师协会领导用"吃惊""震撼""标杆"谈到了在自己与中国太保内部审计接触过程中的三次印象。

在两次转型中，得到公司高层、监管机关和内审协会的认可，固然可喜。然而，最可贵的是，得到了被审对象的认可。

■ 2014年2月20日，上海内审协会为太保集团举行内审理论研讨暨《超越》一书首发仪式

集团IT中心曾主动要求审计，其对审计重视程度在历史上是从来没有的。一位寿险公司领导曾表示："感谢审计部门所做的工作。为我们的工作提出了很多改进建议，揭示了很多缺陷和问题。如果这些问题没有揭示并有效整改，我可能因领导责任被撤职多次。"

在集团审计中心党委委员、数字化审计技术部总经理蒋洪浪看来，之所以能得到被审对象的认可，来源于审计的专业性，能够帮助分支机构分析问题和解决问题。

而今，集团审计中心在公司发展中，起到了重要作用——筑牢风险防范的堤坝。历史的长河潜流深沉，要经过时间的沉淀，才能发现水道令人惊叹的转换。

从无到有：筑牢铜墙铁壁

十年合规路，守护风控心，这是中国太保合规与风险管理防线的情结和坚持。

足球界一直盛传这样一句话，当守门员未能扑出进球时，在他之前，其他10名队友也一定漏过了该球，深刻阐释了各防线间的步调一致至关重要。

风险管理与业务发展是公司战略的一体两面，严守风险底线，这是中国太保风险管理的必然使命，也是公司高质量发展的坚强保障，孔庆伟曾感叹，对中国太保而言，风险意识是一种政治智慧，一种责任自觉，做好风险管控工作，必须观大势，定大局，谋大事，做到治而不忘乱，安而不忘危，存而不忘亡。

合规与风险管理是国际金融风险防范的必然选择，也是中国太保在层出不穷的风险挑战中，不断发展壮大乃至成为世界500强企业的必由之路。2007年，集团总部及各子公司改"法务部"为"法律合规部"，新设风险监控部，发布全司统一适用的《合规政策》《风险管理政策》，全面开启合规与风险管理之路。

对于中国太保，合规与风险管理作为一个新生领域，与业务历经了从陌生、对抗、认同到融合的艰难过程。对于这一点，太保产险法律合规部负责人吴刚是合规条线的"老兵"，历经分公司业务前线的炮火洗礼，更有深刻感触。

很长一段时间，在业务发展为先的观念主导下，合规与风险管理工作开展起来束手束脚。在分支机构甚至是总部层面，很多人一直存在一个思想误区——即认为合规就只是合规部门的事，与业务部门无关。当时，这样的思想误区在保险行业普遍存在。这导致合规工作常常"头重脚轻"，业务部门、基层机构自身不重视，合规管理缺位，屡屡出现合规漏洞，轻则被监管处罚，重则发生重大案件，一度行业乱象丛生，声誉受损。

在种种意识冲突之下诞生的合规与风险管理部门，从建立之初即清醒认识到，必须把握好两个角色，才能实现自身的长足发展。其一，是监管规定的"助推器"，发挥公司与监管机构联系的纽带。其二，是业务发展的"加油站"，围绕公司战略、经营发展，发挥内外桥梁的搭建作用，与业务"一道防线"和审计"三道防线"互通、互动、互联，成为职能部门的合作伙伴。

做好这两个角色，必须找准定位，做实做专。10 余年间，中国太保成功构建了贯穿总部到中支机构的组织架构和专业化团队，筑就了公司风险防范的第二道防线，不断深化"组织体系、制度体系、责任体系、工具体系、文化体系"五大体系，构建覆盖三道防线的"全面、全员、全程"的工作机制，逐步勾勒出符合太保实际的合规与风险管理专业化、一体化的建设路径。

但成绩从来不是一蹴而就，前进的道路必然曲折而行，在业务机构（一道防线）和审计（三道防线）均有历练的集团法律合规部副总经理文霞，有自己的深刻理解。

她至今仍记得，2010 年集团法律合规部全员竞聘时的场景。"从业务到合规，是希望能用自己的专业判断去赋能业务一线，成为业务发展的护航人。而从审计到合规，则是希望自己不仅能发现问题，更要解决问题。"一名合规风控人员，要真正做到把控宏观政策的行业人、真正做到创新业务的护航人。

在她看来，来到合规部门的这十年间，经历过条线组建、功能嬗变、价值跃升的过程，感受到从合规风控 1.0 时代——合规遵从，到合规风控 2.0 时代——价值创新的华丽转身。

从 2010 年到 2013 年，中国太保合规与风险管理处于全面开工的组建期。"大家以目标为导向，建机制，定制度，搭平台，组队伍，特别是 2011 年启动的'内控优化项目'，全面建立覆盖各部门、各领域的内控体系，让二道防线从小到大，管理机制、工具、方法从无到有，从有到优，形成了公司的免疫系统。"

2013 年到 2017 年，是由浅入深的发展期。"我们以风险为导向，建设合规品牌、创新系统开发、建立责任体系，尤其是 2013 年上线业内首个集监测、作业、报告于一体的风险管理信息系统，实现了从手工作业到流程线上化、从风险防范的人防到技防的数字飞跃，让二道防线成为公司风险防控的坚强屏障。"

2017 年到 2020 年，是自上而下的跃升期。"2018 年，集团启动 A14 风控一体化项目，大家忙协同，构建风控中台，外联监管，内联条线，上联治理，下联基层。"

十年三跃升，中国太保由形式合规逐渐迈进实质合规，提升了合规管理的有效性。实现了从被动控制到主动合规的转变，合规成为构筑中国太保高质量发展重要核心元素。

如果认为合规是业务发展的底线，不得触碰，那么风险管理就是业务发展的边界，通过建立风险管理策略，确立风险容忍度，设置风险限额，强化应急处置，为公司转型构筑安全防护网。

集团风险监控部副总经理周莉莉对于风险管理，也有自己的感触，特别是风险管理硬核技术—量化风险计量模型的建设历程，该系统如新风扑面。

当时，一切都是从零开始。白手起家干事创业的这股子拼搏精神，一直在太保集团风控人的血脉中涌动。2008 年，在集团董事会的支持下，引进国际风险管理先进理念，集团启动以风险资本为核心的量化风险计量模型开发，在时任集团风险分管领导孙培坚牵头下，各公司风险管理业务骨干劲往一处使，完成对整个中国太保主要业务板块，包括市场风险、信用风险、保险风险及运营风险的单个大类风险计量及整体风险资本汇总的方法论建设、计量模型开发及数据基础落实，实现了对中国太保整体风险资本充足性的量化评估，为公司风险偏好限额体系的建设，奠定了扎实基础。

新征程，新使命，中国太保的"二道防线"，坚持风险管理长期价值提升，不断精进一体化风险管控体系，以内部管理的确定性，积极应对外部环境的不确定性。

打造一支会干事、干成事的专业化队伍

集团总裁傅帆在风险管理与审计工作委员会上强调，严守风险底线，是中国太保风险管理和审计两支队伍的必然使命，二者的工作既要有不同，也要重协同，既要各展特色，也要共享共建。重中之重，是要打造一支忠诚、干净、专业、担当的监督力量队伍，努力实现风险管控的价值创造。

过去十年，风险管理和审计的发展模式有差异化，审计条线加强集中化，是集团"一竿子到底"的独立监督者，风控条线强调矩阵式，是携手一道和三道防线，穿透集团总部和子公司的内控建设者，各有所长。风险管理和审计队伍，是中国太保打赢风险防控攻坚战的中坚力量，也是推进法治太保、健康太保、活力太保的重要源泉，更是护航公司成为行业健康稳定发展引领者的澎湃

动力。虽然职责不同、功能有别，但使命相同、方向相同、目标相同，都是中国太保坚守风控底线、严密内控防线、禁触合规红线的捍卫者，都应成为中国太保协同价值的创造者。

风险管理是公司发展的"定盘星"，风控人要推动公司从简单的防止损失，走向不断在公司经营中发挥价值贡献。

太保寿险风险管理部负责人汪健兵，一直致力于将风险管理融入业务发展。他记得，在 2015 年 2 月，保监会正式印发第二代偿付能力监管的 17 项监管规则，与偿一代的规模导向不同，偿二代制度特征以风险为导向，通过国际可比的三支柱框架，将保险公司风险管理能力与资本要求相挂钩，这对保险机构的风险管理水平提出更高的要求。

当时，在各大保险机构对标监管要求开展偿二代建设的过程中，有一个突出的难题，即风险偏好与经营决策"两张皮"，虽然各家保险公司都建立了风险偏好限额体系，但实际工作中却缺少工具，不能将风险偏好与公司经营决策有效融合。为了解决这个难题，在汪健兵带领下，太保寿险偿二代风险管理团队首创性的提出如何从风险容忍度出发，将风险限额分解到投资业务前端，给出概率统计意义下资产配置区间和限额，在战略资产配置和年度投资规划等实务中有广泛运用。

该方法论打通了资本、价值、盈利三个重要经营目标，体现了风险管理如何为公司创造价值，提供了短期利益与长期利益的平衡方案。在 2019 年，这一创新实践通过理论提升，体现为项目成果，其编写的《偿二代下基于风险与价值的风险限额传导模型研究与运用》，荣获上海市金融学会颁布的 2018 年青年课题一等奖。

与"冷冰冰"的监督不一样，在公司的所有重大项目、重大工程、重大投资、重大决策的背后，活跃着一群法律人的身影，他们在防范法律风险的同时，提供专业有温度的服务。

随着转型 2.0 战略的持续深入，公司重大投资愈加多元，重大项目涉猎更广，法律风险影响

■ 2020 年 10 月 20 日，中国太保公司律师聘用仪式

更大，集团副总裁马欣在集团大健康战略的设计推进中，每次会议，都会反复确认一个问题，我们的法律专家是否发表意见，如果他们没有通过，则一票否决。这是对法务专业性的高度认可。

风险合规部门始终伴随着公司发展进程，深度融合每一重大战略项目，全程提供专业、高效的法律合规与风险管理服务。事实上，三地上市、长青计划、设立金融科技公司和互联网医院，中国太保前进道路上每一个里程碑背后，都闪耀着风控人专业的光芒。

近年来，中国太保法律工作一直在承接前沿课题研究和行业标准建设。根据人总行安排，法务人员积极承担《保险法》两类共计 20 项问题的研究任务，出具多份研究报告及法条修改建议，推动行业根本大法的完善；牵头行业近 40 家保险公司编写出版了《保险公司诉讼管理实务研究》，展示了整个保险行业诉讼管理全貌；入选人行上海总部首批金融法治运行监测点，积极承担金融案件纠纷、国际金融中心法治建设研究等任务，并获得 A 类评价。

专业的事要由专业的人来做，实现风控能力最强的目标首先要风控人员自身能力强大。风险管理要吹响集结号，法务要弹好协奏曲，合规则要大胆破局，积极预防和处置问题。

2017 年，金融安全上升为国家战略，坚决打好防范金融风险攻坚战，强监管、严监管成为新常态。2018 年以来，金融改革加快，监管下沉。对于中国太保，如何激发合规动力，护航公司高质量发展，成为二道防线最迫切的动因。

冯冠华是太保产险广东中山中支的负责人，面临业务竞争的第一线，也是中国太保合规防线的第一道，在日常管理中，他最担心的事是出现业务员的各类欺诈舞弊行为，觉得每天都走在钢丝上，因为没有专业的合规人员，也没有有效的管理工作，什么事都要自己亲力亲为，关键是出了力却不一定见效。

面对基层管理人员的困惑，在金融风险防控的新形势、新挑战之下，中国太保打响了"强基层、强基础、强基本"三大战役，上下联动推动分支机构在危机中破局。近两年来基层机构风控队伍迅速发展，产、寿险 800 余家中支公司已配备专职人力超 600 人，在有条件的 175 家机构设立了独立的风险合规部门；其他中支也设立了专门的兼职合规岗。考虑到部分机构因资源所限风控力量仍显单薄的现状，赵永刚提出了通过区域协调加强队伍建设的意见，推动子公司发挥条线统筹引领作用，打造一支符合新时代新要求的基层专业队伍。

现如今，冯冠华每次的业务宣导会，都会强调合规，中山中支的每名营销员都有一本基层合规宝典，遇到问题了，看宝典，碰到困难了，找宝典，一切都在合规的轨迹里运行。基层机构是风控新能力的践行者，只有真正把他们的干劲激发出来，在风险管理方面形成公司一致的价值观，才能实现风险管理行动的一体化。

终日乾乾，与时偕行。这是中国太保审计人的不懈追求。复旦大学教授、前中国太保审计委员会主任李若山在一次会上充满期待地说：内部审计的关键就是"敢说、能说、会说"，希望中国太保创新发展，在全国企业内审中能闯出一条新路。

"敢说"是审计的关键，其基本保障就是独立性。

中国太保如何保证自身的独立性？首先是中国太保实行内部审计集中化管理，集团总部设立审计中心，统一开展公司内部审计工作，受托履行子公司内部审计职责，各子公司不再设置内部审计部门和岗位。

内部审计的本质是一种控制，控制的目的是帮助公司管理风险，促进有效治理，改善公司流程，增加公司价值，最终实现公司目标。随着互联网发展，线上经济、线上平台越来越多，中国太保的诸多业务渐渐与互联网密不可分。在新的发展环境下，对于审计人员的专业性也提出了更高要求。

"能说"是审计的核心，其灵魂就是专业性。

中国太保有一支"审计铁军"。这是一支守纪律、讲风险、忠诚有担当的专业队伍，其中涌现出大量先进个人和集体，个人有上海市劳模、上海优秀党员、上海青年金才等；集体有上海市青年突击队、集团先进团队等。

耐得住寂寞，守得住繁华；熬得住孤独，方能等到春暖花开。

2014 年，中国太保参加中国内部审计协会组织召开的"全国内部审计先进集体和先进工作者表彰大会"。中国太保作为唯一的保险行业代表做专题发言，介绍了公司在首创全流程内审质量管理体系方面的积极探索和成功经验。

"会说"是审计的生命，其根本体现就是审计的价值。

随着中国太保专业水平的不断提高，分公司、中支机构渐渐出现了从"不欢迎"审计部门，到希望来"传经送宝"的现象。可以说，审计的价值和有效性得到了体现。

■ 2017 年 11 月 17 日，时任集团审计总监陈巍在年度审计工作会议上作工作报告

目前，审计的重大问题揭示程度不断提高。审计中心每年发送各类审计报告上千份，揭示内部控制缺陷近七千条，为千余家机构业务经营及内控管理现状全面号脉，准确指出其管控薄弱环节及待改进方面。

目前，中国太保审计创新发展成果得到了行业的普遍认可，并当选了中国保险行业协会内部审计工作组组长单位，这是中国太保审计中心成立以来的第一次。

审计中心的一位专家将审计工作打了个形象的比喻："如果将中国太保比作一辆车的话，那么审计部门就是刹车，开车不能只有油门。同时审计还应当好探照灯，才能保证把握路况，行稳致远。"

数字化程度走在行业最前列

打造智能风控体系，是金融保险集团的现实需要和未来趋势。

2020 年春，突如其来的疫情，让现场审计工作全面陷入停顿，审计中心全面启动远程审计模式，利用数字化技术开展审计工作，不仅圆满完成年度审计项目，还节省出差费用达到 70%，而且审计质量得分还有提升。一位分公司的总经理非常感慨地说：感谢审计工作，通过非接触式的监督，既减少了对业务的影响，又履行了检查职责，关键是一些隐蔽性强的违规违法行为都被揭示出来，真正体现出数字化审计的强大威慑力，深刻感受到了审计技术的先进性。

工欲善其事，必先利其器。2015 年，集团审计中心专门组建了一支数字化审计团队——既有获取数据能力，又有数学建模知识，还能开展审计检查的专业团队，开创了行业数字化审计的新局面。

团队在短短的 2 年时间内全新研发了数字化审计平台，建成了集审计管理、审计作业和大数据分析于一体的整合式系统。同时，还创建了保险行业首个集成度高、预警监测能力强、技术应用领先的数字化审计系统，推动实现了内部审计工作的远程化、审计监测的常态化、问题定位的精准化。

在数字化审计领域，集团审计中心又一次走在了行业最前列。"当国内还在沿用传统审计模式时，我们已经通过技术赋能，为传统审计插上了数字化的翅膀。"全程参与中国太保数字化审计平台建设的蒋洪浪说，数字化审计的核心是使用大数据分析，"比如在车险业务中，一旦大数据发现，某辆车连续多次在不同省份发生撞车等事故，就会发出提示。在传统的纸质分析检查中，这很容易被忽略，难以查到这类团伙作案类的骗保案件"。

经过数年来的不断完善，数字化审计平台的"神通"越发广大：一方面通过数字化进行流程再造、破除部门墙、数据墙，实现跨部门的系统互通、数据互联，全线打通数据融合，为业务赋能，为决策提供精准洞察；另一方面，数字化转型后的技术手段，推动了审计效率的提升，能够通过大数据分析，目前存在的问题和漏洞哪些是趋势性的，哪些是苗头性的，进而提出富有价值的建议。

"我们的数字化审计平台是自主可控的。"说到这里，蒋洪浪不由得提高了音量。"从平台开发到数字模型构建，再到检查程序编写，这一整套都是由集团独立运作的。我们不能将自主权放在别人手上，要有自己的系统平台，这也是审计独立性、专业性的体现。"

审计平台强化了监督效能，但如何让公司一批先进、智能的风控工具在基层得以应用，真正发挥"盯梢人"的作用呢？袁烨深谙其道。

"在新形势下，集团必须打造智能风控中台，做有智慧的业务赋能者，着力构建智能风控体系，形成可视化、场景化、立体化的风险管理驾驶舱系统，将公司上下和各条各块的风控职能黏合起来，向各机构输出端到端的风险管理能力，使各机构、各条线各司其职，才能真正提升风险管控水平。"

保险业首个赫赫有名的风险管理专业系统，来自中国太保的 A05 系统。2011 年，集团董事会高瞻远瞩，在先后开展内控基础建设、风险量化与目标体系建设后，前瞻性地批准实施风险管理信息系统建设项目，成为公司风险管理线上化、智能化平台的重要基石。

风险管理系统于 2014 年初正式上线，填补了国内保险业全面风险管理信息系统建设的空白，树立了国内保险同业此类信息系统成功开发和应用的标杆，日常线上作业人员覆盖集团、总、分、中支 2 万余人。

风险管理系统历经六年、多个版本的迭代，集合规、内控、法务管理平台及合规监测平台于一体，涵盖合同管理、关联交易、内控自查、优化整改违规问责等多个模块，已演进成了业内领先的全面智能化平台系统。

集团法律合规部李岚一手创建了该系统。在谈及系统搭建时，她娓娓道来，在集团组织架构调整以及监管新规的驱动下，风险管理系统进行了一系列界面改版及系统重构升级，以智能化、可视化、自动化为核心对系统模块、系统功能持续优化迭代。

至目前，系统完全实现在线内控承诺书签订、在线报告生成、线上修订内控手册、监管雷达系统等功能智能化。2020 年，风控人管等新平台上线，构建了风控人员的多维画像，为风控人员一体化管理奠定基础。

如果说线上化、平台化只是风险管理系统建设的第一步，那么智能化、数字化则是风控系统建设的第二次跃升。"运用大数据、人工智能等最新科技，赋能风控发展，这些数字化风控中台系统的探索从未停歇。"李岚说道。集团 AI "合规智达"智能咨询系统是另一个在业内享有美誉的风控产品，自上线以来，"合规智达"累计用户数已达 12314 人。

目前，"合规智达"同时支持移动端和 PC 端的运用。2020 年 6 月完成了"合规智达"AI 产品著作权的登记申请，并获得了国家版权局颁发的计算机软件著作权登记证书（登记号 2020SR0558192），同年 11 月该项目团队获得 2020 年度集团科技创新优秀团队奖。

值得一提的是，"合规智达"能够实现智能交互，提供专业指引。团队在全辖范围内征集与整合日常经营中的疑难痛点，利用自然语言理解技术与智能对话技术，为全司员工提供法务、合规和营运管理等相关问题的专业解答。截至目前，"合规智达"智能问答模块已储存交互语料 8165 条，覆盖关联交易、资金运用等 15 个控制领域，问题解决率达 79.2%。

从本质上讲，完善"合规智达"的过程，也是打造中国太保数字风控中台的过程，这将是未来风险管理发展的利器。

火车跑得快，全靠车头带。近年来，"风控一体化及三道防线"屡有建树的背后，正是中国太保不断健全和完善公司治理体系、优化公司治理决策机制的结果。回眸历史，中国太保波澜壮阔的发展与变革脉络清晰可见，合规、风控、审计三个部门将为中国太保继续书写拼搏奋进的新传奇。

（作者：李成东）

第六节

"精准"托底与赋能

集团财务负责人、总精算师张远瀚介绍，自中国太保成立以来，财精条线一直秉承财精价值创造理念，构建并持续优化财务、精算、投资"三位一体"的现代保险集团财务管理体系；不断加强战略财务价值创造、业务财务价值提升和运营财务价值管理能力建设，为公司经营发展保驾护航、精准赋能。

"上市前，公司工作重心在两处。"在被问及财务与精算在中国太保三十年历史中的角色时，集团副总会计师徐蓁的思绪回到了本世纪的第一个十年，"其一是解决不良资产等历史遗留问题。其二是将公司扭回正常经营轨道。""那段时间，公司几乎是在'生死存亡'中实现了增长。而财务精算条线在其中起了重要作用。"

步入 21 世纪第二个十年，中国太保的资产负债管理、精算基础等框架搭建完成，驶入稳步增长"快车道"后，财精条线通过智能化、精细化的手段，对业务经营发展起到强赋能作用。

这些年，财精条线着力打造包括 Prophet（精算评估模型）精算平台、ALS（asset liability strategy，资产负债联动模型）资产负债管理平台、会计档案无纸化、电子发票平台、e 票通等多项业内领先的财务、精算系统，为公司经营管理决策提供强有力的财精支持；积极推广新技术在财务服务领域的应用，实现深度业财融合，赋能一线促进业务发展；加强基础共性财精体系建设，启动财务共享服务项目，加快推进财务规范化、集约化、智能化，支撑公司转型发展；在行业内率先启动 IFRS17 新保险合同准则系统建设，运用新准则精细化的计量理念和方法，开拓精细化经营管理道路；全力支持公司重大融资战略，在公司的 A 股、H 股和全球存托凭证 GDR（global depository receipts）的发行中作出重要贡献；面向未来财精条线持续锻造和提升财务精算专业人才队伍，坚守风险合规底线，为公司成为行业健康稳定发展引领者提供强有力的财务支撑。

资产负债管理财精投三位一体战略协同

2007 年，中国太保 A 股上市。2008 年，金融危机呼啸而来。

这场全球性的冲击，中国太保没能躲过。

为什么会发生这种情况？集团领导层痛定思痛，反思投资运作机制，决心找到避免风险的机制化手段。中国太保开始寻找、借鉴国外经验。

最终发现，缺乏资产负债管理，权益类投资比例无限制，投资运作机制就很难健康运转。

2009 年以前，中国太保几乎所有的资产管理环节都由旗下子公司太保资产负责，集团总部、产、寿险公司并没有明确的 ALM（asset liability management，资产负债管理）/SAA（strategy asset allocation，战略资产配置）/ TAA（tactical asset allocation，战术资产配置）等环节界定。

2009 年，集团以国际保险监督官协会（IAIS）13 号《资产负债管理标准》为标杆，借鉴国际先进经验，结合公司实际，初步搭建资产负债管理平台，并成立了集团资产负债管理委员会，以实现投资收益持续超越负债成本为目标，不断提升资产负债管理能力；构建了"负债—SAA—TAA—投资执行"的资产负债管理流程（分析梳理负债特性，制定战略资产配置计划，建立战术资产配置机制，分析评估投资执行情况），集团总部、产、寿险公司开始参与到投资价值链中。

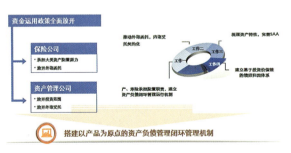

■ 中国太保以产品为原点的资产负债管理闭环管理机制

至此，资产负债管理体系框架初步构建完成。资产配置有了基准框架，不会偏离太远。

不过，到 2012 年为止，集团总部和产寿险公司的主要职责还仅限于梳理负债特性对投资目标的要求，以及对投资业绩的跟踪与评价——太保资产仍然承担了投资链中大部分环节的职责。

2012 年起，原保监会陆续推进了保险资金运用市场化改革和费率市场化改革，对保险公司的资产负债管理及资金运用委托管理模式产生了深远的影响。为应对外部环境变化等，其后 6 年，中国太保致力于建立资产负债闭环管理机制，逐步形成以产品为原点的资产负债管理闭环管理机制，同时推动投资委托市场化。

自此，各保险专业子公司承担大类资产配置与委托管理职责，太保寿险通过资产负债管理改革，梳理了投资价值链上各环节的定位及作用，形成了集团总部与子公司、内部委托受托双方分工明确的资产负债管理工作机制；形成了以产品为原点的资产负债管理闭环机制，特别是在复杂利率环境和费率市场化的背景下，促使太保寿险自觉协调资产收益与负债成本。

在此过程中，太保寿险着力培养两项核心能力和五项重点能力。两项核心能力指大类资产配置能力和委托投资管理能力，即通过加强大类资产配置能力建设，目前已建立以战略资产配置为核心、兼顾年度资产配置和战术资产配置的资产配置体系；通过加强委托投资管理能力建设，在明确内外部管理人职能定位的基础上，切实履行委托人职责。五项重点能力指账户管理、配置型投资、资金交易、风险管理与信用评估、营运支持能力。

2014 年开始，面对人身险费率放开、偿二代监管改革、利率下行等新形势，中国太保决定，积极调整，提升公司的资产负债闭环管理能力。

具体做法分为四方面：

调整和优化资产负债管理组织体系。确保各项工作得到卓有成效的组织、沟通协调和具体落实。

推进委托人切实承担大类资产配置职责。理顺委托人和太保资产在价值链上的职责分工；与此同时，推动委托人特别是太保寿险加强能力建设，逐步承担大类资产配置职责并对最终的投资结果负责。进一步理顺委托受托关系，推进内外部委托受托市场化。

推进市场化收费。建立基于投资价值链建立全流程的绩效归因体系，分解出 SAA、年度资产配置、投资执行等各环节的投资绩效贡献。

通过委托人估值核算系统、委托人信评风控系统、资产负债管理信息系统等基础设施建设，为提升资产负债管理技术能力搭建基础设施。

精算和投资团队决定建立 ALS 资产负债管理平台，为"偿二代"偿付能力在公司的应用及研究提供系统支持，同时实现了战略资产配置、动态负债策略等管理功能。

ALS 资产负债管理平台具有国际成熟水平，是功能完善、国内领先的资产负债管理平台，涵盖了资产端各项投资资产类别及负债端所有保险业务现金流、准备金及要求资本，实现了"一个功能、多个主体""一个模型、多个功能"的管理模式。

在 2017 年原保监会组织开展的 ALM 监管标准工作中，ALS 模型帮助中国太保针对分红 / 万能业务的利率风险损失吸收作用，完成损失吸收作用的量化测试，建议方案得到原保监会采纳；开展太保寿险投资收益率预测，为精算评估假设制定及外部审阅提供量化分析和决策参考；剖析了太保寿险偿付能力驱动因素，对市场因素、ALM 管理策略因素等进行未来三年的偿付能力充足率影响分析，为管理层开展偿付能力和资本管理提供量化参考和决策支持；实现了单产品测试功能，可以研究某一个或某几个产品以及产品组合在未来与资产端联动后的现金流和投资收益率结果，为不同投资策略下产品开发及利润价值指标表现提供研究基础。

资产负债管理由财务部门牵头，精算、投资部门各司其职。体系框架搭建完成后，新周期下的中国太保投资管理战略拥有了稳健投资、价值投资、长期投资的成熟理念。截至 2020 年第四季度，太保寿险已连续第十六个季度获得 A 类保险公司的风险综合评级结果。

领先精算技术提供经营管理决策支持

在这一系列转变中，精算团队不断发展、提升精算技术和精算工具，提出了多项精算方法，在财务预测和决算、保险产品策略和支持起到了重要作用，为中国太保经营管理决策提供精算技术支持。

早在 2015 年，中国太保就发现了中国即将实行的以风险为导向的偿付能力体系存在资本计量过多的问题，集团精算部即着手研究。2019 年银保监会准备对这个资本计量问题着手解决。中国太保精算团队立即拿出方案，经银保监会评审专家多次评定后被选中，在银保监会的指导下制定了行业标准，行业核心资本大大降低。该项目团队也获得了集团杰出团队奖，为保险行业的发展贡献了专业力量。

2012 年，产险市场突变——车险迎来中改。依赖过去的基础，太保产险一开始尚能盈利，但业务品质始终没有跟随大环境的变化而调整——亏损开始出现。2013 年初集团精算部就发现了问题的苗头，2014 年集团牵头进行审计。问题的表象是精算模型依赖前端数据，因此需要分支机构业务部门的协助。与考核挂钩后，数据的挖掘、收集不再困难，小到"零件估损金额为什么大"这般细节的问题，都在一步步提升的精细化管理中得到解决。

问题根源是在 2012 年下半年，同业主要公司在车险中改前已经建立起预期成本率的精细化模型。这就像上战场，我们用步枪在跟其他公司的机关枪比拼，只能拿到赔付率高的客户，带来了经营的重大损失。集团总部和太保产险在不同层面都建立了保单成本率的经营分析和绩效体系。

精算模型在 2015 年迎来一项里程碑式的突破——新一代精算平台 Prophet（精算评估模型）历经 19 个月的开发，正式上线。

工欲善其事，必先利其器。一位精算师说，Prophet 精算平台堪称精算师开展量化分析的"立身之本"。随着中国风险导向偿付能力体系、费率市场化等保险政策的落地实施，中国

■ 2016 年 2 月 25 日，Prophet 模型行业评审会现场

保险市场产品越来越丰富，公司内部经营管理对财务精算分析的精细程度不断提升，对精算模型的要求也达到了一个新的高度。

另一方面，寿险精算模型在我国市场还处于发展早期，由于精算人力紧缺，不仅在中国太保，行业各公司在模型方面的知识积累和人才建设的投入优先级低，很多公司在精算模型能力和应用方面基本处于应付、维持的状态。在精算人员的努力下，虽然没有对产品开发和准备金评估等基础性工作造成重要影响，但精算工作的效益和效能都受到较大的制约。因为需要在建模、修改、数据、运行等环节上花费的时间较多，往往是有结果而缺少分析，少有时间进行深入的思考和研究。即使对经营管理有好的想法，因数据、模型等原因较难实现而可能会放弃，不利于精算师发挥其作用，妨碍了公司精算力量的成长和成熟。

"当时亟须一个成熟的精算模型，以提升精算师的工作效率，为公司健康稳健发展贡献精算人的价值。"该精算师说。

因此，在 2013 年年中，中国太保前瞻性地启动寿险精算系统的回顾分析，提出模型优化方案，成立 Prophet 模型项目组。该平台汇聚了许多优秀精算师的丰富精算实务经验与模型实施能力，通过详尽的研究和设计，在模型中实现了国内精算领域现阶段的主要应用，涵盖了市场的主要产品类型。

该项目的经验和成果还汇集成了《寿险精算模型实务》一书。该书于 2016 年公开出版，是中国精算工具软件模型实务方面正式出版的第一本书，具备很强的可操作性，已为部分行业公司提供模型建立和完善的解决方案。

该模型在三方面取得了较大的创新和突破。它是国内行业首家采用"一个模型、多项功能"设计的模型。一个模型在不同精算假设和不同评估目的下，代码通用最大化，各项评估预测保持了逻辑上的一致性。摒弃了一个产品一个模型、一项功能一套模型的粗放型管理模式，将中国太保一千多个保险产品归纳成十几个 Master（标识分组）产品管理，提升精算模型的产品兼容性与功能扩展性，并在费率市场化、偿二代实施过程中验证了模型前瞻性的设计结构。

它还首次实现一次运行任务进行偿二代负债和所有负债端子风险最低资本的评估与预测，为中国风险偿付能力监管体系建立和二期工程提供快速技术分析支持，将原有偿二代相关运行时间缩减数倍。

此外，该模型创造性地首次实现一次运行任务计算所有保单在各种状态下的变动影响，直接输出法定利源、会计利源、内含价值变动等复杂财精分析的主要结果。运行效率大幅提高，分析广度也大幅拓宽。

据精算师介绍，在原精算评估模型 Moses（精算评估模型）下，模型代码中有很多手工输入项，造成产品代码特例繁多，建模复杂且周期性长。而且这样的模型架构高度依赖精通 Moses 模型的人员留存率及模型修改记录的完备性，存在一定的建模风险。"Prophet 精算评估模型很好地解决了这个问题。它采用参数化建模方式，能够快速实现新产品的建模，不需要进行代码的修改，提高模型的效率和兼容性，便于公司进行模型管理。"

2017 年 5 月 18 日，国际会计准则理事会（IASB）发布《国际财务报告准则第 17 号——保险合同》。2020 年 12 月 19 日，财政部修订发布了《企业会计准则第 25 号——保险合同》。新准则的实施从根本上改变了保险会计的核算方式，重塑保险公司财务报表，对整个保险行业是一次大变革。

对于保险公司来说，抓住此次新保险合同准则实施的契机积极应对，将为自身高质量发展提供强有力的技术工具和数据支持。为确保新准则顺利落地，公司于 2017 年 6 月即启动新准则项目，是国内首批启动新准则实施的公司之一。

项目组由集团财精条线牵头，下属保险子公司财务、精算和 IT 共同参与。经过严密的准则解读与需求分析，发现公司现有系统无法满足新准则财务报告要求。因此，项目组开展了大量分析与设计工作，最终确定了相关系统群开发方案，目标建成国际领先的适应新保险准则的财精信息平台。

现代科技运用实现智能审核提质增效

在集团转型 2.0 战略中，财务还在向智能化的方向发展。更精细地支撑业财双方、提供便利，是智能化发展趋势下业财一体化的大主题。

在中国太保深化转型的变革中，集团党委提出了 15 个转型 2.0 项目，其中最后一个转型项目即为成立财务共享中心。集团董事长孔庆伟在转型工作会议上提出："财务要管标准，控流程，防范系统风险和重大风险，用新技术把财务人员解放出来，更多地体现财务对业务的引领和支撑，打造价值创造型的财务先行者。"

2018 年，财务共享中心正式成立，并平稳运营，负责人李玉兰快速建立项目团队，分批次上线费用报销、总账、资产、资金管理等业务板块，全面达成了年度定量目标，财务共享机构覆盖率 65%、累计转型人数 200 余人、资金集约化收益 2.2 亿元。

2020 年 2 月，财务共享中心接到任务，依托大数据、人工智能等新技术手段，打造全新的智能化财务共享中心"财慧核"。

项目负责人根据项目需要，紧急选拔 5 名团队成员，第一时间奔赴上海。正值疫情期间，由于疫情防控要求，他们只能在公寓内远程办公。公寓里没有 WiFi，他们把手机放到窗边，开启个人热点办公；公寓内没有伙食，超市关门停业，他们把 2 箱方便面横跨 2000 公里带到上海。3 周后，20 个流程重塑需求的研讨宣告完成，"财慧核"进入规则梳理阶段。

财务共享中心由上海中心和成都中心组成，其中成都中心负责规则梳理等工作。为确保智能审核上线后基础数据对业务场景的全面覆盖，疫情期间，成都中心加班加点、远程输出，细化 5 万条以上的财务审核规则、整理 1 万个以上的结构化字段，为 OCR（Optical Character Recognition，影像识别技术）、规则引擎的操作提供大量有效的基表数据。

5 月，财务共享中心、财务部、设计部、金科（筹）、开发部各部门达成一致，"财慧核"项目正式启动。

其后整整 1 个月零 15 天，中山南路 1 号 12 楼的 3 个公共会议室被项目组"承包"。有同事开玩笑说，想开个会，只能趁项目组下楼吃饭的间隙才行。

过程并非一帆风顺。在对智能审核正逆流程的设计中，难题出现了。在影像驳回的情况下，重扫提交后，如何在信息完整判断环节、流程的先后顺序、区分影像驳回单据三种情况下，分别生成对应的补录任务。项目组进行了连续为期一周的讨论，最终才形成可实现全覆盖的解决方案。

另一个难题在于，"财慧核"的 OCR 识别环节在本地财务审核之前，但单据经过本地财务时可能发生影像删除或新增。如何实现在影像变更时也能全部完成 OCR 识别和采集，这是必须解决的问题。在和 BA、开发的三方沟通下，反复讨论了 10 种以上的方案，最终形成可实现的解决办法。

在项目团队的全力以赴下，45 天无休后，终于高质量输出 15 本业务需求、17 张运营报表、20 个流程、83 个运营指标，并配合设计部、开发部完成需求确认。

10 月 9 日，项目组再次来到上海，进行用户测试工作。在 UAT（User Acceptance Test，用户测试）测试期间，"五加二""白加黑"是项目组成员的常态，经常加班到后半夜两三点。测试，其实就是一次漫长而痛苦的"除虫"（debug）过程。

过程中，遇到什么问题都不奇怪。有一次，团队发现，当上传的影像文件页超过 300 页，或者影像文件超出 OCR 识别能力，会导致 OCR 返回错误代码，且无法生成补录任务。收到错误代码后，单据发生阻断，导致单据无法流转，而且后续的全部单据也会受到影响，造成"财慧核"失效。

发现问题后，项目团队紧急协调业务团队、开发团队、OCR 厂商，于 3 个工作日内解决了这个阻断性问题——OCR 方面对超大页数文件提高硬件能力，能够兼容并生成补录任务；"财慧核"对返回错误代码进行预处理，使得单据正常流转至下个审核环节，并带出系统错误话术。

11月7日，宜山路5楼会议室，项目团队、开发人员、产品厂商全员严阵以待。当天计划进行上线前的技术验证，本以为一切顺利，没想到却突发权限问题。准备技术验证开始之前，由于是首次上线，涉及很多台设备网络策略的开通，人工智能平台其中的一个端口号未开通，导致内部服务之间无法连接，技术验证无法正常进行。

此时已是凌晨1点。发邮件，无回复，只得再用电话紧急联系相关人员，开通端口，到了凌晨4点，终于得以开始技术验证。项目组的成员两眼通红，直接在会议室睡下了。验证持续到了8号的15时31分，微信群中出现这样一段话："各位领导、老师，产寿险上线机构生产验证单据验证成功，感谢总公司、财务共享中心、IT同仁及上线机构领导、老师的支持和配合。"至此，项目团队累计编写用例1330个，修复缺陷267个。

第二天，"财慧核"宣布正式试点上线。

"财慧核"产品历时6个月，以名副其实的"太保速度"，创造了业内智能审核上线用时最短的奇迹。它的上线实现了5大成效：其一，数据挖掘——360°财务大数据平台，财务数字化由10%提升至100%；其

■ 2020年11月9日，A15智能审核产品成功试点上线

二、风险防范——100%财务全场景覆盖，实现标准统一、流程统一、执行统一，审核标准化由70%提升至100%；其三，自动化率——60%以上的财务单据由系统审核代替人工审核，100%人工审核降低至40%人工审核；其四，时效提升——财务审核时效提升50%以上，审核时效5天降低至2天；其五，人力节约——40%以上的基础会计实现财务转型，占比从90%降低至40%。

费用报销2天内审核完成、1天内快速到账，用户体验大幅优化提升……这些都能归功于"财慧核"。其上线后的首张报销单，从报销人提单到支付成功，仅用了78分钟，其中财务审批环节仅用了4分钟。

"财慧核"上线之前，一张业务招待费报销的单据需要发票、招待费报销说明等相关附件，审核人员需要人工核对单价、数量、金额、应税服务名称、税目等逻辑性并校验上百条审核规则，总会有疏忽的情况，存在审核风险。"财

慧核"上线后，对上百条规则全部实现系统自动审核，在节约 50% 的人力的同时提高审核时效，保证单据审核要点的全覆盖、风险全把控。

精细化管理赋能一线业务发展

财务信息化、智能化转型对业财双方都起到了精准的支撑作用。太保产险财务团队大力推广新技术，实现财务服务的工具应用系统化和模块化，随时随地赋能一线和管理，为太保产险某分公司突破百亿规模发挥着重要作用。经过 2017 年到 2020 年的业财一体化建设，"费赔折绩管理"在业务一线也已深入人心。

2020 年 12 月，太保产险某分公司总经理来到办公室，第一件事情就是打开电脑、查看邮箱。根据最新的业务数据，该分公司保费收入已达 99.1 亿元，突破百亿的历史性一刻就在眼前。他按捺不住激动的心情，拨通了数据管理员郑秋婷的电话："这两天公司保费收入即将突破百亿元大关。辛苦你每个小时取一次业务数据，随时监控保费收入的变化情况，以便及时调整业务规划，确保公司百亿任务的达成。"

小郑接下任务后有些苦恼——年底事情太多，马上就要开始年终考核，述职报告还没写完，一堆的数据分析报告都还没有头绪。一天的保费收入数据起码要到晚上 12 点才能固定，每小时取一次数据的话，只能以司为家了。

"当时特别担心刚交的男朋友会因此分手。"她说。所幸，财务部的同事告诉她，"费赔折绩管理"中的"驾驶舱"系统可以按小时查询保费数据。这大大方便了她——在不影响其他工作的情况下，小郑通过"驾驶舱"完成了实时汇报。12 月 29 日，该分公司整体保费收入规模终于突破百亿元大关。

经过这次使用，小郑发现，"驾驶舱"除了可以实时查询保费以外，还有很多实用的功能。"可以同时查看成本率、续保率等 10 多个指标和预算达成情况，真正做到'想看就看'。实现数据层层下钻，多维筛选任意组合，移动跟踪随时督导，历史数据可溯对比，从而有效适时的指导业务发展。"她说，"作为数据管理员，我一

■ 费赔折绩管理中的重要工具之一——驾驶舱系统

年到头都没怎么休过假。有了'驾驶舱'，可以随时随地查询各项经营指标，在周末和休假期间也能完成数据分析任务。"

"费赔折绩管理"中，另一项重要工具被称为"指南针"。这也是太保产险推行"费赔折绩"管理模式后，打造的一款全方位、多视角成本效益分析的财务标杆工具，现已发展成为公司总分机构经营分析、成本管控的必备工具，为助力业务高质量发展提供坚实保障。经过四年的建设及迭代，平台在大数据技术支撑下，每月均有新模块功能上线。

在"指南针"推出前，分析业务品质只能靠拉清单，一笔一笔地看，现在则可以通过定制、灵活多维度的展示业务质量情况，把最及时的业财复盘报告信息反馈业务一线，帮助他们在业务筛选、资源配置上精准导航，满足不同用户的使用需求。

太保寿险财务团队则通过职场建设，助推业务发展。随着公司转型发展与外部市场环境变化，客户和代理人对职场的需求日渐多样。职场作为公司形象的窗口，是与客户沟通的第一张名片，职场环境的重要性逐日凸显。

"早会过后，职场就空置了。""我们希望能在职场进行客户经营活动。"业务一线提出了需求，太保寿险财务团队决定主动应变，提高职场利用效率。2020年，团队秉承"共享、智慧、绿色、友好"的建设理念，匹配"队伍经营＋客户经营"的功能规划，结合"产品＋养老服务、产品＋健康管理"的发展理念，全新打造"A12职场分级分类建设体系"，完成北京安定门五星职场、浙江萧山四星职场等一批样板项目的建设。

新职场以"共享"为主题。早会功能区实现了共享：大职场用于大早会，二早会分流至办公区、培训会议区等进行；小职场以总监区为单位设置。工位实现了共享：总监、超绩优设独立办公室，其他业务人员集中共享办公，形成工位分配激励机制，实现工位动态管理，激发队伍活力。客户经营区、洽谈室等公共空间实现了共享：上午可作二早经营，下午可作客户经营、增员面试等，提高职场利用效率。同时，对于柜面的VIP接待室、公共洽谈区、客户俱乐部等，均共享给业务员进行客户经营活动。

以安定门项目为例，其作为太保寿险首家五星级职场，从项目选址、设计理念、空间布局、智能硬件、软装配饰等方方面面，总、分公司会同设计及施工方进行了深入交流沟通，确立了"绿色、智慧、共享"的主题。

项目地处 CBD 中央商务区，紧邻长安街，政府各监管部门对于疫情防控和绿色施工有着严苛的要求。但总、分公司精心准备，充分调度，组织施工队伍 24 小时三班倒施工，施工工期仍比预计提前两个月完成。

项目完工后，安定门营销服务部业务团队来到现场，被现代化、智能化的新职场震惊了。前台处水滴造型的艺术雕塑、宽大开放的共享办公区、各种风格的贵宾洽谈区、贴心的静音仓、多功能的培训教室、各种黑科技的培训设备、充满趣味的健康会议室、多功能的 CG 共享区。同一块场地，早上可以是晨会讨论学习区，下午摇身一变成为高端的客户洽谈区，晚上又能用作烛光摇曳的冷餐晚宴区。

新职场令业务团队兴奋不已。有人提出，希望拍个视频纪念新职场的落成，得到广泛响应。时值年底，每个人都很忙，但他们仍在工作之余抽空准备各方面的工作。团队邀请了来自央视的拍摄队伍，并积极配合。冬天的北京温度跌至零下十几度，新落成的职场还未正式启用，无法开启空调。但为了视频拍摄，业务团队穿着短袖衬衫坚持拍摄。财务团队项目负责人姜兴汉深受感动，导演感叹，拍过很多公司，这么积极团结的团队还是第一次见。

这次自发的视频拍摄证明，在太保寿险全体员工心中，职场不仅在硬件方面支撑业务，更是承载了公司的精神与文化，承载了业务一线对公司的寄托与期待，从精神层面给予了他们支持。

参与重大融资战略，GDR 发行意义非凡

2019 年 9 月 23 日晚，中国太保发布公告称，董事会已同意公司发行 GDR 并申请在伦交所挂牌上市。本次发行的 GDR 所代表的新增基础证券 A 股股票不超过 6.2867 亿股，即不超过本次发行前其 A 股股份的 10%。

有行业人士分析中国太保当时的半年报得出结论：中国太保并不缺钱。那为何要发行 GDR？

中国太保方面回复：作为最具品牌影响力的保险企业，发行 GDR 是公司服务国家对外开放大局的战略选择，是助力上海国际金融中心建设的重要举措，也是公司推动实现高质量发展的主动作为。此次 GDR 成功发行，既为了融资，更为了融智。融资是手段，可以充实资本，提升风险防御能力，进一步围绕保险主业布局海外市场；融智是目的，通过引进具备成熟市场保险经验

的战略投资者、行业意见领袖、投资风向标，有助于优化股东构成和董事会结构，改善公司治理水平，推进国际化布局，与全球市场分享中国太保乃至整个中国保险业快速发展的红利。

不过，发行 GDR 的过程并不顺利，甚至有些坎坷。多少个晚上，公司项目团队、承销商、审计师、双方律师聚在中山南路 1 号的办公室里，无心欣赏窗外陆家嘴的美丽夜色。

"GDR 发行可以使用中国企业会计准则编制的财务报告吗？"大家埋首于各类规则文件，得出结论：境外监管机构没有相关明文限制。

"问题的关键在于境外市场是否能认同中国企业会计准则，境外市场权益发行也没有先例。"项目团队与中介各抒己见。

由于市场没有先例，也不确定资本市场和境外机构的接受度，承销商抱持着强烈的怀疑和反对态度，不希望公司使用中国企业会计准则编制财务报告。公司综合考虑各类规则文件、公司在上交所和联交所披露报告已采用的会计准则、发行计划时间等因素，决定尝试采用中国企业会计准则编制的财务报告。

对这个团队而言，紧接而来的 10 月，既没有国庆假期，也没有双休日。公司财精条线调动全部力量全力以赴，与律师、承销商、审计师通力合作，一切以 10 月 31 日递交第一轮密交材料为目标。

"为了保证材料的质量，200 多页的财务报告，公司一次又一次审核，一遍又一遍修改。由于没有同业和先例可供参考，又涉及境外市场，出具英语版财务报告时除了关注数据外，还需推敲琢磨文字表述和措辞，避免国际交流间比较敏感的描述，例如中国大陆、境内等表述。"集团综合财务部的邱瑞琳回忆道。

经过一个月的奋战，公司定稿了 2016—2018 年英语版中国企业会计准则编制的财务报告用于密交，同时在三季报公告前配合审计师完成了 2019 年 9 月 30 日财务报告相关审阅工作。10 月 31 日，公司递交了第一轮密交版招股书。

在等待 FCA（英国金融行为监管局）回复意见的那两周，所有人都忐忑

■ 使用中国企业会计准则编制的英文版 2016—2018 年中国太保财务报告

不安。如果 FCA 不接受中国企业会计准则，公司将无法按照原定计划完成发行上市。

2019 年 11 月 15 日凌晨 0 时 30 分，公司收到了境外律师转发的 FCA 反馈意见。通读之后，大家都松了一口气——FCA 接受了中国企业会计准则！

这是英国 GDR 发行首次使用中国企业会计准则，也是境外市场权益发行首次使用中国会计准则。太保迈出的这一步，充分体现了财政部《会计改革与发展"十三五"规划纲要》提出的"积极稳妥推进我国企业会计准则与国际财务报告准则持续全面趋同"的成果，也充分展现了境外市场对中国的信心和认同。

回看财务与精算在中国太保 30 年发展历程中的角色，无论是在危机中托底，还是在平稳发展中赋能，"精准"二字是其永远的底色。

事实上，在任何领域、任何企业，财务和精算都是最应该做到以"精准"为先的条线。在犹如数字海洋般的保险行业，在行业龙头中国太保，更理应如此。

困境之中，公司最需要什么？准确地找到问题、手术刀般地解决问题——过去的 30 年中，财精部门完成的"精准打击"不在少数。

平稳发展，公司还需要什么？在业财一体化的大趋势中，财精与业务部门的需求，是互相影响、一体统一的。发掘并解决双方的急难愁盼——财精部门的精准赋能让中国太保的经营发展走上快车道。

（作者：胡幸阳）

第七节

不变的"恒定价值观"

保费规模和保险资金投资收益，是评判一家保险公司经营业绩基本指标。中国太保作为 A+H+G 三地上市公司，近年来的经营业绩获得市场和投资者的高度认可，除保费规模连年保持在行业第一方阵，保险资金投资收益也令市场瞩目。作为中国太保资金管理的主力军，太保资产因其稳健的投资理念、专业的技术操作、优良的投资回报和扎实的客户服务，受到行业和投资者的积极评价。

太保资产前身是集团资金运用中心。2006 年6 月，经当时的中国保监会批准，太保资产正式成立，由时任集团总经理霍联宏兼任董事长，时任集团副总经理汤大生兼任总经理。自此，中国太保开

■ 2008 年太保资产年度工作会议

始了保险资金专业化管理之路。

太保资产现任党委书记、董事长于业明是公司诞生、成长、发展的亲历者。他说，成立保险资产管理公司，就是要按照保险资金的投资逻辑、专业化理念来管理保险资金。成立至今，太保资产把握住了政策和市场的机遇，坚持"价值投资、长期投资、稳健投资"的投资理念，倡导"价值、独立、平等、分享"的文化理念，确立了立足大资产管理，成为依托保险集团，面向中国财富管理市场，实行市场化经营的资产管理机构的发展愿景。

太保资产成立以来，重视学习和借鉴国际先进实践，推行了与保险资产管理相适应的市场化管理机制和管理理念，建立了专业化、精细化的投资平台、制度平台和产品平台。公司拥有监管机构认可的资产管理全牌照，服务集团保险业主营业务、第三方资产管理业务"一体两翼"实现稳健增长，资产管理规

模和经营业绩稳居行业第一梯队。可以说，太保资产为中国太保打响资产管理品牌作出了贡献。

18 个字的专业化经营理念

太保基因渗透在太保资产的血液中。自成立以来，太保资产始终践行中国太保的核心价值，坚持"价值投资、长期投资、稳健投资"理念。这一理念，如今也已成为资产管理行业遵循市场化原则，开展投资的共识。而这"三步走"的投资关系其实是递进的：基于价值来开展一切投资行为；允许保险资金历经长期的价值创造过程；在追求收益时，也要有稳健应对风险的机制。

时间追溯到 21 世纪初，中国太保刚刚开始迈入第二个 10 年。彼时，保险行业的资产管理理念和投资水平尚未达到今日的高度。2001 年，现任太保资产权益投资部总经理的易平进入中国太保工作，当时他所在的部门是集团资金运用中心，负责投资项目的只有几个人。直到 2006 年太保资产成立，才算正式开启众人对保险资金的深层次认识。

在他眼中，20 年来所累积的保险资金管理感悟中，最重要的一条就是"恒定的价值观"。"我们团队试图参透的是资产管理行业的本质，这一本质不会因为外力而改变。"周期性的规律总结比个案分析更有意义。2012 年初，太保资产的投研团队重新组建完成并延续至今，如今对太保资产有着深远影响的"投研融合"理念，也逐步萌芽发展并最终成型。

他也几乎见证了中国保险业资产管理从保险职能的初级阶段，逐步迈向专业化的全过程。在他看来，保险资金投资与其他类型的资本投资有显著区别，这也是为何太保资产将价值投资视为投资理念的原因之一。而将这一投资理念化为两个具体的目标，就是一要击败行业平均水平，二要尽可能降低风险。这样，才能稳健地为客户追求更高的盈利目标。

因此，在策略上，太保资产提出了 18 个字的专业化经营理念：重配置，轻择时；重赛道，轻交易；重策略，轻预测。

重配置，轻择时——单日涨跌并不是重点。太保资产投资权益部对投资经理的考核，是以三年为一个完整周期，每天的基金检测数据永远不会成为单一的评价指标。

重赛道，轻交易——在最高点时卖出，绝不是投资经理人唯一的目标。更重要的使命，是选择一条精准的赛道，一个好的投资目标，并进行长期持有。

重策略，轻预测——改变以往投资经理人一对一服务客户的机制，而是充分贯彻"术业有专攻"的精神指引。在太保资产最高的证券投资决策委员会层面，根据客户、委托人的具体情况，同事根据投资经理人不同的风险偏好，共同构建出一个投资组合，实现真正的专业化资产配置和管理。同时，多策略的组合构建，还可以有效避免单一投资方式造成的业绩大幅度波动，降低投资风险。

"我们团队从不要求投研人员预测明天的涨跌，这不是我们要实现的价值所在。"易平说。投研体系真正的基石，是进行术业有专攻式的策略安排，在客户角度进行投资组合的搭配，将投研团队每个人精益求精的结果，自然映射到客户的账户收益上——这是太保资产为客户创造价值的所在。

这一高阶的投资方式，归根结底，正是源于太保资产一贯奉行的价值投资理念。

建强团队，做强协同

1997 年 6 月，国内银行间债券市场正式开始交易，此时的中国太保成立不过几年。

而今，在太保资产的投资团队中，仍有 1993 年、1994 年就进入公司工作的"老法师"。与此同时，最年轻的投资经理中，很早就有了"90后"的身影。资深投资经理历经无数次市场牛熊的变化，经验之丰富宛若"镇宅之宝"。年轻一代则像是新鲜血液，为团队注入持久的活力。平均年龄保持在 35 岁至 40 岁的太保资产投研团队，更是投资决策与执行的中坚力量。

老、中、青三代"传帮带"的人员架构，在太保资产所遵循的"以人为本"的理念，和公司倡导的"价值、平等、独立、分享"的企业文化框架下，建立起了一个全面市场化的人才管理和激励机制。其中，太保资产固定收益配置团队在 2015 年至 2017 年间，连续三年入选由中央国债登记结算有限责任公司评选出的年度"优秀资产管理机构"，还曾多次入选全国银行间同业拆借中心评选出的"最佳资产管理人奖"。投资团队先后荣获"上海市巾帼文明岗"、卓越保险投资团队方舟奖、精锐保险投资团队方舟奖、金牌保险投资团队方舟奖等多项荣誉。

通过内部培养和市场化引进相结合，优选精兵强将，打造人才队伍，太保资产的专业化、市场化经营，也不断提升了公司整体的人才队伍竞争力。作为目前太保资产固收部门的中坚力量，出生于 1981 年的太保资产固定收益部总经理赵峰，就对公司多部门间有效耦合，从而形成投研一体化体系的这一过程印象深刻。

在太保资产的整体框架下，有风控、合规、信评、交易、营运等多个中后台部门，为"前台"投资部门提供强有力的支撑。同时，公司内还有权益、量化、研究、固收等多个投研团队进行横向输出。更重要的是太保资产的"投决会"机制，由经验丰富的投资总监组成，为投资决策进行指引和支持。这一扁平化却又相互交织的立体式投研体系，使得每一个投资部门都不再是单打独斗的团队，而是为客户争取最大稳健收益的一个整体。

屡获殊荣的太保资产固定收益配置团队，正是得益于太保资产整体投研体系的建设。

固收部门在进行投资决策时，公司信用评估部门会同时从风险角度，根据每一个拟投资标的资质，采用定量和定性相结合的缜密信用评估系统进行评估。公司研究部门也会提供资产配置策略、宏观策略观点、行业跟踪与配置建议，为固收、权益投资等部门进行投研支撑，提供基于行业发展、个股深入研究分析以及对上市公司调研后得出的策略建议。

除了信用风险管控之外，中后台部门还会对前台投资部门进行流动性风险、市场波动风险等多层面的系统支持。在太保资产组合管理部，有一支绩效评估团队，常年为每一位投资经理和每一个投资账户核算业绩归因，既参照市场表现，也结合投资经理本身的特点。这一从研究到投资，再到组合跟踪、反馈、优化调整的机制，背后反映的正是太保资产的"大投研"理念。

固定收益投资是保险资金运用的重头戏。面对纷繁复杂的资产配置任务，固收团队却只有二十来位，整体平均年龄不到 40 岁。这样一支精干的团队，要完成每年一定量级的配置规模，压力不言而喻。固收配置每一个成功案例的决策，绝不是一时的运气，而是在"价值、平等、独立、分享"的投资文化中，依托人才实现专业精进，重视协同从而创造价值的结果。

在固收团队中，不仅有"老中青"三代的人员构成，更有男女比为 1:1 的均衡人员配置。投研人员拥有不同背景，有来自其他保险公司，也有来自商业银行、公募基金，有海归人才、有应届毕业生等后备力量，更有元老级员工。多元均衡的团队构成，在进行投资决策时形成了良性互补，也为太保资产的投研人才队伍建设打通了路径。

而今，每周一上午 8 时 45 分，太保资产固定收益团队的周例会都准时举行。大家畅所欲言，对当周的热点问题、关键问题进行深入探讨，形成投资策略参考和决策依据。开放式的思考环境，也帮助团队每一位成员不断践行"价值、平等、独立、分享"的投资文化内涵。

投研融合的乘数效应

荣获 2020 年金牌保险投资团队方舟奖的太保资产权益投研团队，截至 2020 年底接管的权益资产规模已近 700 亿元。与固收团队相似，权益投资团队目前也仅有 23 人，大部分投资经理都是经验丰富的"80 后"，"95 后"的身影也已经出现。

2013 年起，太保资产开始推动权益投资和研究部门的投研融合，打破以往买方机构普遍存在的投研隔离、研究无法有效提供投资帮助的窘境，重塑"买方研究"的本源。

太保资产权益投研团队所要做的就是别的买方机构短期内无法实现的"真正的投研融合"。权益投研团队目前的人员构成中，除了 23 个投资经理，还有 17 名来自研究部的研究员参与投资管理工作。40 个人虽然分属 2 个行政部门，但却在同一平台办公，所有投资决策均共同完成。

值得一提的是，有 12 名权益部的投资经理兼做行业研究，此前均从太保资产行业研究部门转岗至权益投资部。这 12 名投研一体化人才既被赋予了投资组合的管理权限，又身兼行业研究工作。"一个人打两份工"的背后，不仅是对其个人专业能力的肯定，更为表现优秀的研究人员提供了一条明晰的职业晋升通道。融合、交叉的工作岗位职责，促进了投研一体化的内涵影响，更激发了部门协同和个人能力的释放。一个有长远发展潜力的平台，才能吸引更具战斗力的人才。

2018 年，太保资产进一步推进投研融合深化，以投资策略为核心，组建了不同的策略小组，围绕策略深入挖掘机会，发挥协同和团队配合的优势，积极推进成熟策略的产品化。从公司核心策略演化出来的太平洋卓越财富股息价值产品，2014 年 6 月成立后到 2018 年年底，累计收益率达到 92.02%，仅用四年半的时间，就实现累计年化收益率 15.5% 的水平，收益率在同期公募基金排名中位列前 12%。

2020 年 2 月初，世界市场仍处于对疫情的"应激状态"，恐慌仍旧存在。但在当年 2 月 3 日至 2 月 4 日，太保资产权益投资部门已经制定好预案，在委托账户授权范围和投研团队力所能及的范围之内，同时，也在市场流动性能够支撑的前提下，连续 2 天大举买入。这一看似冒险的投资决策，正是基于权益投研团队几年来对 A 股和港股"两个市场"的分析与理解。

"我们团队参透了一个关键问题，即疫情总有结束的一天，那么面对资产运营良好，却因疫情被市场暂时低估的公司股票时，就做出了大量买入的决定。"易平说。

2020 年 3 月，新冠疫情在海外暴发，资本市场流动性受到较大冲击，因此美联储采取了紧急降息措施。针对这一情况，太保资产固定收益团队通过深入的分析研判，得出市场处于短期流动性极端冲击阶段的结论，因此集体决策抄底中资美元债，在流动性冲击过后取得了较高收益。敢于抄底，得益于太保资产固收团队多年来深厚的研究支撑，更得益于太保资产"投研一体化"的资产管理理念。

诚实面对自己，诚实面对客户，是任何时期、任何市场环境下，探索最佳投资组合不变的前提。在太保资产权益投资团队内部，每一个投资经理、每一位研究员，都被要求诚实地发表自己的独立意见，无关经验与资历。因为，只有当投研人员能够真正独立思考、勇敢面对事实时，才能最大限度地接近事实真相，参透基本面的真实奥义，"穿破迷雾"找到最佳的投资标的。即便投资决策出现错误，也必须敢于承认。因为，只有承认和反思，才会促进真正的改进。

归根结底，依旧是太保资产的"八字方针"："价值、平等、独立、分享"。然而，说出这 8 个字容易，做到却很难。为此，2015 年起，太保资产权益投资部门专门构建了一个围绕股票投资的内部组合形式，将研究员、投资经理组合在一支团队，规定每人只能挑选最多不超过 4 只股票，每只股票每年调整和换仓不得超过 4 次，从而倡导投研人员构建长期投资的思维。

根据各自主要研究的行业情况，投研人员在自己认可的行业中，选取未来一段时期表现最可能强劲的股票，与行业指数而非大盘相比较，这样价值判断便能独立，不受市场整体影响。当团队中每个人都基于上述原则选取了 1—4

只股票后，每个人手中的股票就自然成为了一个投资组合，并且是一个完全基于行业的周期性研究，不受短期市场波动的投资搭配。

针对这一全新机制下所诞生的投资组合，相应的考核机制也焕然一新。在每年一次的年底考核中，权益投资部门的投资经理、行业研究员除了分别与全市场和所研究的行业进行比较，每个人的超额业绩中还包含了额外的激励机制，根据各自超额收益的正负进行极差化调配。此外，部门还以三年为一个阶段，对投研人员进行周期性考核。这一梯度式的激励机制，使得团队内每一个成员都不敢有丝毫懈怠。

在太保资产权益投资部的办公室内，常年张贴着一张醒目的统计表，上面标注着每一位投资经理人的姓名以及他所选择的投资组合近三年来的所有业绩。完全透明的信息公开和业绩比较，帮助投研人员在进行决策时，有尽可能接近真相的参考标尺。

统计表还清晰地反映了团队每一个人的投研观点，也由此延展出一个相互沟通交流的平台。而当投资经理要调整自己持有的股票时，必须提前一天发送邮件，告知团队所有成员自己的决策和主要依据。信息共享制度，使得权益投资团队内部的决策时刻处于"明牌"状态。这一切，皆是为了确保客户的利益最大和风险最低。

通过一些细节化的管理机制和管理流程，以及不停地坚持改进和完善，才能使整个团队的集体智慧最终反映到委托人的资金业绩上。这些均源自太保资产投研团队独立的价值判断和无壁垒的内部分享。

在大资管行业中赛马

2018 年 4 月，由央行、银保监会、证监会共同发布的《关于规范金融机构资产管理业务的指导意见》正式实施。"大资管"时代终于开启，银行理财、券商、保险资管、基金等由原先的各自跑马圈地，变为在统一规则下进行同场竞技。

太保资产的领导层始终把管好保险资金作为立身之本。同时，积极推进"以客户需求为导向"的转型战略，聚焦第三方业务创新，致力于提升公司的市场化、专业化、产品化能力，构建先进的资产管理体系。围绕产品全生命周期的管理优化和配置资源，太保资产的第三方业务发展取得了显著成效。

深入学习贯彻落实十九届五中全会精神
积极推进资产管理业务的高质量发展

■ 太保资产董事长于业明介绍资产管理业务高质量发展规划

2007 年 10 月 23 日，太保资产成立稳健理财一号产品，运用市场化运作模式，实现了第三方资产委托管理"零"的突破，公司正式开启了第三方资产管理业务。五年后，在于业明的带领下，公司制订了《太平洋资产管理公司三年发展规划纲要（2009—2011）》，前瞻性地制定了第三方资产管理业务的发展规划，以产品创新为抓手的第三方业务拓展能力实现大幅提升，太保资产也开始建立全生命周期的产品管理体系，公司发展进入了新阶段。

至此，太保资产第三方业务开始进入逐年增长通道。截至 2020 年，公司第三方受托管理规模超过 2500 亿元，创历史新高，第三方资产管理规模从无到有、从小到大，进入了行业第一梯队。

固定收益部董事总经理杨曦于 2008 年进入太保资产公司。彼时，太保资产的绝大多数业务仍为集团内部客户。而今，太保资产的客户结构已然多样化，有外部中小保险公司、银行、基金、券商等各大资管主体。她说，在与其他机构的同场竞技中，队伍逐渐得到了锻炼、增强了自信，也具有了其他资管机构暂时难以企及的保险资管核心竞争力。

在固定收益配置方面，太保资产原先较为重视新增资金的配置，如今则更加注重优化存量，注重资金账户如何更好地适应市场波动，坚持存量与增量并重。通过专业化管理，原来简单的稳健、低风险思维，逐步向风险定价、优化配置的思维转变，也使资产管理迈向更复杂、更立体、更多样化的新阶段。

固定收益部总经理赵峰于 2012 年进入太保资产固定收益部门，几乎见证了太保资产第三方业务迅猛增长的全过程。令他印象深刻的是，在第三方业务的初创阶段，太保资产各部门积极开展团队协同，涵盖产品、市场、营运、风控、合规、投资等多个部门。

"大家坐下来，一起探讨客户的具体需求、分析市场机会，头脑风暴的过程中毫无保留，非常令人难忘。" 2012 年以来，太保资产第三方业务在产品形式上不断扩展，不断满足全方位的市场需求。在资产管理形式上，从流动性管理工具到纯债风格产品、固收 + 风格产品，再到权益、量化、指数等产品，已经构建了日趋完整的产品线。

驶向太平洋，和世界面对面

2016 年 11 月 23 日，太保资产继获得深港通业务资格后，再一次取得沪港通业务权限，标志着公司取得港股通的全部资格。次年 1 月，太保资产开通港股通业务，开始积极推进港股通产品的开发设计。也正因此，2018 年起，太保资产权益投资部的投研团队，开始同时研究 A 股和港股。

"两个市场"的打通，带来的是全新的市场机遇，也预示着投资策略和投资方法的革新。A 股和港股打通后，权益投资的投研团队会根据两个市场的波动来研究投资策略，因而构建了港股、A 股混合研究、混合投资的体系，做出投资决策时，已经不存在"这是港股还是 A 股"的问题，只看哪只股票更具价值，更符合投资原则，以价值来决定投资。

事实上，目前开放的港股通股票类型中，绝大部分为人民币资产，即在香港挂牌，标的为港币，但经过深入分析，仍由人民币资产创造收益，与世界股票市场的波动和港股自身的波动并无关联。因此，在真正的投资过程中，只需关注人民币资产。

2018 年 4 月，太保资产首次发行三款港股通指数产品，即太平洋卓越恒生指数型产品、太平洋卓越恒生港股通中小型股指数产品和太平洋卓越恒生中国（香港上市）100 指数产品。

同年，太保资产投研团队把握市场机会，持续优化持仓结构，在低迷的市场环境下审慎评估，选择估值合理、业绩可靠的优质股票积极进行布局，重点增配了高股息、低估值、可持续经营能力强的优质蓝筹，逐步增持估值被错杀的长期成长行业龙头，为中长期收益提供保证。其中，港股投资以高股息策略为主，坚定买入下跌中但基本面良好、具备估值优势的港股通股票。

与此同时，为积极响应中央和上海市委对上海市属国有企业在香港增强实力、影响力和服务能力，在香港经济社会政治事务中更好发挥作用的工作要求，并满足中国太保通过海外投资实现保险资产多元化配置的业务需要，公司海外投资平台太保投资（香港）公司启动运营。截至目前，太保投资（香港）已经于 2019 年 7 月获得香港证监会颁发的第九类和第四类牌照，从事资产管理和投资咨询的受规管活动，在为集团及其控股子公司提供保险资金管理服务的基础上，正计划逐步拓展第三方资产管理业务。

民生工程凸显保险资金价值

2020年，疫情突如其来。就在当年1月，太保资产成功发起设立了"太平洋—恩施旅游项目基础设施债权投资计划"，二期投资总规模7.3亿元，用于恩施大峡谷实景演出剧场项目、恩施大峡谷综合服务枢纽项目、恩施大峡谷景区游线提档升级项目和咸丰坪坝营景区旅游换乘中心建设工程项目，积极支持湖北地区的经济复苏。

同期，太保资产还成功发起设立"太平洋—贵州水投夹岩水利项目债权投资计划"，投资规模30亿元，建成后可有效解决黔西北地区城镇及农村缺水矛盾，为区域扶贫开发及改善区域生态环境创造条件。

基于保险资金负债周期较长这一特征，太保资产自成立以来，始终秉持金融业服务实体的"初心"，结合保险资金特性，重视对接国家战略和服务实体经济，持续参与基础设施项目投资，助力实体经济发展。

2006年至2009年，公司发起设立总额为70亿元的上海世博债权投资计划项目；2008年，公司参与发起设立京沪高铁股权投资计划，投资金额40亿元；2009年7月15日，太保资产成功发起设立"太平洋—上海崇明越江通道工程债权投资计划"，投资期限10年，投资规模20亿元。

"作为保险业固定收益领域从业者，我们感到非常荣幸，可以在日常工作中为社会、为实体经济发展作出贡献。"太保资产固定收益部董事总经理杨曦说。

在中央提出国内国际双循环的新战略背景下，太保资产经营的投资领域、投资策略也将继续积极响应国家战略的要求。2020年，太保资产成功发起设立了广慈纪念医院和广慈互联网医院两项股权投资计划，积极服务中国太保"大健康"战略。大健康产业作为未来重要的产业发展方向，其涉及的老龄化、养老产业服务缺口，加之未来中国城镇和农村人口结构的变化，都将成为未来高质量金融产品供给的风口。

以上海为代表的城市更新也将成为重要的投资领域。早在2011年，太保资产就发起设立了上海公共租赁房项目债权投资计划。2014年11月，"太平洋—上海城市建设与改造项目资产支持计划"顺利发行，积极支持虹口区旧区改造。这是保险业内首次以股权形式支持民生工程建设的创新案例，不仅成为保险资金以股权投资形式参与城市旧区改造的样本，也为有效控制地方政府负债规模、缓解旧改资金需求压力发挥了积极作用。2014 年以来，太保资产还先后发起设立了"太平洋—上海土储中心不动产债权投资计划""太平洋—上海城投旧区改造债权投资计划"等项目，取得了良好的经济和社会效应。此外，长三角一体化、粤港澳大湾区内围绕国计民生的产业领域和项目，都将成为太保资产重要的投资方向，在经济结构转型进程中，深入跟踪、持续挖掘。

"存量优化的时代来临后，产业升级、新旧动能转换、金融业与实体经济内部的'双循环'，也将成为撬动保险资金资管专业化经营的新支点。"杨曦说。

积极响应国家战略，探索保险资金助力实体经济发展，太保资产的投资方式覆盖了债权、股权和资产支持计划等多种形式；投资的项目范围覆盖了市政、交通、能源、金融、环保、保障房、土地储备、旧区改造、商业不动产等 10 多个行业；投资地域

■ 太保资产与中铁资本公司交流研讨

覆盖全国 23 个省市，涵盖从长三角等东部地区到贵州、甘肃等西部地区。截至 2020 年 12 月，公司注册产品数量和规模位居行业前列，累计发行各类产品 162 个，累计投资金额超 2700 亿元。

太保资产管理团队稳妥应对国际国内市场变化，在市场波动中，不断擦亮资管专业化的金字招牌。

数字＋智能，资管未来的科技引擎

数字科技，是近年来金融领域最炙手可热的新技术和生产工具。2019 年 6 月，太保资产的投资决策支持系统——DSS 系统正式上线。这一令人期待已久的投资决策支持工具，不仅极大提高了投研效率，帮助公司构建投资决策的生态链闭环，更将有助于实现投资流程一体化，为公司发展金融科技、实现投资智能化奠定基石。

最初萌生建立 DSS 系统的想法，源自投研人员想要建立量化的选股标准，

通过标准化地定量筛选股票，快速缩小符合投资策略的产品。有了这一数字基础，投研人员可以进一步推演，通过参数调节，最终根据某一特定策略，在全市场股票中较为高效地选取投资标的。将"机器"分析筛选后的结果再交由研究员展开行业分析，能更快梳理和判断投资决策的有效性。

更重要的是，数字科技帮助公司从程序上对投资流程进行了规范，确保每一位投研人员达到知行合一。

2020年，太保资产制定完成了"金融科技三年规划"，确定了"一个目标、五大重点平台、两大中台建设和两大保障体系"的建设规划。同年9月，太保资产组建了专职金融科技团队，针对资产管理领域开展金融科技相关探索。在此期间，太保资产的CBI客户商务智能系统二期成功上线，成为首个面向机构客户的智能化、全流程协同展业平台。通过跨部门协同展业流程，多维度采集营销数据，分析客户画像和员工行为，实现技术应用和业务流程的深入融合。

在此之前，太保资产的PARMS主动风险管理系统一期也同步上线。该系统是太保资产依托自身投资风险专业优势与信息科技建设能力，自主研究、设计和开发的新一代风险管理系统——PARMS主动风险管理系统（Proactive Risk Management System），是金融科技对主动风险管理建设的创新引领，更为主动风险管理的深入推进奠定了坚实基础。

拥抱科技才能拥抱未来。太保资产金融科技的发展进程历经多个阶段，仅DSS系统开发就经历一期、二期、三期，不断优化各部门需求，逐步构建了一个投研人员可畅通交流的工作平台，所有组合信息、市场信息、每一位投资经理人的想法都可在其中体现，且动态可延展。

迈入新一个十年，太保资产正在努力探索"大投研"模块，通过应用场景、生产场景的构建，不断填充功能，最终建立一个人机结合的投研决策体系。

在未来的发展征程中，太保资产将在集团党委领导下，遵照高质量发展要求，加强党建引领，贯彻协同理念，坚定能力自信，严守风险底线，全面落实战略转型深化的各项工作要求。对标先进实践，坚持"市场化、产品化"的发展方向，以金融科技驱动为主线，加强核心投资能力建设，努力建设成为太保特色显著，综合性资产管理业务能力行业领先，得到市场和投资者广泛认可的资产管理公司，为中国太保的战略转型和长期稳健发展持续作出积极贡献。

（作者：舒抒）

第三章

创新智慧：静湖流深蕴灵气

刘　锟

古语说：仁者乐山，智者乐水。智者的智慧当如水之灵活，动则为涧、为溪，静则为潭、为湖。

水，是生命的源泉；流，是生命的跃动；深，是生命的底蕴。对于一家身担使命、肩扛责任的大型企业集团来说，最好的境界是"静湖"流深。

这种静，不是停滞不前，而是养精蓄锐、整装待发，胸中有万千丘壑却从不张扬。

回顾中国太保所走过的30年历程，不变的追求是踏准守与创的时代节拍、用好增与减的辩证方法，持续推动新与旧的深度融合。

在"静湖"流深中，一个"创新的太保""智慧的太保""国际的太保"厚重而又有灵气。

2020年6月17日，中国太保在实现"A+H"股整体上市整整10年之后，又实现了在伦交所"云发行"GDR的创举，成为第一家在上海、香港、伦敦三地上市的中国保险企业，在公司发展历程中又写下了资本市场上无可超越的"第一"，成为中国保险业迈向世界的标杆。

同样是这一年，中国太保连续第10年入选《财富》世界500强，排名再进一步，位列第193位。在监管机构年度保险公司服务评价中，太保产、寿险连续四年获得行业当年最高评价AA级。

对于中国太保而言，如何能够始终立于潮头、领跑行业，一直是中国太保人认真思考和践行的课题。

2017年以来，以孔庆伟为首的新一届董事会聚焦战略转型持续升级，打造面向新时代的竞争优势。通过启动转型2.0发展战略，确立起"三最一引领"目标愿景，聚焦"人才、数字、协同、管控、布局"五大关键领域，围绕核心业务、新领域拓展和组织健康启动 14 个项目集，推行有中国太保特色的转型作战机制，努力实现全司上下共振、同向同力，用转型的"进"，实现发展的"稳"。

不论如何转型创新，"保险姓保"是安身立命的根基，也是行业价值灵魂所在。中国太保以服务国家战略、实体经济和人民美好生活为本，立足上海、服务全国、面向全球，积极发挥保险的经济补偿、社会管理、资金融通等功能，成为经济社会发展的"稳定器"和"助推器"。

做优做强保障能级，主动服务国家战略——连续保障三届进博会，用"智慧""温度"的专业服务为展会保驾护航；服务"一带一路"倡议，创新推出"海外无忧"境外人员安全保障专属产品；支持先进制造业及重大项目建设，与国家工信部签署战略合作协议，积极服务制造业高质量发展；积极落实中央交给上海的三项新的重大任务，依托自贸试验区积极拓展离岸业务并实现同业领先，创新推出贷款履约保证保险、科技企业创业失败补偿保险等产品解决科技企业融资难、创业风险高等难题，推动实现长三角公共服务、交通、环境治理的一体化发展，全力打造金融企业服务长三角一体化国家战略的典范。

做精做细服务品质，守护人民美好生活——通过实施大健康战略，创新养老产品服务，完善医疗保障体系，以及服务社会民生治理，推出食品安全责任保险、环境污染责任保险等民生保险项目，太保家园西起成都、中接武汉，东到上海的沿江一体化布局蔚然成型。

回溯过往，转型 2.0 成效日益显现，为中国太保走向长期行业健康稳定发展引领者的定位做好了准备。站在 30 年的新起点上，如何接好接力棒，如何跑好接力赛？唯有变中求新、求进、求破！

正如孔庆伟所言，看都是问题，干才是答案。在唯一确定的是不确定性、唯一不变的是变化的时代，要锚定长期主义的基本信念，用自身发展的确定性去迎接外部各种不确定性挑战。

对中国太保而言，就是要在坚持价值核心、坚持客户需求导向的前提下，洞察时代和市场的发展趋势，找到新周期下的发展动力，用加速奔跑实现并跑领跑的赶超目标。

从大健康要"立起来"、大区域要"强起来"到大数据要"跑起来"，中国太保需要进一步强动能，抢抓新一轮时代机遇。

踏上奋斗创造梦想的新征程，1.4 亿客户的信任与托付，是中国太保前行的最大动力和最大依靠。

志不求易者成，事不避难者进。站在全球化布局的新起点上，中国太保将以更高的格局和更广的视野，与全球资本紧密携手，在不断追求卓越的征途中开启中国保险业新的辉煌。

第一节

且看"大象"轻舞飞扬

站在中山南一路 1 号中国太平洋保险集团大楼顶层远望，涌动的黄浦江潮水日夜不息。

身处时代洪流，沐浴着改革春风，成立 30 年来，中国太保历经从无到有、由弱到强的发展历程，通过分业、上市、转型等具有里程碑意义的关键变革，经受住了市场环境变化、行业政策调整的深刻考验。

特别是党的十八大以来，中国太保审时度势、锐意进取、稳健经营、追求卓越，逐步成长为资本雄厚、价值创造、风控能力较强、专业水平较高的综合性保险集团，为传统国企向现代金融企业转型提供了改革开放的"上海样板"。

这几年，谈及中国太保留给外界的最大印象，关键词无疑是"变革"。

这场变革，源自中国太保第五任董事长孔庆伟开启的转型 2.0。在这场公司历史上空前的变革中，中国太保以快速的应变能力在激烈的行业竞争中勇立潮头、保持领先。作为一家大型国有保险集团，能够在监管严格的保险行业中长袖善舞实属不易。因此，有观察家把中国太保比作一头"心态年轻的大象"，虽然业务体量庞大，但适应能力极强。

站在 30 年新起点上，中国太保人上下一心，全力向着世界一流保险集团加速挺进。

30 年，是接力棒更是一场接力赛

谈及中国太保的变革发展，最有话语权的无疑是转型 2.0 的操盘者、中国太保如今的当家人孔庆伟。他认为中国太保之所以能够在传承中完成变革创新，关键是干部队伍的"稳"。过去的 20 年，中国太保董事长仅仅换了三任，这在国企中是不多见的。

我们一直说，国企的发展靠改革、靠创新，但关键还在于人。对于不少国企而言，干部流动过快、缺乏预期，很难干好，五年打底可能就按照五年的预期干，短期很难实现创新变革；同时，也要有退出机制，干得好不容易，干不好也要走人，需要让更有能力的人推动创新变革。

作为一家 30 年的金融企业，中国太保伴随着改革开放，特别是上海金融中心的建设一路成长，今天的市场地位来之不易。孔庆伟深感，30 年不仅是一个接力棒，更是一场接力赛。

起于浦江潮，扬帆太平洋。

上海这座世界金融中心城市需要有一家著名的保险机构，无论是伦敦还是纽约，都是由一个个著名的金融机构加持。中国太保作为一家金融机构在上海一步步成长，通过 A 股、H 股上市每年都在进步，世界 500 强排名也不断提升，企业有了更多存在感，同时也让员工有了更多获得感。而一家企业要凝心聚力、保持状态，最好的动力就是发展，而这种发展是螺旋式的上升，或是在变革中转型，也只有在转型中发展才能接好这一棒。

之所以说是一场接力赛，从太保转型 1.0 到转型 2.0 可见一斑。转型没有选择，转型只有唯一，你不改变就会失去市场。孔庆伟认为，起于浦江潮，扬帆太平洋，起于是点，扬帆是个运动前进的过程，这个过程就是发展。

2017 年，孔庆伟被任命为中国太保党委书记，是年，他又被董事会选举为董事长。转战新战场的孔庆伟马不停蹄地开展调研，短短几个月走遍中国太保遍布全国的主要机构。一家国有大型保险集团如何在新的市场环境中谋求主动，是

■ 2019 年，集团召开转型 2.0 项目会议

摆在孔庆伟面前的一道考题。答案就是转型、变革。在过去中国太保转型 1.0 成功的基础上，孔庆伟毅然决定开展更为深入的变革，这被中国太保誉为转型 2.0。目标就是在保险行业格局不断变化的背景下，中国太保能持续保持领跑者地位，由此也确定了转型的五大关键词：人才、数字、协同、管控、布局。

转型需要新鲜血液以及多样化的专业知识，而这离不开人才。

中国太保积极行动，吸引更多年轻人才加入并在组织中培养创新文化。同时，通过在集团层面开展人力资源战略规划盘点，识别内、外勤未来增长所需的能力并进行招募补充。此外，中国太保通过积极规划和完善更为弹性化、市

场化的激励制度，来促进和激发内部创新氛围。为打造支撑可持续发展的组织能力，中国太保充分发挥国企基因与市场化机制结合的优势，启动实施关键人才长期激励约束机制——长青计划。在激励对象上聚焦核心价值的创造者，基于发展成果共建共享理念，按照"对标市场、对标系统、对标预算、对标历史"实施增量激励和利益捆绑，鼓励关键人才大胆创新，不断激发"创优争先、持续超越"的组织活力，推动关键人才市场化机制破局，为中国太保"成为行业健康稳定发展引领者"的转型目标构建了长效制度保障。

数字的重要性更不言而喻。

面对数字化推动的金融科技浪潮，中国太保对自身 IT 系统进行全面升级，系统秒级响应能力和需求并发处理数大幅上升，有力地支持了客户服务能力的提升；持续优化外勤人员展业及管理工具，并进一步完善集团统一大数据平台建设，打通不同子公司间客户数据和业务数据，进一步挖掘客户价值；打造以亿级客户统一账户体系为核心的客户大数据平台，打通客户数据孤岛，优化客户资源的数字化供给，累计提供查询服务 1.1 亿次，有效助力客户经营和资源共享。

对一个拥有数十万员工的"巨头"而言，如何发挥协同效应、"1+1>2"挑战不小。

在转型 2.0 中，中国太保在集团总部层面建立协同发展中心来协调不同子公司的业务资源配置，建立跨渠道数据分享系统，力求更加以客户为中心来提高服务品质。同时，各子公司间的协同已内化到日常的工作及激励机制，进一步强化面向大企业的一体化服务能力。

而为了实现管控，中国太保在集团层面设立了九大中心，一方面强化不同条线垂直的专业化管理，在财务、风控领域保持集团整体管控标准的一致性；另一方面，通过实施机构标准化建设，中国太保持续加大对位于市场一线的基层机构的资源投入和规范化建设，提升一线作战能力。

孔庆伟始终认为，对于一家致力于行业领先、打造百年老店的保险集团，必须立足长远，有着先人一步的布局。

基于对行业发展趋势的判断，围绕大健康、大养老密集开展对新业务领域的布局，逐步建立完整生态圈，提供高品质的服务，解决目标客群的痛点。

例如，中国太保与欧葆庭集团合作建设高端养老社区并引入国际标准的养老服务，提升对高端客户的服务能力。同时，通过推广"太保蓝本"健康服务，为寿险个人客户提供管家式健康服务，包括医生咨询、顶尖专科医生资源，以及优先住院特权。在更深入的领域，中国太保还积极与中国领先的资本团队、医疗单位合作，探索设立互联网医院，为客户提供线上线下相结合的医疗综合解决方案；规划健康产业投资基金，布局医疗服务、医疗科技、医药器械和健康管理等，向大健康内核赋能。

如今，转型五大关键词已在中国太保上下深入人心，并落地生根。

在转型五大关键词基础上，中国太保又提出了人才激励长期化、科技创新市场化、健康服务平台化、投资管理专业化、公司治理现代化的"五化"战略。"五化"与转型2.0一脉相承，其本质就是要

■ 孔庆伟董事长在第九届董事会上提出"五化"建设

树立"转型必须与自己过不去"的思想，而且还要有颠覆，否则只是一种纸面上的转型。

可以说，这次提出的"五化"更加聚焦涉及长远、具有长期发展方向的逻辑。

譬如，人才激励长期化，就是更好地把目标长期、延期支付作为科学管理、风险管理的抓手，实施激励长期化。再譬如，科技创新市场化，这是对过去传统的颠覆，中国太保科技板块长期以来投资、建设、运营、管理是自成一体的闭环，谈不上最差，但肯定不是最好。用孔庆伟的话说，这更多的是一种交付，没有形成内部的结算行为，变成了是"你要我做，我就给你做"，仅仅满足日常。面对当下日益变化的科技竞争尤其是金融科技变革，无疑会影响客户体验、科学管理，所以这次把"管、研、用"分开，在集团成立管理总部，同时在集团的层面建立数字研究院、金融科技公司，最终实现"交付变成结算"。

投资管理专业化和公司治理现代化，也被集团视作公司发展的重要突破口。过去，中国太保的投资管理更多关注固收类产品，现在则是比较关心一些

长期能力，特别是资产端更多地进行专业化管理，把信用评级、信用体系建立起来。2020 年，中国太保投资业绩创造历史最高，而这也进一步支持了负债端业务的发展。

说到接力赛，孔庆伟特别强调了大健康、大养老这一时代风口，具体到五化就是要实现健康服务平台化。

按照中央健康中国的要求，中国太保专门出台了"2020—2025 健康中国太保行动"，把健康险过去分散的健康业务统一在一张蓝图下平台化运作。为此，中国太保建立集团专委会，设立健康产业基金，入股了广慈并发起互联网医院，让中国太保 1.4 亿客户享受太保服务，特别是健康管理服务，带来不一样的全新体验。这样的路径，是孔庆伟深思熟虑后做出的。他笑言，过去保险公司影响不好，甚至被误解为"骗"，根本上是缺乏服务。很多客户认为，钱就应该在银行，不该在保险，银行是安全的，因为银行有流动性和信誉。但当保险的流动性解决了，服务解决了，保险同样是风险管理和财富传承，更是"在你身边"的服务机构。

对于任何一家企业而言，最好的动能就是发展。

如今，中国太保上下十多万员工共识前所未有、干劲前所未有。从转型2.0 到"五化"，对而立之年再出发的中国太保而言，做好了思想准备、组织准备，也为中国太保走向行业健康稳定发展引领者的定位做好了物质准备。

GDR 上市，中国保险业迈向国际的"标杆之战"

2020 年 6 月 17 日，对于中国保险业，乃至中国资本市场而言是载入史册的一天。

■ 2020 年 6 月 17 日，中国太保 G 股上市

是日，中国太保沪伦通全球存托凭证（GDR）挂牌伦交所，这也是国内第一家 A+H+G（上海、香港、伦敦）三地上市的保险企业。中国太保把握住短暂的发行窗口，90 天内完成登陆伦交所，最终实现了合理定价以及优质的投资者结构，创下沪伦通机制下第一家在伦

交所上市的上海企业、首次使用中国会计准则发行的 GDR、首次在伦敦资本市场采用基石投资者机制发行的 GDR、首次中国保险业走向全球保险业发源地伦敦的 GDR 等七项第一，为上海国际金融中心进一步对接全球资本市场开辟了重要窗口。

从 2007 年 12 月 25 日中国太保成功登陆 A 股市场，2009 年 12 月 23 日正式登陆 H 股市场，再到如今登陆伦交所，孔庆伟难掩激动之情。发行 GDR 这是中国太保公司治理现代化迈出的又一关键步伐。此次 GDR 发行从启动到最终成功，中国太保与时间赛跑，同困难较量，打赢了太保速度、太保韧劲、太保协同集中发力的艰苦一役。

在确定 GDR 发行的那天起，孔庆伟就提出了"组织要精细、沟通要精准、数字要精确、发行要经典"的"四精"要求。回顾整个 GDR 的发行历程，尽管发行受到疫情影响，但最终的认购比例、发行价格均超出预期，这也和当时中国太保发行 GDR 的初衷相吻合。

说起发行 GDR 的初心，孔庆伟表示，三地上市不仅仅是融资工具，更是给了企业国际化发展一个很好的平台。如果不努力借此打造企业的内核，融资只是昙花一现。

GDR 的发行是我国资本市场完善全球融资的重要一步。作为植根上海的综合性上市保险集团，中国太保在沪伦通启动一周年之际代表中国再度出征海外资本市场，意义不言而喻。在上海金融国资体系中，中国太保与浦发银行、国泰君安同为三大金控平台。近年来，中国太保一直走的是价值增长路线，从账面上看并不缺钱。

"不差钱"为何还要发行 GDR？在中国太保看来，这是一次战略性主动求变，只有深刻认识这一问题，才能更好向国际资本市场推介自己，才能更好地将 GDR 的发行转化为转型动力。中国太保将发行 GDR 首先定位于服务国家对外开放大局。正如习总书记所言："中国开放的大门只会越开越大"，外部环境越是变化，中国越是会坚定不移扩大对外开放。同时，中国正逐渐从贸易开放走向金融开放深水区，金融业扩大开放稳步推进。身处上海的中国太保认为，理应责无旁贷地积极拥抱这场时代大潮。

于中国太保自身而言，第一个 30 年，专注中国保险市场，围绕保险主业链条构建全牌照布局，寿险、产险、资管均衡发展，已经成长为国内领先的

A+H股上市综合保险集团。进入第二个30年，中国太保的目标是打造成为"世界的太保"。伦交所作为全球主流资本市场，聚集了一大批熟悉国际规则的专业投资者。通过GDR，中国太保可联合优质投资者，提升稳健经营能力和风险管理水平。

值得注意的是，此前中国太保GDR计划发行上限一直为1.25734亿份GDR，最终的上市意向函进行了规模缩减。缩减背后有深意。这充分说明，中国太保的GDR发行本身不以融资为主要目的。"融资"是手段，必然可以充实资本，提升风险防御能力，进一步围绕保险主业布局海外市场。但"融智"才是最终目的，发行GDR不仅可以吸引一批全球优质投资者，连同其所代表的管理理念和战略思维，汲取全球保险市场的智慧和经验，还可以通过引入基石投资者等方式，进一步丰富公司股东构成，优化公司治理机制，提升公司的稳健经营能力和风险管理水平。

当时，主动收缩规模就是要维护现有股东利益并希望引入长线投资者。引入瑞士再保险作为基石投资者，正是落实上述目标的重要举措。对于基石投资者的选择，中国太保的标准可谓"好中选优，优中选好"。瑞再作为全球第二大国际再保险集团，其丰富的经验有利于公司未来长期稳健经营。同时，也将打开与头部再保公司在产品定价、设计和再保险业务等方面的合作空间，引入海外经验，拓展海外业务，探索负债端的新增长源。

发行GDR前，2009年中国太保在港交所上市，2012年在港股定向增发引入新加坡政府投资公司（GIC）等3家境外优质长线，其中GIC进入董事会。孔庆伟表示，这次GDR的发行可让中国太保进一步引入瑞士再保险等更多优质海外股东，打造更加国际化、专业化、市场化的董事会，提升公司国际化视野，促使公司在战略布局、经营策略和管理技术上再上新台阶。

立足上海，服务全国，走向世界，成长为一家国际化公司，这是未来30年中国太保的美好远景。虽不以融资为主要目标，但借助沪伦通平台发行GDR，中国太保除引入战略投资者外，客观上还是可获取部分外汇，加速推动其国际化战略实施。

孔庆伟表示，发行GDR可为公司探索国际化布局创造契机。我国金融业对外是高水平的双向开放，上海国际金融中心建设不仅要吸引外资机构进来，也鼓励本土机构国际化。从中国太保自身而言，探索开展国际化布局亦是酝酿已久、顺时顺势之举。一方面，保险集团是风险管理的专业机构，实现风险在全球范围内的分散有利于完善风险管理，优化资产配置的选择；另一方面，更重要的是，中国保险业要真正具有国际竞争力，就必须具备全球化的格局和视野，通过亲身参与国际保险市场的实践，切实掌握国际市场的通行规则，并接受不同竞争环境的历练，才能具备与跨国保险公司同台竞技的能力，这也是中国保险企业走向更高和更强的必经之路。

从中国太保作为上海一张重要的对外金融"名片"看，中国太保在伦交所的上市是上海打造世界一流企业，落实上海区域国资综改的具体体现，树立起了进一步推进上海国有企业改革和金融业开放的标杆。十九大提出要培育具有全球竞争力的世界一流企业。上海区域国资国企综改试验方案也提出，到2022年要形成10家左右具有国际竞争力和品牌影响力的世界500强企业或全球行业领军者，鼓励企业多地上市，面向全球配置资源形成网络，提升经济辐射能力。

业内认为，要成为世界一流企业，首先要在全球范围内去发展，要能够在全球配置资源，特别是作为金融企业，要学会在全球金融中心的舞台上参与全球服务、全球竞争，争取中国金融企业的话语权。孔庆伟感慨，这次海外投资者参与热情高涨，也足以看出中国金融企业在全球投资人眼中的吸引力，这也是此次发行得以成功的重要因素。

面对疫情中国太保GDR如期登陆上交所，也向全球释放强烈信号：中国深化改革开放的战略定力不会动摇，中国探索全球资本市场合作共赢的决心不会动摇，中国加快国际化进程的脚步不会停滞，中国展现负责任大国担当的庄严承诺不会放弃。

抓党建从工作出发，抓工作从党建入手

如今，在转型中加速奔跑的中国太保，虽然体量庞大但不失敏锐，由此也有人把现在的中国太保比喻为一头"心态年轻的大象"。

而这，也可以看作外界对中国太保近年来的转型发展一种最形象的描述。2020年，中国太保第十次登上《财富》世界500强榜单，再一次向全世界证明了中国太保的综合实力。

要说这几年中国太保的变化，首先是精神面貌的变化。

　　精神面貌的变化来自队伍的风清气正，主要是把国企党建放在心上、扛在肩上，始终走在路上。就如孔庆伟所言，国企党建是根和魂，是定海神针。来到中国太保后，曾担任上海金融党委书记的孔庆伟一直强调，抓党建从工作出发，抓工作从党建入手。从健全部门党建到完善制度，到抓好支部书记培训，到项目化引领党建工作，如今，中国太保遍布全国的每一家机构，都有自己的党建，每个月都有党员活动日。

■ 2019 年 7 月 5 日，党委书记孔庆伟在中国太保第一次党代会上作工作报告

　　近年来，在国有企业党的建设新要求下，中国太保提出党建工作要走在行业发展前列，这也是中国太保首次党代会提出的奋斗目标。值得一提的是，这是中国太保历史上第一次党代会，也足以看出中国太保现任领导班子对党建工作前所未有的重视。

　　这次党代会上，孔庆伟特别强调要全面从严治党，为转型发展提供坚强保证。全系统上下各级党组织要坚持把党的政治建设摆在首位；要强基固本，抓在经常，进一步提升基层党建工作水平；要明晰责任，四责协同，落实全面从严治党要求；要以文化人，淳风化气，激发员工的使命感和责任感。二要回归本源、创新驱动，实现高质量增长。各级机构要发挥客户需求对增长的基础作用；要发挥产品供给对增长的根本作用；要发挥渠道建设对增长的关键作用；

要打响"太保服务"品牌，提升综合竞争能力。三要深化转型发展，增强可持续发展动力。各级机构要持续革新人才建设体系，推动实现组织健康；要牢固树立协同发展文化，形成协同竞争优势；要以科技创新为引领，激发转型发展新动能；要积极布局新发展空间，培育新发展动能；要构建防范化解风险长效机制，建立一体化管控体系。

上海市国资委党委书记白廷辉在这次会上评价，中国太保充分发挥党委领导作用、党组织战斗堡垒作用和党员先锋模范作用，聚焦中心、服务大局，为深化上海国资国企改革、为上海乃至全国经济社会发展做出了重要贡献。同时，他也勉励中国太保，要对标国际一流水平，全力打造"上海现代服务"品牌；要加大人才队伍建设力度，进一步提升企业核心竞争力。

孔庆伟一直有一个观点，抓党建必须从工作出发，就是要有具体的事项作为抓手。譬如，制定印发贯彻落实党风廉政建设责任制实施办法、考核办法和责任清单，构建"四责协同"责任体系；创新推出集团高管人员廉洁从业八项承诺和负面清单，与708名高管人员签订廉洁从业承诺书。约束在先，这是这几年来中国太保干部队伍总体可控的关键。

而集团首次人才工作会更一语道出公司人才观，"让吃苦的人吃香，让实干的人实惠，让有为的人有位"，并把人才工作放在公司战略转型2.0的首位。正是在这一人才观的引领下，中国太保积极响应国资国企改革号召，不断优化人才生态，强化人才激励，深化机制改革，于危机中育新机、变局中开新局。

功以才成，业由才广。

尤其是站在成功发行GDR这一国际化发展新起点，面临市场化改革新窗口，中国太保主动作为，在金融国企中积极探索建立关键人才长期激励约束机制，试点推行"长青计划"，这既是实现中国太保基业长青的使命担当，也是作为保险行业头部企业对激励分配机制的更新再造之举。

为更好地激活人才队伍"一池春水"，中国太保还不断完善深植文化基因的太保精神，突出"能者上、庸者下、平者让、优者奖、劣者汰"的市场化导向。在谈到中国太保的魅力之时，集团市场化引进人才、数据应用首席专家肖铨武说道，为了让我们有充分发挥技能的空间，公司进一步调整优化组织架构，成立了数智研究院，对专家岗位职能保持一定开放性，目标设置保持一定自主性。这位先后任职于阿里巴巴、微软、平安陆金所、携程等互联网企业的

"80后"专家表示，人力资源部门与其共同设置短期、中期和长期目标，让他在适应新环境的同时，也有了清晰的发展方向，能有的放矢地开展工作。在肖铨武的计划中，下一个"小目标"就是利用数据驱动和技术驱动进一步改善用户体验，提升企业价值。

站在建党百年和建司30周年的重要时点，孔庆伟表示："我们将更加注重高层次、国际化人才队伍建设，将更加注重体制机制创新、激励动能转换，将更加注重人才培养、队伍赋能，为中国太保成为中国保险行业健康稳定发展的引领者做出不懈努力。"以人才为帆，而立之年的中国太保鸣响汽笛，在战略发展蓝图中乘势远航。

值得一提的是，2020年面对疫情的突然袭击，中国太保提出了心连心、手拉手，充分发挥全系统近2000个基层党组织的战斗堡垒作用和2.4万余名党员的先锋模范作用，交出了一份"抗疫情、强党建、促转型"的圆满答卷。

招之即来、来之能战、战之必胜。中国太保的行动力，离不开推动党建工作与生产经营的深度融合，切实把党建引领成效转化为企业发展活力和竞争实力。

仅以2020年为例，集团党委共开展18次中心组学习，自上而下建立健全基层党委中心组学习督导机制。以"爱党爱国爱司"为主线，全方位、多形式、高质量开展"四史"学习教育活动，党员干部带头学，基层组织分类学，结合实际创新学，在学史温故中汲取奋斗力量，在学思践悟中积聚前行动能。同时，以孔庆伟为首的集团党委班子以身作则亲自授课，各级班子全面跟进，探索采用音频党课、线上党课等形式，推动全系统党员投入学习热潮。

立足转型全面冲刺，集团党委在全系统开展"转型当先锋、服务立新功"主题活动，充分发挥各级党组织在重大项目和关键领域的示范引领作用，让党员在推进转型落地中勇挑重担，实干争先，攻坚克难。依托党建引领，公司核心业务在疫情大考中整体保持平稳，财产险业务动能转换步伐加速，高质量发展局面初步形成；人身险核心能力建设成效初显，健康险业务加快发展；资产管理体系建设继续完善，投资收益创下新高。转型2.0各项目集在度过疫情高峰期后全面提速，多个项目达成预定目标，推动实现经营指标改善、长期能力突破、公司治理优化，转型成果不断内化为公司的长期发展动能。

也是在2020年，备受瞩目的中国太保三江源生态公益林正式落成。中国太保 11 万员工在短短三周时间自发捐款逾 1900 万元，这是中国太保建司以来参与面最广、员工基础最扎实、影响最深远的社会责任活动。建立三江源公益生态林，既是三江源生态保护建设和模式的创新，更是中国太保积极服务国家战略的一种体现。

一个个活生生的例子，让党建有声有色、有着有落。党建，是中国太保发展的根和魂，是中国太保发展的定海神针。中国太保的党建，将永远在路上。

看都是问题，干才是答案

"向最好的学、与更好的比"，是以孔庆伟为班长的第八届董事会的一个宗旨。

看齐先进，对标一流，从大健康规划的落地，特别是养老产业"东西南北中"的规划落地，中国太保新的竞争力正逐渐形成，得到客户高度认可。短短两年，"太保家园"入驻资格函已经过万份。而在这一领域的行业先锋达到万份入住资格函用了六年时间。

正如孔庆伟所言，看都是问题，干才是答案。

其实，中国太保在养老地产布局上，是第一批拿到许可的保险企业，但限于种种原因，一直没有推开，"起了个大早，赶了个晚集"。好在这两年奋起直追，把失去的时间抢了回来。就在 2021 年 1 月 27 日，牛年春节即将到来之际，太保家园·杭州国际颐养社区项目工地成功举行一期主体结构封顶仪式。这标志着中国太保在服务长三角一体化、打造太保特色养老服务新高地方面又迈出实质性的一步。截至 2020 年底，中国太保已在全国 6 座城市投资落地 7 个养老社区项目，总储备床位数达到了 1.1 万张，跃居保险行业第二。

自从 2018 年《太平洋保险养老产业发展规划》实施以来，太保家园在养老行业的市场地位已经与保险主业的市场地位相匹配。"东南西北中"布局取得重要进展，首轮投资 100 亿元左右。截至 2020 年底，累计已开工 51 万平方米，在建 3900 套养老公寓、6300 张床位。2021 年，还将有 2500 张床位陆续开工建设。

太保家园不断亮相市场，对保险主业的促进作用逐步显现。

截至 2021 年 1 月中旬，累计发放养老社区资格函近 12000 份。2021 年初，中国太保寿险发布"长航行动"，提出"一优、两稳、四新"的战略目标，布局"334"战略实施路径，太保家园将按照打造大养老生态的要求，继续推进太保家园全国布局补点，完善服务内容，构建中国太保养老服务核心竞争优势，为寿险主业"打造服务体验最佳的寿险公司，做寿险行业的长期主义者"愿景目标的实现提供重要支撑点。

事非亲历不知难。

孔庆伟坦言，踏入行业才发现，保险是一个非常小众的行业，掠夺性、竞争性异常激烈，"不是在暖房里写文章，而是在红海当中去厮杀。"当今世界，唯一不变的是竞争，这是确定性。竞争有国家和国家的竞争，但国家是永远存在的。美国想把中国干掉，那是不可能的，这是国家与国家之间的竞争，是一段时间内的敌强我弱，不存在覆盖。人和人之间的竞争，则是在某一个单位、某一个平台上的竞争，但总会有饭吃，只是吃的多一点和少一点的问题，这里不行去那里。企业和企业的竞争却是残酷的——要么你存在，要么他存在，历史上最残酷的就是企业间的竞争，案例数不胜数，你不变革就会被淘汰，公司也将不复存在。

积极变革、追求进步，是孔庆伟一直强调的竞争心态。不是你想不想要的问题，这就是竞争，保险公司更是如此。一家保险公司把另一家保险公司吃掉，可能就在一夜之间。唯有更全面、更专业，围绕产业链、生命周期不断拓展，而中国太保给出的答案就是大健康、大养老。

纵观行业和中国太保的发展，如果没有这几年大健康、大养老的落地，营销员已经难有施展的空间。有营销员曾掉着眼泪向孔庆伟说："你是我们的太阳，因为我们走投无路的时候，孔董事长，你的太保家园让我们活过来了。"营销员们感慨，现在的中国太保让他们更有信心。诚如，过去讲了好多年都没做成功，现在都做到了，外界也都看到了。

看都是问题，干才是答案。"东西南北中"只是第一步，在孔庆伟的锦囊中，还要制定一个更为宏大的扩展计划。

中国太保的 GDR 发行也完美诠释了"看都是问题，干才是答案"的宗旨。回首此役，走前人没有走过的路本就不易，在看到鲜花、听到掌声之前，横亘于中国太保眼前的，是国际政治环境变化、市场反复波动、新冠疫情肆虐、境内监管审批无先例等各种不确定因素。但只要下定决心，办法总比困难多。其间，中国太保始终保持战略定力，秉持发行初心，把握住短暂的发行窗口，最终实现了合理定价以及优质的投资者结构。GDR 发行后，公司股权结构得到进一步优化，除作为基石投资者的瑞再外，还同时引入了多家具有成熟市场经验的战略投资者和行业意见领袖，基石和长线投资者在发行中占比达到85% 以上，集团整体外资股东占比从 30% 提升到 35%。

GDR 掀起了一个盖头，那就是市场化、国际化、专业化、法制化，厘清了中国太保驶向太平洋的成长路径。

当然，除了唱响国际歌，更要进一步奏响中国曲。

过去，中国太保走的是一条农村包围城市的道路，下一步继续巩固，但更多的是着眼于长三角、大湾区、京津冀，增强公司在重点区域的市场影响力和竞争力。这是着眼于中国区域化发展的布局开启的一片新天地。

大区域一定要"强起来"，是中国太保的另一盘大棋，具体来说：

一是深耕长三角一体化。继续深化对科技创新、生态环保、战略产业集群、基础设施、公共服务等关键领域一体化的保险服务和资金支持，加快长三角地区车险理赔、健康养老等领域保险服务标准的统一化，实现区域内服务资源共享和平台共建，为客户创造高标准、同城化的服务体验。

■ 2019 年 7 月 4 日，太保集团服务长三角一体化发展座谈会在上海召开

二是打造粤港澳大湾区创新引领新高地。加快粤港澳大湾区创新制度供给，在激励约束、人才培养、产品服务研发、金融科技等领域探索运用创新孵化机制，形成从创意形成到成果产出的扶持和培育机制，鼓励内部创新创业，体现市场化导向，充分打开创新空间，营造创新氛围，激发创新热情。

三是激活京津冀协同发展机遇。针对北京地区大型企业、重要客户集中的特点，深化重大客户协同发展。发挥天津、河北地区成本优势，加快建设医疗资源平台，推动养老产业发展。抓住京津冀产业迁移和人口流动机遇，优化代理人队伍结构，加快中高端客群拓展，实现队伍升级和客户经营双线并进，为城区突破形成成熟模式奠定基础。

同时，着眼于补齐科技"短腿"，新一届董事会精准发力，不断用科技变革激发创新活力。完善科技创新治理结构，在董事会下设立科技创新与消费者权益保护委员会，为建立集团创新评价体系，保证创新资源投入奠定了基础。筹建金融科技公司，作为科技创新市场化的实施主体，激发科技队伍活力，释放科技创新动力。设立数智研究院，引入大数据、云计算、互联网运营以及数据安全领域的一流人才。建立科技生态圈，与阿里、商汤、华为等科技头部企业以及交大、复旦等高校展开战略生态合作，通过项目合作的深化，全面提升科技自研能力。

找准问题，锚定目标，向最好的学、与更好的比，在实干中做行业长期健康稳定发展的引领者，中国太保未来画卷正一步步呈现。

坚持长期主义，超越中实现卓越

翻开孔庆伟的履历可以发现，在担任上海市金融工作党委书记之前，他还曾执掌上海市城市建设投资开发总公司。同样是企业一把手，孔庆伟深感现在的压力相比以前可是大了不少。当时只要自己把内部看好，只要保证上海的路桥投资安全、供水给排水安全、垃圾处理安全，房地产在建项目不出重大安全事故，是睡得着觉的。但在中国太保这样一个面对激烈竞争的企业，孔庆伟经常睡不踏实。

就在 2020 年末，有媒体以太保寿险三年换三任老总做文章，无事生非地说太保内部不团结。孔庆伟对此一笑置之，开玩笑说，这就像小时候上学，班里学习最好和最漂亮的女孩如果两天没来上学大家就会异常关注，正如现在的太保，容易引起瞩目，因为中国太保在变化，写中国太保容易引起轰动，写一家固守自封的企业没人会注意，媒体就喜欢拿中国太保、平安、国寿、人保这些好孩子说事。对中国太保来说，现在就是要把底层逻辑讲清楚，然后实实在在一步一个脚印往前走，不在规模上做文章，而是坚守价值、坚持长期坚守，这是对外界最好的回应。

作为中国太保上亿客户，都是希望这家公司是有价值和长期的存在，今天旗下哪个老总调动与客户没关系，客户要的是车险服务、太保家园服务，与人又有何干？时代的逻辑已经变了。

站在 30 年的新起点上，中国太保的目标就是要在超越中实现卓越。展望未来，中国太保应该更专业、更全面，坚守价值、坚持长期。

这样的判断不无道理。

从保险业自身来看，正在经历发展周期转换，发展动能重塑的关键时期，行业增长和盈利的驱动因素都在发生变化。从负债端来看，寿险单一产品或者单一渠道驱动行业实现增长的时代已经逐步过去，渠道和产品结构正在趋于多元化发展。受技术进步和竞争加剧的影响，寿险传统产品的价值率中枢可能进一步下降。车险面临保费增速下降和赔付水平上升的双重压力，非车险新领域成为实现增长的关键，对保险主体风险选择的专业化能力要求进一步提高，产险行业盈利水平面临巨大挑战。从资产端来看，长端利率下行的趋势仍将持续，进一步挤压保险主体的盈利空间。从业务模式来看，疫情之后远程管理和服务的需求明显上升，数字化转型的必要性进一步凸显。科技成为第一生产力的时代已经到来，但保险业科技应用的全面突破仍然任重道远。

在这样的行业大背景下，高质量发展成为行业下阶段实现持续健康发展的不二选择。与过去相比，高质量发展模式更加注重在质量效益提升的基础上实现发展，是业务和渠道结构进一步优化均衡的发展，是资源配置效率进一步提高的发展，是创新进一步成为内生动力的发展，是数字化进一步成为企业运行内核的发展，是中国太保与社会、股东、客户、员工多方实现共赢的发展。归根结底，是体现新发展理念的发展。

推动和实现高质量发展，正是转型2.0最重要的历史使命。在唯一确定的是不确定性，唯一不变的是变化的时代，如何实现高质量发展？必须锚定长期主义，要有识变之智、应变之能，更要有主动求变之勇，要以自身发展的确定性去迎接外部的不确定性。在孔庆伟的棋局中，中国太保将把长期主义作为自己的基本信念，以长期眼光去解决公司发展中的各种问题，长期坚持对行业健康稳定发展规律的尊重，长期坚持以客户需求为导向的服务理念，长期坚持以转型变革为提升高质量发展能力的路径。

长期主义不是长期不变，而是要把握好变与不变的平衡点，在坚持本源、坚持初心的前提下，推动积极向上、向善的变化不断发生。具体到保险业，就是在坚持价值核心，坚持客户需求导向的前提下，洞察时代和市场的发展趋势，找到新周期下的发展动力，并以此为核心实现组织和资源的灵活匹配，实现更可持续的发展。

孔庆伟也特别谈到，在坚持长期主义的过程中，要把握好几个关系：

一是当下与长远的关系。今天说要坚持长期主义，但并不意味着就可以放松当下，没有当下就没有长期，没有今天就没有明天。高质量发展道路要一步步走过来，一步一个坚实的脚印，才能到达胜利的彼岸。其次，要以未来引领今天，要以长期的眼光看待当下的问题，以长期的标准衡量当下的行动，不要被一时的困难吓退，也不要被局部的胜利冲昏头脑，要始终对困难和挑战有充分的准备，但更要看到希望就在前方。

二是传承与创新的关系。中国太保人都是伴随着中国保险市场的发展历程成长起来的，对行业发展规律、对客户需求有着深入的理解，积累了丰富的经验。这是中国太保最宝贵的财富，需要在今后的工作中更好地传承和发扬。但同时，也要清醒地看到，时代在变化，客户的需求在变化，科学技术正在重塑世界，很多过去觉得不可能的事情，今天都变成了现实。因此，需要始终用发展的眼光看待问题，避免简单地照搬过去的经验，要结合新的环境、新的趋势积极创新，善于创新，把过去认为的不可能变成可能。

对于一家成熟的保险企业而言不一定要创业，但一定要有创业的精神心态和文化，实际上就是在超越中实现卓越。孔庆伟认为，一定要有这样的心态和文化，光有创新文化，没有创业心态是没用的，反言之，只有创业心态，没有一种创新的包容和长期的信念、解决问题的眼光和对行业规律发展的尊重，以及客户经营的理念，包括以转型变革为提升高质量发展的能力也是不行的。

遇变局，唯有积极打开新局。有危机，更要着力培育先机。坚持长期主义，建设长期能力，中国太保正为走好、走稳高质量发展道路创造有力支撑。

（作者：刘锟）

第二节

另类投资的着眼点

中国太保服务国家重大战略的大健康布局，于 2020 年拉开序幕。

这一年的 9 月 27 日，集团党委书记、董事长孔庆伟与瑞金医院院长、中国工程院院士宁光代表双方签署协议共建互联网医院，上海市副市长宗明、上海交通大学校长林忠钦等见证签约。双方还揭牌成立了互联网医院创新研发中心，将探索研发患者导向的创新产品，并启动一项股权投资计划，约定将资本合作、产业合作深化升级到战略合作层面。

这项"太平洋—广慈互联网医院股权投资计划"，是中国太保发挥国有资本引领作用，服务国家和上海地区重大战略的一项另类投资计划。

其实，在另类投资领域，中国太保设立的项目既有关系国计民生的国家大型工程，如京沪高铁、西气东输，也有响应国家"一带一路"倡议的投资项目，还有大量服务地方区域经济发展的高速公路、地铁、城市基础设施项目，更有服务重点民生工程的旧区改造、保障性住房等项目，投资区域覆盖 20 多个省、市、区。

这样的尝试始于 2007 年。太保资产于 2010 年 3 月通过保监会基础设施债权投资计划产品创新能力备案，成为首批获得备案的四家资产管理公司之一。2012 年 8 月，中国太保成为行业内首个以集团化管理方式获得股权、债权、不动产全部另类投资牌照的集团公司，随着保险资产行业的飞速发展，多年来凭借专业实力始终居行业前列。

集团总裁傅帆曾表示，他很关注如何发挥国有资本的引领作用，服务国家和地方的重大战略。他同时认为，用更加专业、更加市场化的方式进行管理非常重要，激发国有企业活力的同时，又能进行风险防控。

在服务国家和地区的重大战略的另类投资领域，中国太保开创了多个"行业第一"——公司在业内发起首个公租房债权计划、首个土地储备债权计划、首个市政类债权计划、首个水电类债权计划、首个风电类债权计划、首个"浮动＋保底"利率结构的债权计划和首个"收费权质押"信用增级方式的债权计划……投资业务涵盖债权类投资、股权类投资、资产证券化类投资。

"最赚钱高铁"的获益者

2020 年春节前夕，A 股市场迎来高铁板块第一只标志性股票、被称为"最赚钱高铁"的京沪高铁。1 月 16 日，京沪高铁开盘顶格涨停、涨幅一度超过 43%，首个交易日股价报收于 6.77 元，市值高达 3324.51 亿元。而公开资料显示，其发行价格 4.88 元 / 股，发行总股本 491.06 亿股，发行市盈率为 23.39 倍。

这个投资总额 40 亿元、投资期限长达 12 年的国家级战略项目，从申报上市材料到过会仅用了 23 天，再到上市也只用了 86 天。"巨无霸"神速上市，也是对当初毅然选择入股的保险资金的一种最好的回报。

共商　共建　共享
京沪高铁股权 项目投资160亿元

■ 中国太保参与京沪高铁股权项目投资

京沪高铁是一条全长 1318 公里的双向高铁线路，途经北京、天津、河北、山东、安徽、江苏、上海七省市 66 个县，总投资高达 2209.04 亿元。京沪高铁建成通车后从根本上解决了既有京沪铁路客货运输长期受限的状态矛盾，通过客货分线运行，大大提高了京沪间铁路运输能力和服务质量，对经济社会又好又快发展产生重大积极影响。

尽管如此，谁也不曾想到京沪高铁仅仅运营三年就开始实现盈利，打破了此前外界曾唱衰中国高铁"30 年内不能盈利"的预判。这对于在 2007 年组团 160 亿元资金驰援京沪高铁的中国太保等四家保险公司来说，当初的"冒险"终究值得。

追溯中国太保投资京沪高铁的历程，可谓一路波折。2006 年 3 月，彼时的中国保监会颁布《保险资金简洁投资基础设施项目试点管理办法》，鼓励保险资金投资基建项目，并且批准成立京沪高铁股权投资计划，筹资 160 亿元用于投资京沪高铁铁路股份有限公司的股权；2007 年 12 月，中国太保作为联合发起人参与发起了京沪高铁股权投资计划，投资规模 40 亿元。包括中国太保在内的4家保险系资产管理公司集体出资160亿元，入股京沪高铁股份有限公司，占总股份13.93%，成为京沪高铁的第二大股东，此举也是中国保险业首次联合投资国家级大型基建项目。

当时为了防范单一的股权投资风险，保险资金投资京沪高铁时还并不是单一对京沪高铁进行股权投资，同时还搭配了债权融资。2007年由泰康资产作为牵头人受托发行京沪高铁3年期债券，当时共有12家保险公司认购100亿元京沪高铁铁路债权，这意味着保险资金投资京沪高铁的金额达到260亿元。

时间到了十年后的2017年9月，彼时保监会举行的一场新闻发布会上透露，保险资金投资京沪高铁建设160亿已经实现盈利。后来根据京沪高铁上市前夕公布的招股说明书显示，京沪高铁2016年、2017年、2018年和2019年前三季度的净利润分别为79.03亿元、90.53亿元、102.48亿元和95.20亿元；同时京沪高铁2016年分红42.34亿元，2017年分红64.57亿元，2018年分红102.4亿元，分红率分别为53.57%、71.32%、99.92%。

京沪高铁的上市，大大提升了保险资金参与国家重大基建项目建设的信心。

伴随着"一带一路"倡议的深入以及长三角一体化的推进，未来国内诸多基建项目融资渠道大门将会为保险资金打开，保险资金参与的热情与信心正在不断提升；同时，这也促使未来国家的大型基建项目更趋于市场化，以市场化方式进行融资，引导各类资金参与其中，充分考虑风险及收益，让机构投资人在国家的大型基建项目中也获得话语权甚至主导权。

在此之前，中国太保一直在探索重大基础设施项目投资，助力于提质增效国民经济。第一次尝试，是设立"太平洋—上海世博会债权投资计划"支持世博会

■ 中国太保设立"太平洋—上海世博会债权投资计划"

的举办。2010年上海世博会是首次在发展中国家举办的大型综合性世界博览会。2007年、2009年，中国太保分两期成功发起设立70亿元的"太平洋—上海世博会债权投资计划"，开创了公司进行基础设施投资的先河。

当时，该投资项目的功能定位、国家支持力度及社会影响力都是空前的，同时也是当时保监会首批 5 个试点项目中投资规模最大、资质最高的项目。项目第一期于 2007 年 10 月设立，规模为人民币 30 亿元，第二期于 2009 年 1 月设立，规模为人民币 40 亿元，投资期限均为 10 年。它打开了公司与实体经济对接的通道，有助于实现保险资金的资产负债匹配管理，同时充分发挥了保险资金服务国民经济发展及地方经济建设的作用。

同样投入在上海本土的"太平洋—上海崇明越江通道工程债权投资计划"，对于上海和整个长三角地区的交通发展有显著经济意义和社会意义。这项投资计划于 2009 年 6 月发起设立，总规模 20 亿元，投资期限为 10 年，担保人上海城投作为上海市城市基础设施建设和公用事业经营的重要主体，在上海市水务、路桥和环境三大基础设施业务建设和运营中居于主导地位。

可以说，上海崇明越江通道建设是上海市改革开放的第三步战略目标和21 世纪可持续发展的战略基础，既有利于拓宽上海市发展空间，发挥浦东开发开放龙头作用和促进长江三角洲地区经济均衡发展，又有利于长江下游公路过江通道合理布局，同时上海崇明越江通道还是国家重点公路建设规划嘉荫至南平公路的组成部分，对优化上海地区交通网络布局具有举足轻重的作用。

一些实施于中西部地区的投资计划，也为当地可持续发展提供了重要资金支撑。譬如，于 2016 年 11 月发起设立的"太平洋—兰州市第二水源地债权投资计划"，投资规模为 16 亿元，投资期为 10 年。兰州作为我国西北特大城市，中心城区供水水源单一，存在较大安全隐患，且供水成本较高。投资项目主要为兰州市第二水源地项目，是当地供水类的民生基础设施项目。该项目位于刘家峡水库，建设方案为将刘家峡水库作为引水水源地，向兰州市供水。项目建成后产能达到日供水 150 万立方米，年供水能力 5.5 亿立方米，满足兰州市2030 年用水量；远期供水 8.3 亿立方米，满足兰州市 2040 年用水量。

再譬如，总规模 50 亿元的"太平洋—国家能源集团贵州项目债权投资计划"，主要用于国电贵州电力有限公司旗下国电安顺电厂一期、二期项目以及贵州织金电厂新建工程项目的建设。从贵州省来看，受国家去产能政策影响，贵州省大量小煤矿关停导致煤炭价格上涨，而上网电价并未相应上调，导致全省发电企业处于亏损状态，电力行业受到一定影响。在此背景下，中国太保与国电贵州电力有限公司合作设立该投资计划，为贵州地区城乡建设和经济社会发展提供安全可靠的保障与支持，充分发挥了保险资金规模大、期限灵活等优势，倾力助地方脱贫，为贵州省引入保险资金带来示范效应，创造了多方共赢局面。

注资旧区改造与公租房建设

2012 年深秋，上海市杨树浦路 2059 弄，一排排老旧民房陆续被拆除，只剩下残垣断壁。做小生意的老黄已经搬离了租来的 20 平方米小屋，他的屋子既是客厅也是卧室兼厨房，由于空间狭小，他在房间内隔出了一个二层放置杂物，自建的一段楼梯宽度不到半米……对这类结构差、环境差、面积小的旧区进行拆迁改造，是上海进行棚户区改造、推进住房保障工作的重中之重。

根据当时市政府发布的《上海市旧区改造"十二五"发展规划》，2011 至 2015 年期间，上海市属土地储备机构继续参与杨浦区、虹口区、闸北区、普陀区、黄浦区等 14 个重点旧区地块改造。据统计，"十二五"期间，上海改造二级旧里以下房屋 350 万平方米，受益居民约 15 万户，而当时要完成这一改造任务需投入的资金金额高达 4000 亿至 5000 亿元，每年平均投入 1000 亿元左右。

如此规模的资金需求，怎样进行筹资？

此前上海旧区改造的资金一直采取由多家银行组团贷款的方式，但由于旧区改造资金需求量大，且银行贷款易受货币政策影响波动，为寻求稳定的资金投入，引入新的资金来源势在必行。

实力雄厚且久期匹配度高的保险资金成为首选。2013 年 5 月，应上海市旧区改造办公室、上海市金融办要求，在原上海保监局的支持和组织下，中国太保等业内多家企业参加了保险资金参与上海旧区改造项目研讨会，探讨保险资金参与上海旧区改造的可能性。经过多轮洽谈，太保资产成为参与上海旧区改造的首批保险资产管理公司。

于是，一项"太平洋—上海土储中心不动产债权投资计划"，以债权形式投入市土地储备中心参与的旧区改造项目。这一计划总规模 500 亿元，期限 7 年，分期实施，首期主要用于杨浦区大桥 123、124 街坊旧改项目等旧区改造项目。

这次尝试开创了保险资金参与旧区改造的先河。早在 2012 年 7 月，原保监会曾发布《关于保险资金投资股权和不动产有关问题的通知》表示，"保险资金以间接方式投资公共租赁住房和廉租住房项目""该类项目应当经政府审定，权证齐全合法有效，地处经济实力较强、财政状况良好、人口增长速度较为稳定的大城市。"但《通知》对保险资金投资经济适用房、旧区改造房等保障型住房并未提及，保险资金在此领域也未涉足。

得益于多方大力支持，创新项目操作颇为顺利。原保监会一次性通过了中国太保不超过 500 亿元资金规模的方案，成为保险资金发起债权投资计划中一次性注册通过的最大金额。与上海市土地储备中心合作时，中国太保在风控安排中也有所创新，采用综合增信模式，具体为"预告登记抵押 + 应收账款质押 + 账户监管"，同时辅以银行提供流动性支持作为保障措施。这一增信方式能够充分利用偿债主体的抵押资源，此前只有银行在做，保险资金是首次尝试。同时，上海市政府还为此专门修改了相应地方政策法规对未来保险资金进行信用增级提供支持。

这样的尝试，得到业内普遍认可。由于我国各地政府的融资需求很大，保险资金的介入，一方面为资金提供良好的投资渠道，另一方面由于保险资金对收益率的要求适中，在满足地方融资需求的同时，也有效控制了城市融资成本。此外，更深远的意义在于，引入了政府融资的竞争机制，使得地方政府在与金融机构的"谈判"中获得更多话语权。

旧区改造项目中的"多赢尝试"开始渐渐复制到越来越多地区和城市。

2014 年，中国太保又发起设立"太平洋—上海城市建设与改造项目资产

■ 2015 年，中国太保有关领导陪同时任保监会主席助理陈文辉在上海虹口旧城区调研

支持计划"，总规模 18 亿元，期限 3 年，投资于虹口区旧区改造项目及与旧区改造相关的城市建设项目，项目为虹口区 11 街坊地块的拆迁、安置与改造。这项计划采用了"资产支持计划→有限合伙企业特殊目的公司→政府旧城改造项目"这一创新投资模式，在保险业内首次运用保险资金以股权形式投资旧区改造项目，创新性运用特殊目的

主体作为项目载体，降低民生工程融资成本，并通过签订三方协议实现风险隔离。

2016年，又一项"太平洋—赣州振兴实业棚户区改造债权投资计划"在江西发起成立，总规模18亿元。赣州市是全国著名的革命老区，也是全国较大的集中连片特困地区之一，中心城区章贡区棚户区作为当地解决民生问题的重点工程，面积大、改造难度大，很多房屋墙体开裂，屋面下陷漏雨，随时有倒塌的危险，严重威胁到当地群众的生命和财产安全。这项债权计划的设立，既能够缓解赣州市棚户区住户的民生问题，改善群众居住条件，同时也能够完善住房保障体系，促进以人为核心推进新型城镇化建设。

一次次参与旧区改造、棚户区改造、公共租赁房建设等项目，中国太保充分体现社会责任，运用保险资金为地方政府的城市安居工程建设添砖加瓦，也为一方百姓解决了实际生活困难。

在公共租赁房建设领域，中国太保参与的项目在各个城市"遍地开花"。

国内保险行业的第一单不动产债权投资计划，就是"太平洋—上海公共租赁房项目债权投资计划"。早在2010年，上海市政府响应国务院号召，大力发展公共租赁住房，正式实施上海公共租赁房政策，这是完善多层次住房供应体系、培育住房租赁市场、满足城市中等偏下收入家庭基本住房需求的重要举措。2010年6月的陆家嘴论坛上，上海市政府和保监会领导共同提出，保障房建设是国家、政府和社会各界关注的重点领域之一，投资保障房建设符合保险资金期限长的资金特点，同时有利于增强资产组合收益的稳定性，应大力支持保险资金进入保障类住房领域。在此背景下，中国太保于2011年5月发起设立这个投资计划，以债权方式投资上海市徐汇区铁路南站地区公共租赁住房项目、上海市徐汇区华泾地块公共租赁住房项目及上海市普陀区上粮二库部分地块公共租赁住房项目等3个上海地区的公共租赁房项目，项目总投资规模40亿元，投资期限为10年。该项目建成后将有效缓解上海市青年职工、引进人才和来沪务工人员及其他常住人口的阶段性居住困难，具有重要的社会意义及战略意义。

而设立于2012年10月的"太平洋—天津公共租赁房债权投资计划"，募集金额高达100亿元，投资期限为10年。根据天津市公租房市场供需情况，城市中等偏下收入家庭较多，当时的公租房供给尚不能完全满足住房困难家庭需要，天津市政府在综合考虑天津市城区户口租赁需求及外地来津务工人员住房需求的基础上，研究决定在"十二五"期间加快天津市公租房建设和供应。为此，中国太保与国开行共同推进"太平洋—天津公共租赁房债权投资计划"，由国开行作为担保人及独立监督人，建设10万套公租房以满足租赁市场需要。

"大健康"创新资本融合模式

在服务国家重大战略进程中，中国太保把握国家发展新方向，以创新方式积极参与新兴产业投资。

2020年转型过程中，大健康布局尤为重要。中国太保于2020年8月制定了《2020—2025年的大健康发展规划》，确定未来五年的大健康产业发展规划，构建三大平台，即改造专业健康险公司、建立互联网医疗平台、建立健康产业投资基金，打通"医、药、险"壁垒。

"太平洋—广慈互联网医院股权投资计划"正是在这一背景下设立的。2020年9月，中国太保与国内顶级三级甲等综合性医院瑞金医院签署合作协议，双方启动互联网医院建设，约定将资本合作、产业合作深化升级到战略合作层面，探索建立特色医疗服务模式，致力于领跑非公医疗领域，打造上海乃至长三角地区高端医疗市场的第一品牌。

这项计划的投资资金用于与瑞金医院方面联合出资设立上海广慈太保互联网医院有限公司。患者可以在互联网医院实现本地挂号就医、慢病管理、健康管理、药品和医疗器械的购买及流通、商业保险赔付等。如今互联网医疗的潜在市场空间正在逐渐打开，它可以推动慢病管理与治疗以及家庭医生和健康管理的普及。同时，随着监管政策的逐步完善和支持鼓励，包括处方流转、线上复诊、健康咨询以及药品购买等领域将让互联网医疗需求激增。

与健康产业息息相关的养老产业也是中国太保不断加速推进的重点领域。

中国太保旗下长江养老公司全面服务于养老保障三支柱，以亲身实践推动养老保障制度改革，致力于扩大全社会的养老财富积累。公司从承接上海原有186亿元企业年金资产起步，不仅成功完成历史重任、顺利实现移交资金的平稳过渡与市场化运作，树立起养老保障制度改革的"上海样本"与"长江范例"，更是逐步走向全国、全面服务养老保障三支柱。过去几年，长江养老接连实现第一支柱基本养老保险投资管理、第二支柱职业年金基金管理、第三支柱个人税延养老保险投资运作等关键领域的历史性突破。与此同时，还尝试成为年金资金投资创新的先行者，在国内首家开展企业年金投资基础设施债权计划和未上市企业股权，目前正在积极申请首批开展年金参与港股通投资。

长江养老还持续引入长期资金支持实体经济发展。其聚焦养老金的长期资产配置需求，积极推动资金端与资产端协同发展。公司发行了养老保险公司第一款债权投资计划、第一款股权投资计划和第一款资产支持计划，创造多项行业第一。公司累计注册超过 2400 亿元的另类保险资管产品，募集 1500 亿元资金直接服务实体经济，业务范围覆盖全国 23 个省市自治区，尤其是通过支持棚户区改造、服务中西部基础设施建设，积极参与扶贫攻坚，直接服务实体经济成果显著。

中国太保在大健康领域布局中积极推进与地方政府合作共赢。2020 年 10 月，中国太保与湖北省政府签署战略合作协议，顺应中央支持湖北省经济社会发展一揽子政策，抢抓机遇、主动作为，推动金融保险与实体经济深度融合，支持湖北省推进长江经济带发展和促进中部地区崛起两大国家战略，共同构建开放型经济新体制。中国太保对湖北主要有四

■ 2020 年 10 月 20 日，湖北省常务副省长黄楚平与中国太保总裁傅帆代表双方签署《战略合作协议》。湖北省省委书记应勇和中国太保董事长孔庆伟出席签约仪式

大支持举措：一是积极支持国家自主创新示范区总体发展规划，在武汉设立太保金融科技公司研发中心，进一步丰富湖北功能性平台布局，打造创新发展强引擎；二是通过投资太保家园养老项目推动经济发展，助力武汉"互联网＋大健康"综合示范区建设；三是在湖北投资设立健康产业基金，与湖北知名医院合作布局互联网医疗，更好地服务于"健康湖北"发展；四是捐助资金设立"支持湖北省乡村振兴、脱贫攻坚"专项基金和以"太保蓝本"服务为基础的健康服务专项支持计划，让太保服务覆盖更多经济基础薄弱的地区和人群。

这几年，随着数字化发展的浪潮席卷全球，在线新经济的蓬勃发展也催生

了一批新兴产业，中国太保于 2019 年 12 月设立"太平洋—国风投基金股权投资计划"，专注于战略新兴产业，尤其是具有核心竞争力的"硬科技"项目，也是保险资金支持实体经济的重要举措。

这个股权投资计划注册规模 306 亿元，首期完成募集 100 亿元，首笔投放 61.2 亿元，期限为 8 年。作为太保资产单体注册规模最大的投资计划，以及公司单一股权受托投资规模和实际投资规模最大的股权项目，该项目实现了公司综合性私募股权基金投资管理业务零的突破，为未来开展股权和股权基金投资项目的产品创设打下良好基础。

其投向的中国国有资本风险投资基金（以下简称"国风投基金"），始终坚持服务国家战略、服务央企发展的基本定位。基金目前已经投资了一大批具有核心竞争力的科技项目，包括旷世科技、联影医疗、孚能科技、英雄互娱、中油资本及中国重工等行业领军企业。

通过"太平洋—国风投基金股权投资计划"，中国太保与负责管理国风投基金的中国国新控股公司开展了全方位合作，涉及产寿险、健康险、财产险、企业年金、公募基金管理、医保费控和科技服务等方面，领域扩展到中国重工、国药集团、中国建材、宁煤集团等央企。

助力央企实现降杠杆

为央企降杠杆，也是中国太保服务国家重大战略的方向之一。

根据国家关于"三去一降一补"的要求，各央企通过金融市场工具在服务实体经济基础上积极完成降杠杆指标。

为满足央企这一需求，中国太保在 2020 年的投资业务重点聚焦于高信用等级基础设施项目，为南方电网、中广核、中国电建等一系列优质大型央企提供可以计入所有者权益科目的永续类债权产品，既能对偿债主体的基础设施领域项目给予资金支持，又能助力偿债主体降低资产负债率，提高公司整体的财务稳定性，在央企降杠杆任务中亦发挥了重要作用。

"太平洋—中国有色债权投资计划"是中国太保推出的重大项目，前后分别注册了三期投资计划，其中 2017 年 9 月 13 日一期和二期完成注册，2018 年 11 月 26 日三期完成注册，累计注册额度 75 亿元，累计划款 35.1 亿元。中国有色矿业集团有限公司成立于 1983 年，是国务院国有资产管理委员会管理的大型中央企业，主业为有色金属矿产资源开发、建筑工程、相关贸易及服务。由于有色金属矿产项目具有投资规模大、投资期限长等特点，正与保险资金的特性相契合，为此中国太保发起设立了这一投资计划，为中国有色提供债务融资，用于中国有色旗下缅甸达贡山镍矿和广东新丰 7000 吨年稀土分离项目。该计划既响应了国家要求金融机构支持实体企业的号召，同时，也支持了国家"一带一路"倡议，有利于我国有色行业融入全球镍矿资源配置、提升镍矿资源保障度，有利于改善我国镍矿资源供应结构、拉动消费出口，有利于我国镍矿行业完善关键技术水平、提高装备制造能力，有利于我国镍矿行业开展国际产能合作、开创对外开放新格局。

还有一项"太平洋—江苏交控债权投资计划"，投资规模 40 亿元，全部用于偿还泰州大桥的银行借款。泰州长江大桥全长 62 公里，总投资 93.86 亿元，由北接线、跨江主桥、夹江桥和南接线四部分组成，其中跨江主桥及夹江桥全长 9.726 公里，桥面宽 33 米，跨江主桥采用跨径 2×1080 米的双主跨悬索桥桥型方案，属于特大跨径桥梁中的世界首创。泰州大桥项目是《长江三角洲地区现代化公路水路交通规划纲要》所规划的长江三角洲高速公路网和江苏省规划"五纵九横四联"高速公路网的组成部分，也是江苏省规划建设的 11 座公路过江通道之一。项目处于长江江苏段的中部，直接连接着北京至上海、上海至西安和上海至成都等三条国家高速公路，在长江三角洲地区和江苏省的高速公路网中起着重要的联络和辅助作用。因此，该项目的建设有利于进一步完善长江江苏段的过江通道分布格局，适应以沿江 8 市区域交通为主的过江流量特点，优化过江车流的路径，提高长三角洲地区路网的整体效率。

"太平洋—中国电建集团债权投资计划"是规模不超过 100 亿元的永续类产品，投资期限为 5+1×N 年，偿债主体为我国水利水电建设的领军企业中国电力建设集团有限公司，投资资金服务于四川大渡河沙湾水电站及安谷水电站。四川大渡河干流水能资源丰富，是国家规划的十二大水电基地之一，大渡河干流水电开发以双江口为上游控制性水库，具有年调节性能；瀑布沟为中游控制性水库，有季调节性能，瀑布沟和双江口水库联合调度，可使大渡河干流梯级电站达到季调节以上的能力。因此，投资项目沙湾及安谷水电站的建设有利于实现大渡河流域梯级开发的整体效益，符合水电按流域、梯级、滚动、综合开发，大中小结合，高低水头并举，综合利用的原则。同时，沙湾及安谷水电站可就近接入四川主网，不存在制约工程建设的技术难题，水库淹没损失及移民数量较小，施工场地和交通条件好。该项目对带动四川省水利资源开发、增加地方财政收入、促进地区经济发展，具有现实意义，且在我国能源发展战略和西部大开发战略下，沙湾及安谷水电站有利于进一步推进西电东送战略，一定程度上缓解东部地区能源短缺困境。

据统计，中国太保在 2020 年共成功设立配合央企优化结构的永续类债权投资计划 8 个，投资规模近 240 亿元。

凝心聚力十年路，砥砺前行谱华章。

在服务国家重大战略中彰显国企担当，中国太保将进一步贯彻落实国家"十四五"时期经济社会发展指导方针和主要目标，积极参与关系国计民生的各类项目，继续探索创新，发挥另类投资在更多国家重大基础设施建设、民生项目、新兴产业项目以及央企降杠杆等项目中的引领示范作用，在开启全面建设社会主义现代化国家新征程中贡献保险力量。

（作者：栾吟之）

第三节
一家保险公司的"新基建"

1993 年，中国太保上海分公司引进一套北京大学开发的基于 Informix 数据库的主机终端版业务系统，科技建设的序幕由此拉开。

从第一份电子化保单到覆盖财务、产 / 寿 / 健康险业务、资产管理、养老管理、客户服务等保险、健康、资产管理业务全流程的应用系统，从仅有不到十名员工的电脑部到市场化运作的金科公司（筹），经过近 30 年的探索与发展，如今的中国太保已搭建起全面的信息系统，充分挖掘大数据、云计算、人工智能等新兴技术潜力，赋能业务高质量发展。

科技建设，从原先的辅助角色，已上升为中国太保战略的重要组成部分。

在竞争愈发激烈的当下，中国太保科技将如何与同行甚至互联网企业同台竞技？在保险和科技融合的 3.0 阶段，又将如何适应大变动的外部环境，挖掘出新的增长潜能？

十年磨一剑的 ITSP

1995 年，现任集团科技管理部总经理马波勇刚刚入职中国太保总公司电脑部，接到的第一个任务便是，使用一套 1.44 兆 5 寸的 unix 安装盘和一盘数据库安装磁带，在一台 PC 机上安装好操作系统和数据库。放到现在，专业人士或许会觉得，这是小菜一碟。但对于毕业于计算机专业的马波勇来说，却着实花了一番工夫。

这与当时的技术环境有关。当时个人电脑尚未普及，Windows 还没有出世，银行的主机终端系统还运行在 IBM 的大型机上。"我还记得，为了防止对计算机正常运行造成影响，工作人员必须穿戴好专门的衣服和鞋套才能进计算中心机房。不像现在，笔记本电脑都能随身携带。"他回忆说。

20 世纪 90 年代初的保险行业，不管是业务环境还是技术环境都很不成熟。市场总体规模较小，保险机构数量很少，产品种类也不多，内部管理普遍比较粗放，保险业务主要依靠手工办理。

最初的信息化尝试是在 1993 年。

中国太保上海分公司引进了一套北京大学开发的基于 Informix 数据库的主机终端版业务系统，主要面向国际业务，用 PC 机打印英文的保单。其后，长春、南京等分公司都尝试建设自用的保险业务信息系统。不过，具备自主系统研发能力的分公司毕竟是少数，在全国 66 家分支机构中，绝大部分缺乏足够的科技能力，难以实现信息化的起步。

到了 20 世纪 90 年代末，中国太保开始实行三集中管理，即业务集中、财务集中、资金集中。之所以如此做，是因为当时公司上下并没有形成全司统一的管理制度，分支机构的权限很大，由此出现了坏账甚至假账的现象。

一场内部改革势在必行。

首要就是资金集中，中国太保作为一级法人，下属分支机构所有的资金都要上缴，实行收支两条线。核保与核赔也要从各分支机构负责改为从人逐级授权。"原先手工签单的时候，是否能承保？以何种条件承保？各级分支机构的自由裁量权很大，核赔也是如此，存在着很大的风险。"一位老 IT 人说，"三集中的目的，就是降低业务运营管理以及资金运作的风险。因此，推行覆盖全国范围的信息系统作为三集中实施的技术支撑十分必要。"

这项任务被提上议程。考虑到以上海分公司为代表的分支机构已有一定的积累，总部决定在此基础上，从满足出单、财务报表和营销员管理需要出发，统一组织研发出首个全国统一的核心业务系统版本。

1998 年，在宁波分公司试点的基础上，总部在天津组织召开了一场全国推广会。IT 分管领导汤大生、各业务管理部门负责人以及分公司相关领导和部门负责人出席。会上，汤大生借用秦始皇"焚书坑儒"的典故言辞坚定地表达了通过全国统一的信息系统推广实现业务管理要求全国统一的决心，令参会者至今记忆犹新。

到 2000 年，公司已推广形成覆盖全国的业务系统、财务系统、再保系统和办公系统，有力地支持了分公司层面的业务集中、财务集中和资金集中。在这一阶段，核心业务系统由总部集中研发，在每家分公司分别部署，由分公司自行运维。

2001 年，根据《保险法》的要求，中国太保迎来了一次经营上的重大变革，即产寿险分业经营。分业后的中国太保，根据"集团化管理、专业化经营、市场化运作"原则，由太保产险和太保寿险分别承担起原中国太平洋保险公司经营的产、寿险业务及其相关权利、义务。

业务管理模式的变化，倒逼整个集团层面上的信息化建设升级。集团总部、太保产险、太保寿险信息技术部相继成立，原先分散于各个分公司的 IT 职能开始向三总部集中，由产寿险总公司负责系统的开发与运维。这意味着分公司与总公司的身份都发生了转变，前者由运维方变为单纯的使用方，再也无权对系统进行变动，后者则成为了全权的系统建设和运维方。

这一内部变革，当时还很年轻的马波勇理解还不够到位。在一次与集团领导马欣的交流中，才有所领悟。"我们是一家正准备上市的公司。如果 IT 职能过于分散，导致不论是数据的可控性还是准确性都难以把握，由此产生的后果和责任，是承担不起的。"彼时，正值中国加入 WTO，为迎接不断加剧的市场竞争，谋变愈发刻不容缓。

专业的事交给专业的人来做。中国太保聘请全球知名的信息技术和服务解决方案公司 IBM 制定了首个集团级的信息技术战略规划（简称 ITSP），围绕"集中管理、资源共享"的集约化管理理念，规划了集团信息化建设蓝图，并随后实施了 IT 管理、IT 基础设施和业务应用等 3 大类 18 个项目。此次规划建设的许多应用系统一直沿用至今，其间根据使用情况不断进行优化调整，比如 P07 财务系统、P09 产险核心业务系统、P10 寿险核心业务系统、P13 统一登录系统、P17 客户服务系统等等，现在的中国太保人在工作交流中还是沿用了当年的称呼。

按照原本的计划，ITSP 的完成时间为 5 年。没想到，这一做就花了十年。"真的是'十年磨一剑'。"

为何时间超出了预期的一倍？首先是没有经验可循，当时国内保险行业科技建设大大落后于欧美国家。中国太保决定牵手国外有成熟经验的企业联合开发，相继选择了法国以及加拿大相关企业的产品，但评估下来发现系统很不适应本土的行业环境，只得作罢。

后来又转向一家美国企业。当产险核心系统合作已进行到签完合同付诸实施的环节，美国企业将中国太保业务和本国业务做对照时才发现，两者的差异过大，系统需要进行大手术。计算过投入与收益后，这家企业选择主动退出，宁可一分钱不拿也没有继续。之后，中国太保选择与 IBM 合作，由 IBM 提供咨询和设计，中国太保投入人力进行研发。"并不是简单地复制，而是要根据业务的实际情况进行本土化研发。比方说，欧美保险业因发展较早，业务人员在系统操作上较为规范。国内可能出现的情况是，本来应该当天起保，但是录单时会出现日期错填的情况。在这一点上，搭建系统时就要设定好，从输入端加以控制，不让操作员有往前选时间的可能，杜绝这种失误的出现。"

公司运营管理的变革也是一大难点。因为要将分公司的业务全部集中到总公司，实现统一的管理，首先要保证全国所有的业务流程与管理制度标准化，原先分公司有很多自行推出的产品，种类较多。另外还有一些产品，比如说寿险，就算已不再售卖，但作为一个长期甚至终生的产品，公司要实现对客户永久的承诺，所以也要管起来。如此繁杂的品类，要实现所有数据的整合和管理，花费的时间周期可想而知。

经过十年不懈探索，中国太保陆续建成新一代财务系统、企业信息交换总线、产险核心业务系统、寿险核心业务系统、新一代网络架构、安全管理体系、IT热线、统一客服中心等信息化应用，全面实现了全司数据和应用的大集中，从决策管理、监督控制、业务运营三个层面有效支撑了公司业务的迅速发展。

2007年，中国太保在A股上市招股书上，浓墨重彩地介绍了ITSP规划与建设成果，展现出科技建设对于企业的重要价值。

创新从业务出发

随着互联网技术、移动应用迅速普及到日常生活中，人工智能、区块链、云计算、大数据等新技术与各行各业擦出火花，阿里巴巴、腾讯等互联网企业快速发展，对传统行业进行了颠覆和重塑。

保险行业也不例外。新技术与业务的深度融合，为保险发展提供源源不断的创新动力，科技对保险的赋能延伸至产品设计、风控、安全、生态等全产业链条。

在这一阶段，中国太保科技发展进入快车道，全司信息技术架构体系基本成型，科技定位提升为"客户经营模式的支撑者和卓越营运体系的建设者"。科技条线与业务条线紧密合作，抓住"互联网＋"发展机遇，统一公司资源和平台。

2011 年至 2019 年间，中国太保结合 ITSP 的实操经验，以三年为一周期陆续编制实施了 ITAP、ITMP、ITDP 科技规划。ITAP 聚焦内部管理用户，研发推出了一批支持公司决策管理、销售管理、理赔管理和风险管理的系统。ITMP 聚焦渠道业务用户，研发推出了支持销售的移动展业工具，比如"神行太保"；支持移动理赔服务的系统，比如"3G 理赔"以及支持客户生命周期管理的 CRM 系统。ITDP 聚焦终端客户，倾力打造了公司统一的 C 端移动门户——太平洋保险 APP，建立了统一的客户数据平台"家园"，建设了中国太保云，初步形成了"两地三中心"的数据中心布局。

■ 集团副总裁俞斌在转型深化专题研修班上介绍 ITDP 2.0 规划

科技创新本质上还是要为业务服务。"神行太保"就是从业务角度出发、全面提升展业效率以及客户体验感的代表性产品之一。原先，业务员上门与客户面对面沟通，讨论购买何种类型的产品。确定意向后，业务员要回到公司出单，再将打印出来的保单送回给客户，这样来回跑的展业模式效率并不高。"神行太保"着力解决这一痛点，依托于当时兴起的 PAD 移动终端，上线了移动展业平台。业务员拿着 PAD 到客户跟前，面对面即可出单，双方签字后直接上传到公司平台。它的上线，标志着公司业务经营全面迈入移动互联时代，该平台也是当时保险行业智能化程度最高的实时投保移动解决方案。

一位老员工至今还记得，当时公司为了推广这种移动展业方式，花了一笔钱购置了一批单价 3000 元左右的 PAD 发放给部分业务员，这在当时算是一笔不小的投入。新的模式实实在在地方便了展业，不少业务员后来主动提出自己掏钱购买 PAD。这种模式后来在行业逐渐普及。

"3G 理赔"也是科技创新服务业务的一大亮点。

最早，理赔员在现场查勘时，拍摄的照片要回到公司导出后才能上传到系统里，后来有了 3G 网络，但因为图片的体积过大，网络很难支持快速上传。针对此种情况，太保产险在行业内率先出手，定制了一套专门的移动查勘设备，体积如手持 POS 机一般大小，功能类似现在的手机，既可通讯也可拍照，还可按质量要求对照片进行压缩。从此，查勘人员可以在现场即时上传图片到后台，极大地提高了理赔查勘时效，缩短了客户的等待时间。

从客户端的角度来看，当移动与数字化越发普及，对于后台信息系统的要求又上升至新的层次。为确保用户登入系统更为顺畅，技术人员将原先的单体系统进行了分布式改造，通过多通道的方式来分散系统运行压力，保障在开门红、双 11 等业务高峰期的正常运行。

这些运行稳定、功能强大的系统，离不开数据中心的支撑。

2006 年公司开始自建南汇生产数据中心，2011 年租用张江灾备数据中心，直到现在形成"两地三中心"的数据中心布局，即上海田林（2009）、罗泾数据中心（2019）作为"同城双活"数据中心，四川成都数据中心（2015）作为异地灾备数据中心，"两地三中心"协同运行，为业务访问提供并行服务，可满足移动互联网时代超高并发访问需要，保障业务不会因数据中心故障而发生间断。

在追求创新的过程中，中国太保还诞生了许多对行业具有重要意义的科技成果。

2014 年 1 月，中国太保在江苏开出中国金融保险行业首张电子发票，成功完成了移动互联网时代保险电子商务"最后一公里"建设，实现了保险投保全流程的电子化、网络化和无纸化，对整个行业具有里程碑式的意义。

2017 年 9 月，太保寿险发布"个人长险电子保单"第一单，标志着寿险公司首家实现业内承保业务线上全流程操作。

■ 2018 年 11 月，中国太保获得国际 TMMi 五级认证证书

2018 年 11 月，太保产险"太睿保"营运车安全监控运营管理平台正式发布。该平台为保险行业首个自主搭建并投入使用的保险车联网平台，通过接入各类车载智能设备，可实现驾驶行为监测、危险驾驶预警、事故过程回放等多项风险干预及防控功能，切实保障驾驶安全，降低交通事故率。

2018 年 11 月，中国太保通过国际 TMMi（Test Maturity Model Integration，软件质量管理能力成熟度）五级认证，成为全球第 14 家、国内第一家通过国际 TMMi 五级认证的中国企业。这标志着中国太保信息技术中心的软件测试能力、软件质量管理水平、测试过程改进能力、测试技术创新能力的整体成熟度均已达到了国际领先水平。

2020年6月，太保寿险成功研发保险行业首家门店"智能管理舱"平台，并在全司41家分公司近两千家门店推广上线，基于流媒体、多媒体、人像识别和大数据技术，实现了门店远程巡店、客户精准识别、多媒体信息发布、门店设备管理、门店营运可视化等功能，为门店智能化管理提供有力的技术支撑。

■ 集团信息技术总监徐建国在分公司门店调研

2020年9月，太保产险与百度智能云于太保产险第四届创新大会联合发布"太·AI"车辆智能定损产品。这款被誉为"AI定损专家"的车辆智能定损产品，将百度领先的AI技术与太保产险丰富的大数据、专业的理赔经验有机结合，有效提升车险理赔处理效率，大幅改善客户体验，成为保险行业深度应用AI技术的标杆案例。

科技走向市场化

处于智慧保险阶段的中国太保，如今致力于探索科技与业务深度融合，科技的定位正从业务合作者向价值创新者转变。

从面向分支机构的"机构云"开始，中国太保现已基本完成面向全司生产应用的"中国太保云"建设，有效支持了大数据平台建设、核心业务系统分布式改造等重点工作。同时，显著提高了分公司IT基础设施运行的稳定性，大幅降低了分公司IT运营成本，且有效支持了分公司业务发展。作为未来中国太保IT基础设施，所有应用也都将建立在云上。

2013年开始试用大数据技术，研发了大数据选才、车险理赔反欺诈、客户数据挖掘等多个应用。比如说通过大数据分析去了解客户更倾向于哪些产品、产品的风险和定价如何与客户的需求相匹配，再比如说，识别假的报案甚至是诈骗案件，靠人工判断和现场勘查会浪费大量的时间和人力，利用大数据、人工智能技术通过报案人的情绪以及过往相关信息和记录就可判断，是否可能是重大的欺诈案件。

人工智能应用于智能客服，现已建成图像定损、标的物识别、单据扫描、听风者情绪识别、阿尔法智能保险顾问等多个人工智能应用，涉及图像识别、OCR、语音识别、生物识别、知识图谱等多种 AI 技术，提高了各项作业的智能化、自动化程度，也提升了客户体验。

与此同时，一项重大的内部改革正在进行时——科技市场化。

马波勇还记得，刚刚入职时，总部电脑部不到 10 名员工，工作任务主要是单机版财务系统的支持与维护，以及准备研发业务出单系统。"当时 IT 在公司内只是扮演辅助性的角色，而不是公司展业以及业务管理的核心支持。有一个细节还蛮有意思，以前许多分公司内部凡是涉及带电的事儿，比如说电闸坏了等等，都会找电脑部的人，有的分公司甚至没有专门的部门，而是把相关人员直接划归到办公室。"

随着企业 IT 治理的面纱慢慢揭开，更多的人才被吸纳进来，治理架构也随着企业科技建设的发展不断演化。2011 年前，IT 组织分散在总公司和各分公司，与分散的核心系统部署相匹配。2011 年，为适应集约化管理，集团总部成立了信息技术中心，把子公司的开发、运维团队和事权全部集中到集团总部，由集团信息技术中心提供共享的开发、运维服务。2018 年开始，集团总部开始将子公司专属应用及相关 IT 团队前置到子公司，逐步形成了"集团共享 + 前置 IT 团队"的治理架构。这样的做法，目的在于拉近 IT 与业务一线的距离，提升科技为一线赋能的效率，协同业务一线实现场景创新。

2018 年 6 月至 9 月，中国太保先后完成了资产、健康险、产险和寿险 4 家公司数百个应用系统和员工的前置。2020 年 9 月开始，集团总部逐步将应用运维也前置到子公司。前置之后，IT 与业务更加融合，工作效率有了大幅提升。以太保产险为例，其需求交付时效 2020 年较 2019 年提升了 35%，同时需求交付量增长了 30%。

在与外部企业合作的过程中，公司发现由于技术路线、商务谈判等因素，IT 仍然难以快速响应业务需求，在大数据、人工智能等核心领域方面难以建立自身的核心竞争力，距离科技赋能真正形成模式并释放高质量发展动力依然任重而道远，因此，引入和培养高科技人才，建设自主可控的科技长期能力，成为了公司战略发展的重中之重。

2020 年 4 月，中国太保第九届董事会前瞻性地提出推进"五化"战略。

作为"五化"之一的"科技市场化"，从体制机制上破解制约中国太保科技发展的深层次矛盾，着力科技长期能力建设。

其实，早在2019年，一项具有标志意义的内部改革就开始酝酿，即启动"管、研、用"分离。

在集团副总裁、科技条线"总指挥"俞斌看来，原先集团科技运营中心"既是生产者，又是管理者和服务者"，这就容易产生了角色的错位，导致生产关系不畅，生产效率不高，管理能力不足，服务意识不强，制约了公司科技发展的潜力和动力。

由此，引出了第二项重大改革措施——设立金科公司。保险业正从劳动密集型向技术密集型转型，市场上科技人才争夺激烈，公司现有科技人才知识结构亟待更新，薪酬缺乏竞争力导致动力不强、缺少行业级领军人才，优胜劣汰机制不完善，人才活力不足。通过科技市场化改革，金科公司可以充分运用市场化的人才引进机制、考核淘汰机制，不断释放人才活力。

这也是行业的一大趋势。央行明确鼓励持牌金融机构依法设立金融科技子公司，"金融＋科技"已成为大型金融企业的发力方向。目前，市场上主要银行和保险企业均已成立了金融科技子公司：比如平安科技、太平金科、人保金服、建信金科，中银科技和工银科技等等。中国太保此次成立金科公司也是顺应行业发展趋势的重要选择。

2020年8月，太保金科设立的议案获得董事会和股东大会通过，根据集团科技管理部门、太保金科和子公司之间"管、研、用"的总体治理框架，通过1179项事权、196个系统、106个项目的梳理和确认，并按照"人随事走"原则确定了上千名员工的岗位迁移方向。10月9日召开了全员动员会，按照俞斌要求的"事权厘清、人员到位、流程走通"的原则启动实施了内部试运行，新的科技治理架构开始落地实施。

机制灵活是太保金科最大的特点，可以更好地匹配科技建设的实际需求。比如说招聘员工时，不再绝对地以高学历为硬性要求，只要信息技术能力足以胜任，就能入职上岗。绩效考核也是按照新的评价体系，创造的价值越高薪酬就越高。人才在科技市场上是稀缺资源，如果还是沿袭传统的用人机制，必然敌不过互联网大厂。因此必须改革一整套机制，通过更加匹配市场需求，来提升科技建设的灵活度。

在试运行期间，资源配置优化已初见成效，太保金科（筹）通过对全部存量项目的梳理，计划"关、停、并、转"35 个项目，预计释放人力成本 2000 余万元。

科技市场化改革之前，科技投入采用简单的"按比例分摊"，由于缺少市场化的约束，必然导致资源配置效率不高，队伍产能不高，以及服务意识缺失等问题。通过科技市场化改革，科技投入将从"分摊制"转变到"结算制"，太保金科与集团、子公司之间形成市场化的服务模式和服务关系，其中基础运维服务按照 SLA 结算，项目研发服务按照 SOW 结算，市场化机制将倒逼公司降本增效，促进更高效率的软件交付、更高质量的科技产品和更优质的科技服务。

与此同时，中国太保还通过市场化引进了一批在大数据、人工智能、云计算、互联网运营等领域领军的科技人才，组建了首席专家队伍，并成立数智研究院，由太保金科代管，为科技条线提供专家服务。

2020 年 11 月 18 日，中国太保董事长孔庆伟在集团科技管理部门调研时提出，要把科技市场化改革放在三个大背景下去深刻理解，一是国家高质量发展新阶段，二是信息技术快速发展新时代，三是中国太保第二个 30 年新征程。

太保金科这家等待着正式面世的公司，将在集团统一规划下聚焦科技"新基建"项目，打造"四大中台"：一是数据中台，统一内外部数据供给，数据工具，整合数据资产，输出产品化数据服务；二是技术中台，支撑企业研发全过程的一站式技术服务平台，支撑业务场景化、服务化输出，提升交付效率、降低成本；三是 AI 中台，整合图像识别、语音识别、自然语言、知识图谱等 AI 能力，建设能力集成平台并对外输出服务，提升 AI 技术运用效率；四是 API 中台，构建集团层面 API 开放能力，为外部合作伙伴提供标准化 API 接口，实现与渠道、合作生态、行业对接。

面对充满变动的外部环境，如今的中国太保人信心十足。保险的本源是风险管理，无论社会怎样改变，风险都是无处不在的。新的风险其实也意味着新的机会。

新兴技术将从多个层面为企业发展挖掘新潜力。在供给侧，大数据、人工智能等技术的深化运用将帮助保险公司发现新的市场机会，创造性地设计出能够满足市场潜在需要的新型保险产品，比如太保产险 2016 年推出的国内第一款防汛设施专项保险、甘蔗价格指数保险、以及针对露地蔬菜种植和池塘水产养殖的综合气象指数保险等，突破了传统保险产品的红海，开辟出新的蓝海领域。

在需求侧，5G、物联网、人工智能、VR/AR、移动 APP 等技术的创新应用，将使保险公司能够持续改善客户触达方式，提供高价值、个性化服务内容，比如医疗问诊、健康管理、车辆养护等，不断提高与客户互动的广度和深度，使保险服务从低频次、单一化服务向高频次、综合性服务进化，从而改变长期以来保险作为弱需求的不利局面。

在从供给侧到需求侧之间的公司经营链路上，云计算、大数据、人工智能、区块链以及开放 API 等技术的普遍运用将使整个保险公司运营效率和服务质量全面提高。

首先，中、后台业务处理效率将大大提高，尤其是像数据录入、信息核对等重复性较高的工作，自动化作业将逐渐成为主流，比如说太保产险最新研发推出的"太·AI智能定损系统"，覆盖了市场上97% 以上的车辆品牌，部件识别准确率达到92%，可以做到秒级定损、分级赔付。

■ 项目管理团队讨论数据中台建设方案

同时，信息流转也将更加高效、顺畅，业务人员和合作伙伴可以获得更加全面、准确的中后台数据支持，从而更加有效地服务好客户，比如太保产险2020年建成的"嗨问"业务员智慧服务平台，平台服务对象锁定为业务伙伴，可通过钉钉、科技个险、神行太保等常用 APP 快速进入"嗨问"平台，并综合应用智能语音识别、智能应答、智能派单、智能跟踪、大数据等新技术，深入洞察业务伙伴服务痛点，形成服务痛点洞察、分析、解决和验证的全闭环，持续提升业务伙伴的服务体验和客户对太保服务的满意度。

此外，保险公司的风险监控和防范能力也将大大增强，未来由人工智能技术支持的风险实时预警和响应能力将成为所有保险公司的必备能力。比如太保健康险风控引擎—智控罗盘，在国内专业健康险领域首创以无监督模型、特征学习技术结合产品知识库、医疗知识库构建理赔 AI 风控引擎，通过模型创新和技术突破，实现了宝贵经验的系统沉淀和运用，对高风险案件的侦测能力较之前传统模式提升 3.5 倍。太保资产 PARMS 主动风险管理系统，充分整合内外部系统，打破系统壁垒，一站式解决所有风险管理需要，并对重点风险重点管理，提供"风险热图"等指向性风险计量形成日常风险管理工作指引，为主动风险管理深入推进奠定了坚实基础。

在中国太保人看来，今后人们对于风险规避的需求会越来越多，这个行业仍有很大的发展前景，需要做的就是按照实际的情况发掘出新的风险场景和解决方案。

比如与保险密切相关的汽车行业，未来全自动驾驶的实现毫无疑问将给保险业带来多方面的影响，比如总体事故率降低、事故责任主体转移、事故车均损失增加、盗抢事故发生率大幅降低等等，因此，未来保险公司需要针对自动驾驶车辆专门设计定价模型，并且因为车辆已经高度智能化，理赔流程的自动化程度可以做到更高，核保核赔过程也可以做到更加智能化。为了进一步服务好客户，保险公司还需要加强生态拓展，与合作伙伴一起开展围绕车主的车生活、车周边等增值服务，将保险场景化、无形化，不断提高终端客户体验，因为保险的本质就是服务。

进入新的 30 年，中国太保面对着新的发展课题，比如来自科技公司的跨界竞争，不当的、与业务管理水平脱节的科技应用造成的经营混乱，一些新科技的应用对传统保险模式的颠覆等等，同时，也迎接着新的发展机遇，党的第十九届五中全会和中央经济会议上都提出要"系统布局新型基础设施"，以第五代移动通信、人工智能、大数据中心为代表的"新基建"已上升为国家长期战略层面。

2021 年是中国太保新一轮科技战略规划 ITDP2.0 全面推进年，也是科技市场化运行元年。中国太保的科技愿景在 ITDP2.0 规划中已有描述，即"成为业务高质量发展的赋能者，成为行业新技术应用的先行者"。

面向未来，中国太保将进一步对标市场，以成为保险业高质量发展的赋能者和行业新技术应用的先行者为使命，加速建设数字化经营体系，持续提升数据管理能力，推进科技供给机制市场化，以高质量的科技发展赋能高质量的业务发展。

（作者：束涵）

第四节

"大健康"的新机遇

改革开放 40 多年来，中国经济高速发展，居民生活水平显著提升，城市中产阶层持续壮大，人口结构老龄化和疾病流行病学变化等带来了国内居民对医疗服务需求的井喷式增长，同时也给医疗健康服务供给和筹资带来了重大挑战。

2020 年以来的新冠疫情，更增加了新的不确定性，给我国医保、医疗、医药的深化改革带来巨大冲击。

放眼未来，更需要重新审视现有的医疗保障机制和医疗健康保障产品的供给。

面对多重挑战、冲击，近年来我国陆续出台相关政策，鼓励和支持发展大健康产业。其中，激发保障型健康保险的市场潜力，是重要一环。

适逢其时，中国太保的大健康战略应运而生，蓝图正徐徐展开。

商业健康险的新机遇

购买保险，不是为了理赔出险，而是为了获得更全面的医疗保障和更好的医疗服务。

把时钟回拨 48 年，这在当时仍是一个十分超前的理念，但在大洋彼岸的美国，已在一部法律中"生根发芽"。

1973 年，美国国会通过了健康维护组织法，医院等非盈利医疗机构不再是健康管理服务的唯一提供者，商业保险公司也可以与独立医生达成协议，为投保者提供医疗健康服务。

4 年后，美国联合健康公司成立。创始人之一保罗·埃尔伍德创造的"健康管理服务（HMO）"如今已成为管控型医疗保险的主要形式，联合健康公司则成为美国最大的商业健康险公司，其 2019 年全年收入 2400 亿美元，净利润 140 亿美元，以同期年度营收或估算数据作为对比，联合健康约等于 1 家苹果公司，2 家微软，4.5 家阿里巴巴，168 家茅台。

从一个创业公司变成了市值和年度营收皆超过万亿元的商业巨头，除了自身颠覆式地创新了"健康险＋医疗服务"的商业闭环，联合健康公司更让后来者看到商业健康险的巨大潜力和市场空间。

历史总是惊人的相似。在联合健康诞生近半个世纪后，中国似乎也到了诞生"联合健康"的前夜。

如果说健康维护组织法是美国商业健康险行业爆发性增长的序曲，那么中国改革开放的伟大进程和"健康中国 2030"规划纲要的发布实施，则让中国商业健康险一步步走向腾飞的跑道。

2016 年，国务院发布《"健康中国 2030"规划纲要》，首次在国家层面提出了健康领域中长期战略规划，对全面建设小康社会、推进社会主义现代化具有重大意义。

2019 年 7 月，国务院发布《关于实施健康中国行动的意见》，推动由"以治病为中心"向"以人民健康为中心"转变，强调健康管理，健全健康服务体系，利好保险业的健康保险与健康服务融合。2019 年 9 月，国家发改委等 21 部委联合发布《促进健康产业高质量发展行动纲要（2019—2022 年）》，要求建设优质医疗健康资源扩容、健康保险发展深化等 10 大工程，要促进形成内涵丰富、结构合理的健康产业体系。

2020 年 2 月，《中共中央国务院关于深化医疗保障制度改革的意见》进一步提出，到 2030 年全面建成以基本医疗保险为主体，医疗救助为托底，补充医疗保险、商业健康保险、慈善捐赠、医疗互助共同发展的医疗保障制度体系。同时，银保监会印发了新修订的《健康保险管理办法》，进一步激发保障型健康保险的市场潜力，利于行业良性竞争。

在国家大力扶持培育下，对比一项项规划目标，中国商业健康保险业的极速增长可期。

从国家战略的层面来看，到 2030 年，我国商业健康险赔付支出在卫生总费用中的占比要显著提高。2018 年，我国该项占比仅为 3%，而欧洲发达国家如德国、法国的商保赔付支出占比都在 10% 以上，美国的比例更高。相比之下，我国的商保赔付还有很大的上升空间。

2019 年，我国行业健康险保费达 7066 亿元，按力争到 2025 年，我国健康险市场规模超过 2 万亿元的目标测算，未来 5 年健康险业务年复合增速将接近 19%。从近 10 年我国行业健康险保费收入来看，复合增长率为 28.3%，由 2010 年的 677 亿元增长到 2020 年的 8172.7 亿元。

行业如此高速的增长吸引了大量的玩家和资本涌入，国内一线、二线的知名互联网公司，如腾讯、阿里、美团、京东、360、苏宁等，创投圈一线、二线的知名资本，如红杉中国、启明创投、云峰基金、蓝驰创投等，它们的身影都已出现在这一领域。

此外，我国政策还为保险业布局医疗健康形成了窗口。

国家医保局《关于完善"互联网"医疗服务价格和医保支付政策的指导意见》把互联网医疗纳入医保支付；国务院《关于深化医药卫生体制改革的意见》使医生"多点执业"合法化；新修订的《中华人民共和国药品管理法》承认网络销售药品的合法性。这一系列政策都为保险公司给客户提供医疗健康服务释放了想象空间。

虽然有了向好的政策和市场趋势，但行业现在还存在大量的痛点，比如产品同质化严重、产品结构单一、医疗及健康管理服务欠缺、科技化程度不高等。从某种程度来看，国内的健康险行业才刚开始起跑。

谁能够解决这些问题，就能够把握住巨大的发展空间。

"1243"背后的三大优势

"健康中国 2030"规划纲要发布 4 年后，布局大健康产业，被中国太保视为未来的新增长极，推到了战略沙盘的最前列。

2020 年 8 月 21 日，中国太保第九届董事会审议通过了公司未来 5 年的大健康发展战略规划：到"十四五"末，成为国内领先的健康保障综合服务提供商。

在业务经营方面，至 2025 年，实现健康险市场份额占到全国行业的 10%，力争市场份额位列全国行业前三名；短期健康险综合成本率低于 100%，长期健康险的产品价值率保持稳定。

■ 2021 年 1 月 18 日，集团副总裁马欣在 2021 年度工作会议上介绍大健康发展战略

在能力建设方面，至 2025 年，产业链布局基本完备，打造覆盖客户全生命周期健康管理生态圈，客户体验行业领先；建立大数据采集、分析和应用以及安全管理的体系，有效支撑产品设计、业务发展和风险管控等环节；重点聚焦健康管理、医疗和大数据领域人才的建设，形成专业人才质量和数量的市场优势。

对每一位中国太保人而言，"1243"这组数字，将贯穿中国太保未来 5 年的健康产业发展——

"1"即一个组织保障，通过健康险发展专业委员会做好组织管理。

中国太保在集团层面成立了健康险发展专业委员会，建立健康险业务发展和产业布局的议事机制，明确相关人员构成及职责，建立双月会议机制，讨论大健康规划落地的重大事宜。

"2"是指两大资源支持。

其一是健康产业投资基金，中国太保建立了健康产业布局集中投资管理平台，立足高起点、专注性和成长性，完善健康产业生态布局，赋能保险主业。其二是健康大数据，以电子病历和电子健康档案为载体，以健康险业务营运数据和客户健康行为数据为基础标签，以系统集成和"云"算力为技术保障，以支持产品研发和风险控制为目标，中国太保将建成全集团统一的健康数据驱动平台。

"4"则表示四大核心能力。

其一是产品创新能力，形成产品自主定价研发能力，创新产品形态，快速迭代提升产品供给能力，着力标准体及非标体客群，打造专业健康险公司。其二是健康服务能力，建立互联网医疗平台，打通"医、药、险"，建立医生集团，入局康复体检连锁及专科医院，开展药品服务，形成线上线下健康管理服务能力。其三是集约化营运能力，建立医疗险业务集约化、智能化营运能力，形成标准化作业流程，践行"太保服务"品牌建设。其四是风险控制能力，巩固发挥内部再保模式优势，并加强产品盈亏监测及回溯优化，有效分散健康险业务承保风险。

"3"即指三大客群。

针对个人客户，深耕线下代理人渠道和线上互联网获客，建立"产品＋健康服务"业务发展模式。面向团体客户，以健康数据为支撑，为企业等团体客户提供客制化健康险产品和服务，成为企业健康管理顾问。政府客户方面，针对政府主导的普惠健康服务，深化"医保＋商保"互动模式，建立不同行政区域数据驱动的风险管控能力，提升区域化获客能力。

这是一个雄心勃勃的计划，而这背后，中国太保有着充足的底气。

从集团的整体优势看，中国太保的产、寿、健康险公司拥有深厚的客户资源，获得社会与客户的广泛认可。太保产险参与多项政保业务，在服务政府客户方面积累了深厚经验；太保寿险为众多个人客户提供保险保障和服务，集团客户数已达到 1.4 亿；健康险公司已建立起专业的产品和服务能力。

在大健康布局中通过发挥集团整体优势，可在全集团客户中持续提升健康保险和健康服务的渗透率。

其中，作为中国太保大健康板块的"先行者"，健康险公司自 2014 年底成立以来，坚持走"健康保险＋健康服务"专业化发展道路，在健康险行业内首创"以再保为纽带，共建价值链"的合作发展模式，即前端与太保产、寿险公司共享销售渠道，后端整合大健康产业资源，打造服务于整个集团商业健康险的产品研发、营运风控、健康管理平台，有效贯彻"一个太保、共同家园"的发展理念，实现了与太保产、寿险的深度协同发展。

时任健康险公司董事长兼总经理孙培坚 2017 年在接受采访时表示："通过三年的努力，这种协同发展模式以满足客户的健康保险与健康管理需求为中心，打通了跨子公司的流程，整合了各自优势，获得了良好的客户体验与发展成效。"通过这种协同发展的方式，充分提升了中国太保整体客户开发与客户经营能力，成功抓住了健康保险行业高速增长的契机，为中国太保大健康板块日后的蓬勃发展奠定了坚实的基础。

其二是商保支付的整合优势。中国太保通过产品和服务创新，打通"医、药、险"资源，针对健康、慢病、特定客群形成定制化的健康管理服务，可为客户提供一站式的医疗健康解决方案，全面提升客户体验。

第三方面则是保险特有的长期资金优势。譬如，通过设立健康产业投资基金，中国太保在医疗服务、医疗科技、医药器械和健康管理领域进行了轻重结合的广泛投资，形成了病前健康管理、病中医疗服务和病后康复护理的产业布局。

打通"医、药、险"

商业健康险的发展，给行业带来的更大契机在于，随着新的医疗支付方式在行业内的普及，一种与之适配的全新的医疗服务模式也将建立。这也就意味着，国内健康险的发展，整体上必然会走向联合健康的道路，即必然会搭建起"健康险＋医疗服务"的网络。

因此，夯实健康服务能力，建立互联网医疗平台，打通"医、药、险"，建立医生集团，入局康复体检连锁及专科医院，开展药品服务，形成线上线下健康管理服务能力，成了中国太保"十四五"战略的题中之意。

2020年9月27日，中国太保与瑞金医院签署协议，合作建设互联网医院，这被视为中国太保大健康战略的序曲。

互联网医院的重点是患者导向、提升体验。中国太保与瑞金医院各有所长，瑞金医院是全国顶级三甲医院，在糖尿病、高血压、肿瘤、心血管等专病领域拥有丰富的管理技术和经验，中国太保在商保支付整合、客户资源、机构和铺设全国的渠道、网络的优势，能够破解患者、医院、医生和保险公司各方的痛点，为客户提供高品质可信赖的一站式医疗健康解决方案。合作将创造一个新的医疗服务体系，使瑞金优质的医疗资源走向全国，服务广大客户。

中国太保分管大健康板块的副总裁马欣介绍道："创新机制、合作共赢是我们有别于其他互联网医院的最大创新点。除了医疗、保险的深度融合，我们的互联网医院还将引入科技、资本的力量，打造'两平台三中心'，赋能线上和线下业务，实现合作共赢。"

"两平台"是指医生管理平台、AI科技平台。

医生管理平台将由瑞金医院主持成立，制定互联网医院对医生的吸纳、准入标准和内部评定标准、医疗流程规范的制定和监督等，并在股权结构中创新搭建医生持股平台，破局医生的多点执业和激励机制。AI科技平台将通过数据获取和管理分析，提高标准化、数字化、智能化医疗水平。

"三中心"分别是"医联体建设中心""医疗产品开发中心""商保服务开发中心"。

具体来看，医联体建设中心将在全国各地拓展医联体，放大优势医院、医生、科室的服务能力。医疗产品开发中心将联合头部专家和医生团队，打造单病种的专病综合解决方案以及健康服务产品。商保服务开发中心将发挥商保支付整合功能，打通医、药、险。

业内认为，新的互联网医院将形成多方面的差异化优势：

一是与瑞金医院、医生紧密合作，名医名院支撑，客户在线上互联网医院和线下实体医院都能享受到优质的医疗健康服务，实现"可问即可见"；二是整合商保、医保支付，形成产品和服务无缝联接；三是利用互联网提高效率，建立自有的分级诊疗体系，精准匹配医疗资源；四是借助瑞金医院在糖尿病、高血压等慢病管理方面的丰富经验，打造专病标准化解决方案；五是 AI 和大数据技术高水平赋能医疗标准化，使患者的诊疗更精准。

值得注意的是，布局强大的联合健康产业，需要强大的资源整合能力。

2020 年 12 月 15 日，中国太保与瑞金医院战略合作再结硕果，中国太保入股瑞金医院旗下上海广慈纪念医院，有助于瑞金打造医院本院的普通医保服务与广慈医院的高端医疗服务，未来还将借助双方筹建中的互联网医院为广大客户和患者提供更大范围、更加便捷的医疗健康服务。

■ 2020 年 12 月 15 日，上海广慈纪念医院有限公司增资签约仪式

如今，大健康产业纵深化布局时代已加速到来，"医、药、险"的共振需要一个强大的投资管理平台为策源地。

2021 年 1 月 28 日，中国太保与红杉资本中国基金建立健康产业战略合作，创设健康产业投资基金，并成功入驻上海临港新片区。

作为头部投资机构，红杉中国自成立之初就将医疗健康作为重点投资方向。过去十多年来，红杉中国在医疗健康领域先后投资了超过 160 家优秀企业，范围覆盖包括创新药、医疗器械、医疗服务、精准医疗、数字医疗等在内的多个细分领域，其中超过 25 家已经在 A 股、港股、美股完成 IPO，在医疗健康领域搭建了一套从前沿技术发掘到创新企业投资再到产业链精准赋能的完整生态体系。

产业投资基金是精准服务实体经济、加快提升产业能级的重要支撑。

未来，双方将发挥资本与产业的协同优势，聚焦生物医药、医疗器械、医疗服务、数字医疗等大健康产业链的投资机会，致力于发现大健康领域的新技术、新业态、新模式，共同推进大健康产业的长期投资布局。

科技赋能转型升级

科技变革激发创新活力，可以打破商业健康险产品同质化严重、产品结构单一、医疗及健康管理服务欠缺、科技化程度不高等症结。

对于广大的保险企业而言，让健康保险更具智慧和温度，科技是必由之路。

拥抱数字化时代、推动科技赋能，通过集中化、标准化的营运模式，以及对数字化技术的充分运用，中国太保正阔步前行。对标中国太保提出的"建设一家科技型医疗健康保险公司"的发展愿景，健康险公司持续加大创新投入，在"互

■ 2014年9月15日，太保安联健康保险股份有限公司创立大会

联网保险、精准营销、智能保顾、两核风控、客户服务"等场景开展项目孵化，积极提升价值转化能力。

健康险公司总经理陈巍明确要求，要将新渠道、新科技、新技术融会贯通，赋能主业，把科技创新作为专业健康险公司高质量发展的长期任务。他强调，只有插上了"创新的翅膀"，公司才能够飞得更高，飞得更远。这一理念在健康险营运服务中台建设方面得到了印证。

经过持续的建设与积累，该平台目前已经基本成型，受众客群达千万级，辐射太保产险、太保寿险和健康险公司业务，覆盖客户保前、保中、保后全旅程；通过聚焦不同类别的用户触点，以客户需求为导向，建立起围绕客户全生命周期的线上营运服务能力，健康险公司在向智能化、个性化纵深升级的同时，通过创新运用共享服务赋能集团健康保险业务持续壮大。

传统的商保索赔需要客户逐项填写理赔申请书、整理纸质发票病历，再通过快递或亲自递交给保险公司；随着移动终端兴起，客户通过拍照上传自助理赔成为流行模式，但这一模式对客户要求依然较高，特别是复杂理赔难以适用；同时很多客户在理赔过程中对于理赔单证材料的准备常常由于"单证不清晰、单证票据遗失、病历不完整、检查报告缺失"等各种问题，导致反复递交理赔申请、反复被退回，"客户准备资料—完整提交有效资料"这一环节的反复，常常让公众认为理赔难。

要想解决客户医疗理赔单证收集整理这最后一环的难点，变被动等待为主动收集，让理赔更有温度成为创新突破点。

健康险公司通过与合作医院数据的直连互通，向市场率先推出"健康U享赔"服务。

2017年8月，"健康U享赔"服务在上海中医药大学附属龙华医院、静安区中心医院等7家医院落地。客户只需提前申请授权"U享赔"服务，在每次门诊或住院结束后，无需整理申请资料，直接在手机APP上确认提交当次就诊申请，通过3次点击即可完成索赔提交，索赔过程耗时以秒计，就连住院理赔也可半个小时内完成审核结案。"健康U享赔"在提供理赔服务、兑现保险承诺的同时，还能提供给客户就诊查询、处方记录、报告查询、住院日清单查看等就诊记录的便民功能，让客户就医更轻松，成为了客户就医的好助手。

保险就是保障，如何运用健康险专业优势，有效地将服务体验和风险控制相融合，让客户享受"无感"理赔服务，使保险保障更有温度和价值成为健康险公司探寻的目标。

2020年12月，健康险"区块链智能理赔"服务推出，该服务在客户授权下，通过医险数据加密互信验证，可以主动关怀客户，主动开展理赔服务。2020年12月15日，健康险"区块链智能理赔"服务在宁波第一人民医院完成首单赔付。

健康险"区块链智能理赔"服务是健康险公司积极探索前沿技术赋能客户服务的又一次创新实践，同时标志着健康保险领域区块链理赔服务首次从"概念"走向量产"落地"，体现保险关怀的同时，让复杂的理赔资料准备流程简化到近似"无感"。健康险公司自主研发的健康险医疗数据交互平台，经过数年应用打磨形成一套较为成熟，兼具通用性及灵活性特点的医疗数据交互规范。2020年3月，健康险公司在中国太保内发布推广"商业医疗保险数据交互规范"，推进集团内医疗数据的共享应用。

近年来，AI、大数据、物联网、区块链等创新技术大范围落地，数字化浪潮冲击各行各业。受数字技术影响，保险行业也迎来巨大创新。

作为中国太保旗下医疗健康领域专业子公司，太平洋医疗健康也在医保基金管理、商业健康险发展等方面做出了多项创新。

截至 2020 年底，太平洋医疗健康已经研发 50 余项数字化分析工具，并获得 40 项国家知识产权认证，为全国 22 个省 90 多个地区提供医保基金精准筹资测算、医保基金运行风险定位、智能结算审核、欺诈监测等服务，覆盖 3302 亿医保基金、4.37 亿参保人，在全国各地已有 135 个数据咨询项目落地。

针对医保基金"跑冒滴漏"问题，太平洋医疗健康协同太保寿险，在各地医保部门上线医保基金智能审核系统，实时监控医保欺诈、浪费，解决医保基金使用的合法、合理、合规问题。目前，该系统已为全国 15 个地区提供医保基金监管服务，触达医院、药店、医生及参保人。截至 2020 年底，太平洋医疗健康医保基金智能审核系统已审核医保基金金额超 700 亿元，覆盖 4700 多个医疗机构。

在智能监控方面，太平洋医疗健康自主研发的医保基金运行大数据风控平台于 2020 年 4 月在浙江衢州上线。该平台以可视化的形式展示医保基金从整体宏观情况到更深层次的微观实时动态，对基金收入、支出、结余情况进行实时监测，实现多指标、多维度的分析。该平台还可展示未来五年医保基金收入、支出及结余情况的发展趋势，从而支持政府决策。2020 年 8 月开展的全国医保智能监控示范点中期评估工作中，以医保基金运行大数据风控平台为核心的衢州智能监控示范点名列前茅。

■ 时任集团人力资源总监曹增和、健康险公司董事长孙培坚调研健康险工作

在商业健康险的升级方面，太平洋医疗健康研发的补充商业保险保费评估模型，可以科学测算健康险产品人均保费并提供专业的筹资定价方案，支持保险产品快速、精准定价，为健康险的拓展和精细化管理提供保障。目前，该模型已参与全国 29 个地区的普惠型健康保险的评估测算。

近两年，健康管理更深层次融入保险领域。

通过健康管理平台，将单纯的事后理赔向事前和事中干预进行延伸，将低频的服务转化为高频。太平洋医疗健康推出了移动健康管理平台，并严格选择合作伙伴，为客户提供日常健康咨询、健康管理、医疗保障等"线上＋线下"全流程服务，并通过科技赋能改变触客方式、营销方式、服务方式以及与客户的互动方式。例如，7×24小时视频医生咨询服务，此类在线服务可跨越时间、空间屏障，让客户随时随地享受到跨地域的优质医疗健康服务，足不出户就有"医"靠。截至2020年底，"视频医生"咨询服务累计覆盖家庭客户200万，累计服务逾105万人次。又如，针对个人端新保长险客户推出的"太保蓝本"医疗权益服务，以及面向企业端推出员工健康关爱计划EHCP，将就医管家、重疾关爱、高端诊疗、药品福利等多项医疗健康服务集成于微信端，2020年覆盖客户近300万，助力拉动首年保费收入逾120亿。再如，联合上海市科委批准建立的市级工程技术研究中心、上海细胞治疗集团推出的生命银行免疫细胞冻存服务，为高净值客户群体提供生物医学科技前沿的解决方案。截至2020年底，累计逾7200人冻存细胞，累计带动首年保费收入近25亿。

构建"保险＋健康＋养老"生态圈

2021年立春之际，中国太保养老产业全国布局再传喜讯，太保家园养老社区"东西南北中"的全国拼图又落下关键一子——太保寿险以3.96亿元成功摘得位于武汉市汉阳大健康产业发展区一地块。

太保家园·武汉国际颐养社区的落地，标志着太保家园西起成都、中接武汉，东到上海的沿江一体化布局蔚然成型。

摘地后，太保寿险将加大专项投入力度，尽快成立项目建设管理公司和运营服务公司，抓紧施工前期准备，争取在2021年秋季开工，用爱心、匠心、慧心、恒心，打造称心、放心、安心、开心的太保家园，以实际行动助力武汉打造"世界大健康产业之都"目标。

自此，太保家园已在全国布局了8个养老社区，此前，成都、大理、杭州、上海东滩、上海普陀、厦门、南京等7个养老社区项目已经落地。截至2021年2月，太保家园已投资社区计划开工面积93.8万平方米，累计已开工51万平方米，在建3900套养老公寓、6300张床位，投资储备房间7500套、总储备床位超过1.1万张，跃居保险行业第二。截至2021年1月中旬，太保家园累计发放养老社区资格函近 1.2 万份。

根据中国统计年鉴，到 2025 年，我国 60 岁以上老年人口占比将达到 21%，2050 年将高达 34.9%，居民消费和财富管理需求随之持续升级，健康、养老产业成为消费和投资热点。保险业与健康管理和养老产业有着天然的纽带和深度的合作空间，构建全方位、全场景、全覆盖的"保险＋健康＋养老"生态圈，无疑将成为保险业新的增长引擎。

国家层面，近年来持续出台多项政策积极应对人口老龄化，鼓励保险业积极作为。譬如，国家医保局、财政部关于扩大长期护理保险制度试点的指导意见明确了长期护理社保作为"第六险"的定位，独立于医疗保险。明确了职工参保人群筹资以单位和个人缴费为主，缴费责任原则上按 1：1 比例分担。银保监会关于促进社会服务领域商业保险发展的意见明确支持商业保险机构发展与养老服务相衔接的保险产品。支持保险资金进一步加大养老产业投资力度。

为此，2014 年 9 月 25 日，太平洋保险养老产业投资管理有限责任公司在上海自贸区应运而生，专注于养老产业投资、建设、运营与管理，以及与养老产业相关的健康和医疗投资业务。不到 4 年，《太平洋保险养老产业发展规划》发布实施，首期用于养老不动产项目投资金额 100 亿元左右，计划在长三角、大湾区、环渤海、成渝及中部地区落地 13—14 个高端养老社区项目，绘就"东南西北中"的太保家园布局蓝图。

中国太保意在通过开发与养老社区入住及相关服务挂钩的保险产品，打造"专属保险产品＋高端养老社区＋优质专业服务"的新型业务模式，为中国太保上亿保险客户创造高品质养老服务体验。短短两年，太保家园已落子 7 座城市，覆盖全年龄段老人的颐养、乐养、康养三位一体的产品和服务体系也日臻完善。

太保养老投资公司总经理魏琳在"长航行动之打造大养老生态"启动会上提出："过去三年，中国太保养老产业发展按照'南北呼应、东西并进、全国连锁、全龄覆盖'的

■ "太保家园"全国布局

战略稳健推进，各养老社区项目建设顺利，运营筹开积极准备中，养老布局对寿险业务赋能作用逐步体现。为积极践行应对人口老龄化国家战略，下一步，我们将按照集团大健康战略和寿险长航行动部署，构建以'太保家园'为主体、配套多元化老年服务为补充的一站式大养老生态体系，丰富寿险营销场景，强化主业协同赋能，为打造太保养老服务卓越品牌而努力奋斗！"到2023年，成都、大理、杭州、上海普陀、南京、上海东滩、厦门7个太保家园社区将全部投入运营。

具体来看，颐养社区主要面向中龄老人，以健康活力养老业态为主。太保家园·成都国际颐养社区项目是中国太保首个动工建设的高品质养老社区。社区位于成都市温江区成都医学城A区，建筑面积26.7万平方米，拟打造体现蜀文化特色的持续照料养老社区（CCRC）项目，为独立生活、介助生活、专业护理（含记忆照料）三类长者提供高品质服务，同时全方位体现巴蜀文化元素，并突出绿色、健康、智慧、人文特色。

乐养社区主要面向低龄老人，以旅居候鸟式养老业态为主。太保家园·大理国际乐养社区紧邻苍山国家地质公园，建筑面积5.7万平方米，是太保家园首个乐养社区项目，将打造成长者旅居度假的目的地，更多地满足全年龄人群休闲养生和身心调理的需求。

康养社区则主要面向高龄老人，以康复护理业态为主。作为太保家园首个康养社区项目，太保家园·上海普陀国际康养社区于2020年8月完成了土地出让合同的签署，为太保家园"颐养、乐养、康养"三位一体的产品和服务体系填上了最后一块功能性拼图。届时，将向社会提供近300个高品质的养老护理康复床位，坚持高起点规划、高标准设计、高水平管理、高质量服务，意在为上海应对"大城养老"挑战探索示范样本。

无论是颐养、乐养、康养，所有太保家园都秉持适老化、智能化、医康养融合和保险产品对接四大特色。

项目全部按照适老化、无障碍设计，创造居家温暖的生活环境与公共空间。坚持以服务独立生活为主的产品定位，合理配置医疗、护理的面积，突出健康管理，提升老人生活质量。

——积极应用智慧养老技术成果，提供全方位、多样化、智能化的护理环境，智能终端实时采集老人健康、位置等数据，实现运营服务和社区管理智能化。同时采用可再生能源、建筑节能环保技术等。室内 PM2.5 浓度控制在 20 微克 / 立方米以下，以适应老人呼吸功能下降等问题。

——实现医、康、养功能的有机融合，面向高龄刚需人群提供高品质介助、介护及失智照护服务。

——升级"保险产品＋养老服务"综合解决方案，探索长期护理保险等健康险产品与康养服务深度对接的路径。

面向未来，保险业在大健康行业发展空间巨大。中国太保正蓄力深耕大健康领域，通过整合内外部优质资源，构建全方位、全场景、全覆盖的"健康态"保险服务生态圈，使大健康产业布局成为未来的新增长极。

（作者：陈玺撼）

第五节

协同，1+1>2 的魔幻之变

2017 年，深圳。从上海远道而来的集团管理层和部门负责人，与一名基层寿险营销员展开对话。营销员直言不讳，将工作上碰到的机制问题逐一抛出，高层领导们正襟危坐，像学生一样，认真听讲并记录。

回过头来看，这个富有趣味性的场景颇有深意。

伴随社会经济发展，我国保险市场发生变化。从那时起，嗅觉敏锐的中国太保开启一场新变革，逐渐在集团内渗透、延展。对内，改革范围之广、内容之复杂、项目数量之大，可谓少有；对外，购买太保服务的客户们感受完全相反。便捷与高效是他们对这场改革的概括。

这场系统性改革如同魔术，在短短三年多时间里，极大改变了太保内部生态。它就是协同发展。

协同转型迫在眉睫

2017 年，在改革开放的浪潮下，中国太保历经 20 多年经营，成长为全国保险行业头部企业，不仅完成寿险、产险、养老险、健康险、农险和资产管理的全保险牌照布局，而且规模体量十分庞大，拥有分支机构 5400 余家，保险营销员近 80 万人，销售和服务网络遍布全国，旗下子公司发展相对均衡，产、寿险业务位于行业前列，正在服务的客户数超过 1 亿人。

然而，中国太保又将接受一次全新挑战。

中国保险业正处于新旧动能转换、增长方式升级的关键时期。保险市场出现的新变化，更让中国太保意识到：发展到目前这个阶段，不能再是各板块的单兵作战，而是要更强调专业性下的整体作战，更强调协同配合，更强调互助共享，协同应成为中国太保新的发展阶段经营管理的应有之义。

"友商"们在协同发展中的不俗表现，也让中国太保感受到了刀刃向内的改革动力。一项业务数据显示，中国太保寿销车业务渠道占比尚不足 10%，与此同时，在主要保险集团中有三家头部"友商"的占比均破 20%。

2017年，中国太保在转型2.0战略中，提出了"人才、数字、协同、管控、布局"五大关键词。10月23日，集团董事长孔庆伟及相关管理层，召开了中国太保首次协同工作部署会议。

在中国太保看来，一切并非突然，而是顺势而为。

作为保险行业的"佼佼者"，中国太保虽然是综合性保险企业，拥有足够多的牌照，但各个板块之间，距离真正呈现融合发展仍有差距，也没有达到充分的资源共享、互为依托。对保险公司而言，客户是最核心的资源。然而，业务数据显示，在公司1亿多的个人客户中，持有不同子公司保单的客户数仅有5.5%。在200万名团体客户中，既是产险又是寿险的客户占比仅0.99%。各个板块之间的"玻璃墙"让很多资源看得见，却用不成。与此同时，客户需求更加多元化、个性化，更需要一揽子的保险产品和服务，需要保险综合解决方案。

"无论是与自身比较，还是与同业比较，我们绝大部分客户资源还分散在各个板块，还处于沉睡和闲置状态，没有充分流动起来，资源的利用效率还不高，缺少深度挖掘。"孔庆伟意味深长地说，现状差距意味着未来发展空间，也意味着巨大的发展潜力，"同志们，不能守着宝矿无动于衷。"深度剖析之后，集团管理层认为，协同对于公司经营具有独特的价值：

首先，通过协同作业，在一个集团内部获取一个客户的市场拓展成本，会远低于从外部获取客户。其次，如果一个客户同时持有几个产品，那么客户流失概率会明显降低，客户满意度会上升。再者，通过协同业务、资源共享，制定综合解决方案，能够实现子公司之间的互帮互助，整体提升子公司的竞争力。比如，寿险是长期业务，对客户的掌控力比较强，但是服务客户的频次比较低。产险是短期业务，客户续保和留存是主要问题，但是接触和服务客户的频次比较高。如果在寿险渠道中引入产险的产品和服务，就可以增加营销员接触客户的机会，丰富营销员服务客户的手段，也能帮助产险解决客户留存的痛点问题，这就体现了产寿协同的价值。

协同发展虽然是一项投入大、周期长的大工程，

■ 集团副总裁俞斌赴产寿险江苏分公司调研协同工作

但是通过协同工作，打破自身的"玻璃墙""旋转门""篱笆墙"，破解发展中不平衡、不充分的矛盾，增强集团化竞争实力，推动成为行业健康稳定发展的引领者，正是中国太保的当务之急。

中国太保明确提出，协同营销和服务必将成为综合性保险集团客户经营的优势基因，协同能力必将成为保险企业生态化产出、平台化运作的核心竞争能力。

多年之后，当人们回想起当年的战略抉择就会发现：尽管面临内外纷纷扰扰，然而中国太保在协同发展的定位和界限上始终把握清晰，始终坚持客户视角，坚持科技赋能，坚持组织渗透。

唱响协同大合唱

大船行至江中，亟须改革新风。

在 2017 年 12 月举行的一场媒体见面会上，时任集团党委副书记、总裁贺青首次向外披露中国太保新一轮跨越式发展战略。他充满信心地表示，协同发展要成为公司的"管理哲学"，要打造公司在客户、渠道、资源的协同共享机制建设，形成融合发展的良好态势。

由此，中国太保明确了协同的初心：根植协同文化、丰富协同生态、创造协同价值。根植协同文化，就是要把协同打造成为中国太保经营管理的核心，使之成为中国太保实现高质量发展的必由之路。创造协同价值，协同追求的不是"1+1=2"的物理反应，而是要产生"1+1>2"的化学反应，为客户提供一站式的，更丰富、更全面、更多样化的保险产品和服务。

丰富协同生态，中国太保则提出了更为具体的目标——

对内，让客户资源、技术资源、产品服务资源在全司范围内实现合规有序的流动和共享；把握国家战略发展机遇，加强制度供给，集团总部、子公司、分公司各自的角色定位要清晰，形成各司其职、上下贯通、步调一致的协同政策环境；要加大与协同发展配套的专业人才、技术工具、财务资源的支持。

对外，要顺应开放共享经济金融生态建设的新趋势，围绕客户需求进行扩延；通过大客户生态圈建设，与大客户形成更加紧密的战略联盟，为战略客户提供一揽子综合保险金融解决方案；推进与大客户的产品服务深度融合，提升对中国太保客户的生活与金融综合需求的服务能级。

为实现这一目标，中国太保展现出强烈的决心。集团总裁傅帆到任之后，召开的第一个集团会议，就是研究制定协同工作的年度规划。协同之重要，可见一斑。

一位管理人员回忆道，在一次内部的协同会议上，孔庆伟强调：必须在全司上下树立强大的集团协同意识，形成"人人为我、我为人人"的协同氛围；要用团队协作思维，取代单兵作战思维，把"要我协同"转变为"我要协同"，让协同成为一种自觉和责任。

号令吹响，改革迅速推进。"协同发展不能只是口号。要让战略真正落地，化作真正的生产力。协同工作的关键是要创新体制机制，确保自上而下整合资源，促进协同业务常态化、体系化发展。同时要根据个人客户和团体客户的需求，设计差异化的业务模式，尤其要提升渠道、队伍的积极性和销售能力，加强中后台产品、服务和系统工具的运营支持。"集团副总裁俞斌明确指出，"协同业务是未来重要的增长点，要正视差距、对标先进。"为此，他带队深入基层一线开展调研，走访同业进行交流学习，围绕"一个客户一个界面综合服务"的愿景，形成了中国太保开展协同发展的转型设计。2018年，"A2协同发展项目集"正式启动。"百个交叉销售示范基地"和"百家大客户生态圈"作为A2的先导项目，通过自上而下顶层设计与自下而上创新相结合，走出了一条"理论指导实践、实践反哺理论"、有中国太保特色的协同发展之路。

经过三年多的转型，中国太保形成了较为完善的协同管理组织体系。集团层面成立了协同发展的指挥部——协同发展委员会，负责协同发展领域的统筹决策，同时分设个人客户、团体客户两个专门委员会，提供专业咨询和决策支持。针对个人客户与团体客户两类客群的协同业务管理，集团总部成立协同发展部、战略客户部两个专业部门。中国太保的协同管理框架逐渐成熟，管理体系日趋完善。

2018年，中国太保发布"一个太保、协同发展"行动宣言，进一步激发了各条线、各

■ 2018年11月12日，集团协同发展工作会上发布"一个太保、协同发展"行动宣言

层级的协同使命感。各分支机构和业务团队积极参与转型先导项目的创新探索，财务、信息技术、人力资源等各职能部门纷纷跨前一步，专业配合，围绕着为客户提供综合金融解决方案，形成了前中后台一体化协同作战的局面。协同转型工作掀开了崭新一页，形成了共享共赢的新格局。

打造"从 1 到无穷"

故事又回到了开头。

"深圳年轻人对银行卡账户损失险、非机动车第三者责任险等产品需求很高。"那位寿险营销员问道，"能不能在寿险的销售作业终端上，提供更多的产险产品，并做到免核保、快速便捷地出单；产险产品出单之后，寿险营销员还要能及时拿到佣金；当客户的产险产品发生理赔时，系统要能及时通知营销员，方便更好地服务客户……"

一番发言直击业务流程痛点，身在现场的集团协同发展部总经理李霞深深记在脑海里。年轻营销员的疑惑，正是中国太保数十万营销员队伍的痛点。在打造以客户为中心的经营模式过程中，如何打造跨子公司的技术中台和管理中台？如何更好地赋能渠道、赋能队伍？这成为破解个人客户协同问题的关键。

集团总部不负责具体业务，落实个人客户的协同改革如果不接地气，无异于"纸上谈兵"。因此，以"百个交叉销售示范基地"创建为切入口，激发基层的智慧，是实现个人客户协同"从 1 到无穷"宏大梦想的有效路径。

过去三年里，中国太保相关部门的管理人员几乎跑遍了祖国的大江南北，调研公司在当地的分支机构，涉及山东、贵州、深圳、广东、浙江、黑龙江、吉林、上海、江苏、河北、河南……

在调研中，不少地区分公司表达了试点意愿，希望与总部共同探索以客户为中心的经营模式创新，突破自身发展瓶颈。

总部通过业务数据发现，一些寿险有效客户，过去也曾是车险客户，但因为种种原因已经脱保。这些数据发现在山东引发了分公司管理层的思考，客户为什么脱保？哪些原因导致？如何赢回客户？带着这些疑问，山东启动多个机构试点，与总部共同验证业务流程与解决方案。利用车险赢回的触点，以车险服务切入，分公司管理层躬身项目设计，总结出一系列标准动作，反复探索试验之后，项目成效令人惊喜。参加项目试点的营销员称，面见三个车险脱保客户就能赢回一个客户，每赢回两个客户，就有一个加保了寿险。扎实的赢回策略被做成了包括流程设计、技术工具、培训教材等的整套工具书，复制推广至全国其他分公司。

山东分公司的探索，就是全国个人客户协同发展的一个缩影。

在全面调研发现问题、分公司探索实验总结、全国复制推广的闭环运作机制下，个人客户协同致力于打破数据壁垒、打破组织壁垒、打破产品服务壁垒，在五大领域实现突破，包括：在业务合作上，从最开始的代理销售车险为主，向多方合作挖掘渠道客户资源价值拓展；在产品服务共享上，从简单、标准化向定制化、融合型升级；在客户经营上，从销售获客为目的，向客户全生命周期综合经营转变；在科技应用上，从无到有、从有到优，形成行业领先的技术优势；在文化理念上，从"要我协同"到"我要协同"，协同文化释放出强大的感召力。

在这过程中，中国太保着重发力线上化建设和数字化建设，创下多个"第一"。第一次实现了寿销车佣金即时结算，车险佣金2小时内极速到达营销员账户，首创行业内车险佣金自动结算T+0，大大提升了营销员的获得感；第一次上线交叉销售专属工作台，为寿险营销员提供跨子公司多产品线的销售和全流程客户服务工具；第一次刻画协同客户画像，为营销员精准推送商机，提供销售机会及销售策略建议，让营销员"心中有数"；应对突如其来的新冠疫情，第一次将协同业务发展的主战场由线下转移到线上，线上化培训课程、线上化经营、线上化管理推动全面发力；第一次开发协同管理平台，打造跨子公司保单、客户、经营过程数据的"中转站"，为协同业务条线干部提供协同业务精细运营管理的"仪表盘"……

每个"第一次"，都体现了子公司间壁垒的打破、以客户为中心理念的践行、服务于基层队伍的决心，都是对协同转型战略的坚定推进。如，调研发现，尽管车险比寿险更体现刚需特点，服务频次更高，但是部分寿险营销员对于营销车险并不积极。一位寿险业务经理坦白："之所以有顾虑，是因为对车险产品不了解，而且万一客户出险，不能及时了解，无法保证提供好的服务。"业务经理痛点的根源在于产寿险的知识、信息没有共享，总部和分公司以此为切入点，针对"知不知道"，在寿险营销员的销售作业终端上，编制各种各样的车险知识培训视频方便大家学习；依托大数据技术的智能机器人"嗨问"，为营销员在线上答疑解惑。针对"愿不愿意做"，中国太保聚焦理赔环节，让车险理赔人员给寿险营销员讲解车险理赔的基本常识；为每个寿险职场匹配车险理赔服务人员，并在销售作业工具中把理赔人员"上墙"，让营销员通过终端操作就能快速找到联系人；客户出险之后，系统自动向营销员及时通报客户出险信息、理赔进程，并支持营销员一键发送理赔关爱，让客户感受"一个太保"的温暖服务。通过打通前中后台的全方位支撑，营销团队从不敢开口到坚定信心，车险销售不再有顾虑。

在众多"第一次"中，越来越多敢于创新尝试的优秀团队和个人涌现。

2019年，太保产寿险河北分公司针对如何满足寿险营销员车险客户差异化的服务需求、如何做深做细增值服务启动了"产品服务包"项目试点。产险河北分公司交叉销售业务部负责人王静与寿险河北分公司开展多轮研讨，整合车险服务资源，上线"车险客户全生命周期关怀服务"，通过节假日、生日、出险关怀、服务享权等触点，为客户提供车辆安全检测、救援、代驾等专项增值服务，助力营销员丰富客户服务的手段，与客户建立更紧密的关系。关怀服务一经推出，大受营销队伍和客户欢迎，2019年营销员专属产品服务包体验客户超过1.27万人，产寿险河北分公司寿销车保费增速、续保率、车险客户的寿险加保率等各项业务指标均显著提升。

■ 产险河北分公司营销员专属服务包启动会

项目成果迅速在全国推广，这是第一次在寿险营销员的展业工具中嵌入了车险客户全生命周期关怀服务内容，把前端的销售协同，进一步推进到了后台服务，也是第一次将车险服务动作纳入到寿险营销员客户经营的标准体系中。

现在，利用全生命周期触点和服务与车主客户进行互动，已成为很多营销员的工作习惯。2020年实现寿险营销员车险客户加保寿险长险保费31.5亿元。

太保寿险安徽凤阳支公司的营销员唐芳，也是车险客户综合经营的佼佼者，服务车险客户已超200名，80%的客户都在原有车险的基础上加保更多的寿险保单。通过车险服务打开客户的寿险需求，这已经成为唐芳的秘诀。客户贾韬的车辆发生碰撞负全责，通过中国太保APP进行线上查勘定损，仅用了 20 分钟，就完成了从报案到赔付的全过程。刚准备开车回家，贾韬接到了唐芳的电话，唐芳在电话里关切地询问贾韬对理赔服务是否满意，晚上还带着小礼品登门拜访，这让贾韬十分感动。听到唐芳介绍公司最新的两款寿险产品——金佑人生和乐享百万，贾韬当场就为自己和家人加保了寿险。"中国太保的理赔真快，服务真好！"这是贾韬的感慨，也是无数客户对中国太保转型2.0 的肯定。

为了全面满足客户越来越多样化、个性化的综合保障需求，中国太保也着重发力协同产品服务创新。如，针对车主客户的专属寿险产品"车享无忧"，第一次将车主的留存和风险标签融入寿险产品设计，对优质车险客户免费提升风险保额，助力车险理赔风险的防控，并促进车险续保和寿险加保。在产寿险与健康险合作业务中，针对老年客群、女性客群、少儿客群等，开发专属产品和分客群健康管理服务，提升对客户的吸引力。发挥跨子公司大数据优势，第一次为寿险长险客户开发专属的个人贷款保证保险产品——"太优贷"，帮客户解决资金问题，并应对疫情实现授信全流程在线服务，建立寿险客户的审批绿色通道，为寿险客户提供更便捷安全的融资体验。"太优贷"产品上市三年来，为营销员全面满足客户金融需求提供有力支持，累计服务 79423 名寿险客户，提供近 100 亿元融资保证。

第一个跨子公司融合产品"老板好"的推出，更体现了协同产品创新向着以客户为中心的方向坚定迈进。融合产品覆盖产、寿、健多领域保障，为精准客群提供一揽子保险保障解决方案，实现了一站式录单、一体化服务作业流程，大大降低了销售难度，提升了客户体验。一名广东分公司优秀营销员认为，"老板好"是一款精准获取中高端客户的利器，既能保老板保店铺、还能保员工保客户，可以说给到了小微企业主、个体工商户 360 度全方位无死角呵护。

得益于这些"第一次"，中国太保与客户之间的关联越发紧密。众多的"第一次"，把营销员变成了综合服务客户的"多面手"。

转型先导项目的实施，像星星之火在全国燃起燎原之势。产寿险分支机构总经理定期走进职场"倾听一线声音"，产寿险分公司各层级管理干部定期召开交叉销售联席会议，职场专员与支公司组训联合开展早会经营等已经成为各地的标准与习惯。与此同时，各地分支机构因地制宜地探索创新，投入到

"百个交叉销售示范基地"的创建中：在湖南，产寿险联合建立荣誉体系，开展年度表彰；在深圳，产寿险试点合署办公，协同工作无缝对接，确保高效解决问题；在湖北，创新打造支持多产品线服务的综合专员队伍；在陕西，产寿险联合举办车险客户服

■ 产、寿险湖南分公司交叉销售示范基地授牌仪式

务节，组织车友会活动；在吉林，在营销队伍发展的各个阶段植入协同基因，将交叉销售课程固化到营销员培训体系；在贵州，将销售车险作为寿险团队活动量管理的重要工具，纳入寿险追踪体系；在黑龙江，探索产险专员的产寿共管模式；在浙江，在寿险群英会设立交叉销售专项奖项；在山东，组织建立产寿险销售队伍"一对一"服务关系，探索产销寿新路径；在广东，全面探索产险渠道客户资源与寿险三支营销队伍的对接开发路径，并首创产销寿纳入产险销售队伍的业绩评价考核管理制度；在山西，设计非车险销售地图，降低营销员销售非车险的难度……

在中国太保看来，协同转型不仅仅是一场声势浩大的"运动"，它更像是涓涓细流，循序渐进。结合基层痛点、行业形势和愿景目标，每个年度都会设计攻坚破难的任务，采取"自上而下"与"自下而上"相结合的工作路径，扎实落地，久久为功。

"只有坚持问题导向，扎根基层，运用项目制、场景化的工作方式解决问题，集团总部、子公司和分支机构共下一盘棋，才能避免转型成为空中楼阁、无本之木。"俞斌说。

创新实现"从0到1"

不同于个人客户，团体客户的协同发展面临着截然不同的挑战。

这是因为个人客户协同尚可通过赋能既有渠道，打破壁垒融合发展。然而，面对规模庞大、业务复杂、需求多样的团体客户，中国太保如何进行协同，提供一揽子打包式解决方案？

在外，放眼国际和市场，尚无完全成功的案例；在内，由于"产品复杂难

销售、成本定价难把握、需求多样难归口、竞争激烈难腾挪"等问题，各子公司团体客户自身发展挑战巨大，协同营销似乎并没有个人客户来得那么紧迫。在集团首任市场副总监、战略客户部总经理李劲松看来，建立团体客户协同发展体系，是摸着石头过河，是"从0到1"的一次创业。

战略客户部在2018年末设立，次年正式运转。作为集团总部少数一线部门，战略客户部要全面落实集团协同发展的总体规划，对外建立并维护中国太保朋友圈，巩固中国太保与战略客户的全方位合作关系，共同服务国家战略与区域经济发展；对内培养一支具备跨板块服务能力的高端人才队伍，建立跨子公司信息沟通渠道与合作机制，打造团体客户协同开发模式，为子公司业务发展赋能。形象地说，战略客户部扮演着集团"外交官"的角色，不仅要与重要客户建交，还要不断深化"邦交"关系，以合作模式持续丰富合作内涵，实现长期合作、全面合作、价值合作。

彼时，中国太保共有200万团体客户。集团瞄准团体客户的头部——战略客户作为探索建立业务模式的切入点。以"百家大客户生态圈"为主，采取"项目制"运作，锁定清单内重点客户，以"个案解剖"方式来探索模式、发现路径。

通过两年时间，中国太保建立了较为完善的战略客户协同开发闭环推动体系。经过2019年的攻坚克难，2020年的冲刺收官，初步实现了协同开发效应。

在这段"创业"时期，"管什么、谁来管、怎么管、用什么管、怎么牵引"，这是团体客户协同，特别是战略客户协同需要破解的一道道难题。

管什么？答案很清晰，要扩大和提升政府、金融和头部企业三类客户朋友圈。扩大"朋友圈"范围的同时，还要不断提升"朋友圈"的活跃度，保持"高位"互动，并推动实质性的业务合作落地从联合峰会、签约合作，到开展党建联建、业务会议，一系列活动相继开展。这背后，更为关键的是从顶层设计出发，突破子公司框架，打通壁垒，以客户为中心打造"一个太保"一揽子服务团队，建立战略客户管理体系和服务体系，并出台了相关支持性文件。

谁来管？要为战略客户提供一揽子服务，需要建立一对一的服务团队，培养一支跨板块综合营销服务能力高端人才队伍。因此，中国太保打造了一支初具规模、结构合理、认同协同、综合能力强的主办队伍，所有子公司均要派人参与项目团队，从而满足对应客户从保险到投融资等各类需求。2020年，针对402个战略客户，中国太保从子公司遴选组建402个主办牵头团队进行对接。

怎么管？中国太保从"百家大客户生态圈建设"出发，完成一系列顶层设计，形成立足集团、协调各方的协同开发规范，萃取提炼形成解决方案模板。针对政府、企业和金融三类客户，实施差异化策略，梳理三类客户重点产品清单，形成综合解决方案模板。

用什么管？对中国太保而言，这一点具备突破性。在此之前，集团并没有一对一作为支撑的系统平台。从无到有，从单一到多元功能支持，集团用了短短两年时间，搭建并完善对接家园系统、资产大数据平台等7家子公司超过12个业务系统，实现数据破壁，建成高管驾驶舱、客户管理、团队管理、任务实施、业务分析等基本功能模块组合。

怎么牵引？中国太保确立了自上而下的战略客户协同开发组织推动体系，做实子公司职能部门和分公司联合小组层级责任主体，强化传导效果，同时建立上下通达的信息传输通道。在坚守合规底线的基础上，逐步探索跨子公司协同激励路径。

在"初创"期，中国太保在战略客户协同领域缔造了多个创新之举。

首先，主办团队成员均为兼职。用时髦的话术来形容，每一位主办和项目助理都是中国太保的"斜杠青年"。作为主办大客户经理，除了本职工作以外，还需要对外代表集团与客户进行沟通、对话，对内管理协同营销团队。中国太保对主办大客户经理这个角色给予高度重视，对担任主办人员的资历、岗位、专业能力、综合素质等都有全方位的要求，遴选出来的主办极为资深，不少主办本身就是子公司高级管理层。中国太保更是把担任主办作为培养跨子公司综合营销人才的重要路径。

2019年，浙能集团入选"百家大客户生态圈"。项目主办大客户经理来自太保产险浙江分公司，但项目团队成员囊括了来自产险、寿险、长江养老、健康险、资产管理等多个板块的业务骨干。面对团队建立初期协同作战能力欠佳的困境，多次组织骨干人员开展点对点培训，实施"小项目分工对接、大项目协同作战"，在业务推进关键阶段及时组织联席会议，及时总结经验，同时及时梳理排查业务资源，主动发掘业务突破创新口。面对同业竞争白热化、企财险费率同比下降近 30% 的不利局面，浙能集团项目团队以多端联动促发展，业务协同在原有基础上不减反增，新增合作项目 7 个，2019 年年度总保费收入超过 3500 万元，同比增速达到 23%。

■ "大咖集市"战略客户生态圈建设主题活动

其次，通过深化与战略客户的合作，开辟挖掘个人客户的新路径。经济持续发展，带动国民个人财富增加，保险企业的业务结构相应发生变化。对战略客户部来说，团体客户业务虽然竞争强、利润低，但是却蕴含着个人客户的流量入口，正是新的价值所在。从更长远的意义上说，中国太保需要的不仅仅是客户的保险业务，而是一种与客户间的互惠互利模式，是一种可持续的战略合作关系——通过互相开放资源，把"朋友圈"深化到"生态圈"。

兴业银行资产管理规模庞大、分支机构覆盖全国、金融服务团队人员众多。如何从客户价值出发，积极发挥保险资金长期、稳健、灵活的特点，推进双方客户资源共享？兴业银行项目主办大客户经理赵鹰带领项目组与兴业银行维持每季度会面的频率，通过近一年的共同努力，资产管理业务、国联安基金在兴业银行的销售均取得了有效突破。围绕各自业务需求及可提供服务内容，项目组制定各版块业务对接表，日常通过微信群建立联系，月度召开沟通会汇报各板块进度。最终实现太保资产与兴业银行成功构建"基础资产—托管—资管产品全产业链"。2020 年，双方在战略合作协议的基础上，签订多元金融服务合作框架，联合构建多元金融服务体系。"以一站式服务为特色，力争成为与兴业银行合作最全面、最专业的保险公司"，这是赵鹰与兴业银行项目团队第一次会面时的约定，也是赵鹰一直坚守的初心。

子公司之间从真正意义上打破藩篱，从各自为政的"条"状，转变为交融共生的"网"状。在同一个区域中，中国太保往往拥有多个分支机构，因此需要在区域层面建立协同机制，将各分支机构"拧成一股绳"。通过成立分公司战略客户联合工作小组负责当地各子公司分支机构的协同推进，突破了子公司之间的界限。

广东分公司战略客户联合工作小组组长、太保产险广东分公司总经理郁宝玉面对协同工作承接落地重担，立下了"潮涌珠江千帆起，同舟协力宏图时"的誓言。在分公司工作小组一次季度例会上他提出，"联合工作小组，特别是主办大客户经理要继续提高站位，强化责任担当，切实将战略转型 2.0 在广东实施落地，深入落实'一个太保，共同家园'，扎实开拓产、寿、健、养'一个团队'通力合作的格局"。分公司工作小组副组长、太保寿险广东分公司总经理郎旭昌形象地将产寿协同比喻为孪生兄弟，"兄弟同心其利断金"。广东分公司战略客户联合工作小组 2019、2020 连续两年获得集团协同价值贡献携手奖。

最后，战略客户协同开发在从保险端向其他端口延伸上实现了同频共振。如，长江养老、国联安基金围绕保险主业，加速融入中国太保一体化，全力打造"协同发展名片"。借助中国太保在全国的产寿机构布局，长江养老从一家上海企业转变为一家迈向全国的养老保险公司。在职业年金业务上，截至 2020 年，长江养老在与市场上优秀金融机构的激烈竞争中保持全胜战绩，100% 中选全部已启动项目。

作为中国太保新成员的国联安基金在扩大与各大银行合作"朋友圈"上也多有收获。原先与国联安鲜有合作的国有大行、股份制银行，如今大部分成为国联安的业务合作伙伴。

"1+1 ＞ 2"的化学反应凸显

2020 年是"十三五"收官之年，也是"A2 项目集"的结项之年，中国太保协同发展转型收获颇丰。通过三年的努力，协同工作推动实现了公司、客户、队伍的三方共赢。

2020 年个人客户协同业务实现保费收入 194.5 亿元，较 2017 年实现翻番，三年复合增长率 27.8%；客户融合成效明显，2020 年末持有中国太保不同子公司保单的个人客户数累计达到 1024 万，三年复合增长率达 43.4%。协同业务助理寿险营销队伍增收留存，近一年寿险营销队伍获得寿销产佣金 15 亿元，同比增长 18%；平均每月举绩产险的寿险营销员人数约 18 万，占比 24%。

中国太保的"朋友圈"不断扩大，2020 年末，纳入协同开发的战略客户达 402 家，符合标准的跨板块综合营销服务高端人才达 260 多人。战略客户保费规模和第三方管理资产规模连续 2 年双增长。与集团签订战略合作协议的战略合作伙伴 103 家，较上年末增长 33.8%，省市政府（省、自治区、直辖市、计划单列市）战略合作签约率达到 75%。

在更宏观的层面，可以发现，协同发展下的中国太保在国家战略中的身影，出现得越来越频繁。从乡村振兴到助力健康中国，从长三角一体化到粤港澳大湾区，中国太保始终以服务国家战略和地区中心工作为发力点。

协同永远在路上，面向未来，俞斌看得更远、想得更深，不仅要求协同工作更接地气，全面为子公司业务发展赋能，更是提出要把协同工作打造为太保践行长期主义的最好注脚，为此，现任集团市场副总监、战略客户部总经理石践对新一轮的协同发展提出了"6+1"路径设想：党建红色协同为引领，不断健全机制、运用科技、打造生态，从产寿协同、团个协同、资负协同、生态协同、品业协同、科技协同等方面持续深化、重点推进。

作为一家致力于打造"百年老店"的保险集团，中国太保将紧紧抓住构建"以客户为中心的综合金融保险供给体系"这一工作主线，持续推进客户综合经营的线上化和智能化，坚持创新共赢，打响"太保服务"品牌，为客户体验持续提升和客户价值长期增长注入不竭动能，实现板块协同新举措、客户协同新气象、区域协同新突破，以高质量协同助力公司高质量发展。

（作者：戚颖璞）

第六节

"同一个太保"

中国太保旗下，有两家特色鲜明的下属保险公司——长江养老保险股份有限公司和安信农业保险股份有限公司。

不少人所不知的是，其实这两家公司之前都是各自领域的佼佼者，在上海市政府的推动下，两家企业先后加入中国太保，并顺势借力发展，不仅呈现出更加蓬勃的生机，更为集团整体提供了新鲜的动力。

融入太平洋

两家公司融入中国太保，源自于上海国资的一盘棋。

2009 年 8 月 13 日，上海正式公布了《关于进一步推进上海金融国资和市属金融企业改革发展的若干意见》（下称《意见》），对上海市金融国资国企改革发展进行了总体部署。

在此不久前，《国务院关于推进上海加快发展现代服务业和先进制造业建设国际金融中心和国际航运中心的意见》也刚刚颁布。建设上海国际金融中心，成为了上海的重要目标和任务。如何更好发挥上海市金融国资国企队伍的能量，服务上海国际金融中心建设，成为了一道必答题。

截至 2008 年底，上海国有金融资产总额达到了 2.45 万亿元，但需要看到的是，金融国资国企的管理运营体制与市场化要求相比还有一定距离，同时金融资产在股权结构方面也较为分散，进一步统筹管理，势在必行。

在此背景下，《意见》的出台无疑谋虑深远。其主要目标之一，就是培育若干家主业突出、具有全国性影响力的市属骨干金融企业，逐步壮大金融机构体系。

在这其中，作为唯一一家总部在上海的全国性保险集团，中国太保成为了保险板块的重组平台。对于中国太保的未来发展方向和定位也已经基本明确，即：大力发展保险主业，努力建设成为具有国际竞争力的一流金融服务集团。

当时，上海市属保险企业原有四家，分别是中国太保、长江养老保险、大众保险和安信农业保险。在这其中，长江和安信是非常有特色的两家保险企业。

长江主攻养老保险。2007 年 5 月，长江养老保险股份有限公司由上海国际集团等 11 家国有大中型企业共同发起设立，同年 11 月获原劳动和社会保障部颁发的企业年金基金受托人、账户管理人和投资管理人 3 项资格，成为首家一次性获得 3 项年金业务资格的金融机构。2008 年 7 月，长江养老全面完成上海原有企业年金 186 亿元资产和 5646 家企业、75 万个人账户的整体移交。无论资本金规模还是管理企业年金规模，长江养老都已成为当时国内最大的专业年金管理机构之一。

安信扎根农业保险。2004 年 9 月，在上海市委市政府推动下，安信农业保险股份有限公司在上海成立，这是我国第一家专业性农业保险公司，翻开了中国探索农业保险发展的新篇章。自成立以来，安信立足上海，紧贴农业、农村、农民的保险需求，积极参与农村社会经济发展，不断探索着农业保险产品和服务的创新发展，形成了一系列"上海经验"，使得上海的农业保险保障达到了发达国家水平，成为全国的模板。

术业有专攻。这两家企业虽然与中国太保相比规模不大，却和中国太保有着天然互补共通之处。当时，中国太保并不具备养老保险业务牌照，而农业保险也是中国太保一直想切入的业务领域。

就这样，在上海市委市政府的总体部署下，中国太保启动入股方式，收购长江养老和安信的控股权，逐步打造上海国资旗下主要的保险专业运营平台。

长江就这样开始汇入太平洋。2009 年，国内保险行业首例同业并购就此诞生——中国太保子公司太保寿险以 1.7 亿元受让上海国际集团所持长江养老 1.13 亿股股权，并以 3.28 亿元认购长江养老定向增发的 2.19 亿股，合计斥资约 5 亿元。受让和定向增发后，中国太保间接持有长江养老 51.75% 的股份。

2014 年底，中国太保首次向长江养老派驻董事长、总经理，长江养老自此从管理体系上正式融入中国太保，成为中国太保旗下重要的养老金管理平台，开启了公司崭新的发展历程。

合作共赢的态势很明显。作为全国性保险集团，中国太保能为发展养老保险业务提供所需机构网点、客户信息、销售服务、后援支持、投资管理等诸多资源，而长江养老拥有完备的年金业务资格、上海地区庞大的存量养老保险业务，拓展全国市场、扩大业务规模的意愿十分强烈。

长江养老董事会秘书朱炜这样形容双方的融合："长江养老划归中国太保，可以归纳为四个'有助'。一是有助于优化整合上海本地金融资源，提升本地金融资源的市场化服务能力与长期竞争力，助力上海国际金融中心建设。二是有助于借力中国太保的强大平台，将上海社保市场化改革的成功经验向全国复制推广，提升上海社保改革经验在全国的影响力。三是有助于支持中国太保做大做强保险主业，延伸大健康大养老价值链，弥补在养老保险牌照方面的短板。四是有助于改善长江养老资源不足、缺乏大股东支持的局限性，激发发展动能。"

安信随后也加入了太保大家庭。2014年10月，经原保监会批复，中国太保另一家子公司太保产险受让上海国际集团所持安信8809.34万股股权、上海国有资产经营有限公司所持安信8357.58万股股权。转让之后，太保产险持有安信农险17166.92万股，占总股本的34.33%。2016年8月，安信农险增资人民币2亿元，增资后，太保产险持有36490.08万股，占总股本的52.13%，双方于同年实现财务并表，安信正式成为中国太保旗下专业农险公司。

自此，中国太保拼好了农业保险的业务版图，大干一场的意图表露无遗。农业保险是一个非常专业的险种，行业壁垒很高，风险也很大，安信运营十年积累下来的农险数据、经验和人才，无疑成为了中国太保进入这一市场的宝贵无形财富，将有助于中国太保在农险业务上精准发力。

安信本身也在等待着这样的机会。作为一家小而美的公司，安信深耕上海，打造了诸多创新模式和产品。但上海的农业规模毕竟有限，想要把这些经验推广到全国，安信需要更大的资金支持和更广的资源渠道。这些，正是中国太保能提供的。其实早在中国太保并购安信之前，发展遇到瓶颈的安信浙江分公司就曾主动找过太保产险浙江分公司，双方签订了一个全面合作协议，随后一起开发出了茶叶气象指数等创新农险产品，效果不错。就在那时，融合的种子已经悄悄埋下。

双赢的融合，就这样慢慢开始了。

走向全中国

融合之初，两位新来者都有不适应之处。

安信农险产品部负责人胡德雄到现在还清楚记得，第一次在半夜收到太保产险同事邮件时的惊讶。包括太保产险的领导在内，每个人似乎都在不停工作，忙一个通宵也是家常便饭。即便在外地出差期间，也能看到他们一直拿手机刷数据。看到哪个数据不好，立刻拿起电话就安排调整工作。

"市场化经营意识和管理体制给我们的触动很大。以往安信在上海农险市场上是独一份，市场化竞争体现的不充分，所以很多思维习惯都要改。"

最简单的例子，就是安信的应收保费。以往早一天到账晚一天到账，他们并不在意。而在太保"开门红"、应收账款催收等一系列市场化措施的熏陶下，安信也开始强调效率，要求每笔保费一定要尽快到账。

更让人感到不适应的，还有市场化的绩效考核。作为一个"看天"的险种，农险营收利润经常受到天气的影响。比如台风来或不来，会使当年营收利润的差别很大。时任安信总经理石践曾经对此有所抱怨，认为如此特殊的农险不该被这样考核。但领导的一句话点醒了他："你一直说安信是专业的农险公司，不能把每一年的风险管理好，怎么称得上专业？"

专业，的确不是说说而已。这些潜移默化的影响，开始给两家公司注入更加专业的动力。

长江养老正式融入太保之初，情况并不理想。由于国家政策等原因，长江颇为倚重的企业年金市场持续处于瓶颈期，公司发展缓慢导致业务骨干流失情况十分严重。从 2014 年 10 月至 2015 年上半年，原有 9 人的经营班子因各种原因离职后仅剩 1 人，员工离职率也一度高达 25%。

必须改变了！新的公司党委和经营班子深刻认识到制约公司发展的体制机制问题，迅速启动编制新三年发展规划，旗帜鲜明地提出"三年 5000 亿"的发展目标，并按照"价值导向、市场对标、成本可控"的原则，加快推进利益共享机制、MD 机制、事业部机制等一系列市场化改革举措，有效激发了全体干部员工的工作热情与发展动力，在公司内部迅速形成"二次创业"的积极氛围。

想要迈上新台阶，以往较为单薄的经营战略已经不再适用。借着融入中国太保的东风，长江养老开始把商业模式从单纯的企业年金管理模式升级为覆盖三支柱的养老金管理模式，新增基本养老保险基金投资管理、职业年金受托与投管、开放式个人养老保障管理产品、主动管理型组合类保险资管产品、集团外第三方委托专户、境外受托投资、不动产投资计划、资产支持计划、衍生品投资等一系列业务。经过公司党委和经营班子充分研究论证，2017 年底，公司率先在国内养老金管理机构中提出"专注养老金管理主业、聚焦长期资金管理、全面服务养老保障三支柱"的战略定位，并在 2019 年底提出迈向"国内一流、国际知名的科技型养老金管理公司"。

全新的战略指引之下，从基本养老金，到职业年金，长江养老携手中国太保，开始在全国"开疆拓土"。

2016 年 12 月 6 日，全国社保理事会正式公布基本养老保险基金投资管理机构的评审结果。长江养老从 26 家国内顶尖管理机构的激烈竞争中脱颖而出，成功获得基本养老保险基金投管人资格。这是公司业务发展过程中的关键性里程碑，标志着中国太保正式迈入国家养老保障体系的第一支柱领域，实现了中国太保"大健康大养老"战略布局的重要突破。

长江养老研究部王晶研究员回忆起基本养老保险基金投资管理人的竞标准备工作时，颇为感慨地说"探究这次里程碑式的突破，其实是长江养老融入中国太保后，在治理体系、管理架构、经营能力等方面得到系统性提升的真实体现，进而使公司在应标工作中从容应对"。时任公司党委书记、总经理苏罡亲自担任竞标组的第一责任人，汇聚全公司之力，连续两周通宵达旦，最终完成了约 15 万字的标书和答辩报告。

但是，获得资格只是第一步，得到客户的真正认可，需要经历一个长期的过程。

长江养老机构养老金投资部总经理何了乙记得，2017 年 3 月初，接到全国社保通知，持有至到期债券组合拟开始运作。组合开始运作后一个月，社保理事会牵头在上海举行投资人经验交流会，他作为公司代表在会上发言，介绍市场看法和投资策略。尽管社保理事会对于组合的起步业绩表现非常认可，但对于公司明显与其他投资管理人差异较大的持仓结构以及差异化观点仍有怀疑。对于长江养老是否有能力持续战胜市场上其他优秀的管理人心存疑虑。"毕竟，长江养老是社保理事会遴选的新机构，我们的风格还没有得到他们的认可。"

真金不怕火炼，优异的投资业绩印证了长江养老专业团队的观点，社保理事会开始给予公司更多关注。2019 年，社保理事会在嘉兴南湖再次召开投资管理人交流会，来自长江养老的声音第一次得到了社保理事会的充分肯定，长江养老用扎实的业绩证明了自身的投资能力。经过 1300 多个日夜的磨合，这一新来者在社保理事会面前终于树立起优异的专业形象。

基本养老保险基金投资的优异成绩和备战过程中的宝贵经验，又有力支持了长江养老在职业年金领域的"攻城略地"。

2016 年 10 月，人社部、财政部联合印发《职业年金基金管理暂行办法》，标志着职业年金基金市场的大幕正式拉开。作为与企业年金并立的补充养老保险制度，职业年金的战略意义和发展前景引得各家金融机构纷纷摩拳擦掌，跃跃欲试，都想早日争取入围职业年金基金管理人。

长江养老当然也是志在必得，他们立刻着手建立起适合职业年金业务开展和服务支持的组织架构。

一方面，长江养老联合中国太保旗下产寿险公司，在全国 30 个省市设立了太平洋—长江养老业务合作中心，依托这一集团子公司协同的基础平台，形成了完备的属地化服务能力。另一方面，公司成立了专业部门——职业年金部，协调公司各条线资源为全国职业年金工作提供技术支撑和服务保障。总部支持加上落地服务，集团各子公司通力协作，长江养老立体化的职业年金展业与服务体系初步形成，在全国各地职业年金前期准备中发挥了重要的作用。

新疆是职业年金的第一个"战场"。长江养老受托副总监兼养老金业务支持部总经理孙黎骏还记得一个细节：2017 年 12 月 15 日晚，他们一行人正在准备次日新疆职业年金受托人招标。当时公司主要领导和属地同事，还有太保寿险同事都在酒店里，彻夜通宵地准备。为了让这次招标更接地气，让当地领导对长江养老留下更深刻的印象，主讲人苏罡专门在竞标陈述中穿插一句维吾尔族语"我们准备好了"。由于这句话有些拗口，他当着大家的面，来来回回做了无数次练习。

"积跬步必能至千里，积小流终能成江海。"这个细微的场景让孙黎骏感慨万千。"我们长江人就是愿意在看似小事和细节上付出 100 分努力，去成就哪怕一个涓埃之微的小目标，这是一种执拗，更是一种匠心的坚持。我觉得这是长江养老企业精神的经典缩影。"

在这样的执着努力下，长江养老首战告捷，成功入选了新疆维吾尔自治区职业年金计划法人受托机构，拿下了全国职业年金的第一单。

此后，长江养老在职业年金领域开始一路高歌猛进。截至2020年末，公司在已经完成管理人评选的32个职业年金受托人和投管人项目中全部以正选管理人身份中选，是仅有的全部获得正选受托人的五家机构之一，且平均每个省中标两个投资组

■ 长江养老成功获得职业年金市场化第一单，现已中选全国已完成评选的全部32个职业年金项目

合，真正实现了中国太保养老金业务的全国化布局，公司年金受托业务的省级地区覆盖率从52%提升至100%。

职业年金项目的连战连捷，得益于苏罡在2017年4月推动建立的"职业年金业务综合项目组机制"，以"一个太保"的整体姿态，为各地政府量身定制了包含综合风险保障、养老金管理、保险资金投融资、脱贫攻坚等在内的合作计划，用含金量极高的一站式方案得到客户的充分肯定，初步构建起全面服务地方政府的协同生态圈。

在这个生态圈中，中国太保同事们得以携手前行。各地奋战过程中，长江养老的同事们深切感受到与各省市产寿险同事的沟通日益加深，从中对各地职业年金客户的认识也逐步加强。"在职业年金售前准备中，我们仰仗属地的产寿险同仁，提供前期沟通、信息收集等营销支持，清晰刻画客户形象。在业务落地之后，我们又携手属地同事，落实售后服务、客户维护等日常服务工作，持续提高客户满意度。"

尝到了融合的甜头，长江与集团内部不同业务板块之间也开始联动，产生一系列化学反应。长江养老为太保寿险"开门红"营销活动独家设计"新保惠"产品，以个人养老保障产品对接管理寿险新单业务的预缴资金，解决预缴资金沉淀闲置的痛点，提升了中国太保综合性产品与服务对于客户的粘度。与此同时，长江养老还联合太保寿险成功发行"保单贷款资产支持计划"，以资产证券化的方式协助太保寿险盘活存量资产，优化资产负债管理，该产品不仅是上海保险交易所的首发产品，而且是保险业通过另类保险资管产品实现保单贷款资产证券化的第一单产品，获得当年的上海金融创新成果奖。

在长江养老借力中国太保走向全国的同时，安信也与中国太保一起，在农

险领域开始了全国化的征程。

想要走向全国，修炼内功就成为了一堂必修课。虽然安信在农险专业方面数一数二，但与中国太保这样的上市公司相比，各项规章制度还远不够完善。并表后，安信在中国太保的推动下，经历了超过200多项的制度完善，这一改革给公司治理和发展带来了巨大帮助。无论是人事制度，还是招标奖励，安信都越来越像一家市场化的公司。

在内功精进的基础上，安信与中国太保的融合更加水到渠成。双方积极发挥各自的资源优势，先后完成了增资并表、交叉任职、产品融合、专业支持、域外合作、再保融合、平台共享、技术应用等全方位的融合工作，围绕打好主战场、辐射长三角、输出生产力等融合发展新机制，取得了积极突破，有效拓展了双方融合的深度和广度，增速持续领先行业，市场地位稳步提升。

安信与太保产险联手，创新打造糖料蔗保险的故事，令胡德雄至今难忘。

当时，受生产成本上升和国外低价糖冲击双重影响，制糖企业效益迅速下滑甚至全面亏损，原料蔗收购价格随之不断下降，农民种蔗积极性下降，糖料蔗种植面积出现萎缩，影响到国家蔗糖产业可持续发展。2015年，中国最大产糖省区广西提出想要开发一种价格保险，来防范糖价波动带来的风险，促进农民增收、企业增效。

怎么做？太保产险广西分公司在农险方面并没有足够的经验，于是打电话到总部求助。安信在此时站了出来，公司领导亲自带队到广西调研，遍访糖厂、蔗农，详细地了解情况。

经多方调研论证，安信设计了一套全新的糖料蔗价格指数保险方案，服务糖料蔗种植和制糖企业生产活动。

这套方案是以白糖的市场销售价格作为参照标准，由保险公司对甘蔗种植经营户或糖企由于白糖价格波动造成的损失给予一定补偿，以确保食糖生产各方预期收益的价格风险管理机制。当糖价上涨时，保险公司赔付蔗农，补偿蔗农种蔗收入；糖价下跌时，保险公司补偿糖企，确保糖企收回生产成本。

其中，对蔗农的保险赔付以白糖平均销售价格为基准，当白糖平均销售价在5500元/吨（不含）以下时，保险公司按照每亩糖料蔗18元的标准补偿种植户；当白糖平均销售价达到5500元/吨（含）以上时，每上涨100元，每亩糖料蔗赔付金额增加30元，每亩糖料蔗最高赔付金额不超过90元。对糖厂的赔付标准为，当白糖平均销售价低于 5400/ 吨（不含）时，白糖平均销售价每下降 100 元，保险公司按每亩 30 元的标准进行累加赔付，下不封底。

方案的创新之处，就在于风险分散方面，采用了"保险＋期货/期权"的模式，通过白糖现货、期货市场，运用期货/期权衍生品工具进行套期，从而规避风险。采用价格指数保险的方式化解糖料蔗市场价格风险，填补了传统保险产品只能涵盖生产风险的缺陷，进一步完善了保险产品对蔗糖业的保障范围。

这一创新方案最终得到广西方面认可，并随即开始试点，由中国太保、中国人保、北部湾保险组成的农险共保体进行承保。这一新开拓的市场，为中国太保未来每年增加了几亿元的保费。更重要的是，这一产品的诞生，使得当地财政可以腾出手来更好服务三农，这是对乡村振兴的有力推动。

这样的合作模式让安信和太保产险都尝到了甜头。此后，双方继续深入推进业务融合，积极寻找业务融合发展新契机。广东农垦是中央直属垦区，作为深耕国家战略资源的大型现代农业企业集团，拥有天然橡胶、蔗糖、畜牧、粮油、乳业等重要农产品生产基地。2016 年，安信在全国范围内首创的天然橡胶"保险＋期货"价格指数保险首单落地广东农垦。如今，这一单险种累计保费规模已突破 5000 万元。在这一成功创新的经验之下，2019 年广东农垦对其天然橡胶传统种植险业务进行招标时，安信协同太保产险广东分公司成功中标年保费约 3000 万元的三年期包。同年，安信又与太保产险广东分公司合作参与农业农村部金融支农创新项目申报工作，双方在产品开发、客户沟通、属地服务等方面强强联合，成功取得广东农垦红江橙品质指数保险、广东农垦耕地地力指数保险两项创新试点资格。2020 年，太保产险广东分公司又成功中标广东农垦畜牧集团生猪养殖保险。

就这样，依托太保在全国的机构优势，充分发挥安信在农险上的专业性，双方开展了一批卓有成效的创新业务——在全国率先开展绿叶菜价格保险、鸡蛋"保险＋期货"价格保险、天然橡胶"保险＋期货"、农作物收入保险，为平滑农产品价格周期性、季节性波动、确保农民稳定增收做出众多有益探索，也帮助中国太保把农险业务拓展到了全国多个省市，逐步打开了市场。

在青海，开发藏系羊牦牛降雪量气象指数保险项目；在新疆，开发留香瓜目标价格保险、籽棉价格保险项目；在湖北，开发淡水鱼高温气象指数保险项目；在云南、新疆，开发白糖、棉花期货价格保险，用"保险＋期货"助力建档立卡户脱贫……

目前，安信的产品研发部，已经开始负责太保产险的农险产品开发。从一开始只是辅助开发，到如今80%的农险产品都交给安信设计，融合正在不断加深。

■ 2018年11月8日，太安农业保险研究院揭牌

同时，太保产险与安信还共同创立了国内首家专业农险研究智库——太安农险研究院，汇聚国内外政产研一流专家，并举办了国内首届农业风险管理国际论坛，以智库力量助推国家农业保险高质量发展。

双方的融合还体现在人才的交流。并表后，太保产险、安信的领导干部实现了双向交叉任职，交叉任职人员涉及近40人。如太保产险副总经理宋建国，同时也担任着安信董事长。这样"两块牌子，一套班子"的融合，使得双方在面对"重大战役"时，能够真正做到优势互补、双剑合璧。

"安信每年都有人才去太保产险分公司锻炼学习。大家回来以后确实不一样，以前比较佛系的员工，现在听到有新业务进来，都两眼放光。"胡德雄笑着说。

同一个太保

随着融合的不断深入，"一个太保"的理念已经深入两家公司人心。

在融入集团后，长江被纳入到集团整体的管控体系之内，在行政、人事、财务和信息技术等多方面按照集团转型2.0的统一要求，对标行业一流进行整体打造。

其中，长江养老的VI体系切换令何了乙印象深刻。长江养老的名片、工牌、

■ 长江养老董事长苏罡介绍保险资金与养老金的战略协同工作

工位上的名签、墙上的宣传海报，都开始出现中国太保的元素。"那一抹太保蓝凝聚了人心，也让全体员工在新的旗帜下找到了归属感。"

"长江养老的传统色调是红，红是对人情冷暖的关照，更是对养老事业的赤诚。中国太保的标志颜色是蓝，蓝是专业、责任和奉献。我们是蓝色与红色的深度交融，展现出一家专业、可信赖、有情怀的养老金管理机构。"何了乙在介绍公司文化的言语中透露出对中国太保油然而生的认同感。

孙黎骏喜欢这种"抱团"的力量。"感受很深，我们现在不再是单打独斗了，无论我去哪个地方做业务支持或者开拓市场，都能有当地的产寿险同事随时提供支持。哪怕只是跟我们一起共用工作餐，到机场车站接送，都会让我们觉得特别温暖，有一种有帮手、有兄弟的感觉，充满了力量。"

安信的年轻人也有了一种身处大家庭的自豪。安信上海分公司副总经理蒯本非分管团委工作，公司的年轻人屡次跟他提起这种自豪感："以前出去谈业务，总要跟客户介绍安信是一家什么样的公司。现在好了，无论到哪里去，只要说自己是中国太保的一员，很多客户都会有印象。看到中国太保各地的广告宣传，包括疫情期间对于武汉的驰援帮助，这些都让我们感到脸上有光，很自然地产生一种很强的荣耀感和归属感。这就是我们强大的集团，泰山可倚。"

在这种一体化的发展下，两家公司都实现了新的突破。

长江养老不断刷新着记录。公司受托与投资管理资产规模于2020年7月1日突破10000亿元大关，并在年底达到11476亿元，相比2014年底净增约10倍，5年累计增速位列养老保险公司第一位，且投资管理规模自2017年以来稳居养老保险公司第一位。公司在多个细分市场保持领先地位，基本养老保险基金管理规模位居养老保险公司以及同类组合10家管理人的第一位；企业年金集合计划受托规模位居行业第一位；团体养老保障管理规模位居养老保险公司第一位；另类保险资管产品管理规模位居养老保险公司第一位；组合类保险资管产品管理规模位居养老保险公司第一位；人均管理收入和人均净利润多年来位居主要养老保险公司的第一位。

安信的价值也开始凸显。2015年开始，伴随着安信的加入，全面深入农业保险经营后，太保产险的农险保险业务收入从最初的11.55亿元增至2020年的86.49亿元，已稳居行业第三。不只是单纯的农业保险范畴，双方已经开始在农业生产的全链条上进行探索。

■ 2021年1月17日，太平洋安信农业保险股份有限公司更名揭牌仪式

2021年1月，安信农业保险股份有限公司正式更名为"太平洋安信农业保险股份有限公司"。更名的背后，意味深长。这标志着安信已从"坚守上海大本营，辐射长三角"的"小而美"迈入到"放眼全国农险市场，创新行业发展模式，增强持续发展动能，提升核心驱动能力，做强做优农险主业，率先在全国范围内跨入专业化经营"的全国布局新阶段。

未来，两家公司在"一个太保"的理念下，发展路径也愈发清晰。

如果说中国太保在市场中是一艘旗舰，那么长江和安信就是新引擎。中国太保拥有极高的市场知名度、完善的分支机构布局以及强大的资本市场优势，而长江和安信在各自领域的产品创新、人才储备方面有着足够积累。新引擎将为旗舰提供新的动力，而旗舰也将带着新引擎一路乘风破浪。

广阔天地，大有作为。对于长江和安信而言，中国太保把他们带往了一个广阔的市场。养老三支柱在中国起步伊始，发展空间巨大。伴随着乡村振兴和长三角一体化等国家战略，农业保险市场也出现了一片蓝海。

历史给予了他们最好的机遇。随着长江、安信与中国太保融合发展进入全新阶段，他们未来的战略发展已经有了充分的想象空间。

从承接上海原有186亿元企业年金资产起步，长江养老不仅成功完成历史重任、顺利实现移交资金的平稳过渡与市场化运作，树立起养老保障制度改革的"上海样本"与"长江范例"，更是逐步走向全国、全面服务养老保障三支柱。现在，努力打造国内一流、国际知名的科技型养老金管理公司，已经成为长江养老的明确愿景。从我国首家专业性农业保险公司开始的安信，由深耕上海，到志在全国，如今随着与中国太保的融合发展从"形似"达到"神至"，安信已从单纯的农作物保险扩展到心系农业、农村、农民，全力服务乡村振兴。太平洋安信的揭牌，更正式开启了其打造中国农险第一品牌、国内第一家全国性专业农险公司、实现中国太保大农险高质量发展的新篇章。

　　站在更高的起点，中国太保、长江养老和太平洋安信都将继续坚持一个"融"字，在同一面旗帜的指引下，向着统一的目标，共享着各自的智慧和资源，携手迈上了更高的台阶。

　　回首过往，十多年来，这场融合的实践，让上海金融国资国企得到了真正长足的进步和发展，无论是市场效率还是资源规模都得到了大幅的提升。如果说当初并购长江和安信是政府交给中国太保的一项光荣使命，那么这项使命现在可以说已经圆满完成。如果说这场并购反映了市场自身的需求，那么这种融合真正做到了一种充分的共赢。

　　如今，在太保而立之年，这支集结完毕的国资国企集团军，已经斗志昂扬地走在了再出发的路上。下一个十年，他们之间的化学反应，值得所有人期待。

（作者：张杨）

第七节

不一般的成长

进博会是全球首个以进口为主题的大型国家级盛会，中国太保 C 位出道，成为进博会的指定保险服务商。而这，依靠的是心怀"国之大者"的政治能力，宽广大气的战略眼光，行业领先的专业水平和与时俱进的创新实力。

从首届总保额约 350 亿元，到第二届的 5000 亿元，再到第三届的 8848 亿元；从唯一财产保险支持企业，到资质全面升级，提供"产、寿、健"一站式的综合保险保障和一体化的风险管理服务……进博会越办越好的同时，中国太保的服务水平和服务能级也不断提升，国内外的影响力和朋友圈不断扩大。

服务进博会，也在中国太保的发展史中留下了浓墨重彩的一笔。

脱颖而出

2017 年 12 月 15 日下午 4 时 52 分，集团董事长孔庆伟在公司内部发了一封电子邮件，部署太保产险准备进博会保险保障一揽子服务方案设计，中国太保与中国国际进口博览会的种种缘分由此埋下伏笔。

当时，有关进博会的新闻报道不多，许多人对进博会不太了解，在中国太保内部，孔庆伟是最先关注到进博会的领头羊，他敏锐地察觉出进博会的不一般，下决心力争获得进博会指定保险服务商的资质。

进博会是国家主席习近平亲自谋划、亲自部署、亲自推动的一大创举，是世界上第一个以进口为主题的国家级展会。它被放置在构建人类命运共同体的大框架下，是中国政府坚定支持贸易自由化和经济全球化、主动向世界开放市场的重大举措，既是经贸活动，又是主场外交活动。

进博会放在上海举办，既是国家交给上海的一项历史使命，也是国家留给上海的一次重大机遇。中国太保作为总部设在上海的国企，服务好进博会既是责任担当，也是中国太保迈向国际化的重要平台。

那天开始，孔庆伟就亲自部署首届进博会一揽子保险方案的设计和编制工作，亲自策划和推动进博会保险服务工作，并实时跟进。高层亲自挂帅、早谋划早部署，自上而下推动，这是中国太保如愿成为进博会指定保险服务商的重要原因之一。

孔庆伟在邮件中提到，要充分借鉴国际上的案例和经验，这在筹备进博会保险服务工作中体现得淋漓尽致。

在国内，会展保险业近年来逐步兴起，成为一个专业的保险领域。但进博会太特殊了，它的规格和国际化程度都非常高，参加进博会的展商、展品都来自境外，同时还是外国政要云集的主场外交活动。这样的展会有何特点？这些特点会带来怎样的风险点？如何有针对性地、客制化地设计保险方案，这都需要中国太保自己去探索。

发完那封邮件后，孔庆伟就带队到香港调研，通过中国太保香港公司，了解国际上保险业同行服务大型展会的案例。集团高层和进博会保险方案筹备组成员也比较研究了日本爱知世博会、国内的上海世博会、欧美的全球性展会等大型国际化展会的风险案例和保险方案。

大量学习思考后，中国太保再结合进博会自身的特点，以及绿色、智慧等要求去策划方案。比如应用了许多数字化的技术手段，优化客户的体验，提高业务处理效率等，这些技术手段在10年前或者更早之前的展会上是没有的。整个过程中，中国太保始终对标世界一流，以国际化的服务水平、服务标准和服务流程作为工作目标。

不过，最大的难点还在于进博会本身。2018年年初，谁也不知道首届进博会最终会呈现怎样的效果。当时，中国国际进口博览局的工作人员如同创业一般，从无到有，将进博会从构想变为现实。

设计谋划进博会保险服务方案，同样是一次从零起步的创业，中国太保从集团高层到子公司、分支机构负责人等多次与进博局对接交流，了解进博会的特点、筹备进展和保障需求。

与日本爱知世博会、上海世博会、广交会等国内外大型会展保险相比，进博会的服务对象更为多元，复杂程度更高，组织难度更大且影响更加广泛和深远，需要关注更多的新型风险并对保险方案进行创新。

保险方案的编制是一次集体智慧的展现。太保产险抽调了来自重大项目、风险管理、产品开发、理赔服务、法律合规等条线的十多位青年骨干组成了临时项目组，闭关十几天，每天从早到晚研究、讨论和撰写方案。集团、产险总公司和分支机构的领导多次专题听取方案编制情况，并提出指导意见。2018年6月，竞标文件完稿并提交进博局。

这份保险方案由场馆一年期保险与进博会短期伞式保单形成多层次立体式保障，全面覆盖人、财、责三大类风险，全面覆盖国家展、企业展和虹桥论坛三大支柱活动，全面保障主办方、参展商、采购商、服务商等多元主体。

值得一提的是，中国太保在 2018 年就创新设计了专门针对外贸行业的产业链全流程保险，包含买方的贸易融资信用保险、工厂生产相关的风险，以及运输、仓储过程中和售后的各种风险，并制作了双语产品手册。2020 年，因为疫情影响，国际供应链、产业链保险逐渐引起业界的关注，但在 2018 年，这种针对整个产业链的保险属于具有前瞻性的设计。

保险方案之外，中国太保更多在服务上发力。由于是综合性展会，进博会覆盖的行业非常多，展商和客商会有各种关于保险的问题需要咨询，中国太保进博会项目组不断思考，作为一家世界 500 强企业，面对国内外的展商和客商，应该提供怎样的服务，才能体现中国保险行业的国际化服务水平，同时打响上海服务品牌。他们最先想到的是，交流无障碍是基础需求。因此，打造一条专门服务进博会的中英双语专线成为优先要做的事。

短时间内迅速组织和培训出一批既熟悉业务，又能熟练用英语交流的接线员并不容易。与此同时，项目组还要设计整个服务流程、构建中英文话术库等。

类似这样的新服务，背后需要协调诸多部门。首届进博会召开前夕，进博会 95500 双语专线顺利上线，并在当年 11 月 1 日至 14 日提供全天候的双语服务。

在学习借鉴与创新的过程中，中国太保的思考方式也不断与国际接轨。中国太保在进博会 "6 天 +365 天" 一站式交易服务平台上尝试推出全英文的 "太保专区"。虽然中国太保有英文版官网，但内容基本是中文网站的译本，与外国人士的阅读习惯略有差异。为优化境外展客商的阅览体验，中国太保进博会项目组把全球排名前列的保险集团的官网都研究了一遍，梳理出这些公司官网的共性栏目、个性栏目以及网页色调，再结合中国太保的实际情况进行分析比对，做出了既符合外国人士阅读习惯，又能体现中国太保特色的全英文服务网页。

2018 年 9 月 12 日，中国太保收到中国国际进口博览会主办方通知：经审批，中国太保旗下产险公司成为首届中国国际进口博览会唯一财产保险支持企业。

在与诸多中字头的央企的竞争中胜出，成功中标进博会的财产保险项目，这一点并不容易。

■ 2018 年 10 月 15 日，太保产险正式成为首届中国国际进口博览会唯一财产保险支持企业

太保产险董事长顾越在向媒体解释为何中国太保能够"C 位出道"时对方案的四个特点进行了具体阐释：

"全"体现在基于国际上通行展会风险管理标准外，中国太保为进博会提供从筹备期、布展期、展览期和撤展期等全生命周期的一揽子风险解决方案。

"新"表现在符合国际贸易惯例、贸易便利化基础上，中国太保全新开发了知识产权保险、关税保证保险、网络安全保险等新型风险保障。

"专""优"则是中国太保依托全牌照优势，调动集团最优技术资源，通过模式创新赋能服务升级，开通 95500 进博会双语专线服务、设立进博会双语服务团队、打造进博会官网参展商投保系统、提供全生命周期会展风控服务等增值服务。

"不一般"的服务

2018 年 10 月 15 日下午，距离首届进博会召开还有 20 天，中国太保在上海召开了太保产险服务首届中国国际进口博览会保险方案发布会，从不一般的服务体系、不一般的保险保障、不一般的服务举措这三个方面，正式发布了为进博会量身定制的、总保额约 350 亿元的一揽子财产保险服务方案。

方案涵盖了知识产权保险、关税保证保险、网络安全保险等新型风险，也包括财产保险、公共责任保险等传统风险。

知识产权保险顾名思义是以知识产权为标的的保险，进博会是全球企业发布新产品、新技术的首发平台，没有一个好的知识产权保险将难以消除进口参展商的担忧，而完备的知识产权保险配置更是国际贸易便利化、一体化的重要辅助。这项保险的保障里面还包括法律服务费等对维权成本的补偿。

关税保证保险是保险公司为企业提供关税担保，在货物通关时可享受海关给予的"先通关后征税"便利的保证保险。企业若未按海关规定的期限缴纳进口货物关税，保险公司将按照保单约定向海关赔偿企业应缴的海关税款和滞纳金。它解决了国内通关手续繁冗、时间过长导致企业成本高企的桎梏。上海是重要贸易口岸，进博会大量的展品需要快速通关，如果没有相关产品配套，效率很难提高。这从某种程度上也会影响国外参展商对中国贸易营商环境的评估，因而关税保证保险的出现对进博会有重大意义。而进博会，也是海关总署牵头推出关税保证保险以来首次在重大项目上的应用，是一次成功的实践。

网络安全保险主要服务于"数字进博"。进博会官网及相关智能系统包含大量人员、企业信息和活动筹备组织等涉密数据，可能存在的网络安全风险主要为展览期间由于网络安全事故而导致的数据泄密、计算机勒索损失等责任风险。中国太保提供网络安全保险产品并在出现网络安全事故时，提供应急处理支持。

在落实各项服务进博会的举措中，中国太保当时总结了"四个一"，即一个电话提供 7 天 24 小时双语服务、一个绿色保险服务通道第一时间处理保险相关服务、一支专业队伍资源全国调动、一本专门服务手册参考国标规范。

中国太保还在现场设立了 1 亿元的理赔专项基金，方便快速处置，防止小事故酿成大风险。针对小额人伤事故，简化了理赔手续，现场专员协同当场调解免人伤相关单证，简单直赔。

2019 年，上海市评出了此前一年的"上海金融创新奖"获奖项目，中国太保的《首届中国国际进口博览会保险服务贸易项目》从 135 个入围项目中脱颖而出，荣膺一等奖。

上海金融创新奖是上海市政府为推动金融创新，优化金融发展环境，增强上海市金融机构综合竞争力，推进上海国际金融中心建设而设立的奖项。

业内专家评价，中国太保首届

■ 中国太保服务中国国际进口博览会获得相关荣誉

进博会保险服务项目发挥了保险服务贸易、服务科创的功能，是保险业积极参与和推动上海"五个中心"建设，打造"上海服务"品牌的一次成功实践，有助于推进我国新一轮高水平对外开放。作为首届进博会唯一财产保险服务商，中国太保围绕"提升通关便利化、优化营商环境"的创新要义和贸易全供应链风险管理的服务需求，量身定制了"主体多元、险种多样、保障多层"的一揽子保险保障方案。在保障内容方面，中国太保围绕贸易双方的融资、信用、运输、通关和售后风险，首创推出了涵盖 26 个产品的综合风险解决方案；项目创新实践了关税保证保险、知识产权保险等新型保险，协助参展商展品快速入境参展，获得了多方认可；针对进博会"经贸＋外交＋论坛"的组织特色，设计涵盖工程险等传统保险和知识产权保险等在内的一揽子会展保险方案；通过"保险＋科技"的运用以及对保税展示交易的保障，助力打造"6 天 +365 天"全覆盖、永不落幕的进口博览会。

这一评价足以显示出中国太保进博会保险服务的"不一般"。

尚未参加进博会前，中国太保一些高层期待进博会能助力公司打开海外市场，然而，在整个筹备、竞标到最后服务的过程中，进博会的意义和影响远超人们的想象，充分体现"不一般"的特点。

孔庆伟曾在内部讲话中提及，进博会，让总部在上海的中国太保和中字头的央企能够同台共舞。通过服务首届进博会的契机，中国太保第一次在国家级的平台上与央企合作竞争，这是对中国太保专业能力的肯定，也体现了中国太保行业头部企业的地位。

根据上海会展业白皮书提供的信息，进博会带动了上海乃至长三角和全国会展业的发展，与之相匹配的保险业务也获得了较大发展。通过进博会，中国太保打造会展保险精品和行业标杆，凭借服务进博会的专业实力和经验，中国太保后续陆续承保了服贸会、花博会等一些国际展会，并助力中国太保成为2022 年杭州亚运会官方保险合作伙伴，这是进博会为中国太保带来的重要溢出效应之一。

当然，中国太保能够脱颖而出，离不开充分的准备和全司上下共同的努力。为服务好进博会，中国太保不断创新突破，主动提升服务能级。包括关税保证保险、95500 进博会双语服务专线等创新产品在内，背后都是中国太保内部自我加压、主动思考、主动作为，对标世界一流水平，持续优化服务流程、增加服务工具、提高人员素质，以此让太保服务可以适配进博会这样一个国家级、国际化展会官方指定保险服务商的身份。

对于中国太保来说，进博会项目也是一次大练兵，锻炼了一支敢于战斗、能打胜仗的年轻队伍。

进博会无疑是集团层面的一项必须完成好的政治任务，这一次，集团把担子压给了一支年轻的队伍，这在中国太保几十年的发展史上是少见的。

在现场服务环节，首届进博会现场团队 16 人的平均年龄只有 29 岁。第二届进博会现场团队扩充至 100 多人，平均年龄也是 29 岁。第三届进博会，现场团队 200 多人的平均年龄为 31 岁。

■ 2020 年 11 月 2 日，集团领导实地检查公司服务第三届进博会工作筹备情况时与工作人员合影

可以说，正是因为有了服务进博会的成功经验，中国太保开始把一些重大项目作为锻炼年轻人的实战平台。在服务保障进博会的三年里，中国太保培养了一批外语能力过硬、具备国际视野、熟悉会展和贸易保险产品创新、了解风险管理服务、擅长项目化运作管理的年轻队伍。

近年来，中国太保一直在集团内部力推协同发展，进博会项目组本身就是协同发展模式的一次有益探索。在进博会项目具体执行的过程中，团队跨部门协同发力，深度合作，比如产、寿、健一揽子保险保障方案和一体化的风险管理服务。除了主业的协同外，集团战略研究部、产险再保部等也协助做一些进博会招商招展的工作。可以说，进博会项目是协同发力的平台，是资源的深度整合。

签下长约

2019 年 7 月 25 日，中国太保与中国国际进口博览局签署合作协议，正式成为 2019 年至 2021 年中国国际进口博览会核心支持企业和指定保险服务商。

这一次，中国太保不仅在资质上全面升级——在首届进口博览会一揽子财产保险保障方案的基础上，进一步发挥保险全牌照优势，为第二届进口博览会提供"产、寿、健"一站式的综合保险保障和一体化的风险管理服务，总保额也从 350 亿元，一下子增加至 5000 亿元。而且，合作协议的有效期为三年。

这足以显示出进博局对中国太保进博会保险服务整体工作的肯定。围绕进博会"越办越好"的要求，中国太保又一次在自我加压中向上突破。

这份方案又一次让主办方眼前一亮。主办方的工作人员评价道，中国太保的服务不仅能满足主办方的需求，而且总能够提供超预期的服务。

确实，进博会体量巨大，内容协议无法穷尽，许多时候，中国太保也是在项目推进过程中不断优化、完善和提升服务。他们欢迎变化，拥抱变化。在集团高层看来，不能商业化地看待进博会项目，全力以赴提供超预期的服务，体现的是中国太保的社会责任和国企担当。当然，超预期服务的背后，亦是综合实力在支撑。

那场发布会上，中国太保第二届进博会保险服务方案也同步发布。围绕艺术品陈设、5G 技术应用等场馆功能升级和无人驾驶体验、展品首展首发等新项目，中国太保新增艺术品保险，完善网络安全责任保险、知识产权保险等保障，并研发了活动中断取消保险、侵犯专利权责任保险、专利执行保险等新型险种，产品更创新，保额更充分，保障更全面。

项目组的目标，是要实现从"不一般"的保险服务向更高质量的"太保服务"迭代升级。整体上来看，第二届进博会的太保服务有三大特点：

一是三"全"服务体系，即全险种保障、全方位合作、全周期服务。

二是四个"保险 +"生态，即"保险 + 会展""保险 + 贸易""保险 + 健康""保险 + 养老"。

三是五大"升级"举措，即队伍升级、工具升级、风控升级、理赔升级、通道升级。

与此同时，这一次中国太保提供的保险保障方案全面覆盖进博会"4+4"相关主体，包括进博会主办方、参展商、采购商、供应链服务商

■ 中国太保工作人员在进博会现场进行风险查勘

在内的四大相关方以及围绕进博溢出效应的保税展示项目、跨境电商、其他展会、"6 天 +365 天"线上平台等四大延展方，不断延伸保障范围。

更高质量还体现在中国太保充分发挥上海主场优势，从单一的保险服务支持转向全方位合作支持上。前期，中国太保成功协助招展法国欧葆庭养老公司和三井住友集团，前者填补了第二届进口博览会养老服务板块参展商的空白。

此外，中国太保以会员身份积极参与虹桥国际经济论坛，并携手国际知名保险集团，围绕"保险 + 养老"、保险服务城市群一体化建设等新课题开展现场配套活动，助力进博会智力支撑平台建设。

各项细节中都能体现太保服务的升级。这一次，作为进博会的综合保险服务提供商，中国太保从全国调配了一支包含西班牙语及阿拉伯语等小语种服务人员在内的、近 100 人组成的现场服务团队。此外还增加了风险管理巡察的时间和频率，风险管理全部前置到前端。

在技术创新方面，中国太保作为场外无人驾驶区域的主要合作方，展示了获得 2019 世界人工智能创新大赛（AIWIN）金融赛道第一名的"太睿保"项目。该项目主要在车险领域深入参与车辆运输行业的监管，在 AI 风控、减少事故、降赔减损等方面行之有效。

值得一提的是，技术在中国太保进博会保险服务方案中的体现更加突出。随着互联网技术的发展，人工智能、大数据、5G 等技术的结合、发展，会颠覆传统产业的商业模式。中国太保高层意识到，人工智能可能颠覆保险公司的传统精算模式，而新技术、新科技的非线性、非对称性发展也给未来带来许多不确定性。

为了更好地应对这种不确定性，在服务保障进博会的过程中，中国太保的组织架构也发生了变化，进行了升级。2019 年，太保产险成立了上海总部，以便能够敏捷应对市场变化，决策链条更短、决策效率更高。

特殊的方案

2020 年，新冠疫情在全球范围内暴发，会展行业也遭受重创。第三届进博会是全球疫情发生以来第一个如期线下举办的大型国际展会。

面对疫情防控的压力，保险行业如何做好风险管控？如何助力进博会越办越好？这是横在中国太保面前的一大挑战。

由于疫情带来的不确定性，第三届进博会的筹备周期更短，方案不断变化，在中国太保进博会项目工作组负责人蔡艳艳看来，这届进博会无疑是三届以来不确定性最大、服务难度最大的一届。但即便很难，中国太保还是交出了一份亮眼的答卷。

2020年10月27日，中国太保第三届进博会保险服务方案发布。这一年，中国太保成立了以集团总部为牵引，旗下产险、寿险、健康险、养老投资等各板块协同运作的进博会项目组，围绕"太保服务，让进博会更圆满"的主题，为进博会提供总保额达8848亿元的"产、寿、健"一站式综合保险保障和一体化风险管理服务。

以确定性管理和服务应对不确定性风险，实现方案专业化、保障精细化、服务智慧化和合作国际化，全力打造进博服务3.0模式，这就是中国太保的答案。

保额增加之外，服务的升级还体现在中国太保不断用创新手段完善保险保障。在对进博会官网、网络直播等线上互动新模式进行风险评估后，中国太保优化网络安全的承保方案，通过降低起赔点、提高责任限额等方式，来做实网络安全保险保障，并创新引入专业第三方，提供"风险评估、日常监测、应急响应、事后维护"等服务。

考虑到线上进博会云端活动展示展览需求，中国太保创新开发了国内首款线上活动传输保险，保障线上活动由于数据传输失败而不得不取消或中断带来的经济损失。这一新险种再次丰富了网络安全保险的内涵。

同时，中国太保还在进博会官网设置了保险服务专窗，PC端和二维码手机端均可在线投保，实现从产品投保至理赔申请全流程线上化操作，从投保到出单不到一分钟，出单后实时发送电子保单和电子发票。

此前发挥重要作用的中国太保95500进博服务专线也增设了专门的小语种服务团队，从提供双语服务升级为提供多语种服务。

中国太保内部当时总结了三个更：更新的保障、更强的支持、更好的服务。

其中，更强的支持包括举办一系列主场活动，在虹桥论坛上献智献策等。又比如，第三届进博会，中国太保成功邀请瑞士再保险集团、日本三井海上保险参加进博会，这是进博会举办三届以来，非银金融机构首次亮相。此外，中国太保还在进博会召开期间，携手中非民间商会线上招展，与松下电器签署养老设施采购协议。

"保险＋科技""保险＋健康养老"的布局在第三届进博会被中国太保重点阐释。这实际上也是整个行业的发展趋势，在第二届进博会上已有所体现。近年来中国太保积极探索科技与保险的融合，充分利用物联网、区块链、人工智能、大数据在业务领域的深度应用，打造了一批具有代表性的行业领先的科技保险产品。

第二届进博会上，中国太保在国家会展中心（上海）场馆设置了科技保险体验区，并发布了长三角"5G+智能驾驶"协同创新联盟保险合作，展现了中国太保在5G、自动驾驶、智能风控等保险前沿科技领域的探索和实践。长三角"5G+智能驾驶"协同创新联盟于2019年10月20日在浙江乌镇正式成立，旨在搭建长三角"5G+智能驾驶"的合作与创新平台，研究构建更加高效和安全的智能交通体系，推动汽车与保险行业产业升级。

中国太保参与申请的科技部国家重点研发计划"新能源汽车"专项"自动驾驶电动汽车集成与示范项目"也在现场展示，作为唯一参与的保险企业，中国太保重点在自动驾驶的法律、社会问题，尤其是自动驾驶的保险问题等方面展开研究。

当时已经获奖的车联网大数据智能运营平台——"太睿保"项目体验成为活动的一大亮点。现场搭设的模拟仿真驾驶舱能给嘉宾带来身临其境的护航体验：智能风控设备根据体验者的行为进行实时识别及互动预警，模拟视频将体验者带入自动驾驶场景，演绎中国太保如何为自动驾驶提供全方位的服务。

■ 2019年11月5日，中国太保董事长孔庆伟与欧葆庭总干事长LUDOVIC ERARD GUILLAUME先生在第二届进博会现场亲切交谈

健康养老方面，第二届进博会上中国太保与法国欧葆庭旗下专业公司举行养老项目合作签约仪式。

自2018年11月太平洋欧葆庭运营管理合资公司设立以来，中国太保和法国欧葆庭以合资公司为平台，开展了全方位、多层次的合作。在一年来良好合作和彼此交流互相了解更深的基础上，双方在第二届进博会上再度签订合作协议，合作领域已经从养老运营服务扩展至养老项目股权投资、客户共享等方面。

打造高品质养老项目，从前期的投资选址到中期的设计开发再到后期的运营管理，每一个环节都需要精心打磨。签约仪式现场，双方代表表示，将在本次签订的合作协议框架下，进一步探讨通过股权合作、共享客户等多种形式进行合作和交流，共同开拓中国的健康养老市场，特别是城市市区内的护理康复型"刚需"项目，并首先在上海、南京等老龄人口众多的城市取得突破。

通过这一项目，中国太保初步形成城郊颐养、旅居乐养、城市康养"全龄覆盖"的产品体系。

第三届进博会上，科技与健康养老方面的特色更加凸显。展会期间，太保产险主办了2020年首届保险科技国际论坛，太保寿险和复旦大学经济学院联合主办了"健康互联，悠享未来——全球视野下，保险业与健康养老产业的融合发展"主题论坛。这两场论坛是三届进博会以来，首次在进博会期间举办的保险主题的高端国际论坛。

举办这样的高端论坛，是为了汇聚全球智慧、凝聚创新力量，发挥保险业护航高质量发展的"保护器"作用。同时，以论坛形式探讨"保险＋科技""保险＋健康""保险＋养老"等问题既是回应全民关注，也是助力扩大进博会的溢出效益。

在"健康互联，悠享未来——全球视野下，保险业与健康养老产业的融合发展"主题论坛上，中国太保发布了广慈太保互联网医院（筹）即将面世的两款健康医疗服务产品——"一个懂医的朋友"家医产品和"关爱女性"乳腺健康产品。

广慈太保互联网医院由中国太保与瑞金医院携手打造，标志着中国太保"2020—2025大健康"战略布局正式拉开序幕，双方将依托各自专业领域的经验和资源，为客户提供高品质、可信赖的一站式医疗健康解决方案。

科技方面，太保产险还在国家会展中心（上海）举办"智慧保险助力智慧出行"主题发布会，发布了"太好保""太·AI""风险地图"等多款智慧保险产品，为"智慧出行"提供保险深度解决方案。

"太好保"是一款通过大数据及人工智能降低商用车行车风险的保险应用，

对驾驶人、车辆、道路、环境等影响行车安全的内外部因素进行实时数据采集分析，在发现行车风险后，风险规则引擎无缝启动，实时分析运算，分离识别出各种风险场景，通过智能机器人及人工座席向驾驶员传送必要的安全指令，帮助驾驶员及时消除隐患，平安行车。

"风险地图"是一款安全出行智能模型，由太保产险与百度地图强强合作，在客户出行前、行驶中、行驶结束等场景中提供线路风险评估、线路优化建议，为客户提供智能化、全方位的出行风险服务。"风险地图"与即将推出的里程保产品融合，基于行驶里程、驾驶行为、路况环境等因子，提供从人、车、环境等多维定价的新型车险产品。在中国太保智慧出行体验展区，观展嘉宾可通过 VR 眼镜体验不同路况的行驶场景，并根据不同场景查看行程报告以及最终里程保费。

"太·AI"被业内誉为"AI定损专家"，利用 AI 图片检测技术，通过云端算法，准确识别事故照片中车辆受损部位、损伤类型，并结合保险公司的换修逻辑和零配件及工时的价格，自动输出最终维修方案及维修价格的理赔定损产品。

中国太保智慧出行体验展区分别设置了"太好保""太·AI""风险地图"三个展示区，供现场观众亲身体验三款智慧出行产品。

从 2018 年到 2020 年，中国太保已经陪伴了进博会三年，服务这场"越办越好"的国家级盛会的同时，中国太保的创新基因不断迸发，服务水平和服务能级不断提升，国内外的影响力和朋友圈不断扩大。进博会成了中国太保一年一度的大事，而中国太保也在这一过程中不断成长。

（作者：王力）

第四章

爱与责任：海上明月共潮生

宰 飞

在中国太保，有几个员工大名鼎鼎。他们不在公司领导层，出名的原因看似也和保险主业毫不相关——

熊大勇，面对直冲而来的汽车将客户推开，献出了 23 岁生命的查勘理赔员；

林萍，捐献了自己 48% 的肝脏给一名 8 岁患儿的营销员；

艾四洋·吾斯曼，深入新疆阿克苏农村驻村扶贫……

这些平凡的名字，一样闪耀光辉，同公司的保险业务一起，辉映着一家企业的爱与责任。

责任，是对客户的。

中国太保以维护客户合法权益为服务宗旨，立足客户服务的痛点和难点问题，全面落实"主动、便捷、快速、透明"的服务要求，对重大赔案、行动不便或有特殊困难的客户设立上门服务机制，为提供理赔资料有困难的客户寻找可替代的证明材料，针对客户理赔纠纷、投诉开设绿色通道。

2020 年初，铁岭的一位客户因患癌症向公司报案，但在疫情防控时期无法到柜面提交材料，通过太 e 赔，仅 1 个小时就收到赔款 21.24 万元。这样的故事，在中国太保的 30 年历程中比比皆是。

在 2019 年 10 月揭晓的 2018 年度保险公司服务评价榜单中，中国太保旗下产、寿险公司凭借服务创新能力和便捷、高效的服务体验，同获年度最高评级 AA 级，实现保险服务领域"三连冠"。

责任，是对社会的。

新冠肺炎疫情暴发，牵动了整个中国太保的心。2020 年 1 月 26 日，中国太保宣布，向奋战在湖北抗击疫情第一线的医护人员提供总保额逾千亿元的专属风险保障计划。两天后，中国太保为参与建设雷神山医院和火神山医院项目的近 6000 名工作人员免费提供专属风险保障。

应对突发疫情之外，中国太保同样重视长期公益项目。为了保护好三江源生态，2020 年 1 月 4 日，中国太保首期捐赠 1500 万元，建设林地 1000 亩。为了帮助贫困地区脱贫，截至 2020 年底，中国太保共有 264 名驻村干部在全国 26 省 172 个定点村开展驻村帮扶，五年来，中国太保总计选派了 400 余名驻村干部。

成立 30 年来，中国太保始终将自身成长与社会保障、民生关切和环境保护等方面紧密地联系在一起。

责任，是对国家的。

服务国家战略，是中国太保的使命。在推动高质量发展，创造高品质生活的征程中，时时刻刻都能看到中国太保的身影。就看 2019 年——

8 月，国务院决定设立上海自贸区临港新片区。当年 9 月，中国太保与临港新片区管委会签订战略合作协议，推动"太保服务"全面覆盖临港新片区各发展领域，打造立足临港、辐射长三角、面向全球的综合性金融保险服务平台。

11 月 5 日至 10 日，第二届中国国际进口博览会在上海成功举行。中国太保作为核心支持企业和指定保险服务商，紧紧围绕习近平主席关于进博会要"办出水平、办出成效、越办越好"的总体要求，以更高质量的太保服务、更全面的保险保障、更优质的风险管理、更创新的产品工具和更出彩的全面支持，全力打造进博服务 2.0 模式。

这一年，中国太保积极遵循乡村振兴战略顶层设计，把服务乡村振兴作为农业保险新的任务目标，全力打造以"技术创新、产品创新、制度创新、研究创新"为核心的农险品牌。这一年，中国太保共开发农险产品 596 款，覆盖农、林、牧、渔各领域，为 2953 万户参保农户提供总额为 3874 亿元的风险保障。

这一年，中国太保积极响应"一带一路"倡议。全年，投入约 30 亿元，参与"一带一路"相关港口枢纽的基础设施建设；投入 12 亿元，投资国家"一带一路"重点战略项目——太平洋—陕西能源赵石畔煤电一体化项目……

责任背后是爱——对事业的爱，对祖国的爱，对人民的爱。

捐肝救人的林萍说："在保险行业这么多年，我时刻铭记在心里的，就是要救人于危难中。"

英雄熊大勇说："爱岗敬业就是做好每一个客户的工作，填好每一张保单，处理好每一次事故，总结好每一次经验，真正做到能为客户排忧解难。"

全国人大代表、太保寿险上海分公司副总经理周燕芳说："要替百姓解决最关心的问题。"

付出一份爱，心怀民众的急难愁，把事业做在他们最需要解决的社会问题上，也就找到了企业发展的立足点。

德鲁克说："社会问题是商业机会中最重要的机会，我们应将企业的盈利寄托在解决社会问题的过程中。"30 年来，源于爱心的责任感，渗透在中国太保的方方面面。这是一家立志成为"负责任的企业"的保险公司。

爱与责任，也收到了来自社会的正面反馈。2020 年，中国太保总客户数攀升至 1.47 亿，连续多年新增客户数保持较高增量。

如今，在不少城市，人们一想到保险，就会想到中国太保，就会想到中国太保的某个优秀代表。用客户的话说，有这样一个人在我们身边，买保险我们心里踏实。

30 年来，中国太保也始终将自己视为社会的一分子，坚信企业在追求利润、创造利润的同时，应该勇担社会责任、做优秀的企业公民。

一路走来，中国太保始终和着时代的节拍、相信人民的选择、坚持正确的方向，将企业社会责任融入国家的发展进程和个体的美好生活。这样的坚守不仅内化为一种深具吸引力的企业文化，更升华成为企业价值观的一种自觉和砥砺前行的不竭动力。

中国太保常常反躬自问：我为社会做了什么？

这个命题，伴随着中国太保的成长壮大，已经找到了越来越清晰的答案。正如董事长孔庆伟所说："对于一家企业最好的褒奖，就是'进取''责任'与'担当'，这不仅是企业在走过一定生命周期之后收获的宝贵财富，更是未来能够继续'走下去''走在前'的重要支撑！"

第一节

脱贫攻坚一诺千金

保险，作为经济"助推器"和社会"稳定器"，与扶贫理念天然契合。

保险企业扶贫济困、雪中送炭的天然属性，能发挥经济杠杆和资金融通功能，提高扶贫资金的使用效率，激活贫困地区扶贫产业链。有了这层天然属性，保险企业精准扶贫时发挥风险保障主业优势和业务协同优势就成了区别于其他行业的优势所在。

对于一家大型保险企业而言，在脱贫攻坚战中如何发挥保险保障功能，是中国太保的一道必答题。

全面脱贫攻坚冲刺以来，中国太保积极对标"两不愁三保障"标准，聚焦"三区三州"深贫地区、上海对口支援地区、"两镇三村"结对帮扶地区、脱贫攻坚挂牌督战县等重点区域，精准对接建档立卡贫困人口的保险需求，创设保险扶贫险种，完善支持措施，创新保险扶贫机制，在脱贫攻坚与发挥保险保障功能之间蹚出一条全新之路。

截至 2020 年底，中国太保共有 264 名作风过硬、德才兼备的精兵强将在全国 26 省 172 个定点村开展驻村帮扶，其中 48 人任第一书记，太保寿险新疆分公司的艾四洋·吾斯曼和太保产险湖北分公司的黄锐就是其中的代表。

2015 年冬，太保产险湖北分公司组派空山岭村驻村扶贫工作队，工作队队长黄锐辞别年迈多病的老母亲和还在初中读书的女儿，奔赴空山岭村。5 年，终于摘掉贫困帽子的空山岭村民不会忘记这个和他们朝夕相处的名字。

2016 年，太保寿险新疆分公司艾四洋·吾斯曼主动认领了一项艰巨的任务：到阿克苏地区新和县阿恰墩村县专职开展扶贫工作，这一干就是四年。四年里，他帮助当地脱贫、扶智，带动当地产业发展，与村民一起建设家乡。人人有事干，月月有收入，广大青年劳动力和农村妇女走出家门，实现就业梦想，增加稳定就业收入，回想起这些成果，艾四洋·吾斯曼心头涌上一股自豪与激情。

2020 年，是全面建成小康社会和脱贫攻坚全面收官之年，站在 2021 年的历史新起点上回望，透过中国太保扶贫干部艾四洋·吾斯曼和黄锐的故事与经验，我们能窥见中国太保人在中国脱贫攻坚道路上的勇气、坚守，更能看到在他们身后一家大型险企服务国家战略、勇担社会责任的魄力支撑。

直面泥潭

为了将精准扶贫的各项工作落到实处，中国太保助推脱贫攻坚工作领导小组，每年下达脱贫攻坚年度任务清单，明确年度重点工作任务要求、责任单位和时间节点。如此要求，对于每位中国太保驻村干部而言，压力着实不小。

阿恰墩村，位于新疆阿克苏地区新和县塔什艾日克乡，距离乌鲁木齐市1600里路程。2016年冬天，在正式担任阿恰墩村第一书记前，艾四洋·吾斯曼去阿恰墩村进行了一次调研，见到的情景比自己想象的更糟：村里500亩的红枣林几近荒芜、颗粒无收，村容村貌极不整洁，村内基础设施不到位，群众看起来精神迷茫，没有幸福感。

"本来我已经做好了充分的思想准备，但去了之后，和我的预想差距依然非常大。"4年后回忆起与阿恰墩村的初识，艾四洋直言自己面对的困局。

2015年就开始驻村工作的黄锐，比艾四洋更早直面这种现实。

■ 寿险新疆分公司驻村干部艾四洋·吾斯曼

形容起第一次去自己驻村的空山岭村，黄锐用了"震惊"两个字。武陵山区腹地的空山岭村是湖北恩施州远近闻名的一个以土家族为主的少数民族贫困村，那里山势陡峭、土地贫瘠，是湖北全省最后一个开通村级公路的行政村。车子不能开进村委会，没有洗漱用水，饮用做饭的水要去6里外的老井去挑……

"一开始就没什么纠结的。"黄锐说。作为一名中国太保人，响应党和政府精准扶贫、脱贫攻坚号召，听从公司安排，成为脱贫攻坚战先锋义不容辞。

离家时，82岁高龄的母亲劝慰黄锐不要担心家里，并叮嘱他"做好事、做善事"。在空山岭村，黄锐无暇欣赏那里的灵山秀色、流岩飞瀑，看着百姓的陈旧瓦屋和肩挑背扛，他一门心思思索空山岭村如何在2019年与全县一道脱贫摘帽。

与物质匮乏相伴相生的，是当地贫困户"等靠要"现象严重，非贫困户热情降低，这让黄锐感到颇为棘手。为了从根本上入手，打开心结，除了深入农户一对一做思想工作，工作队还通过小组会、屋场会交心谈心，组织家庭代表到周边先进村学习，评选最美创业能手鼓励发家致富，"我们鼓励勤劳致富，倡导懒惰可耻观念，调动生产积极性，激发大家的发展内生动力"。

艾四洋·吾斯曼在太保寿险新疆分公司工作超过 20 年，赴任驻村干部前是分公司党委委员、资深副总经理、工会主席。2017 年，太保寿险新疆分公司成为新疆保险业首批参加自治区"访惠聚"驻村工作的 12 家公司之一。在接下任务后的研讨会上，分公司党委班子一致决定，选优培强驻村力量，首先应从领导班子内选派驻村责任人。

谁第一个去？艾四洋·吾斯曼主动站了出来。他的理由充分得令人无法拒绝："首先，我是维吾尔族，有语言优势。南疆的扶贫村 100% 都是维吾尔族群众，我方便和当地的群众沟通交流。另外在现有领导班子中，我进班子的时间最长、资历最老，受党和公司多年培养，我应该主动承担这项工作。"

2017 年 2 月 1 日，艾四洋·吾斯曼正式担任阿恰墩村第一书记，那一年，他 49 岁。

艾四洋担任第一书记的阿恰墩村，辖 3 个村小组，全村 308 户里有 106 户贫困户，占到整个村子户数的三分之一。而除了贫困村的帽子，阿恰墩村还是有名的村两委软弱涣散村和社会治安重点村。

"压力确实非常大，因为需要改变的方面太多。"艾四洋带领着 6 名队员工作的第一步，是摸清阿恰墩村的贫困底数与致贫原因。

缺乏劳动力、人均土地面积少、因病致贫，摸清阿恰墩村三大致贫原因后，工作队一边马不停蹄地向自治区争取项目，一边为村级阵地改造、道路硬化协调筹集资金。

与此同时，艾四洋做出了一个惊人的决定：调整现有的村两委班子。三个月内阿恰墩村的 7 名村干部被艾四洋换了 6 个。"镇党委的领导不放心，说艾书记你从大城市来，对农村的情况不了解。他们害怕一下子换 6 个人，村里民心不稳。"

能者上、庸者下、劣者汰，是艾四洋坚持的原则。6 名被撤职的村干部中，有人不识字，有人经济上有小问题。艾四洋很坚决："一个村的党支部书记竟然没有文化，不识字，怎么读懂文件、领会精神？"

与镇党委几番沟通、充分论证后，最终完成了调整。"村看村，户看户，群众看干部，不论是在城市还是农村，是党政机关还是企业，对干部的管理、党员的管理，要求都是一致的。"

驻村一开始，艾四洋就把党建工作放在工作之首，他的目标是打造一支"永不走"的工作队。他将自己在新疆分公司多年积累的党建工作经验，嫁接到村级党务管理中来。通过优化结构，建强干部队伍转作风，打造基层堡垒，为脱贫攻坚提供了坚实的组织保障。"他们发挥的作用越来越明显，村民的认可度也很高。"

经过一年的努力，到了2018年阿恰墩村的村民人均收入从1100元增加到了3500元，脱贫初见成效。

原本，新疆分公司决定艾四洋驻村一年期满后重新选派驻村书记。当所有人都以为艾四洋要离开时，他却主动提出留任。

"阿恰墩村的脱贫基础还需要夯实，通过一年我们全面掌握了当地的情况，再来一位新书记又需要从头熟悉。"更重要的原因是，艾四洋希望能保证项目的延续性，"驻村一年，有的项目刚刚上马，我担心自己走后，这些项目不能及时落地到村，不能让村民尽早受益。"

"工作不做完，觉得心里有愧。"艾四洋身上有股倔劲儿，他一定要向自治区党委和集团党委交出一份满意答卷。

产业助力

从保险业的精兵强将到脱贫攻坚路上的带头人，对于艾四洋和黄锐而言，虽然工作内容从金融服务变为领导一方群众抓生产、抓经营，但是服务的意识从没变过。

他们深知只有助力培育壮大当地农村的特色优势产业，有效激发贫困农户的内生发展动力和"造血"功能，才能实现真脱贫。从驻村开始，他们便积极谋划适合本村的产业发展。

阿恰墩村所在新和县拥有新疆最大的牲畜交易市场，且村里至少三分之一以上的农户都养牛，原有的养殖传统让艾四洋带领的工作队看到了希望。

"对这里农民来说，养牛轻车熟路。所以我们确定的方向就精准到养牛产业发展上来。"艾四洋刚驻村时，阿恰墩村全村只有400头牛，等到他离开时已经发展到1200多头，翻了两倍。

"习总书记在当年关于脱贫工作的发言中强调脱贫致富要推广'一村一品'，我们打好脱贫底子，拓宽致富路子，摘掉贫困帽子主要是要打造一些特色经济，充分发挥我们本地的优势。"艾四洋带领阿恰墩村走的正是一条多元化脱贫路。

除了养殖母牛，工作队还和村里的几位带头致富人发起了特禽养殖项目，几近荒废的红枣林重新派上用场，养起了火鸡、珍珠鸡、野山鸡、鸵鸟和孔雀。

比起阿恰墩村原本就有的养牛优势，空山岭村的产业基础，薄弱得像一张白纸。

"群众要脱贫致富，关键是靠产业支撑，只有产业发展起来了，才能实现持续增收，从而彻底拔掉穷根。"可空山岭村山大人稀，全村找不到一块篮球场大的平地，砂石坡地十分贫瘠，加上交通不便，发展一个有优势的主导产业难如登天。

■ 产险湖北分公司驻村干部黄锐与空山岭村村民

但黄锐不信邪，为了找到空山岭村长期、稳定、可持续的增收项目，发展主导产业，从2015年开始，他曾先后跑遍周边县市考察，从山羊养殖到山桐子种植，反复优选，最终空山岭村当地的老鹰茶进入黄锐的视线。

空山岭村家家户户都有喝老鹰茶的习惯，每年春季老老少少都进山采摘、加工，除了自己喝外，还会带给山外的亲朋好友。老鹰茶不仅适合当地气候、土壤和地质条件种植，而且具有一定的功效，"是个好东西，但是市场上产量少，价格贵，而且全部依赖野生，数量有限，加上农民种茶各自为政，形成不了规模"。

看到了机会，但是更有制约，黄锐和队员们必须想办法把"可能"变为"现实"。

选定老鹰茶种植为主导产业后，黄锐找到咸丰县茶叶产供销一体的知名企业咨询、谈判，最终达成合作协议，以"公司＋基地＋合作社＋农户"模式，组建了"空山岭生态农业专业合作社"，争取政府投入扶贫资金 69.98 万元启动，成功建立 520 亩规模老鹰茶种植基地，带动 92 户农户种植，其中贫困户 74 户。

2019 年、2020 年，中国太保还为空山岭生态农业专业合作社提供了 20 万元资金帮助，对扩大种植的农户给予奖补，鼓励农户积极补种老鹰茶，进一步提升老鹰茶成活率，村内主导产业有了一个好的起步。

老鹰茶需要 3—4 年的成熟期，但村民们已经看到了希望。为了确保老百姓的长期收益和短期增收，空山岭村形成了长短结合的产业布局，在发展老鹰茶种植的同时，积极推动土鸡和蜂蜜养殖，以合作社作示范，教技术、包销路、带动稍有劳动能力的农户积极参与，通过利益链接机制，当年就能给每家每户带来收益。有了驻村工作队员帮助拓展市场和中国太保的包销承诺，没有后顾之忧的村民更加信心十足，干劲满满。

村庄富了

2018 年 7 月，连接空山岭村与兴隆沟村的 5 公里边界互通路在海拔 1300 米的王家垭口会合，全线贯通。闻讯赶来的 100 多位村民自发购买了烟花爆竹，欢呼雀跃，原本寂静的深山一下子变得节日般喜庆热闹。

黄锐刚到空山岭村时，便听到那里流传至今的心酸故事——山高路险，村民赶着年猪越过陡峭的磨搭届到邻村的钟塘集镇去出售，稍有不慎，猪就摔死在山沟。空山岭村地处深山，购置物品、出售山货，村民赶集只能翻山越岭、肩挑背扛，到邻村的集市。陡峭的崇山峻岭、恶劣的土石质地，修路、养路成了空山岭几代人的期盼和梦想。

"这块硬骨头，必须啃下！"中国太保扶贫工作队暗下决心，东奔西走，协调争取政府、行业、东西部协作和帮扶单位各类资金近 1000 万元，重点倾斜，用于公路建设。实施了通村公路的硬化及安保工程、至兴隆沟村出口路新建工程、组级公路改扩建工程，共硬化道路 9.3 公里、路基新建扩建 8.2 公里、拓宽维护入户路 13 公里。公路修成了，两旁还矗立着太保产险湖北分公司捐赠的 95 盏太阳能路灯。在险峻深山中，中国太保扶贫工作队创造了深山中家家通车、户户通路的历史。

也是在这一年，空山岭村的自来水开通了，村民曾打趣地和黄锐说道："我们村吃上'太平洋'的水啦！"

为解决空山岭村老百姓常年吃水困难，黄锐带领的工作队积极上报反映情况，2019 年，争取资金 64 万元修建 4 口大型蓄水池，铺设管网，联通全村所有用水困难户。为提倡节约、充分利用有限的水资源，中国太保还无偿为每家安装一套水表，得到群众广泛好评。

基础建设、产业发展、教育扶贫、异地搬迁、生态补偿及兜底保障……黄锐与中国太保工作队逐个击破。五年，空山岭苏醒了、变样了，2019 年，空山岭村整体脱贫！

空山岭村脱贫后，黄锐没有离开，他依旧坚守在乡村振兴一线，在他的微信朋友圈，每天都能看到空山岭村的新面貌、新变化，他还不时为空山岭的老鹰茶、蜂蜜吆喝。

2020 年新冠来袭，当时还在家休假的黄锐主动请缨，成为恩施州全州 34 个省直驻村工作队中第一个率先奔赴驻点村、组织防疫工作的扶贫干部。

他挨家挨户上门排查返乡人员信息，对重点人群实行健康登记、居家隔离和重点观测，并主动在海拔最高的邻村边界搭建简易帐篷昼夜值守。黄锐还组织成立了爱心志愿服务队，为村民代购代送生活必需品，联系种子肥料，不误农时，恢复生产。在坚守阵地的 50 多天里，他用实际行动为疫情防控筑起了一道坚固的"堡垒"，守住空山岭村一片净土。

艾四洋刚刚担任阿恰墩村第一书记时，村集体收入只有 6.5 万元，到如今村集体收入达到 83 万元，村民的人均收入也已经达到 4500 元。原本混乱的村貌也变得整洁，村内所有道路全部硬化，家家户户庭间栽花、院外种树，一派现代新农村的景象展现在面前，阿恰墩村成了远近闻名的模范村。

村庄富了、村民笑了，与之相对是每位驻村扶贫干部夜以继日的付出。在阿恰墩村驻村时，每天工作十几小时、凌晨一两点才休息是艾四洋的常态。阿恰墩村地处偏远，工作队队员每三个月有 10 天的假期，刨除往返阿恰墩村和乌鲁木齐路上用掉的 3 天，队员们真正休息的日子仅剩 7 天。

早在 2020 年 5 月，艾四洋就已结束了在阿恰墩村的驻村任务，但是在采访过程中，每每谈到阿恰墩村，艾四洋总喜欢称呼为"我们村"。

在城市出生、长大、工作的艾四洋，前 49 年的人生与农村的关联并不紧密。而三年多的驻村经历给他留下了永生难忘的回忆，对阿恰墩村的牵挂已经深深嵌入他的血脉中，发生在阿恰墩村的点滴故事，他都记在心上，"每件事回忆起来就像是在昨天"。

"所有的事情里，最割舍不下的就是孩子。在阿恰墩村，孩子的事对我们来说就是天大的事。"讲起热孜万古丽的故事，艾四洋的声音哽咽了。

维吾尔族姑娘热孜万古丽家是贫困户，父亲长期卧床丧失劳动能力，母亲是半个劳动力。阿恰墩村开办的创业园启用后，热孜万古丽家 0 租金获得一间铺面，母亲开起了烧烤店，每月能收入四五千元。通过一年多的努力，一家人走向了稳定的脱贫道路。

2019 年，热孜万古丽考上了新疆财经大学会计学专业，拿到通知书，热孜万古丽第一时间来村大队部与扶贫队员们汇报，喜悦之情难掩。

临近开学，在一次例行的入户走访中，艾四洋却发现了端倪。"马上要上学了，我问她生活日用品准备得怎么样了，孩子没吭声，再问下去孩子哭了。"

女孩渴望去上学，但是一想到每年四千多元的学费，孩子打了退堂鼓。了解情况以后，工作队的态度坚决一致——决不能让孩子因为贫困交不起学费而无法圆梦大学。当晚，工作队召集会议，合力思索如何解决热孜万古丽的学费问题，最后通过一位队员的社交圈找到了伊犁的小企业主闫福军，这位爱心人士当即表示愿意资助热孜万古丽的四年学费。

"孩子暑假回来，眼神、神态、脸上的光芒完全不一样了，有种脱胎换骨的感觉。"看到热孜万古丽的变化，艾四洋很欣慰，"扶贫先扶志和扶智，扶志首先是观念、信息。扶智，扶知识、技术和思路，长远来看就是教育。没有知识和文化，很可能会出现贫困的代际传递。"

和艾四洋一样，在黄锐的扶贫路上，让他印象最深的故事也来自孩子。

空山岭村 6 岁姐姐吴欣悦和 4 岁弟弟吴烁臻，在外打工的父母因意外离世，本就困难的家庭犹如天塌一般。姐弟俩只好跟着年近八旬、身有残疾的爷爷奶奶一起生活。工作队知道姐弟俩的困境后，第一时间争取政策救济，如今姐弟俩每月能领取救济金 2500 多元，保障了日常生活所需。同时，引导贫困山区孩子自信乐观、积极向上，也是黄锐的工作中要践行的。为了激发他们放眼山外世界，太保产险湖北分公司还两次邀请吴欣悦和吴烁臻去武汉游学做客，姐弟俩还在"乐行天下——全国交响乐巡演"大舞台领唱了一曲《洪湖水浪打浪》。

初心不移

2017 年以来，为了充分发挥保险行业体制机制优势，履行扶贫开发社会责任，中国太保在全国各地展开各种形式的工作，进一步助推精准扶贫的有效开展。

驻村之初，中国太保驻村干部艾四洋和黄锐面对的，似乎是一项不可能完成的任务。但即便前路荆棘丛生，中国太保驻村扶贫工作队仍会迎难而上，一步一个脚印攻坚克难，出色完成挑战。

五年来，中国太保总计派出 400 余名驻村干部，成为推动扶贫工作开展的中坚力量。他们跋山涉水来到偏远山村，头顶蓝天脚踩黄土，带领贫困农户一起挖穷根，找对策、谋发展，共同踏上了充满希望的致富之路。

诗人汪国真曾在《山高路远》中写下名句："没有比人更高的山，没有比脚更长的路。"对于中国太保的扶贫干部而言，他们用自己的双脚趟出了一条坚实的扶贫路。

用真心换真心，用真情换真情，埋头苦干、敬业奉献的中国太保扶贫干部也收获了群众的认可，成为村民的贴心人、主心骨。

"慢慢变成，村民们不论是有困难、有疑惑，还是有喜悦，第一个想到的不是亲戚朋友，而是我们工作队。"艾四洋还在阿恰墩村驻村时，常有村民来工作队驻地串门，往往随手还带着两个苹果、三个鸡蛋，"有人就是过来看看，看到我们都在，他们心里舒坦。"

为解决广大驻村干部工作、生活的后顾之忧，中国太保还为全司驻村干部量身定制涵盖家财险、意外险、健康险的专属保障方案，并为其父母、配偶、子女专门提供意外险保障，累计总保额逾 50 亿元。疫情期间，太保产险向全国奋战在疫情防控第一线的 111.8 万名在岗驻村干部捐赠含传染病责任在内的保险保障，人均保额 20 万元。

作为一家负责任的保险公司，中国太保在脱贫攻坚战中践行承诺，通过多维度的精准扶贫，让扶贫行动更具精度，也更具温度。截至 2020 年底，中国太保共投入扶贫专项资金 8600 万元，各类扶贫项目共覆盖建档立卡贫困户约

762 万人，为贫困地区提供总保额 3.08 万亿元风险保障。太保产险启动"万名干部助万户"关爱行动，广大员工自发捐款 572.5 万元，自愿与新疆、青海等八个地区的逾万户贫困户建立一对一结对关系，并使超过三分之二的贫困户成功脱贫。

授人以鱼，不如授人以渔。中国太保在基层扶贫实践中紧扣市场需求，积极寻找并扶持长期可持续的产业扶贫项目，充分依托农村集体经济、专业合作社等形式和载体，助力培育壮大当地特色优势产业，有效激发贫困农户的内生发展动力和"造血"功能，夯实稳定脱贫的基础。

金融扶贫、保险先行。如何探索出具有中国太保特色的保险扶贫长效机制，为打赢脱贫攻坚战贡献"太保力量"，一直以来都是中国太保人思索的问题。

如果扶贫是一只捧起沙砾的温暖的手，那么返贫就是指间沙，点点滴滴都在漏。返贫不仅拖了扶贫的后腿，而且是扶贫工作中难以破解的难题。基层扶贫干部最愁的是，好不容易把乡亲们拉出了贫困的泥潭，但意料不到的变故又会把他们再次推进贫困的沼泽，比如突如其来的大病，就可能将一个富裕之家推入贫困深渊。

贫困群众抵御风险能力差，容易因病、因灾、因市场波动致贫返贫。中国太保"精准"锁定贫困群众的人身、财产保障需求，帮助贫困群众有效防范和化解风险，守住来之不易的脱贫成果。

2017 年 10 月，太保产险针对非贫低收入户和非高标准脱贫户存在的边脱边返、边扶边增的"沙漏式"扶贫难题，在河北邯郸魏县推出国内首款商业防贫保险"防贫保"。该项目通过"政保联办、群体参保、基金管理、阳光操作"的模式，充分发挥政府资金的杠杆作用，为险企发挥主业优势参与社会管理、节约政府开支、促进相对公平、提升服务效能积累了有益经验，也为国家建立"脱贫不返贫"长效机制提供了重要参考，在全国多省市实现推广落地。目前，"防贫保"为全国 28 省 739 个区县的临贫、易贫人群提供总保额 13 万亿元防贫保障，累计支付防贫救助金 7.88 亿元。

作为国内首款商业防贫保险，"防贫保"在助力脱贫不返贫方面做出了有益的探索，中国太保旗下太保产险还曾荣获全国扶贫领域最高奖项——2019年全国脱贫攻坚组织创新奖，成为该奖项创办五年来全国保险业中的唯一获奖企业。2020年初，"防贫保"又从来自全球30多个国家共820个报送案例中脱颖而出，获颁第一届"全球减贫案例征集活动"最佳减贫案例，为全球减贫治理输出中国经验。

贫困的发生往往与环境、地域等因素密不可分。我国贫困地区大多集中于偏远山区，独特的自然和气候条件，造就了纯天然绿色无污染的农产品，但苦于交通不便、物流成本高、缺乏营销包装手段等原因，大山里的好物品除了农民自给自足外，很少能够"走出去"。而反观城市，消费者期待更多元化、个性化、生态化的农副产品，却常常想买买不到。

■ 中国太保各级机构在"彩虹"平台上直播带货扶贫产品

消费扶贫既是连接城市与农村、生产与消费、帮扶者与贫困群众的有效途径，也是激发贫困群众脱贫奔小康的内生动力和发展村集体经济的有效手段。如何打通城乡消费通道、解决"难出难进"的问题？如何在公司内部营造"人人关注脱贫攻坚，人人参与脱贫攻坚"的良好氛围？中国太保围绕痛点精准定位，利用机构全国覆盖、员工及营销员人数众多等自身优势，整合现有资源，上线推出"彩虹"平台。

"彩虹"精准扶贫公益平台，集中销售来自贫困地区建档立卡贫困户生产的农副产品，为全司11万员工、70万营销员助力精准扶贫提供有效通道。"彩虹"平台区别于同业同类帮扶销售平台的最大特点，是通过可定位、可追溯的方式，将帮扶数据和建档立卡户进行精准对应。所有帮扶对象信息在平台上真实可查，通过市场手段倒逼贫困地区农产品提升供给水平和质量，实现了从产品到商品、从商品到产业的良性发展，提升了贫困农户脱贫的内生动力，并以平台为纽带，辐射带动其他扶贫工作的长效发展。

截至2020年底，"彩虹"平台已累计上线全国23省309款农副产品，累计实现总帮扶金额近6000万元，精准触达建档立卡户贫困户2.9万人，扶真贫、真扶贫取得了显著成效。

2021 年 2 月 25 日，全国脱贫攻坚总结表彰大会在北京人民大会堂隆重举行，习近平总书记向全国脱贫攻坚楷模荣誉称号获得者颁奖并发表重要讲话，庄严宣告："经过全党全国各族人民共同努力，在迎来中国共产党成立一百周年的重要时刻，我国脱贫攻坚战取得了全面胜利，现行标准下 9899 万农村贫困人口全部脱贫，832 个贫困县全部摘帽，12.8 万个贫困村全部出列，区域性整体贫困得到解决，完成了消除绝对贫困的艰巨任务，创造了又一个彪炳史册的人间奇迹！这是中国人民的伟大光荣，是中国共产党的伟大光荣，是中华民族的伟大光荣！"中国太保旗下太保产险和太保产险内蒙古分公司脱贫攻坚工作小组凭借在保险扶贫领域的先行先试和突出

■ 中国太保荣获全国脱贫攻坚相关荣誉

成效，获颁"全国脱贫攻坚先进集体"荣誉称号。

初心易得，始终相守，不忘初心，方得始终。

胜利，不是终点。乡村振兴大业开启，共同富裕前景可期。前面的道路还很长，中国太保站在这儿，路就在脚下。

（作者：王倩）

第二节

抗疫众志成城

　　湖北武汉，2020 年初，新冠肺炎疫情的风暴中心。1 月 23 日，武汉宣布封城。这座省会城市面临空前的考验和困境。这牵动着整个中国太保的心。疫情就是命令，防控就是责任。从集团总部到各个子公司、分公司再到每一位员工，所有中国太保人的双脚和内心都在随着这个城市急促的脉搏一起跃动⋯⋯

驰援

　　这场人类传染病史上罕见的全球大流行中，中国太保人经历了中国从至暗时刻到迎来曙光的整段历程，也与全国各地的抗疫一线人员共同努力，为全球抗疫赢得时间。

■ 2020 年 2 月 21 日，集团疫情防控领导小组部署全系统疫情防控工作

　　面对突如其来的新冠肺炎疫情，中国太保党委密切关注疫情动态，及时谋划部署疫情防控工作，全力以赴打赢疫情防控阻击战。1 月 21 日、23 日，集团先后两次下发紧急通知，部署疫情防控和职场安全防护工作。1 月 24 日，集团第一时间启动重大公共卫生事件应急预案一级响应，成立了由党委书记、董事长孔庆伟为组长，党委副书记、总裁傅帆为副组长，相关条线领导和子公司主要领导为成员的集团疫情防控领导小组，负责统筹部署疫情防控和应对工作，设立集团疫情防控工作小组及应急指挥中心办公室，具体负责组织各条线和子公司疫情防控和应对工作。

　　很快，从集团总部，开始发出一则则令人动容的消息：

　　1 月 26 日，中国太保宣布，向奋战在湖北抗击疫情第一线的医护人员提供总保额逾千亿元的专属风险保障计划。

1月28日，中国太保为参与建设雷神山医院和火神山医院项目的近6000名工作人员免费提供专属风险保障。

……

中国太保人也明白在疫情防控面前，做好自己眼前"自留地"里的事，就是最重要的事。

集团党委委员、副总裁、疫情防控工作小组组长赵永刚带领工作小组第一时间投入战疫，统筹全系统疫情防控工作。工作小组多次召开疫情防控专题会议，研究制定疫情防控政策举措、搭建联防联控防疫机制、落实防疫物资紧急采购分发、组织党团员战疫志愿者、开发上线智能疫情

■ 集团副总裁、疫情防控工作小组组长赵永刚现场指导防疫工作

防控工具、编发疫情防控工作简报，始终确保疫情防控工作有条不紊。

中国太保对疫情防控工作实行统一指挥、统一部署、统一调度，明确"四早三严两防"、职场测温、员工戴口罩、严控现场会等防控要求，抓实抓细举措；强化各级机构"一把手"责任制，明确各部门负责人为"第一责任人"，压实工作责任，强调守土有责，守土担责，守土尽责。

不仅仅是"系统"在发挥着它强大的功能，每一个中国太保系统中的个体也在释放着能量。

面对武汉市公共交通停运，医护人员上下班困难，太保寿险湖北分公司金玉兰团队客户经理张思齐等人主动加入武汉志愿者车队行列。每天清晨7点不到，志愿者车队就出发，穿梭在捐助单位与医院之间。从1月25日大年初一开始，中国太保志愿者们接送医护人员，并向同济、协和、五院、六院等武汉市区医院运送防护服3000余套、防护口罩1万余个。

太保寿险北京分公司银河支公司外勤陈彩霞曾是一名护士，得知武汉疫情后，她义无反顾地重新披上白色战袍。2月24日，她驰援武汉参加了洪山体育馆方舱医院的抗疫工作，在重症手术室作巡回护士。

"90 后"王诗雯是太保寿险武汉中心支公司一名普通组训老师。因为疫情，她第一次没有回到荆州的家过年，滞留"蜗居"在小小的出租屋内长达 3 个月。公司领导及当地的同事们知道后，四处联系社区工作人员反映情况，一次次辗转，为王诗雯送来短缺的生活物资。

■ 寿险湖北分公司领导赴黄冈中支了解基层防疫情况

太保寿险湖北分公司总经理刘碧原在抵汉次日，立即前往受疫情影响较大的黄冈、孝感、汉阳等机构了解基层的实际情况。一周内辗转数百公里，调研走访了六家中支和部分四级机构。江夏职场一名外勤主管在参加早会后出现发烧状况，初检结果为弱阳性，疑似感染新冠肺炎，引起了群体恐慌和舆情发酵。刘碧原在得知情况后，从地市机构紧急赶往武昌江夏职场，一面稳定员工情绪，一面安排机构全员进行核酸检测。

他始终记得同事们冲在前线的点点滴滴。

1 月 29 日，襄阳启动一级应急响应。2 月 7 日，太保寿险襄阳中心支公司总经理助理曹正江得知，分公司领导帮助襄阳疫情重灾区争取到一批医用口罩，一共 3 万只。他立即与当地防疫指挥部联系，主动要求到仙桃口罩厂运送这批防疫物资回襄阳红十字会。当时高速路多处被交通管制，曹正江的车在高速路的各个匝口上上下下，车后备箱和后座都塞满了口罩。回程时还遇到了高速公路大雾笼罩，能见度不足 50 米。他那天下午 2 时出发，返回襄阳已是次日上午 7 时。原本 4 小时就能返程的路，足足用了 6 个多小时。

关于那段路程，曹正江的回忆很朴素："既然有这个机会帮忙，那肯定是要去的。"他还记得自己和另一位同事在半路上饥饿难耐，终于在一个休息站的货架上发现了最后两包速食面时的激动不已。

曹正江的私家车前玻璃上贴了一张"防疫通行证"，这是太保寿险襄阳中支在这个城市仅有的三张通行证之一。2020 年 2 月，他每天开这辆车接送近 50 名同事去当地医疗保障中心上班。根据当地疫情防控要求，车里不能载客超 2 人，因此他每天都需往返七八趟。这样的日程他坚持了 1 个月。全市 100 万人、40多万当地企业参保员工，都是他和同事们的服务对象。疫情期间，平时按照既定程序就能运转下去的事情变得庞杂而具体。他们必须全力以赴。

太保寿险襄阳中支医保部杨晶晶平时看起来柔柔弱弱的，面对疫情，她坚定地向单位领导请缨："我曾经是一名医护人员、心理咨询师、健康管理师，愿意为疫情防控多做点事。"杨晶晶的主要工作是负责全市职工医保大病病人每月肿瘤进口药品的审核和系统调整变更。疫情期间，她积极与医院医保、药店和病人对接，确保病人在第一时间办好特殊药品的申报、审批和购药流程。2月1日，根据合署单位的统一安排，杨晶晶的个人电话通过政府网站向社会公开。从此，杨晶晶每天都能接到不下百个电话，她都耐心地一一解答。

2月17日，集团直属党委发出集团总部与湖北地区党组织开展"支部肩并肩，党员手拉手——共同战疫"主题党日活动的号令，关心支持疫区机构。集团总部30个党支部迅速对接湖北57个党支部，为疫区机构捐款181563元，同时还积极筹措物资支援一线。

活动号召发出第二天，集团董事会办公室（投资者关系部）党支部与太保寿险武昌中支党支部就用视频方式，开展了一场"共同战'疫'"主题党日活动。作为支部一员，孔庆伟对太保寿险武昌中支全体员工、营销员及家属表达慰问，他说：我们要对打赢战疫充满信

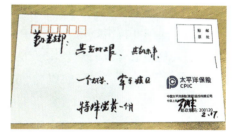
■ 孔庆伟以普通党员的身份主动缴纳特殊党费

心，要对员工有所关心，不仅要"支部肩并肩、党员手拉手"，也要"员工心连心"。孔庆伟第一个主动多交了一个月的特殊党费，专门用来帮助太保寿险武昌中支在疫情中遇到困难的群众。

集团战略客户部协同发展部联合党支部、品牌部党支部与太保产、寿险恩施中支党支部四个支部59名党员和7名入党积极分子在线相约。傅帆向恩施中支全体员工特别是奋战在抗疫一线的党员同志表示亲切慰问，第一时间宣传习近平总书记在统筹推进新冠肺炎疫情防控和经济社会发展工作部署会议上的重要讲话精神，要求切实增强打赢疫情防控阻击战的责任感、使命感、紧迫感，强化党支部的责任担当，发挥党员示范带头作用，严格落实疫情防控工作要求，在集团党委带领下广泛凝聚起共克时艰的太保力量，全力打赢疫情防控阻击战。

服务

服务对一家保险企业来说等同于生命，把服务做到极致，这在平时如果更多是一种保险人职业素养和习惯，那么在疫情下的武汉依旧能坚持，是责任和使命。

疫情面前，中国太保把深化"太保服务"作为彰显保险企业社会责任、打赢疫情防控阻击战的重要手段，强化主业服务和服务创新，高度重视疫情相关的客户理赔服务需求，着力打造"责任、智慧、温度"的"太保服务"。危难时刻见人心。紧要关头，更能看出一家企业的担当与胸怀。

从 1 月 23 日武汉封城到 4 月 8 日重启，全中国人民与湖北人民共同历经了 76 个难忘的日日夜夜。当疫情防控阻击战的号角吹响后，中国太保团委也向全系统 1000 个团组织和 6.6 万名青年发出了《汇聚太保青春力量，助力打赢疫情防控阻击战》的号召，集团总部"守护家园"志愿服务团队、荆楚先锋青年突击队、产险 95500 客服团队、寿险政保项目团队、健康险电话中心团队、科技运营中心智慧办公团队等青年突击队纷纷组建成立。

除了向湖北抗击疫情一线医护人员赠险，中国太保还先后向上海市 25 万名医务人员及其家属提供医务人员人身意外伤害综合保险；湖北、上海、浙江、江苏、广东、云南、四川等 20 多地机构也纷纷向当地医护人员提供了专属保险保障。

在疫情防控的关键时刻，中国太保旗下产寿险等子公司通过捐款捐物赠险、创新保险产品助力复工复产、升级线上服务等多种方式，全力以赴做好疫情防控和复工复产保障工作。

疫情发生后，太保产险加快实施"123"专项支持方案。向工信部、国家扶贫办、公安部等国家部委，以及各省市地方政府递送了《太保助力社会及企业复工复产支持函》1000 余份；为新冠肺炎 NCP 新药或疫苗研发企业提供生命科学保险保障，通过扩责任、延期限两种方式给予支持。同时，全力保障企业复工复产。就拿上海来说，中国太保为 25 万名上海白衣天使及其家属赠送新冠保险，这也是全国最早为医护人员提供保险保障的善举；保"民生"、保"菜篮子"安全，在上海全市实现绿叶菜价格保险全覆盖；保"重点"，率先为临港新片区企业量身打造复工保障方案，首批有 30 余家企业参加保险；保"救命"，为上海专业生产新型冠状病毒检测试剂（盒）的生物科技企业等提供专属保险服务方案。

为新冠肺炎量身定制的产品，也在中国太保人夜以继日的奋斗中陆续出现。中国太保扩展了25款以上寿险产品的保险责任，将新冠肺炎全面纳入保障范围；为10家以上大型和1371家中小微企业的团体客户设计"守护者"专属方案；通过拓展"安贷宝"客户的新冠肺炎保险责任，为16.3万人次的农贷客户恢复春耕提供风险守护。在服务方面，第一时间提供自助保单贷款服务，支持复工复产资金融通，至少44万人次的客户合计申请保单质押贷款金额207亿元。针对疫情较重地区的12家分公司的客户，额外推出免收逾期利息、延长贷款保单还款期限等政策。

疫情逐渐按下"暂停键"的时候，中国太保人依然按着"快进键"。疫情对于敏锐高效的中国太保人来说，是一场和生命的赛跑。为人民群众、一线工作者健康保障而背水一战是唯一选择。公司及时拓展了大部分已有产品的保险责任，免费将新冠肺炎纳入保险保障范畴，同时开通了理赔绿色通道，理赔工作人员随时待命，做到应赔尽赔，应赔快赔。

2月8日，太保寿险广西分公司营运服务部收到第一起确诊客户报案，随后3天里，一下增加到11人，其中3名是公司业务人员。客户的安危牵动着所有营运伙伴的心，8日晚，部门负责人牵头组织应急小组成员紧急研讨案情，根据业务员反映的情况，在IT配合下，抽取该业务人员名下客户清单110人。9日上午，理赔应急小组成员纷纷领取任务，通过电话拜访客户，逐一问询、逐一排查，最终锁定与其亲密接触者17人。随后指定来宾中支黄慧红经理作为专项联络人，每天一对一定期与客户聊天，让客户保持好心态，向客户传递正能量。

类似的紧急情况，每时每刻都在中国太保人身边发生。

2月13日，太保产险东莞分公司接到东莞石碣公安分局报案，辅警刘某在执勤途中因车祸去世。分公司立即安排查勘人员前往了解事故情况，指导客户收集相关理赔资料。2月20日，公安分局线上提交了交通事故的责任认定书。公司迅速开通理赔绿色通道，减免非定责单证，从快从简完成理赔资料审核、理赔系统审批及财务支付流程，极速完成赔款支付。

上海盈兹无纺布有限公司是一家口罩原材料无纺布的生产企业，其下游客户福州的口罩生产企业急需大量无纺布，但资金短缺。企业通过银行进行贷款授信，太保产险上海总部在收到上海市科创中心出具的 800 万额度科技履约贷款的批复后，立即开辟绿色通道，给予快速审核，仅 2 个工作日就完成投保资料的审核，通过该笔履约贷款保证保险业务。

在疫情席卷而来的日子，中国太保始终与湖北人民坚守在一起，充分发挥保险行业社会稳定器和压舱石的作用。为支持湖北武汉疫后重振，中国太保与湖北省人民政府签署了战略合作协议，在武汉启动了一批重大项目，包括致力于养老服务的"太保家园"项目、致力于医疗健康服务的"太保蓝本"项目、支持武汉科技创新的太平洋金融科技研发中心建设项目，以及专项的投资基金等。

复苏

这是历史上头一遭，一座千万人口级别的城市"封城"76 天；也是人类传染病史上首次，一种冠状病毒在全球引发大流行。

新冠肺炎疫情带来了巨大的连锁反应。它改变了每个人以前固有的工作模式，也使各行各业快速奔跑的脚步放缓。中国太保探索线上服务，化"危机"为生机、互联网上来发力。

突如其来的疫情对中国太保的经营短期冲击明显。约 80 万寿险代理人线下培训、展业几近停滞，增员和队伍管理面临较大压力。前 2 个月，寿险保费收入增速 –0.1%，产险保费收入增速由 1 月份的 14.9% 骤降至 6.5%。

疫情"不见面"，对客户的服务却不能停摆。对此，中国太保积极寻求解决办法。

太保寿险核保核赔条线把科技赋能、线上服务、远程作业作为投身疫情防控的着力点，高效提供理赔服务。1 月 23 日，太保寿险发布了《服务贴心伴，承诺再升级，太保寿险与您共抗新型冠状病毒》，快速部署畅通理赔绿色通道：凡有新冠肺炎理赔报案，绿色通道即刻开启，通过"太 e 赔""太慧赔""太平洋保险"APP 等平台工具，紧急办理赔付手续完成理赔。

健康险公司营运条线各分中心也积极响应。例如营运中心四川分中心理赔条线就基于公司现有的重大案件合议机制，决定运用邮件、电话、微信等渠道，建立合议群，将现场合议转至线上进行，助力理赔处理快速推进。

2 月 10 日，四川分中心理赔员曾颖收到报案材料：一名被保险人因公意外身故，申请意外医疗和身故保险金 105.04 万元。

根据合议机制，曾颖第一时间上报组长姚聪颖，姚聪颖对案件进行梳理和初审，报分中心负责人邢勇同意后，提交总部理赔部申请合议。总部理赔部谢静天接案后，迅速抽调川沪两地相关人员建立案件合议组。合议组通过邮件、电话、微信等方式反复沟通、核查，在确认调查无异常、理赔资料齐全、受益人清晰的前提下，做出"正常赔付"结论，明确以线上合议结论作为理赔审批依据、后补纸质合议审批表的方式，快速推进处理流程。营运中心四川分中心在收到合议组反馈意见后，启动大额赔款超权限审批流程，于 2 月 19 日支付赔款。

这样的案例不胜枚举。家住铁岭的 G 女士癌症发病时正处于疫情防控吃紧的时刻，无法到柜面提交材料，通过"太 e 赔"，仅 1 个小时就收到赔款21.24 万元；银川身患乳腺癌住院的马女士同样通过"太 e 赔"，在住院第二天就收到了 10 万元理赔款……

疫情给健康险公司、太保产险合作渠道的一线销售伙伴外出展业、客户拜访和团队培训等带来诸多困难，前线亟需远程行销服务工具的助力。健康险公司销售管理部于昕平和吴冬伟联手行动，快马加鞭建设"太保安联 E 行销平台"。春节后，带领团队迅速线上复工，制定实施计划表，按日推进版面、内容、功能及外部端口对接的迭代、测试和完善。经过连续奋战，2 月 28 日终于成功将"太保安联 E 行销平台"、太保产险合作渠道版"产险健康险行销宣传平台"在"太保安联健康险"服务号和"太平洋产险"企业号上部署上线。

"互联网＋医疗健康"是中国太保规划的重点。疫情发生后，医疗机构接诊压力骤升。为减轻医院压力，太保寿险推出了"健康守护与爱同行·太保人在行动"视频医生月卡赠送活动。数百名专业医师在线为客户解答各类健康问题，客户可以全家共享、足不出户、30 天内全天候不限次视频咨询全科医生。

短短一周内，视频医生服务就被客户累计使用 22321 次。这其中，有因担心疫情不敢去医院就诊的发热客户，通过"视频医生"得到了用药建议，两日后便症状缓解；有客户怕有副作用不敢服药，"视频医生"详细耐心解释。

互联网医院是"互联网＋医疗健康"的落地抓手，能够有效连接医院、医生，实现保险方、支付方、药房一体化，推动医疗卫生行业整体效率提升。目前，中国太保已与瑞金医院等机构着手推进互联网医院建设。

沿着"旧地图"，永远找不到"新大陆"。危难蕴藏机遇，困境催生蜕变，中国太保积极探索线上服务，化"危机"为"生机"。

疫情之下，营销战线全力推动线上展业。例如通过视频和电话医生服务等五类服务触达客户。疫情发生的一个月里，累计触达客户近 695 万人次，营销员参与率达 42%。全司日均线上访量 50.3 万人次，召开微信个产会场次超 10 万次，参会客户超百万人次；传统营销钉钉绑定率达 80.4%，主管绑定率 95.6%，顾问营销绑定率 80%，服务营销绑定率 92.5%。

同时，传统的面授培训全部暂停，由线下转到线上。空中课堂、智学院高效推广使用，有力保障支撑了线上经营、线上销售、线上增员。

此外，中国太保人不断与银行、政府部门加强合作，拓展业务发展新模式，赢得了信任，为长远合作、深度合作奠定了坚实基础。

然而，如此快捷便利的云端服务是建立在信息技术人员的大力支持上的。1 月 28 日，上海市政府公布开工时间要求的第二天，长江养老信息技术部总经理李永山就带领 IT 运维骨干赶到公司，着手 VPN 远程办公技术方案的验证工作。为解决 160 多人的 VPN 设备安装调试，留在上海过春节的党员孙凌翔主动请缨，与金舟、程东升、杨勇等骨干赶到职场支持。3 天里，他们夜以继日地完成了 300 多台设备 VPN 环境的安装部署，通过电话逐个指导用户使用，保障了公司的正常运营。

与此同时，全年的信息化项目进度均在有序推进中，数据团队王磊、受托资管团队马昭两位党员主管和其他主管均马不停蹄地组织团队展开工作。经过一周多高强度的论证和实践，公司信息系统远程开发模式形成，分散在全国各地的内外部开发资源成了一个高效整体。

责任

"我们这个年纪的人没有经历过战争，但这就是一场战争。"一位"90 后"如是说。面对疫情，中国人民万众一心、同甘共苦，将涓滴之力汇聚成磅礴伟力。一场场战斗的背后，是一位位具体的人的支撑。

在全民战疫的关键时期，客户们时时能感受到太保速度、太保温度。而在这背后，是一位位中国太保员工的坚守。

2020 年 1 月 24 日，农历除夕，武汉封城的第二天。太保寿险湖北分公司金玉兰财富管理部总经理喻芬得知武汉地区医护人员缺少医疗防护用品，当即将此前留存的数百个 N95 口罩捐赠出去。第二天上午，第一批 N95 防护口罩，送到了武汉市第五医院救护一线的医护人员手中。

2 月 8 日元宵节开始，宁波海曙区，每到夜深人静，就有一位特殊的"外卖小哥"为洞桥镇近 40 个设卡点 120 余位执勤志愿者送去人手一份热气腾腾的夜宵。这位"外卖小哥"名叫张吉东，是海曙区洞桥镇张家垫村居民，也是太保产险宁波分公司鄞州中支的一名青年员工。

海曙区是宁波市疫情最严重的区域，每个村和社区都在出入口设立了疫情防控卡点，志愿者们日夜坚守，很多时候甚至吃不上一口热乎的饭菜。

张吉东的父母开了一家小饭店，以前在家乡遭遇台风、洪水等灾难时，都会出一份力，这一次他们再次想做点什么，他们想到了送夜宵。于是，张吉东这位不常进厨房的 85 后男生开始白天采购，晚上和父母、妻子一起忙碌，每天做 120 份夜宵——饺子、蛋炒饭、猪油汤圆、咸菜年糕汤……每天都不重样。

每晚 9 点，小张准时出发，驱车 50 公里，辗转 20 个自然村和 1 个社区，回到家常常已快凌晨 1 点，风雨无阻，为周边防疫志愿者送去累计超过 720 份夜宵。志愿者们与这位特殊的"外卖小哥"已经十分熟络，看到他的车，大老远就开始招手："雷锋同志又来给我们送吃的了！""疫情当前，卡点执勤不结束，我就一直送下去。"他表示。

■ 产险宁波分公司员工张吉东主动为周边防疫志愿者送去夜宵

张吉东说，这份责任感并不仅仅源于家庭，也一直根植于他所在的太保。他从 2012 年大学毕业就进入太平洋保险，就很享受公司温暖的氛围。当同事知道他从元宵节开始的义举，纷纷提出帮忙；领导直接发话，有任何需要，公司支持。但他说，目前所做的并不多，个人承担得了。

社区也是防疫一线，很多中国太保人的身影出现在社区、高速路口，成为守门人。2 月 12 日，随着温州疫情逐步被控制，高速入口陆续开放，进城车辆逐渐增多，给进城检疫、核查信息带来巨大压力。太保产险温州分公司防疫青年突击队临危受命，设置线下救助站，严格按照"不漏一车、不少一人"的要求，在温州东高速出入口对过往车辆进行"两查两问"排查。高速路口没有休息场地，站口的风刮得很大。他们一次次伸手为人员量体温，手冻得冰凉；他们一次次弯腰询问过往人员情况，口干舌燥。没有就餐的地方，他们就把引擎盖当饭桌。一天下来，他们所有人没有坐下来休息过一分钟。

很多人想象不到，许多平时看起来普普通通的同事，此刻竟作出了英雄之举：

太保寿险益阳中心支公司党员黄明辉听说公司所在管辖社区排查任务重，主动请缨参加志愿者队伍，把除夕夜因心脏病入院的老母亲交给妹妹照顾；益阳中支桃江支公司业务主任、老党员杨再兴年近六旬，却多次请缨参加居住地所在村的党员突击队。村干部几次驳回他的请求，他却依然反复申请："我是一名老党员，也是中国太保的一名主管，平时的工作就是将平安和保障送给广大老百姓。现在正是我尽责的时候，我必须参加。"

太保寿险苏州分公司政保合作部团员许洁作为一个曾经的医学生在疫情之初就报名参加了志愿行动，承担起志愿者队伍的培训工作，为新来的志愿者们普及防疫知识，每天都工作到深夜才回家。在志愿服务期间，许洁发现志愿者们在阴雨天气中缺乏热饮和热食，就将这一情况反馈给分公司。在分公司党委、工会的支持下，分公司团委购置了保温杯、方便面等物资捐赠给苏州团市委。

面对疫情，中国人民万众一心、同甘共苦，将涓滴之力汇聚成磅礴伟力。中国太保人也尽着最大的努力关心着最需要帮助的群体。太保寿险四川广元中心支公司扶贫工作小组深入贫困户家中，逐一排查疫情、宣传防疫知识。与此同时，许多在安徽的中国太保员工参加了献血队伍，太保产险合肥中支专门组织员工开展了"无偿献血传递爱心，同舟共济共抗疫情"的活动，太保产险阜阳中支党支部向全体党员发出了献血征集令，在铜陵等地的中国太保人积极和当地血站联系献血。在青岛、在常州，太保寿险青岛莱西支公司、太保寿险常州武进中支的党员同样为爱撸起了袖子，滴滴血液汇聚大爱。

太保产险深圳分公司还向深圳地铁集团提供累计赔偿限额高达 10 亿元人民币的"新型冠状病毒肺炎疾病身故保险"保障，成为深圳保险市场上首个向深圳地铁集团提供"新冠肺炎人身保险"保障的险企。此外，分公司地铁服务团队还向深圳地铁集团及时送去口罩、酒精消毒水等防疫物资，为奋战在一线的深圳地铁集团员工送去了安全保障。"你是坚守阵地的深铁人，我是为你护航的太保人。"

1月30日，正月初六，原本是29岁的健康险公司营运中心四川分中心的电话客服专员谢雨宏和26岁的陶诗琦喜结良缘的日子。本该站在婚礼台上的这对新人却留在成都，准新郎小谢更是坚守在电话客服岗位上。

谢雨宏说："婚礼可以推迟，但爱和幸福永远不会延期。"对中国太保人来说，灾难之中，脚步可以被阻隔，但爱与责任永不会缺席。

（作者：王潇、杨书源）

第三节

公益饮水思源

　　一家真正伟大的企业，其抱负必然要超越简单的商业逻辑而上升到让社会更加美好的层面。自觉履行企业社会责任，争做优质"企业公民"，一直都是中国太保的目标。

　　无论是公益造林，还是发力绿色金融、减少企业碳排放；无论是大灾大难前积极捐款，还是平日的助残扶幼、爱孤敬老；无论是组建志愿者队伍，还是成立公益基金……什么是社会责任？怎样履行社会责任？这个命题，伴随着中国太保的成长壮大，已经找到了越来越清晰的答案。

　　30年来，中国太保始终将自身成长与国家战略、社会保障、民生关切和环境保护等方面紧密地联系在一起，并在此过程中形成了一套清晰的企业社会责任体系；30年来，社会责任自觉贯穿于中国太保经营管理的每个环节、融入经营发展的肌体和血液中，成为全体中国太保人共同的价值观；30年来，中国太保坚持走高质量发展道路，做优主业，做精专业，为实现人民对美好生活的向往而不懈努力，向各利益相关方及社会公众交出了一份靓丽的社会责任成绩单，让中国太保"责任、智慧、温度"的品牌形象更加深入人心。

血脉相连　共护三江

　　关于社会责任的故事，让我们从长江头的三江源说起。

　　在地球"第三极"青藏高原北部，三江源地区被雄伟的山脉环抱，长江、黄河、澜沧江发源于此。每年，三江源都会向中下游供水600多亿立方米，养育了超过6亿人口，被誉为"中华水塔""亚洲水塔"。三江源也有"高寒生物种质资源库"之称，是全球气候变化反应最敏感的区域之一。其生态系统服务功能、自然景观、生物多样性具有全国乃至全球意义的保护价值。习近平总书记在青海考察时就曾强调，青海最大的价值在生态、最大的责任在生态、最大的潜力也在生态，必须把生态文明建设放在突出位置来抓，尊重自然、顺应自然、保护自然，筑牢国家生态安全屏障，实现经济效益、社会效益、生态效益相统一。

2015 年 12 月，中央全面深化改革领导小组第 19 次会议审议通过了《三江源国家公园体制试点方案》，拉开了我国国家公园体制试点的序幕，三江源国家公园成为我国第一个国家公园体制试点，这次会议也将青海生态文明建设上升到了国家战略的层面；2019 年 9 月，习近平总书记主持召开黄河流域生态保护和高质量发展座谈会，将黄河流域生态保护和高质量发展定位国家重大战略。保护好三江源，确保"一江春水向东流"是党中央、国务院的重托，也是每个中华儿女应当自觉担负起的特殊责任。

作为与国家休戚相关的命运共同体，一直以来，中国太保人的初心和使命就是用心守护祖国的大好河山、保障人民的美好生活。中国太保认真贯彻落实习近平总书记"像保护眼睛一样保护生态环境，像对待生命一样对待生态环境"的讲话精神，把积极参与三江源生态保护作为践行企业社会责任的重要体现，探索建立具有中国太保特色的三江源生态保护长效机制。

中国太保与三江源的联结始于一场特殊的缘分。

2018 年，中国太保在"三区三州"深贫地区大力推进精准扶贫攻坚战役时，时刻关注着青海的生态发展和三江源国家公园的建设情况。中国太保了解到，由于园区覆盖区域多为青海省较为贫困的地区，地方经济发展水平有限，中国太保当即提出，为园区内由当地建档立卡贫困人口担任的 17211 名生态管护员捐赠意外伤害保险，风险保障总额达 55.08 亿元。

2018 年 10 月，集团董事长孔庆伟赴青海参加"三江源国家公园生态管护员保险捐赠仪式"。"他对青海、对三江源的感情非常深厚，一到现场就向我们表达了愿意进一步为三江源做贡献的想法。我们双方一拍即合，这样就有了在三江源捐建一片公益林的设想。"青海省林业和草原局党组书记、局长李晓南回忆道。

中国太保之所以提出捐建"中国太保三江源生态公益林"的设想，有其特殊的缘由和背景：中国太保诞生于黄浦江畔的上海，位于长江入海口，与三江源血脉相连，要饮水思源；积极服务国家战略是中国太保一直以来的责任担当，保护三江源是国家战略层面的重要任务，中国太保人要主动担当、坚守初心；上海与青海果洛州是对口支援关系，要把公益林项目建成沪青合作的有生命力象征的活名片。

为了实现在三江源捐建生态公益林的目标，中国太保人经过近一年多时间的走访、考察、调研、选址、论证，终于在 2019 年 11 月正式启动生态公益林建设项目。

事实上，从这个项目的设想之初，中国太保就将其作为融入每位员工价值观的社会责任的体现。2019 年 12 月，集团召开"中国太保三江源公益林"项目动员大会，鼓励全系统广大干部员工为公益林做出积极贡献。广泛发动，将全员参与与践行企业社会责任紧密结合；传递"太保温度"，彰显太保责任；规范运作，确保项目公开、透明、可持续发展。

就在动员会结束之后的短短几周内，中国太保全国 11 万名员工踊跃捐款，捐款总金额逾 1900 万元。

■ 中国太保 11 万员工捐款逾 1900 万元，建设三江源生态公益林

2020 年 1 月 4 日，中国太保与青海省林草局、三江源国家公园管理局、海南州政府、三江源生态保护基金会五方签订"中国太保三江源生态公益林"项目合作协议，凝聚着中国太保全体员工大爱的"中国太保三江源生态公益林"项目进入全面实施阶段。首期捐赠金额为 1500 万元，建设林地 1000 亩。

"我们干林业的有这样一种说法，在内地种树，插根筷子都能长出一片树林。在青海种树却比养一个娃娃还难。"三江源国家公园管理局党组书记、局长赫万成说。由于三江源国家公园地处青藏高原高寒草甸区向高寒荒漠区的过渡区，主要植被类型有高寒草原、高寒草甸和高山流石坡植被，干燥少雨、缺水高寒、土地贫瘠……这些环境因素都决定了在三江源地区植树造林绝非一件容易的事情。

正因如此，公益林项目的选址尤为重要。不仅要考虑到地形、气候等因素，还要考虑树木的存活率、后期养护的成本、是否能够惠及当地百姓等。综合这些因素，最终才确定了公益林的具体位置。

从西宁出发，车一路行至三江源国家公园的东门，青海省海南州共和县德吉滩。这里是黄河源流经地，紧邻共和县城，是G6京藏高速和G241国道的交汇处，也是青海湖、龙羊峡等国家级旅游景点的必经之路。

"'德吉'在藏语里就是'幸福'的意思，因此这里也被当地百姓称作幸福滩。"太保产险青海分公司总经理李稚林说，为了公益林的选址，自己和中国太保、青海省林草局、三江源国家公园管理局的相关领导、同志已经数不清去了多少次德吉滩。"初见时，德吉滩荒草遍野、飞沙走石，如今这里已经是名副其实的幸福滩了。"

赫万成则介绍，为了提高整个项目的造林标准，青海省林草局配套资金200万元，并全程提供苗木种植技术指导。同时，公益林所在地海南州共和县也积极投入1000余万元布局建设林地的水利灌溉设施。

■ 2020年8月20日，中国太保三江源生态公益林落成揭牌

经过近一年的不懈努力，2020年8月20日，中国太保三江源生态公益林终于正式落成。

登上林中的"祥和塔"俯瞰公益林全景，可见整地面积1000余亩的林地，栽植着包括青海云杉、祁连圆柏、河北杨、塔青杨、山杏、丁香、榆叶梅、乌柳、柽柳等9个品种的苗木5万株（墩），一季过去，苗木成活率达90%以上，已然形成了一片树种配置合理、生态功能强大，具有绿化、美化、香化和结构功能稳定、景观效果极佳的园林。

为了高质量地完成项目，项目组还特别邀请了上海园林集团作为设计单位，全程参与了整个公益林的建设。其设计的核心理念为：在1000亩的项目区内，最大化地完成造林指标；同时，在造林的基础上，合理利用地形、地貌及周边环境，融入上海、中国太保元素，重点打造6个景观节点。

沿着公益林中的小道一一走过，6个景观涵盖名称标识、中国太保品牌和形象、互动区域等，同时融入了中国太保的企业文化、上海的现代时尚和当地的藏族特色，充分展现了身在长江入海口的上海，中国太保与长江发源地三江源血脉相连、沪青一家亲的连绵情谊。

一片片墨绿的草场、一群群奔跑的牛羊、一缕缕袅袅的炊烟、一张张幸福的笑脸……青海省海南藏族自治州共和县德吉滩，这里是中国太保人魂牵梦绕的地方。

"中国太保三江源生态公益林的建设不仅对改善区域风沙危害、水土流失，提升区域环境具有重大意义。同时，这也是全国金融企业首次参与三江源地区生态建设，在社会上具有重要的示范作用。"李晓南说。

"中国太保三江源生态公益林项目的实施，提升了该区域的生态服务供给，改善了群众生活水平，为地区生态、生产、生活良性发展注入了活力。"赫万成说。

事实确实如此。"中国太保三江源生态公益林"建设落成之日，共和县恰卜恰镇索尔加村党支部书记扎西将一面写有"心系百姓奔小康、情洒高原助人乐"字样的锦旗赠送给中国太保。原来，他们村有40多名建档立卡村民参与了生态公益林一期工程的建设，在新冠疫情形势严峻的情况下，大伙在家门口每个月的收入有四五千元，并且学到了许多植树造林的技术和经验。

"村里的尖措太夫妇，是建档立卡的贫困户。以前家里的生活重担都压在丈夫一个人身上，妻子身体不好，无法干重活，母亲患有胆结石没钱医治，全家年收入仅3000元。后来，得益于公益林项目建设，四五个月就挣了近3万元，有效改善了家里的经济情况，还立刻给母亲做了手术。"扎西书记介绍，"村里像这样因公益林得益的人还有很多，二期、三期工程，希望还能考虑我们。"

据统计，公益林一期建设项目共用工4万人次，支出劳务费用600余万元。项目务工人员全部来自海南州共和县的建档立卡贫困户，平均每户增收12000元。就业帮扶成功改善了当地村民的生活情况，帮助贫困户脱贫摘帽。

"中国太保三江源生态公益林是一片生态发展之林、绿色经济之林、民族团结之林。它的建设取得了良好的社会反响。"李晓南将公益林的建设成果总结为"好""美""快""实"，中国太保在青海办了一件好事、让当地环境更加美丽，大苗植树、快速成林，为老百姓办了一件事实。

而谈到中国太保公益林项目为"后来人"留下的宝贵财富，李晓南则说，这是聚力而行，凝聚了中国太保所有员工的爱心；这是合力而为，是中国太保与青海合作的成果；这是齐力而行，当地干部群众齐头并进，确保了项目成功。

"当地的百姓都说，从来没有见过效果这么好的植树造林。现在，公益林已经成了远近百姓的休闲去处，切实提高了当地百姓的获得感和幸福感。"李稚林说，太保产险青海分公司作为公益林项目的亲历者、见证者、实施者，十分荣幸。未来将与青海当地有关部门深入合作，探索保险产品，为生态环境保护保驾护航。

据悉，500亩的中国太保三江源生态公益林二期工程将于2021年完工，献礼中国太保建司30周年。

社会责任　国企力量

企业的长期健康发展，不只在于能够创造财富、获取利润，更意味着企业在发展过程中要对股东、客户、员工、行业、社会和环境等各个方面肩负起责任、贡献出力量。

9年前，中国太保全面启动"以客户需求为导向"的战略转型。9年以来，中国太保聚焦关键短板，以项目驱动，通过创新实践，使集团整体的发展方式发生了可喜变化，让企业在保持价值持续增长的同时，为股东、客户、员工、行业、社会、环境等利益相关方创造共享价值，企业社会责任已全面融入公司的商业模式中——

对股东：持续提升价值创造能力，多维度完善风险管理，以稳健的经营回报让股东相信，投资中国太保是安心、值得的。

对客户：关注客户需求，改善客户界面，并将"在你身边"的良好体验带给每个信赖我们、选择中国太保的客户。

对员工：为员工打造顺畅的职业成长路径和健康安全的工作环境，希望企业的发展成果惠及每一位员工。

对行业：与合作伙伴开展广泛深入的合作，参与行业交流与建设，以多种形式传播保险文化，与行业共享、共进、共荣。

对社会：以产品及服务保障、基础设施投资推动经济和社会发展，以公益促进社会和谐，积极承担社会责任，回馈给社会充满希望的未来。

对环境：以产品、服务应对气候变化挑战，开展绿色投资，不断降低价值链对环境的影响，回报给环境以绿意盎然的明天。

中国太保通过专注保险主业，将经营发展与经济、社会、环境的可持续发展紧密连接。企业高度关注社会责任议题，并建立了覆盖"决策、组织、实施"三个层级的企业社会责任管理体系，依据集团社会责任工作的战略导向和履责重点，制定实施策略和推进计划，并推动各个职能部门和运营实体将相关工作整合融入到其日常运营中。

回顾中国太保的发展历程，不难发现，自中国太保成立以来，便以"做一家负责任的保险公司"为自己的使命，并以实际行动践行着这样的诺言。30年来，中国太保一直致力于各类公益活动，自觉履行企业公民的社会责任，服务国家、回馈社会，体现了一家大企业的大担当。

几乎从成立伊始，中国太保的社会责任感就从未缺席。1996年，太平洋保险得知上海市儿童福利院残疾儿童手术经费短缺，当即决定取消原定举行的建司5周年庆典，出资50万元资助50名孩子进行手术，同时还在全国范围内开展了"救治百名孤残儿童"大型慈善活动，合计捐资约126万元。此后，连续25年，中国太保在每年司庆日前后都会向儿福院的孩子们送去关爱。截至2020年，已累计捐款逾300万元，赠送物资折合人民币100余万元，先后有500多名员工志愿者参与了这项爱心活动。

以此为开端，中国太保的爱心源源不断地向外输送。从捐建希望小学、儿童福利院，到关爱残疾人事业的助残行动，再到对养老机构及周边社区开展日常助老服务的支持……在社会需要帮助的各个领域、各个角落，几乎都能见到中国太保的身影。

大灾面前，中国太保充分发挥经济"减震器"和社会"稳定器"的功能，用行动诠释保险的责任与担当。

2008年1月至2月，南方大范围雨雪冰冻天气给我国经济社会发展和人民群众生活带来严重影响。中国太保向受灾严重的湖南、贵州、江西、安徽和湖北等地共捐款500万元，帮助受灾群众度过难关；2008年5月12日，四川汶川发生特大地震灾害，中国太保向全系统下发《关于开展抗震救灾捐款活动的通知》，帮助灾区人民抗震救灾、重建家园，各类捐赠累计超过5100万元；

2010 年 4 月，中国太保向玉树地震灾区捐款 500 万元；同年 8 月，甘肃舟曲县因暴雨引发特大洪水泥石流灾害，中国太保通过甘肃省红十字会向舟曲县捐赠 100 万元；2013 年 5 月，中国太保向芦山地震灾区捐款 500 万元；2018 年是自然灾害多发的年份，"艾云尼""云雀""温比亚""山竹"等强台风先后袭击我国东部沿海地区，中国太保各地分支机构提前启动灾前联动响应，大灾救援保持 3 天积案清零的速度；2019 年，集团全年共开展 149 个对外捐赠项目，累计对外捐赠 3966.26 万元；2020 年春，新冠疫情来袭，中国太保向武汉市东湖高新区定向捐赠 1000 万元，助力开展疫情防控工作，为当地受疫情影响面临复工复产难题的企业纾困解难……

公益需要爱心，更需要专业与专注——中国太保坚信，唯有具备专业的志愿服务理念和技能，才能真正做好公益。

2012 年，中国太保进一步整合内外资源，构建公益平台，并完善活动长效管理机制。自当年起，正式向全系统各岗位招募志愿者，截至 2020 年，志愿者已逾 5000 人。

有了一支稳定的公益团队后，为提升志愿服务工作的专业性与规范性，中国太保又统一协调，对各地分支机构进行活动授权，统一开发志愿者网络培训

■ 中国太保志愿者为市民提供健康检测

课程、志愿服务活动内容、课件、形象品，设计标准化的活动流程，并要求志愿者在活动中统一形象标识等。

中国太保还积极履行企业环境管理责任，减少碳排放。2019 年，中国太保升级打造"绿色行动 2.0"，全面推行无纸化。通过新技术运用，全面推行电子发票，累计节约打印、快递成本约 1.8 亿元，提升客户获票时效。当年，车险全面推行扫码开票，实际开票量下降 90%，年节约短信推送成本约 150 万元。同时，进一步规范会计档案标准和电子化管理流程，大幅减少会计打印、装订、邮寄等成本近 1000 万元；积极提升线上化、移动化数字运营能力，数字承保年节省纸张近 52 万张。

近年来，中国太保积极发力绿色金融领域，为环保、节能、清洁能源等领

域的项目投融资、项目运营提供风险保障，支持环境改善，应对气候变化，促进资源高效利用。

如，积极参与环境污染责任保险产品研发及落地，强化对企业保护环境、预防环境损害的监督管理，在分散排污企业的环境风险、保护环境利益、减少政府环境压力等方面发挥独特作用。2020 年全年，中国太保已累计为全国 3822 家企业提供超过 820 亿元环境污染风险保障；为逾千条船舶提供污染责任保险保障，总保额逾 120 亿元人民币。

以往，长三角区域各地在环境治理方面相对独立，缺乏有效联动。在一体化发展框架下，中国太保积极协助有关部门建立环境准入标准，打造环境风险监控平台和信息交流平台，逐步建立起区域内环境治理的共保联治机制。

更重要的是，在政府支持下，中国太保正逐步扩大长三角区域环境污染责任保险的覆盖面，通过引入经济杠杆提升企业环境保护的意识，促进长三角生态环境持续改善，使"上游要发展赚钱，下游要吃水"的矛盾得到了有效解决，保护长三角生态环境、实现绿色发展的成果逐步显现出来……

中国太保成立的 30 年，是其在社会责任方面自我修炼并不断提升的 30 年，是从简单地把社会责任视同为社会公益，到如今把社会责任自觉贯穿于经营管理的每个环节、融入经营发展的肌体和血液中，成为全体中国太保人共同价值观的 30 年。

对此，董事长孔庆伟如是说："作为一家拥有 1.4 亿名客户的世界 500 强企业，我们始终相信，在企业社会责任方面的所有探索和实践，都将在未来某个时点给予我们闪亮的回应和丰厚的馈赠，这份财富，不仅属于我们，更属于每一个参与的你。"

公益之路　沧海拾珠

翻阅中国太保的企业社会责任报告，从最初的寥寥几页纸到厚厚一整本。随着中国太保的发展壮大，其所承担的社会责任越来越多，涉及的领域和范围也越来越广。在中国太保所做的各项公益事业中，我们选取了一些案例进行剖析。从这些案例中能够看到的，不仅是中国太保的成长，也是一家企业对公益事业不竭探索的心路历程，更是其作为"企业公民"对国家、社会及广大民众许下的庄严承诺。

"老师说，好好学习，长大才能做有出息的人。我也很想走出去看看大山外的世界是什么样子。"在层层叠叠的大山之间，一个穿着蓝色运动校服、戴着红领巾的女孩向群山的尽头眺望，金色的阳光洒在她稚嫩的脸上，带来温暖和希望。她和她的同学们正在等待一群远方的客人。

这里是中国太平洋保险新寨希望小学，地处国家深度扶贫"三区三州"的云南省怒江傈僳族自治州。几年前，中国太保为推动智力扶贫，捐建了这所希望小学。不但援助学校建起了操场、多媒体教室、图书室、浴室等硬件设施，还给孩子们送来了 AI 设备、学习用品、乐器、体育器材。

硬件虽然有了，大山里的 190 多名孩子却缺少音乐、美术等文体课程的老师，他们期盼着有人将大山外面多姿多彩的世界和声音带给他们。

2018 年，中国太保精心挑选出任课志愿者，并经过华东师范大学专业培训，为孩子们带来了科技、音乐、美术、英语、安全、朗诵、体育等 8 门主题课程。孩子们不仅亲身体验了人工智能的神奇，还组建了鼓乐队、陶笛队……一个绚烂丰富的新世界在他们面前打开。

行动彰显担当，责任照亮未来。新寨希望小学并不是孤例。自 1996 年以来，中国太保先后在云南、江西、甘肃、贵州、山西、河南等地的贫困地区捐建了 60 余所希望小学，捐资助学金额近 3000 万元，与社会大众共同见证了这些希望小学从无到有、从弱到强的发展历程，影响并帮助了全国数十万孩子健康成长。

从 2008 年开始，中国太保连续 14 年开展"责任照亮未来"支教活动。每年，集团都会招募员工及客户志愿者开展希望小学支教活动，为孩子们带去精心准备的美术、体育、音乐和安全教育等课程，成为乡村教育既有课程的有力补充。此外，中国太保还开展结对助学活动，直接为贫困学生提供生活费等支持。

十多年来，在中国太保的倡导与支持下，共计 1000 余名志愿者参与了 30 多所希望小学的支教、结对助学等志愿服务活动。奥运冠军孙杨、焦刘洋也曾作为爱心志愿者来到希望小学，为孩子们教授游泳课程并讲解安全知识。

2016 年，中国太保进一步总结希望小学支教活动经验，聘请华东师范大学为志愿者量身打造专业的支教培训课程。由华东师大儿童心理学教授、教育学部美术教研室主任等 6 名专家组成明星教师团，为志愿者们讲授了农村儿童心理健康、教学设计、教学资源获取以及小学音乐与美术的教学方法等内容。2016 年的"助梦唱响未来"支教活动，帮助云南边境傈僳族的孩子们走出大山，登上了上海交响乐团音乐厅的舞台；2017 年的"筑梦未来　因 AI 无限"活动，帮助甘肃会宁丁家沟希望小学的孩子们建成了 AI 教室；2018 年，支教队伍来到云南怒江州新寨希望小学，围绕"筑梦未来　因 AI 无限"的主题，给孩子们打开了全新的世界……

为了汇聚更多的爱心，让无法亲临希望小学的爱心人士也能参与其中，中国太保将支教活动的形式不断扩展。如开展义捐、义卖，在微信平台上发起"你点我捐集爱心"活动，参与量累计达 15000 余人次，共收集爱心 250000 余颗。这些爱心均转化为铅笔、书本、书包等学习用品，统一捐赠给希望小学。

经过多年探索，支教已成为中国太保智力扶贫的重要内容和成功实践，给贫困地区的孩子带来了希望。

总面积 34.5 万平方公里，人口仅 10 余万人，这是世界上人口密度最小的地方——西藏阿里地区。它位于祖国的西南边陲，平均海拔 4500 米以上，被誉为"世界屋脊的屋脊"。这里全年仅冬夏两季之分，年平均气温只有 0 ℃，且属二类风区，年大风日数在 149 天左右，大风频率高达 8 级以上。高寒缺氧、气候恶劣、交通不便、人迹罕至……可就是在这里，中国太保的大爱与担当如约抵达。

2014 年底，中国太保捐建西藏阿里地区儿童福利院的捐建仪式在西藏自治区人民政府大厦举行。次年，一所满足现代化需求的儿童福利院在阿里狮泉河镇建成，并正式投入使用。

■ 中国太保志愿者在上海儿童福利院开展爱心公益活动

这所儿童福利院承载着来自中国太保的爱心——该院由中国太保捐助 2052 万元、自治区及地区政府后续投入 1317 万元建成。在建设时，就秉持了创建一流硬件、一流设施、一流环境、一流条件的目标，根据儿童实际需求，建设了成长教育基地、多媒体教室、图书阅览室、音乐室、舞蹈室、教室、爱心超市、幼儿游戏室、医务室、理发室、电视室等各类室内外活动场所。在有限的条件下，竭尽所能为孩子们的食宿学习、医疗健康创造了高质量的环境。

建成不到两年，该福利院就收养了孤儿 169 名（30 名在外就读），有意愿收养率达到了 100%。

"一切为了孩子，一心想着孩子。"这是阿里儿童福利院成立和运行的宗旨。儿童福利院运营以来，全地区各级党、团组织经常组织志愿者到福利院开展志愿服务活动；地区妇幼保健院、疾病防控站、人民医院等，与福利院结成共建单位，不定期组织医务人员来院进行义诊，还为孤儿治病开设了绿色通道，实行"先住院，后结算"的方式，确保孩子们小病不出中心、大病及时治疗；福利院与食品药品、消防防疫、治安管理、安全生产等部门建立了联系机制，定期开展安全检查、食品检验等工作，确保福利院安全有序运行；福利院与各驻军部队结成共建单位，定期开展共建活动和志愿服务活动；地区各级社会组织、企业、爱心人士积极开展"孝心献老人、爱心送儿童"等活动，利用节假日开展义务劳动，与孤儿结对交朋友、送温暖……

如今，"幸福"成了阿里地区儿童福利院的关键词。在"爱心爸爸"和"爱心妈妈"的关心爱护下，百余名孩子正在茁壮成长：育婴室里，嗷嗷待哺的孩子们得到了精心的呵护；教室里，孩子们正在认真学习，汲取知识的力量；运动场上，孩子们相互追逐、嬉闹……

同一片蓝天下，孩子们的灿烂笑脸在高原绽放。在公益之路上，中国太保从未停止过创新的步伐。

2021 年伊始，一个令人振奋的消息在中国太保和整个行业传开——"不让梦想咕咕叫"公益活动提前达成 300 万份免费午餐的捐赠目标，向司庆 30 周年献上了一份厚礼。

2020 年 7 月 1 日，太保寿险与中国社会福利基金会免费午餐基金合作，开展了一项名为"不让梦想咕咕叫"的特别公益活动。该活动倡议每位个险营销员共同参与，将他们服务的每一张长险保单化为一份爱心，通过中国社会福利基金会免费午餐基金为乡村学童送去爱心午餐。

发起这项公益活动时，太保寿险将捐赠目标定为 300 万份爱心午餐，计划 10 个月（至 2021 年 4 月 30 日）完成。然而让人意想不到的是，太保寿险的营销伙伴们勠力齐心，仅用 6 个月时间就完成了当初设定的 300 万份爱心午餐的捐赠目标，比原计划整整提前了 117 天。

这份佳绩是如何创造的？

首先，这有赖于太保寿险营销团队的积极参与。据统计，本次活动中，太保寿险逾 68 万名个险营销伙伴签署了公益捐赠倡议书，累计百万人次参与了捐赠。这是活动成功的最基本、也是最重要的保障。

公益活动期间，中国太保涌现出了一大批争相"为爱代言"的营销伙伴，他们纷纷设定目标，每月持续攀登，亮晒自己的爱心"成绩单"，用汗水和业绩筑起了一座爱心堡垒。其中，湖北襄阳一名营销总监以 291 份免费午餐的捐赠量，当选"最美太保营销员"代表。

其次，形式的创新增强了公益活动的可实施性和参与感。"不让梦想咕咕叫"特别公益活动设计并应用了中国太保首张公益保单。这张厚度只有 3 毫米的保单，承载着客户对自己和家人的保障，也承载着中国太保的郑重承诺和对社会的责任担当。同时，保险与公益挂钩契合了社会的需求，购买保险的同时又能为社会做一些力所能及的贡献，为山区的孩子提供一份免费午餐，这样的形式一经推出就受到了广大客户的热烈欢迎。

最后，持续且高效的推广传播助推了公益活动取得效果。2020 年 9 月 9 日，在腾讯公益"99 公益日"活动中，20 位营销伙伴作为中国太保的"爱心代言人"，与中国社会福利基金会免费午餐基金开学季活动"爱心大使"一起，通过视频传播等方式，持续传递公益大爱，汇聚起了更多人的爱心与善意。

不让孩子们的梦想"咕咕叫"。目前，这 300 万份保障已经通过特定渠道向中国社会福利基金会免费午餐基金捐赠 1200 万元，它们即将化为 300 万份免费午餐，让山区学童绽放笑脸，点亮他们的梦想与未来。

日前，中国社会福利基金会免费午餐基金向太保寿险颁发了"蝴蝶侠荣誉证书"，肯定太保寿险及全体营销伙伴的热心善举与公益精神。

公益传承，相伴成长。此次活动是太保寿险继 2018 年后，向中国社会福利基金会免费午餐基金进行的第二次公益捐赠。不断创新的形式背后，既是向所有有爱心的"最美太保客户"和"最美太保营销员"的致敬，也是中国太保持续传递保险大爱、勇于承担社会责任的又一体现。

如何才能让公益事业科学、有序、健康、持续地发展？设立公益基金会成为中国太保自然而然的选择。

2018 年 8 月，孔庆伟就提出，应以"统一品牌、分级管理，统一筹划、分类使用"为目的，筹建中国太保公益基金会。以体现人人为我、我为人人的人文关怀，这与中国太保的使命和宗旨高度契合。

经过近两年的努力，2020 年 9 月 24 日，经上海市民政局审批，由中国太保捐赠 2000 万元人民币发起设立的上海太保蓝公益基金会正式成立。

■ 2021 年 1 月 29 日，上海太保蓝公益基金会揭牌

太保蓝公益基金会属于非公募基金会，以"承担社会责任，致力公益事业，以公益的力量引导人们向上向善，促进社会和谐与发展"为宗旨，将发展成为一家"引领全国、专业专注的公益基金会"作为自己的使命，努力实现"让更多生命有保障、有尊严、有希望"的愿景目标。

2021 年，正值中国太保三十而立，正是太保蓝公益扬帆启航时。

老年认知障碍是老龄化中国的"痛点"之一，有研究表明，认知症患者发病时间如能延缓 5 年，那么患病人数将会减少 50%。即使患病，在专业有效的照护和康复干预下，病人依然可以享有高质量的生活。由此，太保蓝公益将认知障碍领域作为主攻领域，重点关注老年认知症群体，以帮助解决认知症患者及其家庭面临的困境问题，积极应对人口老龄化国家战略，为国家减负。

太保蓝公益基金会聚焦养老服务领域政府关心、社会关注、群众关注的创新项目和短板问题。2021 年 1 月 29 日，由基金会捐资实施的"关爱老年认知障碍群体"公益行动在沪启动，以"帮助失忆老人守护记忆，共创认知障碍友好环境"。该活动关注老年认知障碍照护服务，围绕社区和机构全人群筛查、专业服务人员实训赋能、认知障碍友好环境建设等主题，开展为期三年的关爱老年认知障碍群体的系列公益项目。

其中以"守护记忆·万千百十赋能计划"为开篇领航项目，由"万计划"——筛查先行，家庭赋能，三年为30万老年人开展认知障碍早期筛查服务；"千计划"——专业实训，团队赋能，三年为3000名以上的认知障碍服务人员开展实训；"百计划"——场景打造，科技赋能，三年打造500个"认知障碍VR智能体验场景"；"十计划"——行业推动，环境赋能，每年资助10个与关爱认知症群体相关的主题活动等四大领航项目组成。

正如孔庆伟谈到的那样："未来，要形成上海乃至全国可复制、可推广的创新项目和特色案例，助力大城养老体系建设的不断完善，推动'健康中国'战略举措的顺利实施。"

凝聚大爱的太保蓝公益基金会的成立意义重大，它昭示了中国太保将以关怀、友爱、温暖汇聚更多善的力量，汇聚成希望的海洋。

（作者：雷册渊）

第四节
素昧平生的肝胆相照

2009 年，一次捐肝手术，让太保寿险宁波镇海支公司营销员林萍突然跃入公众视野。当年，43 岁的林萍，无偿将 48% 的肝脏捐献给了同村患有肝豆核变性的 8 岁女孩小洁。而在此之前，她们素昧平生。

这场长达 7 小时的亲体活体肝移植手术，挽救了女孩小洁的生命，也彻底改变了林萍的人生轨迹。

这场手术后，太保寿险宁波分公司以林萍的名义，为她成立了工作室，从事公益活动。在此后的十几年里，林萍完成保险业务的同时，从没有停下公益的脚步，对她和同事来说，这是一种爱的传递和延续。

林萍，是中国太保几十万名营销员中的一个缩影。他们始终活跃在保险营销的一线，也不忘把温暖带给社会。多年来，中国太保一直以"做一家负责任的保险公司"为使命，积极履行社会责任，正是有这样的土壤，才涌现出一位位像林萍一样的营销员，他们勇于担当，积极回报社会。这一路，让他们坚持下去的，是镌刻在中国太保人骨子里的爱与责任。

承诺

一切仅仅源于一次闲聊。2009 年 4 月初，林萍从婆婆那里得知，同村的一个 8 岁女孩，得了一种叫肝豆核变性的病，如果再得不到及时的治疗，可能就要撑不下去了。

或许是出于母性的本能，也或许是出于保险人的职业性，林萍决定去医院看看这个原本并不相识的女孩。"我在想，做保险这么多年，我也积累了一些资源，认识不少人，或许可以给他们介绍医院和医生，帮到这家人。"

第二天，林萍就找去了宁波市妇女儿童医院。病床上，女孩的肚子撑得鼓起，变得虚胖。靠在床上的小洁很安静，奶奶告诉林萍，病不发作的时候还好，一发作起来，小洁难受得在床上翻来覆去。一家人带着孩子四处找医院，已经快要走投无路了。

　　林萍得知，孩子的家人甚至萌生了想要放弃的念头，她找到了孩子的父亲，问他到底什么想法？"我不能眼睁睁地看着原本有希望被救活的女孩，硬生生走向绝路。如果说一家人全力以赴去救了，最后孩子还是走了，那只能说是命。如果就这么轻而易举放弃了，将来会不会永远都有遗憾？"林萍想起做保险这些年，曾经认识过一位得了血管瘤的客户，也是在危在旦夕的时刻做了肝移植手术，活了下来。她告诉小洁的父亲，她会想办法帮助小洁治病，临走时，她告诉孩子的父亲，她和小洁一样也是 O 型血，"如果有需要，记得联系我。"

　　没想到，这句话最后成了孩子的救命稻草。而林萍的这次探望，也挽救了孩子的生命，彻底改变了两个人的人生轨迹。

　　在林萍探望后不久，小洁转到了上海一家医院。但她的病情又进一步加剧，医生告知，已经没法继续用药物维持治疗，女孩的眼睛随时会失明。而救小洁的唯一办法，只有肝移植。

　　然而，小洁的父母、爷爷奶奶的配型都不成功。万般无奈下，小洁家人还是找到了林萍。

　　林萍至今还记得，那天下午 5 点，她接到了来自小洁家人的求助电话。"说实话，一瞬间，我确实有点懵。"但是，仅仅犹豫了五六秒，林萍还是答应了。

　　"可以。"她决定第二天去上海。

　　挂了电话，林萍第一时间给丈夫打了个电话，丈夫向来尊重林萍的选择，但他还是停顿了一会儿，"我不反对，但你得做好父母和女儿的工作。"

　　林萍一边想着如何说服父母和女儿，一边连忙跟同事请假报备。当得知林萍要去上海配型，同事们错愕的同时，纷纷劝阻她去上海。

　　接下来，多方的反对无形间像一座大山，突然横亘在林萍的面前。

　　她记得答应小洁家人去上海配型的当晚，回到家，妈妈、婆婆和姨妈三个老人同时坐在了沙发上，一起劝说林萍不要去。不同意的理由很充分；林萍的妈妈患有糖尿病、高血压，刚刚做完手术；林萍的丈夫刚刚靠银行贷款，在朋友的帮助下开了小厂；而女儿此时也在读高中，家里处处都是需要钱的时候，万一配型成功需要捐肝，一躺就是大半年，身体若是垮了怎么办？

　　"她们那天甚至住在了我家，就是不希望我过去。"林萍说。她其实很理解老人们的想法，知道长辈都是善良又老实的人。"身体发肤，受之父母，更何况是捐肝呢？"

　　女儿听说后，也坚决反对，"你这把年纪了，万一在手术台上有个意外，那我怎么办？"女儿担心林萍，知道妈妈要去配型后，在诸暨读书的她，硬是恳求爸爸给自己配了一台手机，每天给林萍打电话追问消息。

　　林萍只能将配型事宜暂时搁置，她打电话告知小洁父亲，她一定会去上海，只是需要再等等。

　　接下来的几天里，林萍没有闲着。她去拜访客户、送发票，她想着，即使要去完成给小洁的承诺，也不能把客户这边的承诺给忘记。

　　几天后，她瞒着父母、女儿和同事朋友，只身前往上海。随后的一段时间，林萍经常早上去，晚上回，在上海的医院，林萍做了多次配型试验，最后配型成功。

　　捐？还是不捐？十几年前的这次选择，让林萍刻骨铭心。

克服犹豫

　　林萍不是没有过犹豫。她承认，自己也有过害怕的时候。

　　当她第一次赶到上海，抱着只是抽血的想法准备配型，看到眼前的牌子上写着"移植病房"时，心里还是"咯噔"了一下，脑子里突然"嗡嗡"直响，只剩一团乱麻。

　　毕竟这么多年，除了当初生女儿和平时偶尔探望病人，林萍几乎从来不进医院，感冒发烧都只是吃药对付。

　　在一次次配型试验后，发现与小洁的各项指标都相匹配，林萍给好友打了一通电话。"你知道吗？我中奖了！"那一刻是什么样的心情？林萍至今也说不上来。"我觉得激动，配型成功，说明小洁有救了！但是，我又担忧又无助，万一出了事，这个家该怎么办？"

　　她被医生告知，除了要捐献 48% 的肝脏外，胆囊也要摘除。尽管割掉的肝有再生修复能力，但新生的肝会非常脆弱，且容易感染，在接下来的半年多的时间里，林萍没法像以前一样正常工作，需要休养，而且不能从事体力劳动，也不能情绪激动。

　　林萍还是没能忍住，哭着给丈夫打了电话。那一头，丈夫王海文一边安慰她，一边给林萍发了一条短信："现在，如果抛开所有因素，你到底是怎么想的？你还愿意做这件事吗？"

"我不能犹豫，这样对孩子来说太残忍了，既然答应了人家，那就一定要做到！"林萍打下了这行字。

她至今都还记得，配型成功后，从医院走出来，女孩父母看她的那个眼神，既不安又无助，"我不能眼睁睁看着生命离去。"

为了这个孩子，林萍还是下定了决心，要捐肝。

但她没想到的是，即便自己坚定了要捐肝的念头，前方还有重重阻碍。

林萍和小洁并无血缘关系，即便她同意了无偿捐赠，在法律上也是不被允许的。我国《人体器官移植条例》规定："活体器官的接受人限于活体器官捐献人的配偶、直系血亲或者三代以内旁系血亲，或者有证据证明与活体器官捐献人存在因帮扶等形成亲情关系的人员。"

最后这句话，成了成功捐赠的最后一丝希望。林萍拜托村里的家人查了祖上的亲缘关系，查到她的婆婆和小洁的外婆是表姐妹，如果可以公证这层关系，她们就可以克服法律上的风险进行捐赠。然而，宁波各大公证处的工作人员都没见过类似的案例，谁都不愿意做这个公证。

就在焦头烂额之时，林萍突然从一个部门的公开栏里看到了一个朋友叔叔的照片。她连忙拜托朋友帮忙，从村里跑到镇海，从镇海公证处到派出所来来回回地跑，从当天上午8点半跑到傍晚5点多，终于把这个章敲了下来。

而为了办出公证，村里也起了流言蜚语。有人说林萍是欠了女孩家的钱，有人说林萍家是赌博，夫妻感情不好，经济困难，需要靠卖器官维持生活……如此的诋毁和谣传不绝于耳。

伤心是必然的，但林萍还是决定把这些谣言和诋毁抛之脑后。她觉得最对不起的还是女儿。林萍至今也难以忘记，当时在诸暨读书的女儿，在电话那头知道自己配型成功决定要捐肝的消息，在1000多人食堂吃饭的她嚎啕大哭了起来。

林萍为了安慰女儿，不得不向她"撒了一个谎"："妈妈身体检查出了一个血管瘤，医生说这个血管瘤迟早都得切除掉，现在既然要做切除血管瘤的手术，又同时可以帮到别人，手术费还是别人出，两全其美不是更好吗？"

离开家去上海做手术前，林萍把家打扫得干干净净，清洗了衣服，"正是春夏换季的时候，我怕住院得挺长时间，我想着，得把家好好收拾一下。"

手术

手术定在 2009 年 5 月 5 日。

因为要向公司请假，林萍瞒了好久的捐肝计划最后还是被同事和朋友知道了。一时间，电话和短信纷纷向她涌来，有人劝她放弃，也有人佩服她的勇气，有朋友不放心，让林萍一定要想清楚后果。朋友反复提醒林萍，万一之后年纪大了，因为捐肝产生了后遗症，养老怎么办？她催着林萍，一定要让女孩家写份承诺书。

林萍嘴上答应了，但没照着朋友说的做。为了让朋友不再担心，在后来的电话里，她假装写好了承诺书，一条一条念给朋友听，直到对方放下心来。

在手术的前一天，为了不再被打扰，林萍彻底关机。

准备开始手术前要先插胃管。管子要从鼻腔插进去，从未上过手术台的林萍或许是太紧张，医生也紧张，管子怎么都插不进去。不能打麻药，得林萍自己一点一点配合着把管子咽进去，但插管不顺利，林萍痛苦地咳出了黏液和血。

小洁的妈妈都不忍心看，在一旁哭求着林萍，求她放弃手术，不要再为孩子受罪了。林萍摇了摇头，"都这样了，怎么能不做？"

2009 年 5 月 5 日 7 点，两台"亲体部分活体肝移植"手术在医院里同时进行。这种"亲体部分活体肝移植"手术，难度远远大于普通的原位肝移植手术，但手术后的效果也要好得多。手术中，小洁被摘除的肝脏因为患病已经严重萎缩。如果不是林萍在这个时候捐献了肝脏，那么等待小洁的只有进一步恶化，而如果再拖下去，即使寻找到了肝源，意义也不大了。

手术一直持续了 7 个小时。医生们成功地将林萍 48% 的肝脏移植到了小洁的体内。手术后，医生告诉林萍，她在移植病区工作了十几年，像林萍这样将肝捐给一个没有血缘关系的病人的案例，还是第一个。

手术后，林萍和小洁被转到无菌病房，成了邻床。醒来后，林萍全身插满了管子。当麻药退去，林萍每次从床上坐起来都觉得疼痛难忍，满头大汗。她至今也忘不掉那种疼痛，"我当时的第一个念头就是，手术太痛苦了，以后我如果得了癌症这样的绝症，绝对不要去做手术。"

但当林萍睁开眼睛四处瞟的时候，看到小洁就睡在邻床。看到小洁的手脚在动，知道她活过来了，林萍顿时觉得安慰，"她的生命真的被我挽救了。"

■ 林萍陪伴受捐患者

林萍放心不下小洁，想到小小年纪的她也在承受着和自己一样的痛苦，林萍硬撑起来坐着，一边给小洁讲故事，一边哄她吃饭。

她也时刻牵挂着家人，为了不让父母担心，林萍特意挑了状态还不错的一天，向妈妈报平安。拨通电话前，林萍整理了好久心情，清了清嗓子，为了让语气显得洪亮，接通后，她强忍着泪水："妈妈，手术已经做完了，您放心，我现在很好。"

实际上，在手术后的很长一段时间里，林萍的身体还是受到了不少影响。比如，她不能让自己情绪过于激动，吃东西也要格外注意，容易拉肚子，例假紊乱。她需要长时间吃中药调理。林萍在医院里调养了很久，出院后也经常往返医院和家之间。

林萍说，即使过去了这么多年，她依然没有后悔过当初的选择。如果时光倒流回12年前，同样遇到患病的女孩，她依然会义无反顾地做出这个选择。"在保险行业这么多年，我时刻铭记在心里的，就是要救人于危难之中。"

小爱与大爱

林萍说，捐肝手术后，自己突如其来地受到了很多关注，她时常觉得感激，又觉得不知所措。

手术后不久，太保寿险宁波分公司的总经理和同事们出现在林萍的病床前。林萍愧疚得像个孩子，反复表达歉意："我给公司添麻烦了，今年我的任务可能完不成，要拖公司的后腿了。"

当镇海区领导代表市委书记来看望林萍时，她哽咽了："我只是做了一件该做的事情，却得到这么多人的关心，这种心情……实在不知道说什么好。"

在医院休养期间，林萍在病床上分别给客户和关心自己的市民写了感谢信。她在信中写道："我真诚地感谢所有关心我的人，所有的感动不能用言语来表达，只希望以后有机会能为大家服务，同时衷心祝愿关心我的人事事如意，一生平安！"

　　林萍本就是个热心人。在她捐肝的新闻被广泛报道后，有人通过新闻找到了她，说自己就是几十年前被林萍从河里救下来的 10 岁小孩。她的高中老师在听说班里有人做出了捐肝的义举时，第一反应便是："不用说，这个人一定是林萍！"

　　林萍家隔壁的邻居多年来一直记得林萍的好。两个孩子的衣服大部分是林萍送的，林萍家里有什么好吃的，也经常会有孩子的一份。

　　在公司，很多同事都管林萍叫"林萍阿姆"。

　　之所以有这个亲昵的称呼，不仅是因为林萍在工作中特别认真热情，更是因为她总对别人的"小事"特别上心。一次，林萍从网上看到一则消息：奉化有一个小女孩得了白血病，却没钱治病。林萍看到消息后，组织同事在单位举行了一场小型募捐，为孩子筹得了善款 7000 多元。

　　周围的人都觉得，林萍捐肝的举动虽然出乎意料，却又在情理之中。

　　这些年，林萍获得过许多荣誉，她相继获得过"全国劳动模范""全国三八红旗手""2014 年度十大中国最美保险营销员""浙江慈善奖"和"全国首位最美保险人"，在保险业务上，也曾连续两年被评为宁波市优秀保险代理人，同时还多次获得中国太保系统内的荣誉表彰。

　　即使有如此多的荣誉光环加身，林萍依旧还保存着当初那份朴实、真挚和温暖，直到现在，林萍依然感慨："原来我只是想默默做这件事，没想到惊动太多人。我做的事情很小，却受到了如此高的关注。我在这件事上付出的只是小爱，收获的却是大爱。这一切更让我觉得，我的选择是对的。"

　　2009 年 6 月 18 日，考虑到林萍的身体，也为了能让她在之后能够继续从事保险事业，在征得林萍的同意后，太保寿险宁波分公司组建了林萍工作室。

　　如今，林萍工作室就坐落在公司大厦的一楼门面，五六十平方米的工作室，有 3 名专职工作人员，其余都是各个科室的志愿者。工作室成立后，面向社会弱势群体，开展帮扶和救助工作。林萍说，如果有路过的人想要进工作室寻求帮助、处理纠纷，只要在能力范围之内，工作室都愿意搭把手。

　　林萍说，以前做公益，都是自己一人默默地做，而如今，做公益这件事被推上了台面，她肩上的担子也更重了，"我特别乐意去做一个桥梁，去帮助更多需要帮助的人。"

　　在她的奔波下，社会各界为她成立的三个公益基金——"宁波市银行业保险业林萍慈善基金""太保林萍·晚报爱心公益基金""镇海区林萍爱心基金"一直在帮扶许多陷入困境的人。

太保寿险宁波分公司与《宁波晚报》合作开展的"爱心妈妈关爱奉化留守儿童""宁波一元慈善家图书室""高考爱心直通车"等活动在当地颇受欢迎。

2009年，太保寿险宁波分公司的2200名营销员自觉签订了一份协议，每人每月每一份保单捐赠1元钱。这些钱汇集起来，由林萍工作室建立了图书室。至今，奉化、班溪、万竹等地已经建立起了十几所"宁波一元慈善家图书室"。某次林萍去云南，发现很多小朋友都没有一本像样的书。2016年开始，工作室定期向山区贫困和外来务工子弟学校捐赠图书室。

后来，工作室又设立了林萍微心愿工作室。之所以起名叫微心愿，源自林萍对公益的理解：尽自己的绵薄之力，满足需要帮助的人的小小心愿。平台推出后，已经帮助了上万多名孩子和老人圆了心中多年的梦想。同时，还汇集了爱心网友千余人次，让更多的网友自发成了公益平台的支持者和参与者。

2010年开始，每年6月，一支由太保寿险宁波分公司组建的爱心车队都会在高考当天出现。多年来，公司几百辆私家车每年都参加活动，从不间断，有的甚至已经把这个活动当成了习惯。而在林萍女儿参加高考的当年，她依然作为爱心车队的荣誉队长，坚持去接送其他孩子到考点。

春运高峰期，工作室会在宁波火车站为无座的返乡人发放坐垫，夏天为农民工子弟学校的孩子送去防暑太阳帽，开展爱心妈妈与留守儿童结对帮扶，组织家长和孩子们义卖义演。

十几年前义无反顾的义举，家人朋友的不解和外人的闲言碎语，以及之后十几年带领团队一直坚持的公益，在她的言语里，全都化为了轻描淡写的往事，早已将这些镌刻在生活中。

林萍说，对于这一切，她甘之如饴。

传递

林萍常常把一句话挂在嘴边："一个人做好事的力量是有限的，要让更多的人做好事。"她希望通过公益将爱传递，引领更多的人参与。

林萍说，做公益的这些年，自己和同事们也是摸索着前行。最初的几年里，常常有需要进行肝移植手术的病患家属或是重症患者的家属，打听着来到林萍工作室，向她咨询有关肝移植的信息和心理支持，"只要是我了解的，都一定尽力解答。"工作室一度门庭若市。

几年前，距离工作室不远处，设立了一间"幸福小屋"。林萍说，这是工作室用太保寿险的仓库改建的，用来给江边拍婚纱照的情侣提供补妆、换装的地方。很多体贴的关怀都体现在微小之处，林萍说："希望相遇的人都生活得好，感受过这份温暖的人也能把关怀传递出去。"

■ 2009 年 6 月 18 日，太平洋保险"林萍工作室"在宁波正式成立

但也有不少让人无奈的时候。林萍说，做公益的这些年，遇上很多形形色色的人，许多人打着各种理由来要求捐款，理直气壮地要求基金会非捐不可，让工作室难以应付。但对工作室而言，每一笔善款都弥足珍贵，每一个项目都必须足够慎重。

好在，她遇见过很多感知过生活的苦难，依然能心存善意和感恩的人。在林萍工作室里，有一张林萍和小男孩天天的合照，这是一位患了绝症的孩子，是当年工作室的帮助对象。不幸的是，在经过艰难的治疗后，天天还是离开了人世。

林萍最后还是决定，把最后一笔为天天治病筹集的 3 万元善款，交到天天父母的手上。她没想到的是，天天父母在几乎已经用光了所有积蓄的情况下，还是拒绝接受这笔捐款，他们决定把一部分的钱捐给当地红十字会，一部分留给林萍工作室，另一部分捐给天天当时的邻床小伙伴。最后，天天的父亲还去签了器官捐献志愿书。林萍觉得很欣慰，在她看来，这也是一种爱的传递。

林萍很少去追踪那些被她和工作室救助或者资助的人，包括小洁，林萍也不愿过多打扰她。如今，小洁已经成年，个子超过了 170 公分，变成了健康可爱的姑娘，完全看不到曾经生病的影子。林萍说，她更愿意做个默默关注的守护者，不愿让受助人感受到压力。

"我只是希望，我曾经给予过的一点帮助能够让一些人走出危机时刻，可以给他们带来生活的希望。如果这段经历，让那些曾经被帮助的人在未来的某一天也能向别人伸出援手，也就足够了。"林萍始终觉得，相比密切的关注，远远的相望可能让受到帮助的人更加轻松。

林萍还记得自己最初踏入保险行业，也算是误打误撞。当初面试她的人说："你可能不太适合保险这个行业。"林萍身上偏偏有股不服输的劲，"越觉得我不行，我就越能做得好。"

如今，林萍兼顾着寿险营销员和公益人两种身份，每天开早会、拜访客户、解决问题、开展公益项目……成了林萍的日常。她觉得忙碌且快乐。

当年的林萍，只是凭着"我要救这个女孩"的信念，抛开外界的压力和自己的恐惧，做出了捐肝的义举。如今在做营销员的路上，林萍依然单纯且执着，"我做保险，就是希望很多家庭在风险来临的时候，不会因为经济上无力承担而对生活失去信心，我们保险人应该做的，就是帮助更多人从容面对风险。"在林萍看来，这份信念足以让保险人有勇往直前的勇气和念头。

"保险，销售的是未来。每一张保单里，体现的都是对家庭、对社会的责任。"

万千个"林萍"

作为一名保险从业者，林萍身上体现了保险行业的爱与责任。而在中国太保，有着万千个"林萍"。

■ 太保寿险江苏分公司营销员卢小美在南京淮海路社区参加世界艾滋病日宣传活动

江苏分公司的寿险营销总监卢小美1995年进入中国太保，服务寿险业26年，累计服务过客户近4000人，送出的保障近十亿。她连续多年获得销售冠军，担任秦淮区人大代表，让她成了保险从业人员参政议政，为更多人服务的典范。

在公司同事和客户口中有这样一句话："小美有大爱。"工作这么多年，卢小美早已把客户所需所想融入生活工作中。曾经，卢小美有一位客户的孩子高考失利，她找到卢小美倾诉。卢小美立即去咨询熟人，把客户的孩子介绍到一家知名的教育培训机构，让孩子专心复读。在复读期间，听闻孩子沮丧失落，卢小美又主动去孩子身边开导，做心理疏导，鼓励他振作。后来，孩子经过努力，考上了英国曼彻斯特大学。

在疫情最严重的时候，卢小美第一时间想到的也是客户。她给每一个客户打去电话，询问有没有需要的物资，同时还联系朋友，给客户邮寄蔬菜、肉类、口罩、酒精等生活用品。其中有一位客户上了年纪，腿脚不便，儿女又在国外回不来，卢小美得知后，把新鲜的蔬菜、水果等食物和用品送到客户家门口，并且每天都打去电话询问情况，做心理疏导，直到客户的儿女回国。

如此的例子，在卢小美的从业生涯里数不胜数。正是一次又一次的主动关怀，让卢小美成了许多客户心中中国太保爱的大使，而她的朋友圈，也成了一张为客户用心服务的巨网。每一位客户都因为卢小美的真诚，而成了彼此的朋友。始于真诚，建立在爱与责任上的服务，也是所有中国太保人不变的信仰和追求。

在吉林九台，一提起刘玉辉的名字，几乎家喻户晓、妇孺皆知。1997年，刘玉辉成了一名下岗女工，随即，她加盟中国太保，成为一名营销员。从开始创业以来，刘玉辉通过自己的努力和拼搏，先后成为"全国十大保险明星""全国保险系统劳动模范"、长春市人大代表、中国太保系统001号杰出员工……

■ 太保寿险吉林分公司营销员刘玉辉获蓝鲸奖

如今，用她自己的话说，她之所以能够以吉林九台支公司业务督导的身份取得今天的成绩，离不开千千万万客户的信赖与支持。

她常常把一句话挂在嘴边："九台八十五万父老乡亲是我的衣食父母，谁有困难我们都应该尽己之力去帮助他们。"

刘玉辉有个邻居叫杜淑芝，丈夫因意外去世，本来就很困难的家庭失去了顶梁柱，杜姐失去了生活的勇气，计划带孩子自杀。刘玉辉发现后，将她接到家里同吃同住，慢慢开导。那时，刘玉辉谋划着给杜姐买份养老保险，以后也好有个保障。刘玉辉不仅帮她垫付了每年600元的保费，还一直接济杜姐的生活。多年过去，杜姐的孩子成家立业，杜姐的生活也有了改善，刘玉辉还是经常去看望她，给她买衣服等生活用品，杜姐逢人便讲刘玉辉就是她生命中的贵人。

刘玉辉帮助的不仅仅是熟悉的人，更多的是陌生人。2001年，一位傅大娘的儿子在长春开出租车时被歹徒杀害，车主告诉大娘等保险，但赔款千等万等不来，走投无路下，大娘找到了刘玉辉。刘玉辉带着傅大娘儿子的车号挨家产险公司去咨询，结果发现车主根本没给傅大娘的儿子买过任何保险，刘玉辉一边安慰绝望的傅大娘，一边与九台市法律援助中心及妇联取得了联系，在这些部门的共同努力下，傅大娘从车主那里获得了15000元抚恤金。从援助傅大娘开始，刘玉辉每年都会多次带着米、面、油、钱、衣服、水果，往返一百多里路去看望傅大娘，傅大娘常常含着眼泪跟人说："我失去了一个儿子，却又多了一个比亲闺女还亲的亲人。"

像杜淑芝和傅大娘一样，在生活中接受过刘玉辉帮助的人不计其数。刘玉辉坚信保险是关爱的事业，在她的眼里，没有穷人和富人之分，只有需不需要帮助的人。

刘玉辉不仅自己这样做，还要求她的员工也这样做。在团队中，刘玉辉倡导"做保险先做人"的理念，并以身作则，用行动教育大家孝敬父母、关爱他人、回报社会。

几年来，九台团队已经形成了自己的文化。在刘玉辉的组织下，每年的母亲节期间，九台支公司都会将所有员工及大客户的母亲请到职场来过节，并为每一位母亲送上生日蛋糕和祝福，在场的每位老人既开心又感动。这只是刘玉辉带头组织的千万次爱心活动中并不具有典型性的一次，而这样的行动十几年来从未间断过。

每到五四青年节、九九重阳节，刘玉辉就会带着她的伙伴们来到敬老院，帮老人打扫卫生、洗洗衣服、捐助当地失学儿童、援助社区穷困家庭等这样的好事也举不胜举。在刘玉辉眼里，这些都是小事，而就是这些小事，她却能持之以恒地做。她说，生活里没啥大事，把小事做好了，大事就自然成了。

2004年，刘玉辉当选为九台市人大代表、政协常委，她更加感到肩头责任的沉重，把关爱投射到了更多需要帮助的人身上。人代会上，她提交了一份关心残疾人保障的提案，呼吁政府更多关注弱势群体。刘玉辉以身作则，几年来，一直资助双目失明、腿脚不便的残疾人曹俊国，逢年过节都会带上豆油、白面、水果去他家慰问。2007 年，刘玉辉又当选为长春市人大代表。她觉得关爱社会不仅仅是她一个人的责任，也是全社会的责任。她凭借自己在当地的影响力，以一种超越保险的大爱和责任，为民分忧，为社会解难，积极帮助下岗工人再就业，积极为促进和谐社会做贡献。

如今在九台，人们一想到保险，就会想到中国太保，就会想到中国太保保险公司有个好人刘玉辉。用客户的话说，有这样一个人在我们身边，买保险我们心里踏实。

在中国太保，有许许多多像林萍、卢小美和刘玉辉一样的营销员，他们的头顶上有很多光环，却依旧质朴、真诚，他们用爱与责任传递着中国太保人的大爱无疆，承诺着中国太保人对社会的责任与担当。

这些营销员的事迹生动诠释了"守信用、担风险、重服务、合规范"的保险行业核心价值理念，也是中国太保"用心承诺，用爱负责"的真实写照。一直以来，中国太保都秉承着"做一家负责任的保险公司"的使命，专注保险主业，关注客户需求，承担社会责任，积极投身社会公益事业。在公司内部，这已经成为了传统，并成为企业文化建设的重要内容。

保险，本身是一种市场化的风险转移机制、社会互助机制和社会管理机制，有着天然的社会责任感，也是充满爱的行业。中国太保自成立以来，一方面充分发挥社会"稳定器"的作用，另一方面，也积极回报社会，也正是有这样的土壤，才会涌现出一个个热心助人、充满大爱的中国太保人。

（作者：张凌云）

第五节
风雪献身的生命定格

2008 年初，50 年来最严重的冰冻肆虐三湘大地。2008 年 1 月 16 日，在冰天雪地的查勘现场，太保产险湖南株洲中心支公司查勘理赔员熊大勇面对直冲而至的车辆，毅然将客户推开，英勇献身。年轻的生命践行了中国太保"把客户的利益放在首位"的承诺。

■ 产险湖南分公司查勘员熊大勇烈士

2007 年 10 月，在派往驻茶陵工作点前，熊大勇曾找到公司领导，这个对工作充满热情的年轻人专门谈了谈自己对工作点的设想。那天的谈话里，他提到自己对未来生活的憧憬。他说，2008 年最大的期待，是看奥运，圆一个中国人的梦想；结婚买房，让爸妈过得更舒服些，尽一个儿子的孝道。

但他永远无法完成这些愿望了。风雪之中，他选择把生的希望留给客户，年轻的生命定格在 23 岁。

熊大勇用短暂的一生诠释了爱岗敬业的担当，在中国太保，拥有这种使命感与责任感的不止一人。

"是他救了我"

2008 年 1 月 16 日凌晨，雨夹雪渐起。云阳山松涛阵阵，洣水河湍流迅疾，茶陵县异常寒冷。上午 9 时 30 分，雨雪小了些。株洲市农业发展银行茶陵县支行的驾驶员陈子峰收到任务，驾车赶赴攸县。

天气恶劣，路面结冰，右车道宽度只有 2 米。车行至县城以北 3 公里的铁路桥拐弯处，陈子峰避让不及，不慎碰撞在道路中间的水泥隔离墩上。将车开到安全地点停妥后，他拨通了太保产险湖南分公司 95500 呼叫中心报案。

9 点 48 分，呼叫调度中心向株洲中支发出出险调度指令。3 分钟后，熊大勇收到任务通知。

熊大勇 23 岁，是株洲中支派驻茶陵工作点的查勘员。像往常一样，他回复"接受任务"的短信后，就立即驾驶查勘车向冰天雪地的出险地驶去。

9 点 56 分，熊大勇到达现场。在查看了陈子峰的车辆后，确认损失不大，属于一般擦碰案件。为了掌握更多事故情况，他决定去事故点看看。两人向事故点走去，陈子峰在前，熊大勇跟着。突然，埋头看路的陈子峰听到一声大喊："有车，危险！"自己被重重推了一把，紧接着是"嘭"的一声巨响。

陈子峰扭头看时，保险公司的查勘员已倒在血泊之中。"小熊！小熊！"陈子峰大声叫他，熊大勇痛苦地痉挛，鲜血直流。陈子峰赶紧拨打 120，救护车赶来将熊大勇送往医院时，他已脉搏微弱。

10 点 10 分，时任太保产险湖南分公司党委副书记、副总经理刘大明接到报告，立即与株洲中心支公司负责人联系。了解了熊大勇的伤情后，要求不惜代价组织抢救。

10 点 15 分，太保产险株洲中支总经理卢新平带领公司业管部、理赔部负责人和一名专业医师紧急赶往茶陵。不幸的是，11 点刚过，熊大勇因颅内大出血、双腿粉碎性骨折，抢救希望渺茫。12 点 47 分，噩耗传来：熊大勇因伤势过重，抢救无效，以身殉职。

太保产险湖南分公司 95500 座席班长余艳萍说，每次熊大勇执行完任务，都会及时向 95500 系统发回"任务已完成，待命"的短信。但这一次，他再也无法发出这条短信了。

据统计，2007 年，株洲中支接报各类事故案件 2740 起，经过熊大勇查勘和协助查勘的案件就达 1194 起。

客户陈子峰回忆道："如果不是他（熊大勇）推我一把，可能死的是我，是他救了我。"

晚 9 点 20 分，护送烈士遗体回乡的车队从洣水河畔的茶陵县山城出发。夜幕低垂，白雪纷飞。凌晨 1 点，车队到达株洲。熊大勇生前的领导与同事们正在等他归来。

心中永燃热情之火

1985 年农历九月初九，熊大勇出生于湖南省宁乡县双江口镇新乡村的一间瓦房里，他的故乡与雷锋的家乡——湖南省望城县安庆乡（现为雷锋镇）仅相距 20 多公里。

　　熊大勇的父亲是一名退伍军人，曾经驻守西沙群岛。他对自己一双儿女——熊大智、熊大勇要求严格。从小，姐弟俩听着雷锋的故事长大，父亲教育他们先人后己、助人为乐的做人准则。

　　姐姐熊大智记得，弟弟大勇从小热情开朗，乡亲们都说他听话懂事有礼貌。四五岁起，熊大勇就学会了照顾自己，自己洗澡、洗衣，很少需要大人操心。不仅如此，他还经常帮助他人。有一年农忙季，午后天空突然黑云密布，眼看就要大雨一场，父母赶回家抢收晒着的稻子的时候，却不见熊大勇的身影。父亲原本想着要好好教训儿子一顿，后来才得知，那天下午他是帮着邻居邓伯伯抢收粮食去了。邓伯伯腿脚不便，多亏了孩子的帮忙。

　　在村里，一提起熊大勇，大家总是交口称赞。80多岁的赖奶奶腿脚不便，眼睛也不好，一个人独居，生活多有不便。熊大勇一家住在赖奶奶前院，平时家里做了好吃的，他总是勤快地给老人家端去。只要有空，大勇总往赖奶奶家里跑，端茶倒水，打扫卫生，细心照顾。去外地读书前，大勇查看了赖奶奶家的水缸满不满，柴火够不够，仔细叮嘱家人、拜托同村朋友，抽空多去看看赖奶奶。老人常说："我真有福气啊，虽然没有亲孙子，但大勇这伢子，比亲孙子还亲。"

　　在湖南交通职业技术学院读书时，熊大勇助人为乐的热情依旧。刚刚入学，他就担任了班级的副班长，同学回忆，大勇刚入校就表现出极强的组织能力，他总是为他人着想，很少顾及自己。正是这种他人为先的精神，让他几乎获得了所有同学的认可和信任。

　　作为副班长，熊大勇负责考勤，需要记录同学们的出勤状况。他和同学们关系好，但也不会因为私人关系影响考勤的公正性。有人缺勤旷课，他会主动找他们谈心、打电话或者直接去寝室找人。班上有个同学沉迷游戏，时常旷课，熊大勇替他着急，找他推心置腹地聊了好几次，终于开解成功。

　　在熊大勇的个人档案里，湖南交通职业技术学院的"优秀学生干部"登记表上，评语写道："工作方法得当，效率高，能力突出，是一名优秀的学生干部。"张劲担任过熊大勇三年班主任，他记得，这个学生做事很稳，每当有交给他处理的班级事务，他总是能高效完成。他所在的汽35班也多次获得"优秀班集体"的称号。

　　入学第一年，熊大勇还担任了学院的义务消防队长，先后多次组织消防演习。熊大勇牺牲后，同事发现了他的一份"自我鉴定"草稿，他在这份文件里写道："入校以来，我就加入了学院组织的消防队。一年中，我从消防队学到了不少东西，不光是消防知识，还学到了工作中怎样与人相处以及职业精神，也体验到了助人为乐的快乐。"

熊大勇是湖南交通职业学院 2004 届学生中第一批分配到广东实习的优秀学生之一。2003 年 10 月，他与同学们一起来到位于广州汽车市场的广东联营上海大众、奇瑞特约维修站实习。这是一家当地颇具名气的 4S 维修站，承担上海大众汽车在广州周边县市的特约维修业务。

主修汽车运用与维修专业的熊大勇平时就擅长动手实践，经常利用课余时间学习维修技术。2003 学年，他的汽车运用专业课有 90 分，汽车底盘构造与维修专业课成绩考了 96 分。进入维修站实习后，熊大勇热情满满，每天忘我地工作。维修站站长留意到，这个小伙子特别勤奋、肯吃苦、头脑灵活，表现优秀，实习期结束，就决定留用他。

"我们实习的时候，大勇属于特别好学那种。常常是完成自己的任务之后，主动去别人那里帮忙学习。"叶洪波回忆道。他是熊大勇生前校友，比大勇高两届，也是后来在中国太保的同事。在叶洪波的记忆里，大勇总是待人真诚，为人热情。他还记得，在广州的时候，无论在工作还是平时，大勇总是心里装着别人。

2006 年 4 月，考虑到父母多病、姐姐也在外工作，熊大勇打算结束在广州的生活，回到湖南。他应聘进入了太保产险株洲中支工作。临别之前，熊大勇叫了叶洪波和其他几位校友吃饭。"我先去探探路，如果工作环境好，你们也一起来吧。"很快，叶洪波收到了熊大勇的消息，告诉他中国太保的工作充实紧张，能学到不少，是个很好的选择。一年之后，叶洪波也选择加入中国太保工作。

"为什么？"

同事们还记得，来公司上班的第一天，熊大勇就坐在办公桌前看起了保险条款和理赔相关的书籍。新员工的入职培训、公司每星期组织的业务学习，他总是最积极认真的一个。碰上自己不明白的问题，总爱缠着问"为什么"。他还经常主动恳求外出查勘理赔的老同事带上自己，"我可以跟你们去看看事故现场吗？我想学习学习。"在事故现场，他总是仔细观察，看前辈如何判定，如何定损。

大学学的是汽车运用与维修专业，毕业后从事了两年多汽车维修工作，熊大勇在事故定损方面轻车熟路，但他总觉得自己对保险条款和理论知识的掌握还不够。他常常在别人午休的时间里拿起厚厚的专业书，仔细研读，忙里偷闲地学习。有不懂的难点，他总是拿着笔记本向前辈们请教，再认认真真记录下来。领导和同事都看在眼里，说大勇是块好料，勤奋好学，必成大器。

在株洲中支，汽车保险定损是查勘人员处理最多的任务，但由于市场频频推出新车，查勘人员常常因为不熟悉新车型和各种配件的市场价格而难以准确定损。勤于钻研的熊大勇经常利用双休日跑市场、逛车市、上网查询，以便获得市场价格的最新变化情况。日积月累，光是汽车配件的价格，他就记录了厚厚两大本笔记。

同事杨鹏程记得，大勇平时最爱购买翻阅车辆方面的报刊书籍。凡是市场新推出一款车，对新车的车辆型号和性能，他总是了如指掌。理赔工作中如果遇上了难题，即使通宵熬夜，他也想着解决问题。他和大家说的最多的一句话就是："交代给我的事情，您就放心吧。"

走上工作岗位后，善于思考、勤于思考的熊大勇没有一刻放松过对事业的追求。有一次，他遇上了一件小车与一辆装有钢筋的板车刮擦的案子。熊大勇查勘后，发现小车上有明显的划痕。为弄清究竟是"碰撞"还是"划痕"，他多次去现场进行模拟比较，找目击者调查。如果是"划痕"，商业保险有专门的划痕保险，没有投该项保险，就不属于保险责任范围；"碰撞"则属于商业保险的基本责任。为搞清楚到底属于哪一项，他四处请教，和同事们反复推敲。

2007年5月17日，株洲某化工公司两台纺纱机轧花滚筒铺牙被损，对方要求公司赔偿滚筒铺牙及附件损失共计14000元，熊大勇三次查勘定损，前两次客户坚持索赔14000元，他无奈与生产设备的厂家联系，掌握该设备的基本结构，认为受损的是铺牙，滚筒没有损伤。根据这一事实，熊大勇耐心与对方协商，最后对方接受了他的定损意见。

进入保险行业工作，熊大勇深感自己所学的知识有限，他决定系统性地提升知识水平。2006年10月，他报名参加了全国成人高等教育自学统一考试，并选择了法律事务专业。曾陪同熊大勇到函授站报名、学习的同事杨鹏程说，公司查勘任务重，熊大勇的工作太忙，杨鹏程劝他把学习考文凭的事情先放一放，但他总说，学习的目的不是为了文凭，不学习就跟不上形势，就会落后，工作再忙也不能放弃学习。2007 年 3 月，熊大勇如愿以偿，成为湘潭大学法律事务专业函授专科班的在册学员。

湘潭大学株洲函授站教师洪惠平是熊大勇所在班级的班主任，提起这位学生，他印象深刻。这位同学学习非常认真，不懂就问，授课老师都很喜欢他。虽然工作繁忙，但他从不放弃。最后一次来上课，熊大勇对洪老师说，有个案子在等他处理，得马上走。想不到这匆匆一别，即为永诀。熊大勇牺牲后，公司专门派人到湘潭大学成人教育学院了解他的学习情况。不到一年的时间里，他所修的马克思主义经济学、宪法、经济法、合同法、国际法五门功课全部考试合格，其中国际法考试还获得了 91 分的好成绩。

卢新平回忆说，近几年，陆陆续续到公司应聘使用的人很多，但最后能留下来人却不多。不少人最终离开，一是吃不了查勘理赔的那份苦，二是不能做到积极主动地学习。但熊大勇不到一年，就迅速成长为公司查勘理赔岗位的骨干，并于 2007 年 10 月被派往茶陵县驻点独立工作，除了他肯吃苦、热爱工作外，更重要的原因就是勤奋好学。

刚到株洲工作时，熊大勇住在姑父姑妈家。饭桌上，姑父劝大勇吃饭的时候关掉手机，踏踏实实吃顿饭。大勇却说："那怎么行呢？我们这个工作要对投保的客户负责。查勘理赔就是保险公司的 110。一旦客户发生事故，必须像交警一样第一时间到达现场。我们必须 24 小时开机待命。"

在株洲中支，熊大勇是加班最多的一个人。他几乎每天都提早半小时上班、检查、擦拭车辆，确保工作车正常使用。每天的工作不完成，他绝不下班。无论何时，只要有报案电话，他总是立即出发。

承诺

加入太保产险工作后，熊大勇始终把在工作中体现自己的价值当成人生的一大快乐，整天有说有笑，干劲十足，从不向困难低头。他常说，是中国太保给了他施展才华的舞台，给了他升华自我的空间，因此，他要像赤子爱故乡一样爱自己的岗位。

2006 年年底，为了犒劳全体员工一年的辛勤工作，株洲中支决定在 12 月 30 日中午会餐。就在大家准备就餐时，熊大勇接到了一起报案，保险车辆在茶陵翻车，车上还有两人轻伤。接到报案后，他在电话里一边安抚客户，一边告知其如何处理，并承诺马上赶到事故现场。那天，中支领导都知道，熊大勇已经一个通宵未休息，当天凌晨 2 点多，他接到客户在茶陵县城的报案，客户已拨打了 110 报警，伤者也已送往医院。一般已报交警的案件，查勘员可以等天亮后再处理，但已经入睡的熊大勇依然立刻起身，驱车从株洲赶往茶陵，上午 10 点左右，他处理完案子后刚从茶陵返回株洲。

这样的案例不胜枚举。查勘人员随时可能遇到各类意外事故报案，发生的时间不分白天黑夜、刮风下雨，理赔查勘是一项极其辛苦的工作。但每次接受任务，熊大勇总是急客户所急，想客户所想。

2006 年 6 月下旬，受"碧利斯"台风影响，株洲市的茶陵、攸县遭受了严重洪涝灾害。那时，熊大勇刚进公司两个多月。公司领导派他协助理赔部的同志一起负责电信线路损失案的查勘工作。出险地桥断路毁、崎岖难行，他冒着烈日，跋山涉水，毫无怨言。在茶陵县桃江镇腰陂乡查勘的时候，由于电杆倒在稻田里，导致无法看清损失，他就卷起赤脚，走下禾田，仔细察看清点，双腿被禾苗割出一道道血痕，双脚被乱石划得鲜血直流，但他全然不顾。

2007 年 6 月 10 日晚，株洲唐人神集团原料仓库发生特大火灾。接到客户报案后，熊大勇与同事一起迅速赶到现场。接下来的几天，株洲市连降大雨，鱼粉等饲料经火烧烤后又受雨水浸泡，加之气温又高，很快发酵生蛆，仓库内恶臭难闻，人在里面两三分钟就必须出来换气。当时公司曾请附近的民工来帮助搬运，但他们到现场一看，感觉气味实在难闻，多给钱都不愿意干。而熊大勇连续一个星期工作在现场，一包一包地搬运、清理残余物资，拣重活、累活、脏活干。领导和同事多次关心地劝他休息，他执意不肯，还说，我年轻，体能强，吃得消。在核对报损账目与损余物资时，他与同事发现有 94 万多元的报损肠衣不明，便反复清点，到厂内四处调查，最终确定该批物资是该单位按财务科目报损，而仓库管理员入库时就将这批肠衣全部存放在了另一座仓库。由于工作细心，事实得以澄清，客户十分满意。

桂丹是株洲中支客户服务部的负责人，熊大勇平时亲切地称呼她"桂姐"。桂丹记得，熊大勇刚入司时，和她一个办公室。有时候出去查勘，桂丹对他说，你吃不消就对我们说，我们另外派人去。他却说没关系。逢年过节，熊大勇总是尽着别人先回家。他说："查勘岗位不能离人，我单身无所谓，不回去了。"2007年9月下旬，熊大勇母亲动手术，公司批了他几天假，但两天后，他就匆匆忙忙赶回了公司。公司领导问他："怎么就回来了？"他说久了会给其他的查勘员造成负担。

在清理熊大勇遗物时，同事们发现了他早已打印好的一份演讲稿。这份主题为"爱岗敬业"的演讲稿，本来是他准备在2007年12月公司举行员工演讲比赛时使用的，但由于比赛推迟未能演讲，这份演讲稿成了他的绝笔。熊大勇这样写道：

"怎样才算爱岗，怎样才算敬业？没有任何借口，扎扎实实做好本职工作。当你接到领导交办工作的时候应该任劳任怨；当你在工作中遇到困难和挫折时应该在失败中吸取教训；当你自觉晋级升迁没有达到期望值时应该踏踏实实地虚心学习，争取做得更好。爱岗敬业说得具体点，就是要做好本职工作，把一点一滴的小事做好，把一分一秒的时间抓牢。就是做好每一个客户的工作，填好每一张保单，处理好每一次事故，总结好每一次经验，做好安全宣传工作。真正地做到能为客户排忧解难，急客户所急，想客户所想，知客户所需，从我做起，从小事做起，从现在做。这就是敬业，这就是爱岗！"

最后一个生日

2007年10月19日是熊大勇22岁的生日。父母很早就打电话给他，希望他生日那天回家庆祝，大勇一口应允。但临近生日，他又委婉地告诉父母，因为周六值班，肯定是回不了家了。大勇在株洲的姑妈知道后，当天一早就给他打电话，让他晚上无论如何到姑妈家里吃饭。可到了晚上，姑妈一家左等右等都不见他人影。

晚上七点多，熊大勇来了电话，说手上案子还没有完，还得去修理厂。八点多，姑妈又接到电话，说接到紧急指令，还得马上赶往攸县。他生前的最后一个生日，家人没能给他过上。

中支领导记得，参加工作后，熊大勇从来不计较个人得失，责任心极强。2007年5月，株洲市公交公司的一台投保客车与一辆摩托车在闹市区道路上相撞。熊大勇接到报案后立即赶到现场，核定损失1100多元。由于公交车对事故负全部责任，摩托车司机要求当场支付现金，但公交司机身上当时只有700多元钱，双方僵持不下，眼看要造成交通堵塞。他当即掏出身上仅有的400元钱，解了公交司机的燃眉之急。熊大勇牺牲后，曾经受他帮助的那位公交司机闻讯赶到他的家乡，参加他的追悼会。

2007年10月，公司决定将熊大勇派往茶陵驻点工作时，征求他个人意见。他二话没说就答应了。领导对他说，你有什么想法和意见都可以提，对工作有什么要求也可提，但他没有提出任何要求。

中华联合保险株洲茶陵县支公司的查勘员易柳明，是熊大勇生前好友。两人因为一起处理共保财产险的株洲棉纺厂火灾案相识。在易柳明的记忆里，大勇做事认真、工作负责，能够运用非常专业的知识，有条理地与客户沟通。特别是车损案，他能告诉修理厂怎么修才能修好，既有很强的原则性，又很通情达理。

2007年下半年，两人都在茶陵工作，成了好朋友，走得更近了。2007年11月的一天晚上，易柳明工作时遇到困难。深夜12点打电话向熊大勇求助，他耐心细致地解答专业问题，让易柳明有了底气与客户谈判。易柳明感慨，一个二十出头的年轻人，进入保险公司不到两年，就有这样的专业水平。

殉职前一天晚上，易柳明还和熊大勇见了面。大勇穿着女朋友买的一双黄色棉鞋，用高兴还带着点儿得意的神情对易柳明说："这双鞋很暖和，'幸福牌'的，怎么样？"易柳明打趣他，赶紧结婚，结了婚更幸福。当天晚上，熊大勇送易柳明回家，易柳明说："天太晚了，又冷，你就住我这吧。"他看了看天，摇了摇头说："这天气，只怕明天开始事故要多了。"

第二天中午，易柳明查勘完一起事故，打算约熊大勇一起吃午饭，但电话始终打不通。易柳明心里有些不安，他记得，为了客户能随时联系到自己，大勇的手机24小时从不关机。噩耗很快传来，易柳明无法相信，明明昨晚两人还在一起吃饭聊天。

同样无法接受这突如其来的坏消息的，还有叶洪波。熊大勇是在主动提出让叶洪波在株洲中支多锻炼一段时间，自愿留在茶陵驻点坚守岗位的时候以身殉职的。回想起来，叶洪波感慨万千。

2007年10月，熊大勇派驻茶陵工作后，由于株洲中支业务发展迅猛，区域勘查量随之增加，查勘人员人手不够，公司决定招聘一批人员充实理赔查勘岗位。考虑到自己派驻茶陵只是公司在当地没有合适人员的权宜之计，而叶洪波是茶陵本地人，学的也是汽车运用与维修，熊大勇想起这位一起在广州共事过的学长和自己临走前的许诺，积极向中支领导推荐了叶洪波。

在熊大勇的力荐之下，2007年11月，叶洪波从广州回到湖南，入职太保产险株洲中支。12月初，中心支公司领导告诉叶洪波，公司准备派他到茶陵县驻点，替换熊大勇，担负茶陵县全境的理赔查勘工作。熊大勇知道这个消息也很高兴，但他接下来几天里思前想后，想起了自己刚到公司时遇到的困难。他觉得叶洪波和自己当时一样，虽有汽车专业知识，但缺乏查勘理赔经验，短期培训难免仓促。而且，从茶陵驻点的赔案综合分析，各种车型涉及的配件多如牛毛，如果对这些配件的类别、价格信息掌握不准确，可能对公司利益造成损失，对客户也无法完全负责。

熊大勇向领导汇报了想法，他说："我在茶陵驻点虽然到了轮换时间，但我还没成家，一个人无牵无挂。在中支接触到的理赔案例比茶陵多得多，学习的机会也比茶陵多得多，就让叶洪波多留在中支一段时间，多锻炼锻炼，有利于将来在茶陵工作。"领导担心熊大勇任务太重，他安慰领导说："我年轻，就让我在茶陵再坚持一个月吧，顶一顶就过去了，没什么大不了，请领导放心，我一定严格执行规章制度，认真负责地工作，站好最后一班岗。"领导最终采纳了熊大勇的建议和请求。

在株洲中支召开的一次会议上，熊大勇见到了叶洪波。他已经逐渐熟悉了情况，即将替换大勇去茶陵县工作。老友重逢，大勇还是像当年一样，热情地向叶洪波介绍茶陵的情况，还将自己在茶陵的工作经验毫无保留地传授给叶洪波。

时间倏忽而过，转眼就是2008年，距离熊大勇调回中支公司的时间只剩十多天。但天有不测风云，1月16日，熊大勇在风雪中献出年轻的生命，倒在查勘工作的现场。

精神长存

英雄已逝，精神长存。为表彰熊大勇同志见义勇为的英雄事迹，弘扬他舍生忘死的伟大精神和客户至上的崇高品德，中国太保追授熊大勇"杰出员工"称号、"忠于职守、献身客户模范员工"称号和"舍己救人优秀共产党员"称号。原中国保监会党委也发出《关于开展向熊大勇同志学习的决定》：熊大勇为保险业先进典型，追授"全国保险系统劳动模范"荣誉称号。

熊大勇是湖南省 2008 年特大冰冻灾害期间牺牲的第一位英雄。他给整个保险行业留下的是一笔宝贵的精神财富。舍己救人的英雄事迹在保险系统和社会上引起了强烈反响，中央和地方近百家媒体报道了熊大勇的故事。共青团中央、原保监会、湖南省委省政府、上海市金融党委、中国太保等各级组织和领导多次前往熊大勇家慰问。

熊大勇牺牲时只有 22 岁，他的英雄壮举使之成为了新时代的雷锋。他用短暂而又闪光的青春和奋不顾身的行动，谱写了当代青年服务社会、服务保险事业、服务人民的动人篇章，践行了中国太保服务社会、客户至上的铮铮诺言。

保险源于人们相互救助、风险保障的需要。保险业对发扬仁爱精神、构建社会主义和谐社会的责任重大，因此保险企业特别需要强调责任意识，特别是对客户的责任与关爱。在中国太保的企业文化中，企业使命"做一家负责任的保险公司"中的第一条就是对客户负责；企业经营理念"推动和实现可持续的价值增长"中第一要素就是让客户的利益得到保障；在企业的创新文化、诚信文化和绩效文化中，也处处闪耀着"客户至上"的光芒。

英雄壮举只是发生在瞬间，但他的英雄风采却在平凡的工作和生活中时时闪现。在中国太保，"熊大勇式"的员工有很多。

2005 年 9 月 18 日，中秋之夜。嘉陵江边，重庆大学的学生们在石门大桥下嘉陵江畔赏月游玩，其中两名学生不慎滑入江中，转眼间被江水冲走了数十米远。此时，正在江边散步的中国太保员工孔琳和嘉陵集团员工李俊超听到呼救声后，来不及脱掉衣裤，先后跳入江中施救。经过努力，终于将落水的两名学生救起，但年轻的孔琳却被湍急的江水吞没，献出了宝贵的生命。

2019 年 4 月 17 日早高峰期间，上海地铁 2 号线世纪大道站通往陆家嘴方向出口突发险情，一名乘客在上楼时忽然晕倒，情况危急。中国太保旗下

■ 产险重庆分公司理赔部员工孔琳

健康险公司员工蒋菁听到地铁紧急广播后马上赶到现场，凭借专业知识帮助生病乘客渡过难关。这已经不是蒋菁第一次在危急关头救人了，2017年6月12日，一名26岁的男乘客呼吸、脉搏骤停，蒋菁凭借过硬的专业能力进行了15分钟的心肺复苏，帮助患病乘客恢复了生命体征。

……

■ 健康险公司员工蒋菁

这些可爱高尚的中国太保员工，犹如一面面镜子，折射出至善至美的人间情怀，也辉映着中国太保至诚至真的精神品格，成为保险行业乃至全国学习的榜样。中国太保涌现这么多的英雄人物，并非偶然。以人为本、关爱互信、用心承诺、用爱负责……这些"客户至上"的价值追求，已经深深扎根于中国太保的精神土壤——企业文化中，成为中国太保人的自觉的意识、自发的行动。

对待客户，中国太保始终承诺"在你身边"，而对行业，中国太保则肩负着助推行业持续健康发展的使命。数十年间，勇救落水大学生而牺牲的孔琳、舍己救客户而牺牲的熊大勇、地铁站里热心施救的"急救英雄"蒋菁……这些中国太保的模范人物的高尚品德和感人事迹，成为整个行业传递保险关爱、树

■ 集团领导慰问劳模

立道德标杆的真实写照。与此同时，中国太保也始终关爱着他可爱的员工们，集团积极推动"职工之家"建设，组织线上与线下相结合的"太爱跑"活动，定期组织劳模疗休养，各级机构每年组织员工体检，在工作之余组织形式丰富多样的文体活动，在公司内传播"勤奋学习、努力工作、快乐生活"的理念。

三十年来，中国太保常常反躬自问：我为社会做了什么？企业在追求利润、创造利润的同时，应该勇担社会责任、做优秀的企业公民。中国太保也始终将自己视为社会的一分子，时刻铭记应承担的社会责任。

从中国太保走出的英雄员工们，成为中国太保永远的精神丰碑。伟大的企业成就优秀的员工，卓越的员工也为企业带来荣光，成就使命。中国太保的责任使命，正是在每一位员工的用心付出、用爱守护的一点一滴中得以发扬传承。

（作者：李楚悦）

第六节

使命在肩的履职者

2018 年 3 月 5 日，初春的北京暖意融融，生机盎然。

那天早上，太保寿险上海分公司副总经理周燕芳起得很早。她即将走进人民大会堂万人大礼堂，出席第十三届全国人民代表大会第一次会议。

上午九时，人民大会堂万人大礼堂气氛庄重热烈，主席台帷幕正中的国徽在鲜艳的红旗映衬之下熠熠生辉。周燕芳作为与会的近 3000 名新一届全国人大代表之一，肩负了人民重托出席盛会，认真履行宪法和法律赋予的神圣职责。

2002 年，周燕芳入职中国太保，至今已近 20 个年头。她在中国太保经历个人成长、两次转型，2018 年成为中国太保首位全国人大代表。

作为公司两次战略转型的推动者和实践者，周燕芳的成长历程见证了公司的发展变革，也是公司年轻一代员工政治过硬、敢于担当、勇于拼搏、善于创新的杰出代表。

做保险，要替百姓解决最关心的问题

做保险的意义是什么？"做保险，要替百姓解决最关心的问题。"周燕芳这么理解。

2018 年全国两会现场。"80 后"的周燕芳是在场的上海代表团中最年轻的女代表。

"作为一名行业从业者，我很高兴看到大家在关注保险业务。"周燕芳说。第一次提案，她就带来了两份与保险行业相关的建议，接下来的履职过程中，她希望能就保险行业服务国家战略和实体经济发展等方面提出议案或建议。

当年早些时间，上海市十五届人大一次

■ 2021 年 3 月 5 日，周燕芳参加第十三届全国人民代表大会第四次会议

会议举行第三次全体会议，代表们以无记名投票方式，选举产生了59名十三届全国人大代表。中国太保集团战略企划部员工周燕芳被选举为全国人大代表。同时，她还是中国内地唯一一名在保险机构任职的全国人大代表。

周燕芳是中国太保第一位全国人大代表。得知消息后，从同事到亲朋好友都向她祝贺。高兴的同时，想到平均每46万人才产生一名全国人大代表，周燕芳坦言，成为一名新代表，还是感到有些紧张："这种信任让我感觉责任特别重大，这是沉甸甸的使命。"

2018年两会期间，周燕芳提交了两份建议，都与她的老本行相关。一份是建议持续完善农业保险财政补贴制度，将中西部贫困地区的重要地方特色种养殖品种纳入中央财政补贴范围；另一份则是建议完善强制环责险制度。

周燕芳为了农险这份建议，多次和公司的驻村干部，还有农险业务这条线的同事沟通，听了很多他们的想法和建议。

周燕芳自己同时还是一个母亲。她平时的生活中也会加入各类微信妈妈群。她注意到，年轻的妈妈们关心孩子的教育问题、老人的健康养老问题。而在平时工作中，她还发现，寿险新客户中大多数都是会买重疾险产品的，这就可以看出大家对医疗保障的关心和需求。"保险反映了老百姓最关心的问题，但我们怎么才能充分发挥好商业保险的功能，为他们解决这些问题，需要我们每一个从业者好好思考。"

"曾有人说，现在的保险公司卖的大多是理财产品，而不是保险。作为从业人员，我觉得这话说得有道理，但是不全对。"面对社会上对保险行业的一些质疑，周燕芳说，更多的专业保险公司还是在专注主业，服务实体经济发展，服务民生福祉，但不可否认，确实有个别保险公司偏离了"保险"的本意，没有发挥出它在长期风险管理上的功能。这些话或许会得罪人，但是周燕芳还是要说，通过自己为整个行业发声，也能因此来为社会进步做一些贡献。这是全国人大代表的责任，也是中国太保人的责任。

在她看来，商业保险应该是对社会基本保障和企业保障的重要补充，但从保险公司公布的经营数据上来看，这方面的保障缺口仍然很大。那次发言时，周燕芳针砭行业时弊，她说："很多人在遭遇重大疾病、突发事故之后，家庭几乎垮掉，而且这个家庭平时还是一个看起来很不错的中产家庭。作为一个从业人员，我感觉保险并没能真正帮助到他们。"与会代表们对周燕芳的发言投来赞许的目光。

周燕芳说，她就是打算在之后的履职过程中，多提一些促进保险行业健康发展的建议。

受到国人瞩目的 2018 年全国"两会"落下帷幕。回沪的旅途上，周燕芳总结数日来风风火火的开会行程，不少场景仍历历在目。对于第一次作为全国人大代表的履职，周燕芳坦言，还是留有了一点遗憾。令她遗憾的是，"这次时间实在太紧张，所以实地调研做得不够多。"在接下来几年，要早点开始构思提案，到最关键的点上去认真做好调查研究。

她暗自下定决心。

响当当的"娘子军"

专业、严谨、眼界宽、亲和、责任感强……提到周燕芳，熟悉她的人都会说到这几个词。

2002 年，周燕芳从华东师范大学统计系毕业后，就入职太保寿险总公司，一干就是近 20 年。

在周燕芳眼里，中国太保的人情味是她留下的众多理由之一。周燕芳入职那年，中国太保招了很多年轻人，公司的平均年龄降到了 30 岁以下。周燕芳却感受到老前辈对于年轻人的关照，在每一项工作伊始都会手把手悉心辅导。

周燕芳还看到，中国太保是对外对内都以责任为重的企业。任职期间，周燕芳看到有数位同事或其家属患上重疾。这时候，公司就站了出来，照顾到每一个有需要的员工。有一些患了重病的员工康复后，也会照顾其工作岗位和身体。

在调到集团总部工作后，周燕芳主要负责保险集团战略转型规划实践工作和客户体验管理工作。2007 年作为上海市税延养老保险项目组核心成员，周燕芳负责试点项目报告及实施方案的起草统稿。她还主笔集团战略转型 2.0 及各转型项目集的顶层设计，研究并推动了移动应用、农险、健康险等新领域项目的启动实施，提出了中国太保服务品牌建设的概念和框架。此外，周燕芳牵头建立集团客户体验管理的框架体系，建立关系型 NPS 调研常态机制方法，创新搭建业内领先的客户交互体验实时监测平台，支持和推动产寿险业务的发展，确保监管服务评级保持行业领先，该项目获得上海市政府 2018 年度上海金融创新成果奖提名奖。

近年来，周燕芳任职太保寿险上海分公司，分管客户经营和市场开拓工作，她以最大限度满足客户需求为出发点和落脚点，为客户提供全方位专业优质的服务，进一步提升了公司的社会信誉度和客户的满意度，有效促进了分公司业务的发展。

自 2018 年以来，作为十三届全国人大唯一的保险界代表，周燕芳结合人大代表履职工作，积极开展保险服务国家战略和民生保障等领域的研究。她深入保险行业各领域，广泛征集行业发展急需解决的共性问题，全面倾听行业监管部门和从业人员的呼声，认真调研，掌握第一手数据；深思熟虑，形成有理有据的材料，进而提炼出有创意、有水平、有质量、可操作的提案。周燕芳已累计提交《关于完善农业保险机制助力精准扶贫的建议》《关于完善强制环责险制度助力绿色发展的建议》《关于加大食责险发展力度，健全食品安全管理体系的建议》《关于优化商业养老保险税收支持政策，健全多层次养老保障体系建设的建议》《关于允许保险业手续费及佣金支出可全额税前扣除的建议》等多份提案，得到国家相关部门的重视，部分被采纳或被列为重点督办建议。其中，《关于允许保险业手续费及佣金支出可全额税前扣除的建议》推动财政部、国税总局于 2019 年推出新政策，将保险业手续费及佣金支出税前扣除比例提升至 18%，全行业全年减税估计超过 400 亿元。

与公司共同成长

周燕芳于 2012 年初加入集团战略转型办公室，成为首批转型工作的推动者之一。

周燕芳回忆，进入"转型办"之后的自己，虽然感受到了工作压力，却也感觉迅速成长。从中国太保的工作经历来看，自己先在某一个业务领域里深深扎根，对基本业务有了全面的认识；接着，当时中国太保高层引进了外脑麦肯锡，在外脑的提议下，中国太保给了像自己一样的年轻员工崭露头角的机会。这样梯次性的发展，让周燕芳获益良多。

在转型办工作期间，她主要承担转型项目群管理工作，从转型项目的高阶设计、立项管理，到项目的过程管理、结项管理。三年的项目管理工作，使她积累了丰富的项目推动和项目群管理的实践经验，推动项目里程碑管理和四阶段过程管理等机制的建立完善。

转型，推动着中国太保向前奔跑。中国太保开始与国际一流的咨询机构频繁合作，学习国际领先的经营理念和方法；并与德国安联、日本三井等国际先进同业开展战略合作，在外部先进经验方法的指引下，中国太保通过自身的实践探索实现对渠道结构、产品服务及移动新技术应用等方面的创新优化，并带动客户洞见、客户共享、精准销售、精细服务、移动新技术应用等能力的提升。

2015年下半年，周燕芳加入集团发展企划部，作为客户体验管理功能区负责人，牵头客户体验功能区的各项工作，从转型工作的推动者变为落地实施者。她一方面承接117客户体验项目成果，另一方面围绕转型目标牵头组织客户体验提升"361工程"的各项工作，包括高管界面体验和听取投诉电话活动、客户经营管理委员会会议组织等，持续深化客户体验工作。

作为转型大军中的一员，周燕芳受益匪浅。在她看来，转型不仅开阔了她的视野、增进了跨领域的专业知识，更重要的是改变了认知方式，提升了分析和解决问题的能力。

"转型之前，我做的工作涉及健康险和养老险，很多时候是基于自己业务板块去思考问题：为什么公司没有给我很多的资源去发展，为什么我这个建议没有得到采纳，但这时，是基于一个孤立的办法去解决。转型之后，我不会再基于某一个角色去想，因为公司的发展资源是有限的，它不可能是全面铺开，这就要求我站在整个公司的层面去布局。"周燕芳说。

转型之后的周燕芳更倾向于团队协作的配合。转型之后，周燕芳和同事们遇到问题，总会考虑到"协调利益相关方"。大伙的工作动力来自达成共识。接着，一起朝这个方向和目标努力。

"需求导向、目标导向、问题导向"是中国太保转型推动的基本方法，也深深印刻在周燕芳心中。"转型，让我们变得更加平和，企业发展中的矛盾和问题永远存在，少一些吐槽，提出解决方案并真正去做才是正确的态度；少一些推诿，试着从集团整体价值、客户需求和共同利益出发，解决方案才会豁然开朗。"

2017年，中国太保又经历了一次转型。前一次被太保人称为"转型1.0"；这一次则被称为"转型2.0"。

作为转型2.0的顶层设计工作的主笔人，周燕芳再一次身负重任，协助建立了转型 2.0 顶层设计的工作机制，全程参与高管访谈、基层调研、咨询交流、专家反馈、小组研讨等，承担了大量的沟通和材料撰写工作。她在具体撰写过程中能够广泛凝聚共识，有效听取和吸纳各方的意见和建议。同时，她发挥在客户经营、健康养老等领域的专业知识及项目群管理的实践经验，为转型 2.0 整体规划和转型项目集的目标范围拟定、提供了大量的独到见解和专业输入。

中国太保启动搭建集团统一客户账户，将解决各子公司移动应用入口、客户认证体系等重复建设的问题，为实现客户全渠道交互的无缝衔接和一致体验打下基础。"转型让我们学会真正倾听客户的诉求和痛点，让客户的批评成为推动公司进步的动力。"

在客户体验管理工作中，周燕芳始终对标国内外先进同业，持续创新工作方法和机制，建立了具有中国太保特色的客户体验管理体系：一是持续完善客户体验闭环管理机制；二是在业内创新建立了关系型 NPS 和交互型 NPS 相结合的客户体验监测体系；三是首次建立集团统一的客户体验荣誉体系，并与品牌部合作加强客户体验示范案例和故事的传播，营造文化氛围，让客户体验的理念深入人心。

中国太保已经持续三年开展各级高管季度聆听客户声音的常态活动，并引入客户净推荐值 NPS 工具追踪客户体验诉求和关键旅程痛点的变化。提升客户体验已不仅仅是客户服务部门的职责，而是贯彻到公司各条线、各部门和各渠道的工作中。"转型让我们变得更主动积极，勇于直面自身短板，迎接未来挑战，积小胜为大胜。"以稳健制胜的中国太保却更加敢于自我变革，以科技和创新作为高质量发展的强大动能，积极培育着新领域、新动能和新增长极。

在集团的整体推动下，2017 至 2018 年，太保产、寿险公司连续两年双双获得 AA 行业最高服务评级。

转型过程中，中国太保持续收获转型带来的成果，更为未来发展谋篇布局，开启全面变革。转型不是一蹴而就的变革，而是一场需要不忘初心、持之以恒、以量变换质变的攻坚战，也是周燕芳和小伙伴们与中国太保一起成长的见证。十年光阴，蓦然弹指间，转型发展为一大批青年员工创造了跨界学习和施展才华的舞台，使之成为中国太保不同领域的领军人才和行业专家。周燕芳和伙伴们延续着他们的转型初心，奔赴各自的战场。

十年长跑

养老保险永远是最有贴近性的民生话题。近年来，中国社会加速进入老龄化，养老话题的热度不断飙升。这也是周燕芳一直关注的领域。

相关数据显示：个人税收递延型商业养老保险试点，截至 2020 年 4 月底，共有 23 家保险公司参与试点，19 家公司出单，累计实现保费收入 3.0 亿元，参保人数 4.76 万人。

虽然监管层对此的评语是"进展较为平稳"，但殊不知，这个"较为平稳"的背后是一项持续了十年的"奔跑"，是一次历经了整整十年调研，千呼万唤才出来的结果。

周燕芳对此记忆犹新。早在 2007 年，周燕芳等人被公司选派，作为上海市税延养老保险项目组核心成员，负责试点项目报告及实施方案的起草统稿。这个项目组由原上海保监局、上海金融办等单位牵头成立。

周燕芳了解到，所谓个人税延型养老保险，通常指投保人在税前列支保费，领取保险金时再缴纳个

■ 周燕芳在第十三届全国人民代表大会第二次会议上和参会代表一起商讨议题中

人所得税。这是国内首次尝试实施养老保险个人缴费税收优惠政策的方案。她考虑到，无论是作为个人成长、代表公司形象，还是考虑到广大民生福祉，把这个方案制定好都是眼下的一项重要工作。

以体现企业社会责任为指导；反复寻找整理资料，吃透相关现有的政策；寻找国外先进经验，用他山之石。周燕芳和同事们很快就提交了一份方案，这份经过深思熟虑的方案中包含了产品设计、流程制定以及系统开发研究等工作，并协助进行个人养老保险税收优惠方案对上海市财政影响的测算工作。这份方案获得了项目牵头单位和其他同行企业的一致好评。

2010 年中，根据原保监会此前与上海市政府签署的合作备忘录，在保险业服务上海金融中心发展的内容中，出台个人养老保险的递延纳税政策被认为是首要任务。当时，上海方面的试点准备工作均已到位。周燕芳觉得，可能这项她参与制定的惠民方案就要实施了。可没想到，这套方案因各种缘由迟迟没

有执行。而彼时，周燕芳因工作调动离开了相关工作组。

临走时，她有点惋惜，还千叮咛万嘱咐来接班的同事："这个项目要好好跟。"此后，每过一段时间，同事们就会向项目牵头单位询问方案进度，以期有进一步的落实信息。

直到 2018 年 5 月 1 日，税延养老保险才在上海市、福建省和苏州工业园区三地正式开启试点。根据方案，个人缴费税前扣除限额最高不超过 12000 元 / 年，延税额度最高为 5400 元 / 年。

作为最初的"研发者"之一，周燕芳十分欣慰地看到税延养老保险的成功落地，并取得了一系列十分亮眼的成绩。但是，在税延养老保险不到一年的运行期里，她也看到了这一新兴保险业务模式存在的不足与问题。周燕芳坦言其试点效果低于预期。到 2018 年底，个税养老保险累计实现保费约 7000 万元，承保件数约 4 万件。周燕芳对此很揪心。多年以来，她一直把推进税延养老保险这件事放在心头。

周燕芳对此展开调研，一张更明晰的蓝图在她眼中呈现。她了解到，我国老龄化问题日趋严峻，呈现规模大、速度快、负担重等特点，而且还是未富先老、未备先老。周燕芳认为，现阶段应抓住当前的重要窗口期，更加前瞻性和战略性地统筹谋划、综合施策，积极应对人口老龄化加速所带来的系列问题。问题之关键在哪儿，造成问题的原因是什么，该怎么解决，作为全国人大代表，且是保险行业唯一的人大代表，不该去粉饰现下的行业和社会环境，而是应当去思考问题最核心的本质，这是最直接的社会责任感的体现。

2019 年 2 月的一个凌晨，集团战略客户部副总经理张仁俐接到周燕芳的电话。"你睡了吗？"周燕芳轻声问。周燕芳是来请教问题的，2019 年的提案，周燕芳准备早点动手，把调研弄细，把提案做精。张仁俐记得，当时的周燕芳手头工作繁重，经常要加班到深夜，自己心疼的是周燕芳在完成日常工作之余，还要完成提案的构思与撰写，实在太辛苦了。

张仁俐想起一件事，此前自己一家和周燕芳一家约定趁着休假去国外旅游，为了这趟旅行还早早地订了机票。可就在出发前夕，周燕芳接到了一项工作安排，这次的工作对于周燕芳是一次可以为不少人发声、提出需求的机会，她继而猜到，周燕芳会毅然选择工作，而推掉休假安排。结局不出所料，周燕芳的心里总会把大多数人的利益放在一个更重要的位置，即使是与要好闺蜜举家同游也无法撼动这一点。那晚，在周燕芳给出自己的回答后，张仁俐只能在电话里多叮嘱一句："早点休息。"

在之后的几天里，周燕芳按照张仁俐的建议翻阅了大量资料。她发现问题出在几个方面。一是试点覆盖面有限。本次税延养老保险政策试点仅在上海、福建、苏州工业园区实施，覆盖人群范围有限。同时，任何一项新政策的推出，市场的认知和接受都有一个渐进过程，税延养老保险业务开展从首单签发到现在，试点时间不足半年，市场还在观望状态，政策效果未充分呈现。

结合自己的专业知识和各方建议，周燕芳的提案已了然于胸：依据对个人养老金目标替代率的设定，进一步加大税收优惠力度；并逐步扩大税延养老险试点范围，先可扩大至长三角地区，然后可放宽至全国。

2019年两会期间，周燕芳接受了文汇报特派记者采访。这篇报道以《周燕芳代表从专业视角看新兴养老险的不足——用保险思维求解"老有所养"难题》为题，简述了周燕芳的提案。"当初在制定税延养老保险时，我们很大程度上是参考原来的个税计算方式。"周燕芳在采访过程中告诉记者，由于新个税法的出台，税延养老保险也面临着马上"升级换代"的问题。在税延养老保险政策制定之初，主管部门和保险公司希望能够吸引更多中等收入群体参与购买，为人们的晚年生活增添一份保障。但是，随着新个税法的出台，税延养老保险能带来的优惠大幅下降，覆盖人群也大大缩减。周燕芳指出，这一现象已背离当初推行税延养老保险的初衷，因此需要尽快根据新个税的特点，研究更新税延养老保险政策。

对于周燕芳的提案，媒体直言，许多人在购买税延养老保险时还会遇到流程复杂、操作不便利等问题。周燕芳从新个税的便利操作联想到，税延养老保险可以采用更便利、更直接的操作方式。文章标题和"更便利、更直接"的评价，无疑是对周燕芳提案的褒奖。

在这些方面，中国太保显然是周燕芳最强而有力的后盾。

2019年，中国太保在集团层面建立长三角跨板块、跨区域、跨层级组织协调和保障机制，立足"基础设施互联互通、人民群众美好生活、生态环境共保联治、落实乡村振兴战略、创新保险产品供给"五大领域，深度参与长三角一体化发展国家战略。在乡村振兴方面，中国太保积极参与长三角城乡一体化建设，发挥网点、服务和技术优势，创新农险产品和服务，推动农业、农村、农民全覆盖的三农保险，通过成本保险、产量保险和收入保险来提升农民收入，推动农业产业升级；在健康养老方面，当年 11 月，"太保家园"在长三角实现"零突破"，杭州国际颐养社区项目正式开工建设，着力打造体现吴越文化特色的"中国养老社区 2.0"代表作，未来将对长三角养老服务一体化高质量发展起到积极的推动作用。此外，中国太保在长三角地区开展基本医疗经办、大病保险、长护保险、医保补充等医保业务项目 73 个，覆盖 5429 万参保人员，年基金管理规模 108 亿元，累计赔付金额 33.9 亿元，赔付人数 88.6 万人。

400 亿!

在太保寿险上海分公司办公室主任纪云飞眼里，周燕芳作为一位领导，没有半点架子。很多次加班的夜晚，众人围坐在一起，一人捧上一碗面，其乐融融。而大多数时候，周燕芳走得比下属都要晚。纪云飞在工作中发现，工作中的周燕芳心里有两样东西，一是下属们的职业发展，二是整个保险行业的发展。周燕芳除了会把项目全流程盯得很紧以外，对缺乏经验的职场新人也十分关照，总是会把最好的经验传授给新人们。用纪云飞的话来说，"真正把下属的职业发展放在心里，跟着这样的领导，幸运！"

事实上，除了下属们，周燕芳心里更装着整个保险行业。

时至今日，几乎所有的保险公司，特别是寿险公司的销售模式主要为传统营销方式，即依靠代理人代理进行保单销售，在收取保费的同时向代理人支付手续费、佣金，且直接与营销保费收入挂钩。因此手续费、佣金支出是获取保费收入而发生的合理、必要的支出，也与保险合同有效期内收取的所有保费收入相配比。

随着我国经济持续稳定发展，人民生活水平不断提升，个人风险保障意识逐步增强，车险、意外险、家财险、信用险、责任险等险种个人客户数量及对应分散性业务规模快速增长。个人客户多而散，且保险产品高度同质化，保险公司单纯依靠自建渠道不足以取得竞争优势，需借助个人代理、机构代理、第三方互联网平台等中介渠道。在这种市场展业形态下，代理渠道保费结构占比和手续费率不可避免地同时出现上升，带动了财险公司整体手续费率走高。

周燕芳这样总结：对于快速发展的保险业而言，必须坚持以人民为中心、以客户需求为导向，坚持保险业姓保、回归保险保障本源，因此将资源向更能发挥保险业"社会稳定器"功能的长险期缴业务倾斜，成为近年来行业发展的必然。同时，这就引致新保保费收入、2 至 3 年的续期保费收入占当年全部保费收入的比例持续提高。从寿险保单的全保险期间看，手续费及佣金支出的定价标准在保费收入的 10% 以内，但时间分布不均衡，呈现出"前高后低"的趋势。根据保监会的规定，在一般情况下首年佣金占当年保费的比例在 20%—40% 之间，2 至 3 年的佣金占当年保费比例在 10%—25% 之间，自第 4 年起至缴费期结束将不再支付佣金。与之相对应的是，趸交业务，特别是趸交理财类保险产品则不会存在前期佣金率较高的问题。寿险新保期缴业务占比提升，使对应的手续费、佣金占保费收入的比例也较高。

据统计，寿险业 2015、2016、2017 年度的佣金手续费支出分别为 1491 亿元、2386 亿元、3158.19 亿元，占当年保费收入减去退保金的比例分别为 12.68%、14.43%、15.85%。2015 年、2016 年、2017 年寿险业应纳税所得额调增金额巨大，分别调增 455.9 亿元、854 亿元、1166.03 亿元。2018 年前三季度的佣金手续费支出为 2666.72 亿元，占当年度保费收入减去退保金的 17.18%，应纳税所得额调整 1114.89 亿元，行业税负不断加重。

以营销员为例，因代理保险公司的产品取得佣金等代理收入，需按照税法现行规定缴纳个人所得税。周燕芳联系上下游整体发现，保险公司支付的佣金支出不能在所得税税前扣除，营销员获取的佣金收入却需缴纳所得税，导致整个所得税链条的断裂、税基虚增，存在重复征税的情况。另一方面，保险公司支付给营销员的佣金与支付给员工的工资薪金性质相似，工资薪金可据实全额税前列支，手续费、佣金却有着严苛的扣除条件，这也导致了税制不公平。

以全国人大代表的身份提出建议势在必行。

周燕芳了解到，从国际上看，美国、英国、德国、法国、日本、新加坡、韩国等国家对于保险公司实际发生的佣金手续费，均允许税前全额扣除。从保单的全保险期间看，手续费佣金的定价费用是在保费收入的 10% 内，但时间分布不均衡，更多地在 1 至 3 年内。如按平准的方法核定佣金手续费的税前列支额度，成长型的保险公司反而税负过重，这对快速发展的中国保险业极为不利。据此，周燕芳建议，在计算可税前扣除的手续费及佣金支出限额时，建议不要将退保金作为保费收入的扣减项。为促进行业健康发展，更建议财税部门能够出台政策，允许手续费及佣金支出作为保险公司合理、必要的经营支出全额税前扣除。

《关于允许保险业手续费及佣金支出可全额税前扣除的建议》得到国家相关部门的重视，它推动财政部、国税总局于 2019 年推出新政策，将保险业手续费及佣金支出税前扣除比例提升至 18%，全行业全年减税估计超过 400 亿元。

行业内为之沸腾。之于保险行业的从业人员，他们积极性和信心的提振是显而易见的，且是无法被数值来量化。

2020

2020 年是特别的一年。新冠肺炎疫情扰乱了原先正常的经济运行，这对中国的经济影响是显而易见的。疫情让一些行业遭受冲击，有的行业甚至基本停滞。其中，受影响最大的是中小企业。

疫情对经济的影响，很多专家都给出了预判。从宏观的角度看，需求和生产骤降，对投资、消费、出口都会带来明显影响，短期内有可能带来失业上升和物价上涨。从中观角度看，餐饮、旅游、电影、交通运输、教育培训等受到的冲击最大，医药医疗、在线游戏等行业受益。对于微观个体的影响，民企、小微企业、农民工等受损程度较大。

在"复工复产"阶段，如何平衡疫情防控和经济生活的恢复，是一个整体系统工程。业界已经基本达成了共识，在特殊时期，政府要发挥更加关键的作用，出台相应的政策和措施，来帮助中小企业渡过难关，保持中小企业群体发展的稳定性，从而为恢复经济增长和社会稳定奠定坚实的基础。借鉴过去的经验，可以适当减免疫情影响严重的行业的增值税，降低相关的所得税，给予受损行业的企业一定财政补贴。

2020 年全国两会开幕在即，周燕芳正在为当年的建议做着最后的准备。还有没有可以做的，能不能从保险思维入手呢，"新冠肺炎疫情给经济社会造成了极大破坏，作为一名来自保险行业的代表，我这段时间也在思考如何借助保险的力量增强经济发展韧性。"周燕芳说。

对个人患者来说，新冠肺炎的治疗费用有国家兜底，但是，同样受疫情影响，在生死边缘挣扎的众多中小企业该怎么办？在周燕芳看来，如果能建立一套成熟的商业保险机制，就能为这些困境中的企业提供更多帮助，更好地服务实体经济。"事实上，中国太保已经通过企业营业中断保险等险种，为一些企业提供了资金支持。这让我觉得，商业保险与经济发展可以有更多结合点，发挥更大作用。我希望积极为行业发声，让大家明白，更多的专业保险公司还是在专注主业，为服务实体经济发展，为服务民生福祉努力作为。"

刻在骨子里的社会责任感加上烙印在脑中的"保险思维"，让周燕芳的提案总能获得很多关注。

周燕芳希望，在2020年的复工复产达产过程中进一步发挥商业保险作用。在科创保险之外，她还聚焦多项特殊险种。比如，结合正如火如荼推进建设的上海自贸试验区临港新片区，她希望能试点跨境人民币保险业务。又如，为助力打好脱贫攻坚战，她提出建立防贫保险，筑起阻断贫困的"节流阀"和"拦水坝"，为临贫、易贫人群提供生产、生活风险保障。提高脱贫质量、防止返贫致贫，是脱贫道路上必须跨过去的一道坎。在全国两会上，全国人大代表周燕芳提交了一份关于推广防贫保险机制助力长效扶贫的建议。她提出，精准防贫是对精准扶贫的延伸和发展，应在抓好精准扶贫精准脱贫、减少贫困存量的同时，探索精准防贫机制，从源头为预防贫困发生筑起"截流闸""拦水坝"。

"商业保险公司也可以参与防贫保险项目。"她建议，推动防贫保险可持续发展，可以参考大病保险模式，在保障扶贫资金专款专用的同时，建立风险调节机制。相关部门要加强财政资金投入的监管，根据规定进行项目安排与使用结果的公告公示，杜绝"跑冒滴漏"的可能。此外，可以通过县村居民对服务质量评分、扶贫部门对理赔案件进行质量抽检，并依据检验结果予以奖惩等多种形式进行正向引导，督促保险公司不断提升服务品质。

周燕芳认为，保险是重要的"社会稳定器"，天然具有风险分散、损失补偿、资金融通的属性，应当成为今后扶贫长效机制的重要组成部分。据不完全统计，目前全国已有超过20个省市进行了防贫保险实践，防贫保险正成为一些地方打赢脱贫攻坚战的一个"新式武器"。

在全国人大代表中，不乏一些具备金融、教育等专业知识背景的高校学者和业界专家。周燕芳正是这样一位专家型代表。以保险思维为切入点，周燕芳以一种更精、更专的视角来审视养老服务、长三角一体化发展、科创中心建设等社会热议话题。"我最关注的就是养老话题，2020年我想提一个关于长护险的建议。"周燕芳说。

早在2019年的全国两会上，"老有所养"就是周燕芳口中的高频词。无论是小组讨论，还是个人发言，周燕芳都频繁地提到税延型养老保险、长护险等种种关乎老人支付能力的险种。在周燕芳看来，支付端牵引着养老服务市场的供给链条，只有先增强老年人群支付能力，才能充分释放养老消费潜力。

最让周燕芳印象深刻的莫过于以聚焦"长三角更高质量一体化发展"为主题所开展的调研。曾参观过粤港澳大湾区的她直呼："与粤港澳大湾区相比，这个城市群太不一样了！"在长三角地区，越来越多老年人开始选择跨省养老。他们之中，有的是因为想降低在上海等地区高昂的养老成本及提升养老生活质量，有的则因为独生子女定居外地便跟随前往。

长三角养老一体化是大势所趋，除了思考如何引导保险业发挥保险产品和资金优势，全力服务国家重大战略和实体经济发展，她还特别关注与公众生活关系密切的养老、医疗保险产品及服务等相关领域。去年，周燕芳参加了"长三角一体化示范区建设""长期护理保险实施情况"等专题调研，对长三角养老一体化有了更深刻的认识。在她看来，目前我国养老保险体系过度依赖于政府所主导的基本养老保险。长期来看，由于基本养老保险主要依赖财政补助，"收不抵支"的压力很大。同时，基本养老保险既要减轻企业的缴费负担，又要保障职工社保待遇不变，养老金还要保持合理增长，实际上难以持续。

■ 周燕芳和部分人大代表在会议间歇来到中国太保人大服务点看望服务人员

在周燕芳看来，这些年的履职经历也是一个成长过程。"刚当选时，我对人大的工作、人大代表的职责都不是特别熟悉，经过这两年不断学习调研，我对人大代表身份有了更深的认识。"周燕芳说，她曾参加全国人大组织的调研活动，既去了粤港澳大湾区这样的经济发达地区，也去了一些西部边远贫困地区，见到当地孤寡老人、留守儿童生活依旧存在困难。"我深深地感受到，人大代表不仅光荣，更意味着沉甸甸的责任。如何提出更有效的建议，帮助老百姓过上更好的日子，是我接下来要继续思考的问题。"

周燕芳的提案构思一直在迸发。哪个提案是周燕芳最满意的，周燕芳不敢说，或许对于周燕芳来说，下一个为行业健康发展、为民生福祉着想的提案才是最满意的。2021 年 3 月 3 日，周燕芳怀揣着 4 份提案，又一次踏上了前往北京参加两会的路途。2021 年是中国共产党成立 100 周年，是"十四五"开局之年。特殊之年的全国"两会"，尤为受到各界关注。这一次，周燕芳将在涉及健康险、养老保险以及优化营商环境等方面提出建议，继续为民生福祉而努力。

有人问，中国太保的责任是什么，中国太保人或许会这么回答，保险是市场经济风险管理的基本手段，是把风险转移到市场的一种强有力的金融机制。通过市场机制引导商业保险公司积极参与城市风险管理，尤其是巨灾等重大风险管理，能够丰富我国灾害损失补偿渠道、健全灾害救助体系、提高巨灾保障水平、增强风险管理能力、平滑灾害引起的政府财政波动，是政府运用现代金融手段降低灾害损失影响的有效途径。

保险业作为社会管理的辅助手段，正在积极参与城市风险管理与预防，推动创新城市运行管理机制和政府职能转变。中国太保人中还有很多像周燕芳一般的各级地方人大代表，如山东省人大代表于璇、南京市人大代表胡京宏、长春市人大代表刘玉辉、贵阳市云岩区人大代表林笪、南京市秦淮区人大代表卢小美等等，他们运用自身的专业知识积极参政议政，服务地方发展。还有个更实在的说法，中国太保人始终坚持要做大"蛋糕"，让老百姓真正受益。

（作者：郑子愚）

第五章

无形之力：大洋深处千帆竞

曹　静

　　历史的时针指向 2021 年，百年大党风华正茂，正处于而立之年的中国太保朝气蓬勃。

　　在驶向大洋的航程中，山和水在变，路与城在变，不变的是前方与远方，不变的是闯劲与韧劲。

　　中国太保人深知，对一家企业而言，想要更长久地屹立于时代潮头，永葆风华、基业长青，除了根植于土壤的厚实根基，还需要顺风而行、踏浪而行。

　　而这，不得不依赖于文化——文化，就像时刻流淌着的血液，决定着企业这个机体的生命力和持久性。它是企业的软实力，也是企业的"无形资产"与"无价之宝"。

　　因为"无价"，"文化"被企业视为关系全局的重大课题；因为"无形"，对诸多企业而言，"文化"也成了不知如何入手的难题。而中国太保，却在 30 年探索中摸索出破解难题的宝贵经验。简要概之，便是"一种观念（企业核心价值观）、两大保障（企业党建与公司治理）、三层体现（人才培养、服务水平、品牌建设）"。

　　文化如春风化雨，涤荡人心。它首先内涵于企业价值观，内涵于从管理层到基层一线每一位成员的统一认知。

　　与改革开放同呼吸共命运，经历了 30 年市场大潮的洗礼，中国太保在发展中逐渐形成了"诚信天下、稳健一生、追求卓越"的核心价值观。

　　"诚信"，既是为人之本，也是立业之本。对员工而言，诚信是不欺瞒、不误导，履行承诺，为客户着想；对企业而言，只有积极培育诚信理念、强化诚信意识，建立起诚信管理体系，才能树立可信赖的市场形象，造就良好的品牌形象。

"诚信"奠定了企业文化的基石，"稳定"便是由此基础出发，为自身发展选择的一条途径。

在中国太保的理解中，保险业不是短跑比赛，而是一场马拉松，因此，绝不能为了达到某个短期经营目标而损害长期利益。稳健，体现的是一种标准。稳健，也是一种理想的发展状况，避免偏激而可能造成的损失，避免欲速而不达。

从"诚信"的起点出发，沿着"稳健"的路径，中国太保迈出的是"追求卓越"的步伐。"追求卓越"是拒绝平庸、开拓创新，是不断超越的自我鞭策。由此，才能努力推进事业向前发展，进一步做大做强，成为行业的领跑者。

核心价值观的提出，统一了思想，奠定了企业文化的整体基调。但如何将理念落到实处，却并非易事。人们好奇："文化建设"这个庞大的系统性工程，中国太保究竟是如何做好的？

在中国太保的回答中，大写并突出的两个字是"党建"。

作为国有大型企业，坚持党的领导，让党的领导在各项工作中一以贯之、充分体现，是中国太保坚定不移的宗旨和信念。30年来，中国太保始终高度重视党建工作，从制度保障、思想保障、人才保障、组织保障、作风保障五个方面入手，踏实建设，凝聚人心，以行动实践一句话——"党建工作做实了就是生产力，做强了就是竞争力，做细了就是凝聚力"。

同样不可或缺的另一个答案，是"公司治理"。

在中国太保人看来，如果说"坚持党对国有企业的领导"是硬币的一面，"建立现代企业制度"就是硬币的另一面。在坚持党对国有企业领导的同时，作为中国优质上市公司的中国太保，也在始终提升公司治理水平，建设企业文化，积极融入全球资本市场。

多年来，中国太保广泛借鉴国内外最佳实践，不断强化内外部监督制衡，已形成各司其职、协调运转、有效制衡的公司治理体系。2020年6月，中国太保成为中国首家A+H+G（上海、香港、伦敦）三地上市的保险公司。这既是对现有公司治理水平的肯定，也更进一步推动了公司治理水平的继续提升。

市场竞争是决策的角力，也是文化的比拼。"企业党建"加"公司治理"，以这两项工作纲举目张，营造氛围，建设文化，凝聚人心，中国太保书写的这一篇章，显然是其 30 年创业史上的生动一页。

在企业核心价值观的统领下，在企业党建与公司治理的双管齐下中，文化方能展现其强大的感召力。

在中国太保，员工们常常被这三句话鼓舞着："让吃苦的人吃香，让实干的人实惠，让有为的人有位。"这是董事长孔庆伟概括的公司用人观，也是中国太保对每一位员工做出的承诺：给想干事的人以机会，给能干事的人以舞台，给干成事的人以激励。

在经营压力巨大的保险行业，中国太保没有让员工"996""007"，而是坚持"以人为本"，关怀人的全面成长，搭建人才培养的多种途径、多个平台，令每个人都可以找到适合自己的培养方式和上升通道。

每一名员工都是一滴水，无数滴水汇聚成一个太平洋。在这样的"太平洋"中，实实在在地构建爱才、容才、用才的氛围，由此，员工在这里收获归属感，尽情贡献自己的才华与智慧，逐步成长、凝聚为一支能打仗、打胜仗，不断自我完善、自我革新的高素质人才队伍。

在中国太保，文化是一种"精气神"。如果说它对内体现在公司对员工的呵护与关爱，反馈于企业员工时刻饱满的工作状态中；那么，对外则毫无疑问地体现在企业大大小小的日常经营行为中。在顾客层面，反馈在企业的服务水平上；在社会层面，反馈在企业的品牌建设中。

一家能赢得社会尊重的企业，一定不是一台冰冷的赚钱机器。它必然是始终服务于人、服务于社会的，必然是自上而下散发着文化温度的。

30 年来，中国太保以珍惜面对员工，以尊重面对客户，以负责面对大众，体现了"心系天下"的责任感与使命感，也体现了企业文化建设的显耀成就。

当历史翻开新的一页，进入 2021 年这一个值得铭记的年份时，中国太保卸下既往所有荣誉，继续上路，再次立下了"争分夺秒去把握、朝乾夕惕去奋斗、敢为人先去创新、埋头苦干去成就"的宏图大志。

当一家企业自觉自愿地将自身命运投入到民族复兴的时代洪流中去，与国家的命运相互激荡，必将不负时代的丰厚馈赠，在历史上写下更多属于自己的精彩篇章。

第一节

一切从人才出发

人才是第一资源。

正如习总书记在党的十九大报告中指出的："人才是实现民族振兴、赢得国际竞争主动的战略资源。"

对于企业而言，人才的重要性更加不言而喻，它既是强司之基、转型之要，也是竞争之本。人才使用得好不好、科学不科学、合理不合理，关乎企业的成败。

中国太保发展至今，世界 500 强排名 193 位，全球保险业品牌排名第 6 位，中国保险业公司治理排名第 1 位，2019 年营业收入 3855 亿元、净利润 277 亿元……创造出这一连串光辉数字的，是一支能打仗、打胜仗，不断自我完善、自我革新的高素质人才队伍。

30 年来，如何实现聚天下英才而用之的目标，形成天下人才聚神州、万类霜天竞自由的崭新局面，中国太保给出了一份亮眼的答卷。

仔细考察这份答卷，便不难发现，其亮眼的原因，是中国太保在几个关键问题处理上作出了充满哲学意蕴的回答：

人才建设，缘起于求贤若渴的真诚之心，也受益于高屋建瓴的人才观——此为感性与理性的统一；

人才建设，踏实于"长期主义"的坚定信念，也构建于激发人才活力的制度——此为稳定与变革的统一；

人才建设，支撑于干部人才、高端人才、青年人才三支队伍建设，也赋能于始终不懈、面向全体中国太保人的继续教育与终身教育——此为局部与整体的统一。

蓝鲸入海

2020 年 7 月 8 日，一场特殊的专场招聘会通过网络向全球直播，吸引了难以计数的高校学子。

此次直播的"主角"是中国太保。面对全球观众，它郑重宣布：向全球高校扩招 700 名本硕博应届生，岗位涵盖科技、保险、养老、投资、健康等领域，招录包括 IT、金融保险、数学统计、社会学、医学、护理学、传媒等领域的优秀海内外应届毕业生。

■ 中国太保举办线上校园扩招启动会暨上海专场招聘会

值得一提的是，中国太保是在 2020 年已录取 500 余名应届生的基础上，再次扩招 700 人。在新冠疫情重创全球经济的背景下，中国太保这一"大手笔"，不仅体现了高度的社会责任感和根基牢固、逆势向上的发展势头，更是对人才高度重视、迫切渴望的最好例证。

直播现场，集团总裁傅帆与 5 位嘉宾同时捧起手中水瓶，将水慢慢注入一只蓝鲸雕塑中。瞬间，原本搁浅的"蓝鲸"回到了大海中，活力四射，遨游其中。这富有象征意义的一幕，巧妙呼应着这次招聘会的主题——"太创未来·蓝鲸入海"。

敞开怀抱，蓝鲸入海。"中国太保愿意成为高校学子职业生涯起航的第一站，期盼更多的优秀人才加入中国太保'梦之队'，成为'奔涌的后浪'，用格局、情怀、激情和担当，共谋太保事业，共担时代重任，共创美好未来。"

傅帆在这次招聘会上的这番发言，从某种角度而言，既是求贤帖，也是昭告书，向世界表明中国太保在面向全球化布局新征程中，呼唤人才、渴望人才、期盼人才的真诚之心。

中国太保初创从无到有、从小到大，30 年后，中国太保已拥有 11 万名员工，遍布全国各地 86 家分公司，5500 多个分支机构；平均年龄 35 岁，其中，党员近 2.4 万名，遍布全国各地 2000 多个基层党组织；研究生以上学历 6000 余人，中高级专业人员 2 万余人。

30 年来，公司人力资源管理稳步发展，经历了四个阶段：

1991 年至 1998 年，公司初创，在原交通银行人力资源的框架上初步建立了人力资源架构。

1999 年至 2007 年，逐步引入市场化机制——1999 年起，开展管理培训生计划；2001 年起，在总部推行定期全员竞聘上岗；2003 年起，实施高管递延奖金制度；2005 年起，实施分公司领导班子成员竞聘上岗，并引进境外专业的经营管理人才。

2007 年至 2016 年，中国太保借公司上市之际启动人力资源管理改革：搭建人力资源管理基础框架，并逐步践行组织管理、薪酬激励、人才选拔、绩效管理等机制改进，积极探索，紧跟集团战略转型，聚焦提升人力资源投产效率，关注员工培养和发展，加强关键岗位人才储备，人力资源管理体系日趋科学化、专业化；集团和各子公司班子成员实行市场化任期制管理，高管薪酬年薪制，递延奖金持续优化等。

2017 年至今，进一步完善人力资源管理体系，提出了"让吃苦的人吃香，让实干的人实惠，让有为的人有位"的人才观，并把人才工作放在"转型 2.0"五大变革领域（人才、数字、协同、管控、布局）的首位。公司展开了一系列深化人才建设体制机制改革的探索：强化国企基因与市场机制结合，推动用人机制市场化，激发人才活力；从外部引进行业高端人才，同时加大内部选拔力度，让优秀人才脱颖而出；建立统一的集团荣誉体系，发挥激励和导向作用，促进企业文化建设；围绕公司战略目标，构建自上而下的目标牵引和考核约束机制……

人才工作没有最好，只有更好。30 年来，中国太保的人才工作步步推进，稳健前行，而自始至终贯穿其间的原则，可归结为人力资源管理的"五个坚持"：

一是坚持党管干部、党管人才。二是坚持以人为本，遵循人才发展规律。三是坚持立体培养、精准施策。四是坚持以激发人才价值创造为导向，让各类人才伴随企业发展实现自身价值。五是坚持组织领导、分工协作，形成引才、聚才、用才的合力。

"五个坚持"撑起了一片天高海阔。

在"太平洋"宽广的水域中，蓝鲸跃动，共创未来。

用人之要

事业兴衰，唯在用人；用人之要，重在导向。

人才工作的首要问题是用人导向。中国太保人认为，坚持"德才兼备、以德为先"的基本要求，落实"对党忠诚、勇于创新、治企有方、兴企有为、清正廉洁"的国有企业领导干部标准，选拔忠诚干净担当的优秀人才，这是基本的用人导向。

■ 2018 年 10 月 23 日，集团首次人才工作会议在上海召开

具体到如何用人，集团党委书记、董事长孔庆伟以三句话高度概括："让吃苦的人吃香，让实干的人实惠，让有为的人有位。"三句话，平实朴素，简洁凝练，却掷地有声，极富内涵。

"让吃苦的人吃香"

美好愿景绝不是轻轻松松、敲锣打鼓就能实现的，它需要一大批员工以智慧和勇气，咬定目标，持续发力。"吃苦"，就是要埋头苦干、艰苦奋斗，遇到挫折撑得住，关键时刻顶得住，扛得了重活，打得了硬仗，经得住磨炼。

社会上流传着一句玩笑话："同样是金融行业，银行是躺着赚钱，证券是坐着赚钱，只有做保险的，是拎着包跑着赚钱。"玩笑中道出了保险公司一线员工的辛苦。中国太保在薪酬发放上，一直坚持向基层倾斜、向一线倾斜。突出绩效导向、价值创造，干得好的分公司员工收入可以比总公司员工高，总公司员工收入可以比集团总部员工高。尽管有人不理解，但人力资源部门一直坚持这一原则，并进行了大量沟通和宣导。而也正是因为这一倾斜，在一定程度上疏通了公司内部人才流动的通道。无论是什么岗位，只要埋头苦干，就能获得价值认同。吃苦就是吃香，愿吃苦、能吃苦的员工才能越来越多。

"让实干的人实惠"

"实干"，就是要踏石留印、真抓实干。中国太保人明白，转型无法一蹴而就，不积跬步，无以至千里，需要每一位员工不说空话、套话，努力实干，"心有所定、专注做事、心无旁骛、实干兴司"，精益求精做到位，攻坚克难干到底。多年来，各子公司、分公司都建立了完善的奖励体制。2018 年，中国

太保建立了统一的集团荣誉体系，并在七一前夕举行了首次荣誉表彰。一批在转型过程中成绩突出的杰出团队和员工获得了奖励，很好地发挥了激励和导向作用，把队伍的士气提振了起来。

"让有为的人有位"

有为的人，不仅能干会干、做出实绩，而且事业为上、不断进取。在选拔干部时，只有大力选拔有作为、实绩突出的人才，让公司成为个人事业发展和价值实现的舞台，想干事、能干事、干成事又不出事的人才才会越来越多。

近年来，中国太保选拔子公司的领导班子时，往往大胆从分公司领导班子中挑选，把有能力的人放在重要的位置上。集团党委副书记、组织部长季正荣表示，提拔人才，中国太保突出实践检验，不仅看怎么说，而且看怎么干，更看干的成绩，看是不是率队打过胜仗，能在不利的条件下打翻身仗的人才更加可贵。一批在分公司业绩突出、发挥过关键性作用、群众认可度较高的人才就此踏上了领导岗位。

人才建设是一盘大棋，也是一项长期工程。只有给员工以希望和动力，才能做出佳绩，值得市场的期待。中国太保抓住了"人才观"这个牛鼻子，尤其凸显其战略意义：强调吃苦、实干、有为的鲜明用人导向，才能逐渐引领聚合力，避免"内卷"，在公司上下形成利于人才成长的良好生态。

"让吃苦的人吃香，让实干的人实惠，让有为的人有位"，换言之，给想干事的人以机会，给能干事的人以舞台，给干成事的人以激励。实实在在地构建爱才、容才、用才的环境，由此，才能把人才第一资源和发展第一要务紧密结合起来，把人才发展舞台与重点项目载体紧密结合起来，把企业文化建设与人才环境建设紧密结合起来。

"长期主义"

"在唯一确定的是不确定性、唯一不变的是变化的时代，我们必须锚定长期主义的基本信念。"2021 年开年，公司评论员"南一号"在一篇评论文章中这样写道。

长期主义与中国太保倡导的"稳健"理念关联并契合。孔庆伟就曾多次表示："保险企业经营要坚守价值，坚信长期。我们以长期眼光去解决公司发展中的各种问题，长期坚持对行业健康稳定发展规律的尊重，长期坚持以客户需求为导向的服务理念，长期坚持以转型变革为提升高质量发展能力的路径。"

在人力资源管理方面，中国太保的"长期主义"体现在两个方面：

其一，是持续推动长期能力建设。围绕大健康、养老社区、另类投资、金融科技等重点领域重点布局，建设一支具有长期作战能力的队伍，对标市场、对标同业、对标一流，用人才的可持续保障企业发展的可持续。

其二，是启动长期激励机制建设，积极响应区域国资国企改革号召，设立并启动"长青计划"，实施关键人才长期激励约束机制。

将员工利益与股东利益、公司利益绑定，有利于激活队伍内驱力，有望带来更为突出的执行力，是金融企业针对关键人才采取的常见激励机制之一。而在此基础上，中国太保进一步创新机制，针对保险经营长周期的特点，通过增量业绩贡献，递延支付奖金的方式，确保在一个连贯的经营周期内合理评价高管的绩效，起到既激励又约束的作用，将个人的中长期利益与公司的中长期利益相结合。

目前，"长青计划"首期激励范围覆盖太保产、寿险经营班子，分支机构重要骨干和其他关键岗位、核心专业人员共 1000 余人。"长青计划"内的员工，在每年考核达到目标要求后，得到的奖金激励将分期支付。比如，三年为一个任期，一个任期里的激励可能需要 9 年才能兑现。

激励周期的延长，可以和业务经营周期较好地匹配起来。掌握资源配置权的管理层收入和公司中长期利益关联起来后，将促使他在决策时从长计议，不只关注眼前利益，避免"钱留给自己，把问题留给公司"。

另外，通过递延支付的方式，还能够增强员工和企业间的黏性，提高员工稳定度。

中国太保一直十分重视干部队伍建设。除了实行"长青计划"，中国太保还进一步深化任期制管理和契约化管理：公司董事会三年一个任期，三年后重新聘任，分支机构"一把手"在这一岗位上任期不超过六年。

明确干部刚性交流，可以有效防止管理层的板结。"我们讲团结，但不能结团。"集团人力资源部的席志民说："让管理层的人才流转起来，可以把他们的丰富经验有效交流出去。另一方面，这个制度性安排，可以防止出现风险合规问题，还可以防止廉洁方面的问题。从某种意义上说，其实也是在保护干部。"

执行任期届满刚性交流机制，中国太保是严格、严肃的。近两年，太保已有 41 位任期满 6 年的机构负责人进行了刚性交流。

一潭活水

2018 年底，中国太保启动了总部组织架构改革，一个多月里，集团总部所有岗位完成了竞聘和迁移，1400 多名总部工作人员匹配到位。

架构改革改变了以前的一二级部建制，在总部层面成立了战略管理、协同发展、科技运营、投资管理等九大中心，调整后组织更加扁平、职能更加优化。

在此次组织架构改革中，新设部门关键岗位都采取了公开竞聘方式，前后近 400 名员工参加了这次公开竞聘。相当一批优秀年轻员工走上了新的领导岗位，同时，部分不能胜任新时期发展要求的中层干部落聘转岗。

如孔庆伟所言，组织健康是实现新一轮转型发展的重要保障，此次组织架构改革目标就是建立协同价值型总部，在人才队伍建设方面，推动双向选择，变"要我做"为"我要做"，让能者上、平者让、劣者汰，各方面人才各得其所、尽展其长。

一家国有大型企业，在稳健和长期发展中，需要源源不竭的活力和动能。如何激活人才队伍的"一池春水"？中国太保用实际行动给出了答案——为人才"松绑"，让人才流动。实践证明，公开竞聘、双向选择，是实现优化人才配置、实现人才有序流动的有效方式，也已经成为公司上下最为常见的岗位人才配置方式。

众所周知，保险业是一个压力大、竞争激烈的行业，无处不在的"排名文化"给业内人士压力，也导致员工流动较为频繁。在此情况下，如何增强中高端人才对公司的黏性和归属感，也是中国太保一直在思考的问题。

为此，孔庆伟强调，各级机构"一把手"要担负好首席人才官的角色，带头抓"第一资源"。要做到业务一本账、财务一本账、人才一本账，三本账心里都清楚。

算好人才这本账，首先需要"盘一盘"高端人才。中国太保实施"尖峰计划"，集聚、培育了 200 位有影响力和竞争力的引领性人才队伍。其中，保险经营管理人才 100 人，保险精算、投资、科技等领域的行业专家 100 人。

其次，再来"盘一盘"青年人才。中国太保实施"青岭计划"，通过组织推荐、个人自荐、综合测评，形成了一支以"80后""90后"为主体、总量为1000名的政治素质好、专业能力强、发展潜力大、群众认可度高的优秀青年人才队伍。

"打一个比方：入选'尖峰计划'的是公司的'院士'级专家；入选'青岭计划'的，就是公司的长江学者、青年长江学者。"席志民说。在一些重大项目、重要节点上，公司会首先考虑发挥这批人才的作用，给他们充分展示自己的舞台，并给予应有的待遇。

值得一提的是，这个"人才蓄水池"是动态的，而非静态的，公司会随时通过引进人才等方式进行增补和淘汰。2020年，在两大计划之外，公司人力资源部门还开展了一次青年人才大调研，经过排摸，又有200多名青年人进入了集团的视野。

算好人才这本账，建好人才蓄水池，为长期健康稳定发展提供了充分保障。

青年计划

一个应届毕业生进入一家企业，等待他的将是什么？

如果他进入的是中国太保，将有一份详细周全的专项培养方案呈现在他的面前：提供导师带教、重点项目历练、训战结合培养、跨界轮岗交流等，并以3年为周期，开展人才轮岗锻炼，实现总部和京津冀、长三角、大湾区等地区人才共享，全国各分支机构人才共育……

■ 中国太保举办青年训练营

中国太保注重青年人的培养，是一以贯之的，更是以人为本的。

在保险行业，经营压力普遍较大，管理层对员工容易偏重于"使用"。在用人的过程中固然能锻炼青年，但在工作高压下，长此以往，容易忽略人才的全面发展，缺乏对人才的长远、全面的规划。而中国太保的青年培养计划，是完全从人出发、以人为本的。

在中国太保，每个年轻人都可以找到适合自己的培养方式和上升通道。

比如"见习总监"计划。该计划起始于 2015 年，选拔培养主要对象为 35 周岁以下的高潜员工。经遴选后，首先进入集中特训班进行选拔，入选人员到异地交流见习任职，经过一年的带教、培养，进行严格的考核评价，胜任人员转正任职。

截至目前，太保产险总公司已推进的 8 批见习总监，报名人数达到 443 人，参加培训 269 人，进入见习岗位 153 人，前 6 批考核落地 111 人，其中总公司部门 / 分公司班子 32 人，平均年龄 35.6 岁，比全司干部平均年龄小 10 岁。

"见习总监"侧重年轻干部、管理人才的培养，"优才计划"则侧重专业人才培养。首批 152 名优秀专业人才已进入第二个培养周期，与见习总监制度形成管理干部和专业干部双通道培养体系。

"宰相起于州部，猛士起于卒伍。"公司还大力鼓励青年人才到基层一线交流、挂职，到扶贫一线锻炼成长。

娄云观是太保产险黑龙江分公司人力资源部副总经理，同时，他还有另外一个身份——齐齐哈尔市龙江县厚乡北山村第一书记。作为中国太保青年扶贫干部队伍中的一员，他已经在脱贫攻坚一线奋战了三年。

在驻村工作中，娄云观积累了大量的实践经验："要做好扶贫工作，就应该发挥自身的专业优势，与当地政府开展合作，针对不同对象提供相应保险。比如，要培育壮大农村合作社、发展特色农业，就应该提供相应的特色农产品保险等；针对贫困户因病返贫现象，应该提供大病保险、健康保险等；为防止贫困户因灾返贫，应该提供民房保险、意外保险等。"

"基层实践是培养锻炼干部的练兵场。"扶贫攻坚与提升自身保险业务能力，两手都要抓，两手都要硬。在北山村成为"新农村建设星级示范村"的同时，娄云观也被黑龙江保险行业协会授予"感动龙江保险人"荣誉称号，被齐齐哈尔市委组织部授予"优秀驻村第一书记"称号。

娄云观的成长，只是中国太保在一线培养青年人才的一个缩影。到基层去，到一线去，既实打实地支持了扶贫工作，又锻炼了人才队伍。截至 2020 年底，中国太保共有 264 名优秀干部在全国 26 省 172 个定点村开展驻村帮扶，其中 48 人任第一书记。

通过"选拔一批、培养一批、影响一批",激发青年员工干事创业热情和创新活力,中国太保始终不断地优化人才梯队,打造思想过硬、本领过硬、素质过硬的青年人才,在公司内部形成浓郁的青年培养文化。

架桥过河

千军易得,一将难求。

近年来,随着保险业的飞速发展,中国太保不断突破,大胆布局新领域。与此同步,聚焦集团战略重点和重大项目建设,围绕大健康、养老社区、另类投资、金融科技等重点领域,从领先同业引进了数十位尖端人才。

引进人才,意义重大。一个机构、一个部门引进或培育一名高端人才,能带出一支团队、崛起一个条线、开创一番事业,乃至实现一个战略。

"面对一个完全陌生的领域,我们是'摸着石头过河'。引进人才后,就好比是在河上架起了桥,能用更快的速度抵达目的地。人才就是桥,是我们通向未来的桥。"席志民说。

中国太保人力资源部门非常明确,引进人才有三层目标:第一是解决具体问题,第二是搭建平台,第三是培养团队。集团采用市场化方式引进人才,引进后采用"1+2"聘任模式:聘期 3 年,其中,第一年是磨合期,双方都认可后才进入聘期的第二年。

引进人才、集团科技运营中心云平台首席专家任宜军坦言:"中国太保各级领导表现出了对人才的极大尊重和诚意,倾听我们的意见建议,关心我们的各种诉求,为我们量身打造工作平台。"正是这种爱才之心,激发了人才的干事热情,激活了企业发展动力。

为引进人才解决后顾之忧,将精力全部投入事业,确保人才能引得来、更能留得住,公司动了不少脑筋。

"公司给我配备了一个助理,工作上给予支持,生活上给予关心,让我心无旁骛,专注工作。"任宜军说。这个"专家助理"由熟悉公司情况、发展潜力大的青年员工兼职,负责首席专家日常工作事项的协调,跟踪项目进展、常规对接沟通等,协助首席专家迅速了解公司情况,支持其尽快进入岗位角色,将精力用在发挥专业特长上。有了助理,专家们开展工作可谓是"如虎添翼"。

另一方面，通过这种方式，首席专家也对助理进行"反哺"，传、帮、带，助力青年人才的培养、专业梯队的搭建。

完善"留才"机制，创新"留才"举措，要从关心关爱人才，强化服务保障制度入手。积极倾听人才的呼声，了解他们生活和工作中存在的困难，将心比心帮助其排忧解难，解决人才后顾之忧。在生活中，公司也给予员工无微不至的关怀，在人才公寓、人才落户、健康管理等方面给予关心关爱，让人才在这里收获归属感。

吴银彬，一位 2019 年引进的 IT 开发人才，直言在中国太保找到了"家"的感觉。"一开始办理落户手续的时候，时间紧、材料又多，说实话，真是一团乱麻。"原来，自 2019 年 6 月起，上海市将人才引进落户纳入了"一网通办"平台进行办理，新模式由原来的"线上申报为辅，线下审核为主"转变为"线上申报为主，线下审核为辅"。这就需要申报人员上传大量个人资料，初期办理的时效有所下降。

面对新情况，集团人力资源部主动出击：一方面，根据以往经验，编写了专门的《申报材料准备手册》提前发至申报人员，并做好过程中的辅导，从而提高了后期材料上传的一次性通过率。另一方面，通过与外包服务公司沟通协调，在内部材料递交高峰阶段，驻场人员投入量由每周 1 天增加为每周 2 天，确保了申报人员材料的内部审核时效。

服务上来了，人心也暖了起来。

学无止境

企业的核心竞争力体现在人才的整体水准中。

中国太保一直强调，抓好干部人才、高端人才、青年人才三支队伍建设。而除此之外，太保也始终关注每一名员工的继续教育，有教无类、因材施教，以各种方式搭建平台、激励学习，创造浓郁的学习氛围。

公司成立之初，就成立了负责人才培养、统筹系统资源的教育培训部门。通过多年以来的努力，建立起了包括组织体系、课程体系、师资体系以及支持体系在内的教育培训体系，进一步明确了职责、规范了流程、丰富了资源，走上了从培训实施向教育开发，从战略支持向能力引领的发展道路。

2018 年下半年起，员工学习地图项目全面启动，规划设计了管理类、专业类、新员工类以及党建类等四类人群的学习成长路径，基本完成了知识管理与传承体系的构建，为推动员工职业生涯发展、加速员工成长，提供了制度化、体系化的保障。

■ 2020 年 12 月 29 日，中国太保创新大学数字化学习正式启动

2020 年 12 月 29 日，正是辞旧迎新之际，中国太保企业创新大学数字化学习正式启动。

正逢"百年一遇的历史大变局"，疫情的阴霾还未散去，外部环境的变化与挑战异常严峻，全球形势充满了不确定性。与此同时，国家"十四五"规划也必将带来新的经济增长点。于中国太保而言，公司面临的内外部挑战也更为复杂和多样。

在此背景下成立的中国太保创新大学，如其首任校长傅帆所言，既是献给建司 30 周年的一份礼物，也应成为中国太保开启未来新征程的一个起点，"肩负时代重任，担当太保未来"。

正是因为肩负如此宏伟而艰巨的使命，中国太保创新大学将自身定义为"学习力发展中心"，喊出了"让学习成为生产方式，为组织注入学习基因"的响亮口号。围绕"创新大学""5G 大学"的定位和"平台化""线上化""智能化"的内涵，创业团队高起点规划、高标准设计、高效率推进建设，力求为员工带来学习新平台、新内容、新体验和新基地，开启学习新方式。

只要在手机上下载"太保大学"APP，就能进入这所创新大学。它是一个科技驱动、内容聚合、穿透直达、开放共享的新一代互联网开放大学平台，其构架为"1+X+Y"，即一个大学平台，可开设多个（X）学院，每个学院可开设多个（Y）班级。

创新大学支持灵活组合的用户组织，每个学员都可以自主选择学院、班级，选择自己感兴趣的课程。这有效满足了跨机构、跨条线、跨部门用户的培训组织需求。此外，创新大学还具有"测、学、练、考、评"一体化培训功能，支持覆盖学员端的所有学习场景。还可以通过报表管理、系统规则配置等培训管理功能，支持培训管理主体精准施策培训任务。

经过 6 个月调研、1 年规划，中国太保创新大学于 2020 年 7 月启动建设，9 月初步完成平台部署，10 月起试运行，并于 2020 年 12 月 29 日正式发布。试运行期间，已有健康险好思学院、集团财精学院、新天地研习社（寿险）、行者学院（车险）、科技学院及云帆学院等 6 家培训专业主体入驻，上线了 628 门课程、12 项专题活动，5820 名用户使用。系统运行平稳，用户体验良好，受到广泛好评与期待。

"我们想把这所创新大学打造成'保险行业的学习的淘宝'，"创新大学副校长顾晓锋表示，"未来，它不仅面向中国太保的所有员工，还将逐步面向中国太保的客户，吸引所有对保险感兴趣的人，努力成为同领域学习平台中的领先者。"

除了在手机 APP 上进行"云学习"外，中国太保创新大学还正在线下打造一个实体的场景化示范基地。

基地位于上海田林路 201 园区，根据"行业领先、科技前瞻、体验震撼"的建设要求，进行高标准设计和建设。建成后的基地，将集科技展厅、创新工坊及教学空间于一体，既可以进行智能线上学习、5G 直播与线上线下融合学习，还能进行基于 AR、VR 等领先科技的沉浸式体验学习，满足各种"未来式"学习需求。

"中国太保创新大学应站在构建公司人才发展的大格局开展工作。要赋能人才队伍，通过文化引领、专业传承和知识更新，牵引人才优化，激发队伍潜能。"傅帆说。

学无止境，行贵有恒。而中国太保所努力的方向，正是将终身学习的基因植入每个中国太保人的血液中，陪伴一生。

新时代开启新征程。中国太保正在实施的战略转型 2.0，提出"三最一引领"的目标和愿景。而这，意味着人才工作面临着更新、更高的要求。

中国太保在培育人才上的探索与努力，终将续力"基业长青"。

（作者：曹静）

第二节

打造太保治理样本

2020 年 6 月 17 日，中国太保成功举办全球存托凭证（GDR）在伦敦证券交易所的挂牌上市仪式，备受关注的中国保险业首单沪伦通 GDR 发行取得圆满成功。此次发行完成，意味着中国太保成为首家 A+H+G（上海、香港、伦敦）三地上市的保险公司。

这仅是中国太保 30 年发展历程的高光时刻之一。在业内人士看来，中国太保由此成为中国优质上市公司融入全球资本市场的又一经典案例。人们不禁好奇：中国太保的公司治理有何秘诀？

罗马不是一天建成的。公司治理从"形似"到"神至"，有一个持续发展的过程。对中国太保来说，从企业成立之初到如今发展的 30 年间，公司治理之于这家企业的地位和重要性都不言而喻。中国太保循着自己的发展节点，其公司治理的架构也在循序渐进地推进和稳步更新中。

中国太保人有股劲，无论时代如何变迁，大家都很明确：就是要打造中国公司治理的"太保样本"。而这家企业也用稳健而有力的步伐告诉我们，具有中国太保特色的公司治理是如何"点亮"专注、稳健、活力和责任这几盏明灯的。

从公司多位新老董事的访谈中，我们了解到"30 岁"的中国太保其公司治理的发展脉络：历经 3 次上市，持续优化股权结构，构建市场化、现代化的公司治理机制，持续优化董事会运作体系，"因时制宜"选好董事会成员，到如今已组建了国际化、专业化、多元化的董事会，历届董事会一以贯之充分发挥战略决策作用，从而牵引公司稳健发展。

正是坚守了这样的公司治理价值观，30 年来，中国太保持续成长，在高质量发展的道路上行稳致远，保有持久的品质和能量。

三地上市华丽蜕变，优化股权初心不改

有了正确的方向，才有坚定而长远的发展战略。从全球范围内的普遍经验

来看，实现优秀公司治理的重要路径就是企业上市。而上市，正是中国太保在打造公司治理架构中迈出的关键一步。

2007 年 12 月 25 日，也就是中国太保成立 16 年之后，中国太平洋保险（集团）股份有限公司 A 股股票正式在上海证券交易所挂牌上市，股票简称为"中国太保"，A 股股票代码为"601601"。

中国太保的正式挂牌上市，意味着中国第一家真正意义上的以保险集团整体上市的金融股登陆 A 股市场。

在当时，业内人士普遍认为，中国保险行业正处于黄金发展期，并已成为世界上增长最快的保险市场之一，其还将继续保持快速增长的势头。中国太保以 A 股市场的成功发行为契机，牢牢抓住了机遇，并向建设成为一家一流的金融服务集团这一目标前进。

首次上市是中国太保这家企业发展的一次历史性转折，吹响了转型的冲锋号。两年后，也就是 2009 年 12 月 23 日，中国太保乘胜追击，正式在香港联交所主板上市交易，股票简称为"中国太保"，股票代码为"02601"。

以募集资金金额计算，中国太保是那一年香港市场的第二大新股。中国太保很明确：H 股募集资金将用于充实资本金，发展保险主业。

"2007 年的上市是个契机，中国太保在之后的十年里从顶层到基层、从意识到行动，实现了华丽蜕变。"冯军元现任凯雷投资集团董事总经理，从 2005 年到 2013 年，她以外资股东代表身份，连续 8 年担任了中国太保的董事，亲历了中国太保 2007 年 A 股和 2009 年 H 股的首次公开发行。

作为一位曾经的董事会成员，看到中国太保的变化和成绩，她深有感触。"2005 年起我开始担任中国太保董事，当时凯雷投资的太保寿险旗下 30 余家分公司中，我连续对 19 家分公司进行了走访调研，从总部到基层，接触到了许多干

■ 中国太保董事赴基层调研

部员工，也发现了许多人才，但给我最大的一个感觉是，由于体制、机制等方方面面的原因，整个面貌就是缺乏活力。"

这两次紧锣密鼓的上市，为中国太保带来了治理结构的变化。冯军元说，中国太保上市后，有几点变化给她留下了深刻的印象。

第一，回归了保险本源。

"上市后，中国太保面对市场份额的压力，确定了'专注保险主业'和'可持续价值增长'两个关键词，其间，公司能够始终保持战略定力，充分尊重行业发展的客观规律，坚持发展大个险，这点非常不容易。"她说，尤其是2011年以后，公司启动"以客户需求为导向"的战略转型，主动舍去低价值银保业务，集中资源发力高价值的个险业务。通过渠道结构的优化，可以看到公司旗下的寿险业务质量实现了根本改变。通过在业内率先实施转型，中国太保形成了大个险的发展格局，公司内生发展动能实现转换，今天的太保寿险已经成为行业里质量最优的寿险公司之一。

第二，公司治理更加完善。作为曾经的股东方，冯军元注意到中国太保的股权结构一直保持着稳定多元的特点。

一个成功的公司治理模式，并不是简单照搬照抄纸面准则，如果充分利用全球资本市场，吸引长期"耐心"资本，公司治理安排就能够获得境外投资者的充分理解，符合国际公认的原则。同时中国太保综合考虑国内实际，形成自身的特色。

"中国太保是一家始终坚持稳健经营的保险公司。"冯军元回忆，当时上市之后，公司面临权益类市场大幅波动等复杂多变的经营环境，她和几位董事在董事会上提出建议，很快公司便予以落实，参照国际最佳实践，率先实行改革，建立了负债成本约束机制，更是成为了行业内第一家设立了资产负债管理委员会的公司，为投资收益覆盖负债成本，实现公司价值稳定增长打下了良好的基础。

对于上市公司来说，股权结构是公司治理的基础所在，公司治理机制形成的关键词是市场化和现代化。在成为一家上市公司之后，中国太保十余年来不断持续优化股权结构。

追溯中国太保成立之初，那时的股权结构还较为单一。2006年前90%以上国有控股，如今已转变为内外资优势互补、风险共担、相互约束的多元化股权结构。

2020年6月，中国太保发行GDR，成为首家A+H+G（上海、香港、伦敦）三地上市的保险公司，最终实现了提升公司治理水平、进一步优化股权结构的初心。国际先进的再保机构瑞再作为基石投资者，高瓴资本等优质投资者也都成为公司股东。在发行结构中，长线优质投资者占比较高。

历经 2007 年 A 股、2009 年 H 股上市，以及 2020 年又成功登陆伦交所这三次上市，曾具备深厚国企基因的中国太保"转身"了。目前，公司主要股东基本稳定，层级清晰易穿透，无实际控制人。股权结构也相对分散，这样的比例分配，意味着上市公司既有利于发挥制衡作用，又能够保证股东充分行使权力，有效避免内部人控制风险。随着股权结构的不断优化，境外长期战略投资者的成熟投资理念不断助力公司持续为股东创造价值，自 A 股上市以来，公司坚持每年现金分红，且分红水平总体保持稳健增长，在上市险企中名列前茅。

中国太保构建了市场化的资本持续补充机制，公司治理架构朝着市场化、专业化、国际化的方向不断优化，逐渐形成多元化的股权结构，企业竞争力持续增强。董事会、股东和潜在投资者等相关利益方各自发挥重要作用，三会一层各司其职、各负其责，资本市场形成外部约束机制，推动企业管治向共同治理转变。

每次在资本市场上的一大步，都推动了公司治理水平再上新台阶。

董事会持续优化体系，发挥战略决策核心作用

如果说上市吹响了中国太保华丽蜕变的"冲锋号"，持续优化股权奠定了公司治理的良好基础，那么，作为公司治理核心的董事会，就如同"CPU"之于电脑，充分发挥战略决策核心作用，牵引公司稳健发展。

自十几年前登陆 A 股后，中国太保就较早地建立了三会一层（股东大会、董事会、监事会和管理层）的治理架构。在历届董事会的人选上，中国太保始终坚持着"高标准"和"高要求"，根据公司每个阶段的发展特点，选配最适合的董事会成员。每一届董事会，其成员结构始终以专业、多元为标准，三地上市后，又增添了国际化的"砝码"。

中国太保历届的董事会在实践中全面发挥了对公司战略的引领作用，高效运行。

"中国太保始终坚持以董事会为核心的决策机制，确保公司长期执行正确战

略。"作为内资股东的代表，吴俊豪自 2012 年起便担任中国太保以及旗下太保产险、太保寿险的董事，也是中国太保现任董事会成员中履职最久的一位董事。

多年来在集团和子公司两个层面的董事会任职的经历，让吴俊豪亲眼见证了公司董事会的高效率和"强筋骨"。"能力是中国太保公司治理的动力源泉，也是每一届董事会关注的核心。"在他看来，在董事会的带领下，中国太保最为显著的变化，是在战略管理能力、客户服务能力、价值创造能力和风险管理能力等方面不断提升。

再比如，多年传承的董事会下设战略与投资决策（2021 年调整为战略与投资决策及 ESG）、审计、提名薪酬、风险管理与关联交易控制等多个专业委

■ 2021 年 3 月，董事会专业委员会研究相关工作

员会，提出专业建议供董事会决策参考，提升董事会运作效率，并且推动建立战略转型闭环管理机制，通过对转型项目的追踪、评估、回溯，确保转型落地实施效果。

中国太保自 2007 年上市以来，历届董事会始终保持战略定力，专注保险主业，做精保险专业，通过顶层设计持续推动公司转型升级，坚定实施"以客户需求为导向"的转型 1.0 和"追求高质量发展"的转型 2.0，坚持稳健经营，优化业务结构，创新产品服务，牵引经营层对标先进、聚焦价值、改善经营短板，用转型的"进"，实现发展的"稳"。

董事会牵引管理层持续改善经营业绩，公司规模、价值、效益持续提升，综合实力进一步增强。一组数据可以说明问题：集团营业收入从上市前的不足 600 亿发展到目前的超过 4000 亿；集团总资产持续增长到 1.77 万亿，是上市前的将近 9 倍；集团管理资产飞速攀升，

■ 公司历年所获主要荣誉

已超过 2 万亿大关；而资本市场最为看重的，作为上市险企估值基础的集团内含价值已超过 4000 亿，是上市前的 20 多倍。上市十几年来，累计创造利润近 2000 亿，向股东派发现金红利超过 600 亿，年平均分红率达到 47%，分红水平持续领先。中国太保正在为 1.4 亿客户提供全方位的风险保障解决方案、财富规划和资产管理服务，几乎每十个国人中就有一位中国太保的客户。2020 年，中国太保连续十年入选《财富》世界 500 强，位列第 193 位。

"可以说，在我所曾参加、接触过的公司中，中国太保的董事会运作是最好的。"在冯军元看来，中国太保董事会的运作非常规范，董事们能够充分发表意见，每一项战略与决策都是经过了充分的讨论之后才统一意见最终形成的。

可见，无论是离任还是在任的董事，对董事会的好评都从不同的侧面肯定了中国太保董事会的"黄金作用"。

2020 年是中国太保"承上启下、继往开来"的关键一年。这一年里，公司迎来了董事会的换届交接，通过 GDR 融资融智，吸引了一批行业顶尖人士加入董事会，多元化、国际化、专业化正在成为新一届董事会的标签。基于中国太保的股权结构特点，在董事会构成上，公司始终坚持均衡多元和非执行董事优势占比，目前 15 名董事中只有 2 名内部董事，非执行董事占比高达 87%，为上市同业中最高。

年龄结构优化、女性占比提升、成员背景多元化，这是中国太保新一届董事会的结构特征。女性董事占比 27%，创公司历史新高。股东董事主要来自央企、上海市属国企以及境内外长线投资机构，并对保险行业发展规律有着深入理解和独特看法。独立董事全部通过社会中介机构公开选任，在投资、审计、法律、科技等领域具有较高专业度，为董事会科学决策和保护中小股东利益提供强有力支持。

业内人士分析认为，全新亮相的中国太保第九届董事会成员，无论在履历背景、专业技能还是国际视野方面，对公司来说均是史无前例的强化补充，为中国太保关注国内国际

■ 2020 年 8 月 21 日，第九届董事会第五次会议

环境的变化及在整个金融市场下抓住机遇、发展业务提供了更为宏观的视野，也有助于公司以更加国际化的角度，向境内外投资者输出专业观点，提升国内外影响力。

中国太保董事会的另一大特色，是充分发挥董事会中独立董事的专业性、独立性作用，以及董事会专业委员会的专业作用。同时，公司还不断对董事会专业委员会构成进行优化。新一届董事会专门设置了科技创新与消费者权益保护委员会，这也成为业内首家在董事会层面安排专委会统筹指导科技创新工作的上市机构。

"董事会决策能力的进一步提升，为公司注入了不一般的发展动力。"吴俊豪列举了近期公司推出的多项创新改革——

新成立的科技创新与消费者权益保护委员会，从顶层设计统筹推动科技赋能提速，太保金科筹备工作正在紧锣密鼓推进。近期，董事会审议通过了太保金融科技有限公司的设立和筹建方案，这标志着公司科技创新市场化体制机制建设迈出了重要一步。公司的科技市场化改革正有序推进中，已启动与科技头部企业及复旦、交大两大高校的多方位战略合作，就 OCR、智能投顾、知识图谱等课题进行联合创新开发活动，后续还将持续优化集团、金科公司、子公司之间的科技生产关系，释放创新生产力，实现从分摊到结算，从交付到运营的市场化转型。

再如，新一届董事会确定了未来 5 年的大健康产业发展规划，明确发展定位为国内领先的健康保障综合服务提供商。面向未来，公司将积极构建三个平台：

一是改造专业健康险公司，引入新的基因，在历史基础上实现专业化经营能力的新突破，尤其要提升产品创新、健康服务融合、集约化营运、风险控制四大核心能力，以及线上化发展能力。

二是建立互联网医疗平台，在与客户高频服务的医疗领域打造自建平台，跟名医名院形成紧密的协作，包括建立医生管理平台、医联体建设中心、医疗产品开发中心、商保服务开放中心等，打通"医、药、险"，形成线上线下健康管理服务能力。

三是建立健康产业投资基金，立足高起点、创新性和成长性，打造健康产业的集中投资管理平台，与头部机构形成合作，通过母基金、子基金的工作机制，围绕医疗服务、医疗科技、医药器械、健康管理四大领域，进一步完善健康产业生态布局，赋能保险主业。

另外，新一届董事会通过了公司首个人才长效激励方案——"长青计划"。该计划进一步体现市场化导向，将激励方案与长期业绩挂钩，推动激励分配机制的更新与再造，永葆公司基业长青。

"在唯一确定的是不确定性、唯一不变的是变化的时代，我们要锚定长期主义的基本信念，长期坚持对行业健康稳定发展规律的尊重，长期坚持以客户需求为导向的服务理念，长期坚持以转型变革为提升高质量发展能力的路径，用自身发展的确定性去迎接外部各种不确定性挑战。"对于董事长孔庆伟的这一观点，梁红颇有同感。

作为第九届董事会中的一员新董事，梁红现任高瓴资本旗下产业与创新研究院院长，她曾在国际货币基金组织、高盛中国、中金等先后担任经济学家及首席经济学家。"'做时间的朋友'的长期主义也是高瓴坚守的价值观，我们相信只有把时间和信念投入能够长期产生价值的事情中去，时间和社会才会给予持续的奖励。对企业和企业家而言，长期主义是一种格局，它帮助企业拒绝狭隘的零和游戏，在不断创新、不断创造价值的努力中，重塑企业的动态护城河。着眼于长远，躬耕于价值，就一定能应对不确定性的挑战，经受住时间的考验。"

在梁红的视野中，ESG（环境、社会、治理）是一个始终被关注与思考的领域。随着沪、港、伦（伦敦）三地上市，中国太保也对自身公司治理水平提出了更高的要求。当前，在中国太保董事会层面，一个 ESG 的顶层设计正在被快步搭建。"我很欣喜地关注到，中国太保已经将董事会设为 ESG 管理的最高层级，全面监督 ESG 事宜。"

下一步，中国太保将积极对标国内外优秀实践，持续优化 ESG 整体工作逻辑，制定并完善 ESG 相关目标、管理制度、工作指引等，积极推动相关工作举措在各个层次的落地实施，真正将 ESG 理念全方位融入公司经营，同时多措并举，优化披露内容和形式，提升 ESG 评级。

利益相关方参与共同治理，形成高质量发展的长效机制

上市公司需要直面资本市场，对中国太保来说，在三地上市后，真正面对

的是来自全球的投资者，中国太保也在积累相关经验，传导资本市场的声音。

吴俊豪认为，上市后，投资者可以时时"用脚投票"，市值就成为评价公司发展情况的重要指标，"对上市公司来说，有压力，同时也有动力提升透明度"。

中国太保充分发挥资本市场和社会公众的外部监督与约束作用，探索由股东治理走向共同治理。

一方面，公司坚持以投资者需求为导向，提高信披质量，增加主动披露内容，更好地向外传导公司经营业绩、揭示投资价值，牵引管理层聚焦高质量发展的具体指标。

吴俊豪说："我记得有一年，公司险企净利润波动性较大，公司考虑到投资者难以理解，为此主动增加披露了营运利润和剩余边际。针对境外投资者对信用风险的担忧，公司又主动披露了非公开市场融资工具的底层资产情况。"

在业内人士看来，这些关键指标既能更加客观地反映公司经营的真实情况，帮助投资者加深了解，同时在公司内部 KPI 体系中，也强化了对这些指标的追踪和考核，从而形成良性循环。

另一方面，关注资本市场声音，通过业绩发布会、投资者调研、资本市场开放日、境内外路演等，积极听取机构投资者意见，及时向公司提示经营短板和风险，助推公司提升决策和执行能力，牵引和优化公司战略目标，对公司治理形成有益补充。

在中国太保的董事们看来，三地上市后，公司面对的是更为成熟的投资者。一些长线机构凭借较强的资源优势，能够提出非常专业的建议，这其实对公司的发展起到了积极正面的影响。

"来自资本市场的力量恰好发挥了外部治理的约束作用。"吴俊豪说，"公司严格遵循行业监管、证券监管部门的相关规则，充分履行信息披露义务，及时、公开、全面披露各项可能影响投资者投资决策的重大事项，中国太保连续七年获得上交所'上市公司信息披露 A 级评价'。"

对于保险企业来说，长期经营是"王道"。从建立公司高质量发展的长效机制来看，中国太保非常注重投资者关系的双向传导作用。

一方面，公司积极构建以投资者为中心的多层次平台，持续创新工作方式，提升对外投资者沟通的及时性和有效性。比如，在 2020 年新冠疫情的特殊情况下，公司采用电话和网络视频直播的方式精心组织业绩发布会，事先发布公告，公开征集中小投资者关注问题，并由管理层专门予以回应。再如，坚持每年举办资本市场开放日，围绕主业展开专题性分享，这些举措都受到投资者的广泛好评。

这样，中国太保内外联动，积极听取机构投资者意见，及时向公司提示经营短板和风险，助推公司提升决策和执行能力，牵引和优化公司战略目标，从而对公司治理形成有益补充。

强化集团一体化治理体系，风险管控效应明显

作为一家集团整体上市的企业，中国太保的公司治理体系中，处理集团与子公司董事会的关系，以及保证各个子公司服从于集团上市公司的指挥棒变得十分重要。中国太保积极推动和实现集团一体化管理架构下的子公司治理体系，确保集团和子公司战略决策一致。

另外，中国太保建立覆盖集团及各子公司的风控管理架构，实行一体化风险管控，打造与经营管理相融合的全面风险管理体系。优化三道防线风险治理框架，完善风险政策向下穿透机制，建立健全监督力量合作机制，打造智能风控信息系统，筑牢风险管理防线，助力公司持续健康发展。

"集团一体化的公司治理运作架构也是中国太保的一大特色。"在吴俊豪看来，中国太保在风险管理方面的建设也可圈可点。

他说："集团对各子公司股东大会、董事会、监事会进行统筹管理，不仅在各子公司董事会委派董事，例如我本人就受集团的委派，同时兼任了产险和寿险的董事，此外公司还通过对核心子公司派驻董事会秘书的方式，来指导和协调子公司董事会层面的具体工作。从实际效果看，董事会减少了层级、降低了沟通成本、缩短了决策链条、提高了集团上市公司的整体决策效率。"

他介绍，在一体化的公司治理架构下，由集团和子公司高管组成的经营管理委员会是中国太保的经营决策机构和指挥调度中心。公司通过一体化管控，建立了与经营管理相融合的全面风险管理体系。董事会承担合规与风险管理的最终责任，始终将风险管理作为公司治理核心要义，推动经营层持续优化风险防控三道防线，确保集团和子公司决策上的一致性和专业性，强化战略协同和风险管控。

"公司管理制度完备，风险管理的组织架构也非常完整，从事前的合规、事中的风险管控到事后的内审，整个公司内控体系做得非常好。"在他看来，中国太保始终树立忧患和风险意识，严守风险底线，在三道防线之间形成了从问题发现到问题解决的闭环控制。

近年来，公司风险综合评级（IRR）结果持续良好，太保寿险、健康险公司和安信农险保持 A 类，太保产险保持 B 类。

从教育领域出发，服务国家战略，积极践行企业社会责任

对于一家上市公司来说，承担企业社会责任也是"分内事"。在中国太保的企业文化中，30 年来，践行社会责任始终是企业发展不可或缺的一环。

从教育领域出发，到服务国家战略，中国太保坚守责任，尽其所能，与国家与社会共同前行，为国家与社会的发展贡献自己的一份力。

1992 年 2 月，中国太保向湖北省、市及区的孤儿颁发"太平洋助学特种教育金保险"保险证。这些保险证，揭开了中国太保履行社会责任的篇章。

中国太保关注孤残儿童，为他们送上温暖与希望。1996 年 4 月 23 日，在中国太保成立五周年之际，公司将原定用于庆典活动的经费节省下来，在全国范围内开展一次救助孤残儿童的大型慈善活动，共捐资约 126 万元；在公司成立 10 周年、20 周年、30 周年之际，通过向上海儿童福利院等机构捐赠的方式关爱孤残儿童。中国太保还在 2014 年筹集 2000 万元善款，捐建西藏阿里地区儿童福利院。

中国太保积极参与希望工程的建设，播撒教育的希望与种子。自 1996 年以来，中国太保先后在云南、江西、甘肃、贵州、山西、河南等地的贫困地区捐建了 60 余所希望小学，捐资助学金额近 3000 万元。在中国太保的倡导和支持下，1000 余名志愿者还参与 30 多所希望小学的支教、结对助学等志愿服务活动。

中国太保还用实际行动支持国家体育事业。从 1998 年起至今，为第 13 届亚运会、2000 年悉尼奥运会、2004 年雅典奥运会、2006 年四国女足锦标赛、上海大师杯网球赛、第 14 届国际泳联世界锦标赛等国际赛事提供数十亿保险保障金。

在全国自然灾害发生后，中国太保及时伸出救援之手。当汶川大地震、玉

树地震等发生后，中国太保筹集捐助抗震救灾善款，用于地震灾区的紧急救援与灾后重建工作。全国特大暴雨和台风灾害发生后，中国太保第一时间启动应急预案，开通快速理赔通道，帮助受灾群众。

中国太保发挥保险优势，服务国家战略。比如，为"进博会""服贸会"提供一站式保障和服务；为长三角一体化、粤港澳大湾区、上海自贸区建设、健康中国等国家战略"添砖加瓦"；为全国援藏干部、上海援藏干部、奋战在抗击"非典"第一线的上海医务卫生工作者等捐赠保险金额。

持续深化特色扶贫也是中国太保社会责任上的"重要一环"，并为此建立了长效机制。中国太保共投入扶贫专项资金8600万元，各类扶贫项目共覆盖建档立卡贫困户约762万人，为贫困地区提供总保额3.08万亿元风险保障，用"绣花功夫"深入精准扶贫。

2020年新冠疫情期间，中国太保推出专项支持战疫复工复产的七大举措，为近11000家企业提供风险保额逾26亿元，送来"及时雨"。

中国太保员工捐款逾1900万元，在三江源国家公园建造千亩生态林，保护"中华水塔"。中国太保为祖国的生态事业增添了绿意。

责任也是一种承诺，承载了不渝的使命。只有坚定地履行这个使命，才意味着责任的实现。企业在发展，中国太保履行社会责任，就不会画上句号。

不积跬步，无以至千里。30年，中国太保的发展，是一路执着的追求，也有一种向上的信念。

每走一步，就有一步的风景；每走一步，也有一步的欢喜。打造公司治理的"太保样本"，中国太保收获了一路的风景与成长，并且还将坚定昂扬地走下去。

如果太保是艘大船，那么公司治理是船上的"锚"，决定了能够走得多稳；它更是船上的"帆"，决定了船可以走得多远。

没有最好，只有更好。对这家立志成为行业健康稳定发展引领者的企业来说，完善公司治理永远在路上。公司治理的"太保样本"还会不断地优化升级。

长风破浪会有时，直挂云帆济沧海。

（作者：彭薇）

第三节

做精做深"无形资产"

对一家企业来说，品牌形象、文化活动往往是在竞争中取胜的"软实力"，是企业的"无形资产""无价之宝"。

中国太保在文化品牌的建设中，在企业形象的打造中，创造了诸多成功品牌，如"乐行天下""责任照亮未来"等持续十几年，长盛不衰；"女排精神""太爱跑"等做精做深，广受全社会好评，收获各类荣誉。品牌形象、文化活动的背后，体现了中国太保"勤奋学习、努力工作、快乐生活"的企业文化，"行业健康稳定发展的引领者"的形象由此深入人心。

初创，要做就做最好

2009 年，中国太保正式成为上海交响乐团文化发展基金会创始理事单位之一。

在此之前，交响乐作为一门高雅艺术，曲高和寡。为了维持交响乐团的生存，上海市政府希望几家国企能勇于承担社会责任。理事单位同时也是赞助者。

与其他企业简单轮流赞助不同，中国太保出于自身的文化要求，并没有把它仅仅当成一个任务。

对中国太保而言，助推音乐文化的发展是承担企业社会责任的题中应有之义，但是仅仅在幕后赞助似乎略显单薄。中国太保意识到，这不仅是一项社会义务，同时也是打造企业品牌形象、推广企业文化、获得社会认同的重要契机。

既然要做，那就做好、做精、做活。有没有一种方式，可以把企业文化、社会责任、客户体验、业务发展等元素，与助推古典音乐融合在一起？

携手上海交响乐团，"乐行天下"这个品牌就此诞生。它的初衷是通过全国巡演的方式，邀请中国太保的客户观看，既作为客户答谢音乐会，同时也推动交响乐事业的发展，为客户架起一座通往音乐的桥梁。

回首往昔，品牌的初创并非一帆风顺，而是经历了一番磨合。

2009 年，南京，"乐行天下"第一场音乐会拉开序幕。

筹备期间，策划团队担心交响乐过于阳春白雪，观众可能不感兴趣。既然担负推广、传播与教育的使命，是否先从相对通俗的曲目开始引发兴趣？为此，曲目选择上精挑细选了音乐剧选段，特意采取小型乐队的方式，试图营造轻松、活泼的氛围。

未料，当小乐队往大剧场里一摆，并没有如想象那样轻松活泼。邀请来的观众，如一些当地的领导、客户们，本来就冲着交响乐而来，小乐队的演出效果与预期不符。

上海交响乐团团长周平意识到，品牌活动还是要与企业文化相匹配，与观众预期相匹配。而归根结底，是要与中国太保的品牌内涵与文化气质相契合。

第二场演出方向火速调整。中国太保与上交协商后，立即把大乐队调到南京，调整曲目，效果果然大不一样，观众反应热情，客户赞不绝口。

渐渐地，经历了一场又一场的磨合与摸索，"乐行天下"成为中国太保与上交共同打造的知名文化品牌，超出了单纯的企业活动范畴。

"乐行天下"精益求精，每到一座不同的城市，为了给中国太保客户更好的体验，都在音乐的选取上做到雅俗共赏，既有体现上海交响乐团艺术实力的"大部头"作品，也有贴近普通人的耳熟能详的经典曲目，尤其与当地文化相关，如长沙站的《浏阳河》、合肥站的《打猪草》、宁波站的《梁祝》、南昌站的《映山红》、武汉站的《洪湖水浪打浪》、济南站的《沂蒙山小调》、银川站的《宁夏川，好地方》，等等。

精心而妥帖的本地化，是构建身份认同的重要策略，也是任何事物的扎根之本。在欣赏万花筒般的交响乐表演之余，宾主双方在最亲切的音乐中找到了共同回忆，互相体认。当地观众每每在演出结束后报以热烈的掌声，久久不能散场。

至今，"乐行天下"品牌已在33座城市举办了39场巡演和5场新年音乐会，平均每年在3座不同城市举办，除西藏、新疆、青海、内蒙古外，基本覆盖全国大部分省区市。

有几场演出颇具特色，也让"乐行天下"成为一个海纳百川，融合各类太保主题和企业活动的平台，逐渐"出圈"。

在宁夏银川，18个10岁左右的孩子穿着朴素的衣服站上了舞台。"六盘山高黄河宽，好山好水宁夏川，遍地阳光金灿灿……"孩子们唱起了《六盘山高黄河宽》。歌声质朴，仿佛天籁。观众们听得如痴如醉，甚至有人眼眶湿润。

太保寿险宁夏分公司的承办人员对这个画面至今难忘。她说，一切就像电视剧《山海情》里的场景。这些来自西海固贫困山区的孩子，大半没有出过省，有些甚至没来过银川。

活动大获成功后，太保寿险宁夏分公司的工作人员带着6个西海固的孩子来到深圳参加音乐会。

山水迢迢，路途遥远，孩子们看什么都觉得新奇。他们第一次亲眼见到海，第一次看到高高的红树林，第一次去欢乐谷玩耍……这些孩子年龄虽小，但特别懂事、独立。面对如此大的舞台，一位负责手风琴伴奏的小女孩上台前紧张得哭了，好在在中国太保工作人员的安抚下，正式演出时大获成功。舞台上，主持人介绍了请孩子们演出的缘由，也介绍了中国太保"一保一县"（一家保险公司帮扶一个县）的帮扶项目。

晚会进行到尾声，观众、演员等在中国太保的组织下给贫困山区的学校捐赠了音乐、体育用品。太保寿险宁夏分公司为合唱团的孩子们每年每人捐助1000元左右的助学金，定期带他们游学，去北上广等大城市参加活动。

此后，"乐行天下"融入了更多太保基因。在西安站等场次，邀请中国太保驻村干部带着当地农产品来到音乐会现场，讲述中国太保扶贫故事；在武汉站、兰州站等场次，为中国太保希望小学的学生们提供登上大舞台的机会。

结合企业的其他活动，"乐行天下"品牌包容并蓄，成为一个不可多得的平台、载体，为扶贫攻坚、山区文化教育、音乐教育、活动发布提供了崭新的思路。

联合，梦想合唱团点亮希望

■ 2017年1月17日，16名傈僳族孩子站上"乐行天下"上海新年音乐会舞台，唱响心中梦想

2019年1月17日，"乐行天下"新年音乐会在上海成功举办。来自太平洋保险云南滇滩希望小学的16名傈僳族孩子站在上海交响乐团音乐厅的舞台上，演唱家乡的歌曲。

在正式表演之前，声乐老师提前一周为孩子们进行专业辅导，进步显著。台上，当第一个音符响起，配着小朋友们天真稚嫩的眼神，效果震撼，深深拨动了现场千余名观众的心弦。

这些傈僳族孩子怀揣梦想，跨越 3000 多公里，登上上海大舞台歌唱，他们的圆梦历程通过多个渠道传播，感动了无数人，也塑造了中国太保有温度的品牌形象。

这一活动其实来自中国太保的两个品牌——"责任照亮未来"和"乐行天下"的合作。两大品牌活动各有历史，"责任照亮未来"始于 2008 年，"乐行天下"始于 2009 年。

2016 年，集团品牌部策划活动时，希望给乡村孩子更多精神支持，由此想到将两个活动进行整合连接。

对 60 多所太平洋保险希望小学进行筛选后，最终选择云南腾冲滇滩希望小学为 2016 年的支教点。这里的孩子虽然贫穷，却能歌善舞，怀揣美好梦想。

组建一支希望小学"梦想合唱团"是品牌活动的重点，目的是帮孩子实现"将傈僳族的歌声唱给世界听"的梦想。

2016 年 11 月，来自中国太保的支教志愿者先到华东师范大学接受专业的支教培训，华师大的专家教授特别设计了企业短期支教培训课程。支教期间，志愿者召开班会，教孩子们音乐、美术，与他们一起活动、交流。小荧星艺术团的老师作为特邀志愿者，挑选出 16 名傈僳族学生，组成了

■ 中国太保员工在云南泸水市六库镇太平洋新寨希望小学支教

梦想合唱团，训练他们合唱的基本功。经过 2 个多月的准备后，梦想合唱团来到了上海，登台亮相。

傈僳族的原生态歌曲《从太阳走向月亮》、与上海小荧星合唱的《我的祖国》给现场观众惊喜与感动。活动传播的"助梦唱响未来"主题清晰，重点突出孩子们的阳光、快乐。通过微电影、海报、优秀图文以及微信微博 KOL 红人助推等，让客户、员工和公众接受并加深对太平洋保险品牌的认知。通过三轮差异化传播，扩大了传播声量。

反映孩子们如何来到上海实现梦想的《傈僳族孩子的音乐梦》《助梦唱响未来》两个视频、两个互动活动以及图文，让更多的人关注、参与到活动中。完整的视频传播掀起了社会热议的高潮。

在预算不变的前提下，活动效果和传播声势达到 1+1>2 的效果。

孩子们见识到了外面的世界，对未来充满希望。华东师范大学的老师则认为：这个活动从精神层面上给予他们帮助与鼓励，其意义和影响突破了以往物质层面的帮扶。

中国太保也获得客户、员工和公众的热情点赞。受众在各个渠道的留言几乎全是积极正面的，这在公益活动中较罕见。微博、微信上引起的总互动次数超过 6 万人次。中国太保"有温度"的品牌形象因此深入人心。

而从更广泛的意义上说，内容报道和传播渠道着眼于人文情怀，其价值和意义早已超出了企业品牌宣传的范畴，具有更广泛的社会意义和价值。

"乐行天下"的华丽舞台，不仅带来了彩云之南的天籁之声，更实现了属于每个人的音乐梦。

实际上，更多品牌活动彼此借力，已经融入中国太保的日常运营中。这样的案例不胜枚举。

比如，中国太保"一滴水"公益计划发布仪式、太保寿险宁夏分公司中国太保嘉年华晚会等各类活动，都会邀请合唱团的孩子们演出，通过腾讯公益进行筹款。

每当孩子们唱起《虫儿飞》，音乐的力量滋润了所有人的心田。每一次，活动都会在全场观众与孩子们齐声合唱《明天会更好》的歌声中画下句点。

这些观众中，有中国太保的内勤、营销员，有中国太保的客户，也有当地政府、行业协会领导。不少观众感动得哭了，有客户甚至发朋友圈说"好几年没有参与这样感人的音乐会""难忘今宵"。

中国太保的品牌形象、企业文化，由此得到社会认同。

2018 年，中国太保成功入选年度中国保险品牌传播案例。专家点评说，由"输血式"扶贫向"造血式"扶贫转变，将"乐行天下"音乐会与"责任照亮未来"公益支教活动相结合，将回馈客户与扶贫公益相结合，通过人际传播与网络传播，助力希望小学的孩子们实现童年梦想，帮助山区果农打通销售渠道，开辟了一条助力脱贫攻坚的新路径。

创新，"文化 +"的各种想象

品牌活动坚持十几年不易，而在名声打响后，稳中求进、进一步创新更不容易。

2012 年起，一个新的活动形式诞生了。在每一场"乐行天下"演出之前，先在当地举办"大师在你身边"经典音乐品鉴会，与"乐行天下"音乐会巡演相配套。活动专门针对中国太保客户的子女，为琴童们提供接触音乐大师的机会。活动所到之处深受公司客户喜爱。

公司通过当地海选，选拔出热爱音乐的小朋友，请乐团的首席乐师在音乐会之前开设"大师课"，一对一、手把手地教他们。

获得平时请都请不来的演奏家们当面指点的机会难能可贵，客户们热情高涨。每次品鉴会结束，他们都会拉着艺术家迟迟不走。

对当地的琴童来说，这样的一次活动可能会改变他们的人生。一个小小的品鉴会，影响了一个家庭的选择，也开启了一群孩子的音乐启蒙与人生。也确实有一个受过现场点拨的孩子日后考进了上海音乐学院。

对乐团而言，这种影响扎扎实实地深入到了民间。在二三线城市，当地观众很少有机会聆听上交这个级别的乐团的音乐会。

对承办演出的中国太保分公司来说，这不仅提升了品牌形象，也加深客户身份认同，营造彼此亲如家人的氛围。

中国太保"乐行天下"的品牌巡演，同时也推动了当地的音乐教育，给予许多人难能可贵的欣赏艺术、交流文化的契机。

上交的演奏家们表示，他们非常喜欢参加中国太保的"乐行天下"。与平日的商业巡演不同，借助这个品牌活动，演奏家们也有机会深入到祖国各个地方，了解各种风土人情。每一家中国太保分公司对活动的组织，都让人感到如沐春风，仿佛回家一样温暖，带着各种人情和故事，收获沉甸甸的社会责任和价值。

"每次活动过后，艺术家们自己也很感动。"周平感叹。

2010 年，"乐行天下"项目在《21 世纪经济报道》和 Interbrand 联合举办的 2010 中国品牌价值管理论坛中被评为"中国最佳品牌建设案例"。

获奖理由是："乐行天下"品牌活动创新整合市场资源，综合运用音乐、客户服务活动、大众传媒、网络营销、人际传播、微博等各种方式，有策略、有节奏地进行品牌传播，打破行业固有的传播模式，扩大了品牌影响力。

时间到了 2020 年，因为新冠疫情暴发，线下活动全部停止。然而，中国太保并没有就此放弃文化品牌的打造。

太保与上交迅速调整思路，以丰富民众居家精神生活为主旨，在最短的时间内完成线上活动的策划。

2020 年 2 月 24 日，"大师在你身边"线上直播开始。通过抖音短视频平台、太平洋保险 APP 平台，上海交响乐团演奏家们在线与中国太保客户、员工及音乐爱好者们分享音乐知识、交流音乐体会，共计举办了近 20 场次。

5 月 13 日司庆日前夕，以"音乐＋运动"为主题，跨界联动进行直播。这一创新形式吸引了公司各地员工及客户的参与，当晚，"大师在你身边"抖音号直接涨粉 7000 多人。

在司庆期间，还举行了"大师邀你云合奏，在你身边云交响"线上征集活动。网络邀请员工、客户运用不同的乐器演奏中国太保主题音乐《在你身边》，通过剪辑实现了普通人与上海交响乐团首席李沛、大提琴首席黄北星等大师的"同台"演奏。

这次活动吸引了 4000 多人，100 多名参与者入选，共同打造了一曲"云端交响乐"。

如今，"乐行天下"不仅仅是音乐会，更是以品牌赋能业务，实现品业联动的一个重要抓手。

疫情控制住后，各项活动重启。2020 年 10 月 28 日，上海交响乐团音乐厅完成了一场太保产险客户节专场音乐会。紧随其后，为开业的成都"太保家园"预热，举办了一场高端客户专场音乐会。2021 年，中国太保作为杭州亚运会官方保险合作伙伴，即将与杭州亚组委联动，在亚运会倒计时一周年之际举办一场"乐行天下"音乐会。

用音乐行走天下，天下不只是物理空间的天下，也是心怀天下的精神。一个企业品牌活动，十几年经久不衰，越办越好，容纳如此丰富多样的内涵，让业内外惊叹。

文化传播、社会责任、教育扶贫、产业扶贫、社会话题……文化的力量，真正通过品牌活动泽被天下。

用心，用奔跑见证发展

企业文化品牌活动的另一个领域是体育。

近几年，随着城市掀起马拉松赛事热潮，跑步，成为一个积极健康的象征符号，同时也和中国太保的文化形象高度吻合。

2017年起，中国太保"太爱跑"在上海首站活力开跑。

发令枪响起，身着运动

■ 2020年12月26日，太爱跑"30，Run Together"迎新线上团队挑战赛启动，集团和子公司领导在黄浦江畔领跑

服、佩戴专业设备，上千人迎着阳光活力奔跑。

时任集团工会主席赵永刚表示，赛事活动主旨是关心员工、关爱客户、关注公益，展现中国太保"行业健康稳定发展引领者"的形象。

与"乐行天下"类似，该活动秉承中国太保品牌活动一贯的原则——与员工活动结合，与客户经营结合，与社会公益结合，与品牌传播结合。

集团及各子公司相关领导、产、寿险分公司员工、营销员、受邀客户等都是参与对象，他们通过太爱跑APP完成线上报名。

报名费也很有意思：1元起，上不封顶，中国太保也根据每一站报名费总额以及该站"太爱跑"的公益主题配捐相应额度的款项，全部自动跳转捐赠给活动配套公益基金"太爱跑"俱乐部。

在赛场，众多跑者一起用奔跑见证"太爱跑"俱乐部成立。从此，线上与线下活动结合，一个"太爱跑"社群就此建立，跑步从实体空间拓展到无限的虚拟空间。运动与教育，慈善与文化，个人与平台，企业与客户……跑步串联起各种元素，各类主体，共同贯彻"太爱跑"的口号"太平洋，爱明天，跑未来"。

公司领导们身体力行，和俱乐部成员一起奔跑冲刺，为健康、和谐、奋进、向上的太保企业文化代言。

集团党委书记、董事长、俱乐部名誉主席孔庆伟为俱乐部寄语——为梦想，循着做保险行业长跑者、引领者的轨迹努力奔跑。

集团党委副书记、俱乐部主席季正荣致辞说，俱乐部要将运动理念和和谐文化、健康生活相结合，将"太平洋保险在你身边"的品牌形象传播得更广更远。

中国太保在活动现场特别举办了精准扶贫"彩虹"电商平台上线仪式。

"彩虹计划"以扶贫公益为出发点，通过搭建电商平台，面向员工、营销员及客户销售来自贫困地区的优质特色农副产品。近年来，中国太保聚焦重点贫困地区和建档立卡户，形成了具有中国太保特色的可复制推广扶贫模式，彰显了企业社会责任。

"太爱跑"活动的公益集市"你是我的眼"也受到了众多跑友

■ 2017 年 11 月 4 日，中国太保董事长孔庆伟、上海市国资委党委副书记董勤为中国太保"彩虹平台"上线揭幕

和观众的热捧。

这是一个上海盲童帮扶项目。在公益集市上，琳琅满目的义卖物品均由中国太保员工捐赠，义卖所得资金将全部用于上海盲童慈善事业，为更多盲童点亮生命中的温暖光芒。

自 2017 年 11 月至今，"太爱跑"活动已成功在上海、深圳、昆明、哈尔滨四站举办了线下赛事，累计近 12000 名中国太保员工、客户参加了活动，并同步开展了一年两次的全国团队挑战赛、红色足迹走、三十周年迎司庆等线上活动。

2018 年昆明站，在昆明世博园内，选手们不仅体验尽情呼吸、奋力奔跑带来的无穷乐趣，还在花香四溢的彩云之南，聆听少数民族啦啦队的呐喊助威，穿行在高山白云之巅。

当时恰逢"国际消除贫困日"，"太爱跑"延续公益扶贫的主题。活动现场，在报名费全额捐赠的基础上，中国太保将共计 30 万元善款捐赠给云南教育基金会和云南省民族宗教事务委员会，帮助 100 名贫困大学生顺利完成学业，实现梦想。

深圳站，美丽的深圳湾人头攒动，3000 名跑者以运动和爱心的方式，沿

着"最美海岸线"赛跑，喜迎改革开放 40 周年。

这一主题也寓意着中国太保在改革开放 40 周年之际，再出发、再进取、再奋蹄，力争成为中国保险行业健康稳定发展的引领者。

截至目前，共有约 62.8 万名用户注册使用"太爱跑"APP，全国有近 5000 个跑团组织开展丰富多彩的健康跑活动。"你是我的眼"公益活动累计公益捐赠达到 104 万元，"中国太保精准扶贫电商平台——彩虹计划"也同步进行，得到了各方的一致肯定和好评，积极助推了公司品牌影响力的提升，彰显公司"关心员工、关爱客户、关注公益"的良好形象。

"太爱跑"俱乐部成立之后，吸引了更多热爱太保、关心中国太保的跑者共同参与，跟随脚步，在全国各地设立分跑团，举办更多的活动。

跑者们不断超越自我，坚守初心、坚定前行。奔跑，用奋斗的激情、用铿锵有力的步伐，共同迈进一往无前的新未来。

品牌经验，包含家国情怀

回顾几年来的各类品牌活动，中国太保在企业文化、品牌形象打造上颇有特点，长效品牌火热"出圈"，活动往往内容有趣、立意深远，与客户共享双赢，又兼具社会价值，类似的成功案例不胜枚举。

比如，借力中国女排提升品牌影响力。

中国太保近 30 年发展，建立了稳健、可靠的品牌形象，提出"行业健康稳定发展的引领者"的愿景，希望在品牌形象上有相应提升。

而中国女排代表的不仅是体育运动，更是国家精神，影响了一代又一代的中国人，形成长期稳定、可信赖的品牌资产。

中国女排奋进、活力的形象和所体现的"超越自我，实现卓越"的精神与中国太保的愿景非常契合。

2018 年，中国太保与中国女排建立战略合作，合作期限"4 年 +"。中国太保品牌形象随女排出现在国际赛场上，同时可以使用女排形象

■ 2020 年 1 月 8 日，集团总部员工在春节联欢会上表演舞蹈"蓄力竞攀"，致敬中国女排

开展各种营销。

值得一提的是，中国太保经典广告语"平时注入一滴水，难时拥有太平洋"一直脍炙人口，甚至成为学校课本里的内容。这也是中国太保在品牌形象打造上的成功案例。

在这个广告语的基础上，中国太保提出"点滴付出，只为这一刻"的品牌口号，以中国女排队员为主角拍摄广告片及配套海报、H5 页面，打造中国太保专属中国女排正能量 IP，将"团结协作、顽强拼搏"的中国女排精神内化为中国太保的品牌基因。

策划系列中国女排营销活动，包括寿险"开门红"、车险客户俱乐部、高端客户观赛等，中国女排形象让保险产品更加具象化。通过拜年视频、组织观赛等多种方式，中国太保建立起与客户、员工的强关联，为传播与中国女排的战略合作打下了基础。

中国女排夺冠时，所有主流媒体发声祝贺，自媒体刷屏，成为全国人民为之骄傲的事件。配合在今日头条、腾讯等策划 TVC 及软文投放，中国太保推出"点滴付出，只为这一刻"太保专栏，提升品牌格局和声量变得水到渠成。

与中国女排开展品牌合作后，中国太保的品牌影响力达到新高度。在 Brand Finance 的品牌价值评估调研中，因中国女排品牌项目，2019 年中国太保品牌强度指数增长近 14%。推动了业务增长，尤其对于车险、个险有明显的推进。

又比如，疫情期间，中国太保依托真实案例创作了《梨正香甜》《逢生》《新生》《再生》等系列微电影，展示了鲜活生动的"太保服务"，让无数人为之感动。彰显家国情怀，担当社会责任，成为中国太保最有力的品牌语言。

这一系列成功的案例，并非来自偶然，它们都有一些共通之处，那就是中国太保长年累月对企业文化的理解和品牌运营的经验。

比如，善于多资源整合。将多个品牌化活动进行连接，分公司、希望小学、上海交响乐团、上海小荧星合唱团、中国女排等品牌活动与音乐教育、企业活动、客户需求多方需求彼此整合，创造出新价值、新内容。

比如，策划先行，有条不紊。对活动实施的目标与流程，将来传播的素材，做好详细计划和预案，突出主题，不打无准备之仗。

比如，强调品牌的关怀和温度。尽管品牌文化活动往往来自企业角度，但

"文化"本就包罗万象，润物细无声，文化的天然属性决定了它需要突破局限、突破狭小视野，学会"讲故事"，获得受众的情感共鸣。

从这个角度来说，品牌文化，唯有站得更高、望得更远，方得始终。真正深入人心的文化，总是给予社会温暖。

而中国太保在企业愿景、社会责任感的定位中，高瞻远瞩，立意深远，因而品牌文化活动总能收获感动，激发公众对中国太保产生良好的联想。

文化建设，紧跟时代所需

中国太保一路走来，企业文化的发展也是时代发展的缩影。

20 世纪末的上海，仿佛一头觉醒的雄狮，迎来改革开放的春天，金融业风起云涌，市场和资本成为城市发展的有力推手。在历史的车轮下，彼时，诞生于上海金融行业的中国太保，骨子里就有着"稳健"的金融基因。

2003 年，中国太保将"诚信天下、稳健一生"确定为企业核心价值观。

2007 年初，为适应改革与发展的新要求，集团党委对公司企业核心价值观进行了进一步的总结、提炼和升华，一方面是继承原有的"诚信天下、稳健一生"，一方面又增加了"追求卓越"四个字。

"诚信天下、稳健一生、追求卓越"这三句话，构成了一个完整的思想体系。

"诚信天下"要求企业对外做到对客户、股东、社会等方面的诚信，对内做到员工之间、员工与公司之间的互信。

"稳健一生"要求企业稳健发展、永续经营，建百年老店。

"追求卓越"要求企业拒绝平庸、开拓创新、不断超越，始终名列行业前茅。

如果不能做到诚信、稳健，企业就失去了生存和发展的基础；如果没有把卓越作为目标，企业就会失去做大做强的方向与动力，最终被市场淘汰出局。

以此观照，这些价值观在中国太保的品牌文化活动中，从策划之初到具体执行的每个环节、每个细节中都得以体现。

2007 年，集团在制定下发的《太平洋保险品牌建设指导意见》中，首次提出将"做一家负责任的保险公司"作为中国太保品牌形象的定位。

对客户负责、对员工负责、对股东负责、对社会负责。这不仅是企业经营层面的理念，也上升到了文化和社会层面。

无论是希望小学、音乐巡演、公益教育，还是体育赛跑、女排精神，这些品牌活动成功的背后，都与中国太保的社会责任感、使命感息息相关。

新世纪以来，责任意识已成为全社会的共识。保险本就源于人们相互救助、风险保障的需要。随着传统保险向现代保险的转变，保险开始广泛服务于经济社会的各个方面和社会的各个阶层，社会管理功能越来越突出，保险业对于社会主义和谐社会的构建责任重大，保险企业强调责任意识，强调社会责任感，方能得到更多认同。

这也是中国太保的品牌形象在寻求差异化的前提下，找到适合自己同时又具有市场号召力的形象定位。

如今，"行业健康稳定发展的引领者"的形象凸显了中国太保诚信、稳健的经营风格和勇担道义、传递关爱的价值追求。诚信立业，合规经营；用心承诺，用爱负责。

中国太保所取得的卓越成绩，与打造良好的品牌形象彼此良性循环，而这一切都离不开文化的强大支撑。

企业文化不仅仅是现代企业体现在产品和服务上、凝结于企业的形象和业绩中的一套管理方法，它同时也给企业注入了生命活力，带来有形和无形的、经济和社会的双重效益。

中国太保品牌的发展，始终关联着改革开放的脚步，也始终关联着社会思潮和文明进程。也因此，品牌文化始终与之同步发展，良好的品牌形象得益于企业文化的注入，而它反过来又为中国太保的员工和活动注入源源不断的活力。

进入 21 世纪后，市场竞争更为激烈。中国太保面对中国的新形势、新机遇、新挑战，必须怀着强烈的责任感和使命感，同呼吸、共命运，将企业文化与社会发展结合起来。

正是形象定位上的高瞻远瞩，中国太保得以通过各类文化活动，打造良好的品牌形象，为社会提供"责任、智慧、温度"的太保服务。

"平日注入一滴水，难时拥有太平洋。"这句广告语在今天来看，依然有着新的文化解读。

探索精准扶贫长效机制，全司各类扶贫项目已覆盖全国建档立卡贫困人口约 762 万人；持续深耕公益领域，关爱孤残儿童，助梦希望小学，连续 8 年获得中国企业社会责任榜"杰出企业奖"……企业自觉履行社会责任内化为发展的动力。

归根结底，品牌价值是衡量企业实力的一把标尺。

经国务院批准、中国品牌建设促进会发布的唯一权威品牌价值榜单——"中国品牌价值百强榜"显示，2020 年中国太保位列榜单第 27 位，上海地区第 4 位。

2020《财富》世界 500 强排行榜显示，中国太保排名跃居第 193 位，比上年提升 6 位。这是对中国太保保持战略定力，坚持走高质量发展之路的最好褒奖。

2021 年 1 月 26 日，Brand Finance "2021 年全球品牌价值 500 强"排行榜公布，中国太保排名第 119 位，较上年提升了 13 位，全球品牌价值 500 强评选中，太保以 153.89 亿美元，荣获全球保险品牌排名第 5 名，比去年提升 1 位。

作为一家"负责任的保险公司"，中国太保向客户、员工、股东、社会、行业、环境等各利益相关方交出了一份靓丽的成绩单。

站在国际化发展的新平台上，抓住各相关方关注的契机，灵活运用各类文化活动、品牌宣传，传播公司成就、治理结构、发展愿景，打造出"行业健康稳定发展的引领者"形象，体现出了一家"有温度"险企的态度，也成为社会经济发展的"稳定器"和"助推器"。

本着立足上海、服务全国、迈向全球的发展战略，中国太保已经成为金融服务领域的一张"名片"。

（作者：龚丹韵）

第四节

一以贯之的太保服务

2019 年 8 月 10 日凌晨，第九号超强台风"利奇马"在浙江温岭市登陆。登陆时中心附近最大风力 16 级，成为建国以来登陆我国华东地区第三强的台风。台风登陆后，纵穿浙江、江苏两省，在山东青岛二次登陆。本次台风持续时间长、伴随风雨强、衰减速度慢、影响范围广、引发次生灾害多，给台州、温州、宁波等地造成严重损失。仅浙江仙居一县，降雨形成的山洪造成山体塌方 392 处，22 条省县道受损，农村道路 80% 以上受损，损毁桥梁 13 座。

灾害来袭，作为国内最大的财产保险公司之一，太保产险主动出击、快速响应、周到服务，积极协助当地政府防灾救灾，为企业和个人客户提供强有力的保险保障和风控服务，最大限度地降低客户在大灾中的损失，让客户真正体验"平时注入一滴水，难时拥有太平洋"的太保温度。

在仙居，步路乡、大战乡、横溪镇、湫山乡、田市镇、安洲街道等 20 个乡镇公路受灾影响严重，连接外部的唯一通道严重损毁，外部供给资源无法运抵灾区，严重影响当地居民日常生活，也给政府抢险救灾工作造成了巨大困难。太保产险接到报案后，第一时间响应，创造性地利用"无人机＋卫星遥感"的先进技术组合，开展现场查勘，克服了人力无法进入核心现场、采集受损情况受限、现场存在二次灾害风险等问题，用最快速度确定了损失，当天预付 200 万元赔款，为当地政府快速抢修受损桥梁道路、打通对外联系通道、加快抗灾救灾进度提供了坚实保障。太保产险还派专员继续跟进灾害处置，协调调动全司专业资源，用扎实的专业技术和过硬的专业工具，短时间内完成了整体查勘定损，最终支付 1200 万元赔款。

在临海，灵江出现最高洪峰，大量洪水没过临海望江门大桥桥面涌入城内，临海全市被淹，临海古城城门失守，损失惨重。临海全市出现了较长时间的断水、断电、断气、断网、断行、断路、断援等极端状况，一时间"临海告急、台州告急、浙江告急！"太保产险临海支公司 37 名员工不顾家中受灾，第一时间全员到岗，自觉加班开展灾中施救和理赔服务。太保产险总公司指挥中心通过"风险雷达""大灾指挥平台"等先进的远程监控指挥网络，快速锁定目标，精准捕捉灾害信息，科学研判救助方案，不到 24 小时从全国 18 个省份调集 70 余名专业理赔人员，克服重重困难，率先进入"封城"一天的临海市区，并为孤军奋战一昼夜的当地员工送去补给和专业物资。经过一周的奋战，太保产险承保的出险案件实现了定损率超 80%、结案率超 70% 的优异战绩，为临海百姓送去灾中温暖，为企业客户送去复工支持，为当地政府送去稳定助力。

在宁波，太保产险提前组织救援车辆，通过线上平台准确预判天童等受灾严重地区的情况，精确调度资源，充分运用"两程施救法"，三天内完成所有被淹车辆的救援。同时，太保产险宁波分公司还主动配合当地政府，免费提供救援车辆，协助完成非中国太保客户车辆的救援，为维持社会稳定，快速处置灾害风险贡献力量，体现了中国太保作为国企的担当。

以"太保八为"应对"利奇马"

"利奇马"台风造成浙江省直接经济损失近 500 亿元，全省累计受灾人数超过 700 万，农作物受灾面积超过 20 万公顷，倒塌房屋近 3000 户，严重损坏房屋超 10000 户。太保产险接到报案 2 万余件，总赔付金额超过 7 亿元。

面对这次突如其来的超强台风，太保产险精心组织、提前部署、周密安排，用实际行动在大灾中践行"责任、智慧、温度"的中国太保服务品牌，受到当地政府、监管部门、社会各界、企业伙伴及广大客户的广泛好评。仙居的交通工程理赔、临海的极端灾情处置、宁波的精准调度救援正是太保高效应对灾害、高质输出服务的缩影，其背后离不开太保产险在长期大灾实战中总结形成的应灾体系——"太保八为"。

（一）组织为要

为了有效应对汛期，太保产险总公司在灾前和灾后都周密部署，为抗灾、救援和理赔工作提供了充分的组织准备。

首先是灾前准备充分，分工明晰。4 月伊始，总公司即制定全司防灾应灾预案，完善各险种理赔服务手册；5 月，启动已连续多年开展的"防灾月"主题活动，多部门联动组织历史大灾复盘、大灾实景演练，完善线上指挥平台，清点专业救援理赔队伍，为应灾做好全方位、体系化的准备；6 月，全司开展防灾走访，仅浙江一地就完成 1000 余家企业的实地走访，整改风险点上万个，同时密切关注台风走向，建立 24 小时值班制度，有条不紊地调集抗灾物资，做好临战准备。

台风形成后，总部积极关注台风动向，预警台风强度变化，实时跟踪台风动态，下发应灾准备要求，指导应灾开展。

■ 产险公司营运条线召开联席会议

"利奇马"台风期间，总公司各部门联合台风影响各分公司召开应灾联席会议，细化部署、解决疑难问题。分公司建立大灾指挥中心，落实条线演练工作要求，明确大灾分工，做好大灾灾前应对准备。各区域内，营运分中心针对灾害强度及范围，积极联系各分公司，做好大灾期间呼叫、理赔工作安排，保障大灾期间受灾案件及时处理。

浙江省是"利奇马"台风影响的重灾区。在"利奇马"台风登陆前两天，在总公司指导下，浙江分公司成立了外部资源、物资协调、案件处理、数据统计、通讯宣传小组，将每项责任都落实到人。在杭州、绍兴、嘉兴、舟山等地储备理赔人员，重点关注和保证台州的查勘理赔工作，从而形成救灾阶梯队伍，互相之间可以随时应急和补位。

其次是灾后布置有力，指挥明确。"利奇马"台风登陆后，在前期预案和防控准备的基础上，总分公司密切协同，上下联动，快速响应，多措并举，迅速集结优势兵力开赴重点区域、前置指挥部灵活部署查勘力量，发挥应灾体系优势。

在总公司统一调度下，成立由 168 人组成的大灾预备队，根据受灾地区损失情况随时赶赴受灾地区。台州前线指挥部前移至临海重灾区进行就近部署，还在

■ 浙江分公司成立"利奇马"台风抗灾前线临时党支部

临海成立了大灾理赔指挥部临时党支部，由太保产险浙江分公司副总经理叶咏蓁兼任临时党支部书记，靠前指挥。根据台州案件的分布情况，前线指挥部决定实行大灾案件片区管理制度。在具体实施中，抽调全辖区理赔骨干人员，分别担任黄岩、温岭、玉环、路桥、仙居的组长，全面指挥、统筹所在县市的理赔工作，确保大灾指挥畅通有力。

（二）速度为先

为了提高 95500 报案电话的接听速度，山东和华南营运分中心座席提前介入灾备，开辟大灾专属通道，让激增的报案电话不等待。

为了提高拖车的到位速度，在多样的救援需求面前，太保产险提前准备救援车辆 13418 台，其中专属救援车辆 1023 台，让现场客户不焦急。

为了提高查勘理赔速度，太保产险强化跟进，持续关注车险理赔、非车险理赔的重点指标，紧抓查勘率与结案率。通过移动理赔工具的推广应用，方便客户自助操作完成快速理赔。车险"太好赔"以微信等工具提供"一键报案、一键理赔"服务。非车险通过"专享赔"小程序供客户自助报案，线上达成赔付协议。台风引发的高空坠物、剐蹭等造成车辆损坏，因风雨造成家电进水损坏等类似小额案件，都可以通过移动工具实现足不出户的线上理赔。此外，非车险开通大灾绿色快赔通道，受灾期间提高机构赔案审核权限，简化理赔手续，将灾后温暖及时送达客户手中。

为了提高后台支持响应速度，后援团队 24 小时在岗，建立大灾案件的专属通道，有力保障前线需求。

为了提高人力支援的速度，在前期集结待命大灾预备队的基础上，再行抽调当地及周边省份员工，确保人力资源有求必应，要求支援人员在前线需要增援时以最快的速度到达现场。"利奇马"台风过境前后，车险大灾预备队的支援人员每天早上 7 点钟就到当地支公司集合，前往当天分派的区域进行查勘定损。下午 6 点钟左右回到支公司整理当天定损车辆的照片并上传系统，完成系统内估损单录入，确保案

■ 车险理赔人员现场查勘

件及时结案。完成一天的工作后，回到驻地已将近凌晨，但大家还是会将当天定损中遇到的问题进行总结与分享，为后续的支援工作提供帮助。

"客联、救援、理赔、支持、支援"五种速度，充分展现太保服务的强大力量，将大灾的影响度降到最低，让客户获得最佳体验。根据台州重灾区监管部门通报的数据，太保产险全省非车险案件处理速度在行业内居于领先水平，获得当地政府和监管部门的肯定。

（三）责任为重

为了体现太保产险的社会责任，"利奇马"台风登陆之后，总公司针对个人客户、政府客户和企业客户，制订了不同的理赔工作思路：

1. 个人客户注重"快赔赢口碑"。个人客户投保的险种主要集中在家财险，遭遇台风灾害之后，由于家庭财产的损失影响到正常生活，所以个人客户在大灾面前都比较无助。因此，公司提出要求，"利奇马"台风造成的家财险案件必须在8月16日前100%结案，最终太保产险提前一天完成目标。

2. 政府客户注重"预付助民生"。太保产险在8月13日向仙居交通运输局支付预赔款200万元，8月16日向临海市农村商业银行支付预赔款200万元，帮助政府降损增效，恢复灾后生产，大灾面前尽显担当。

3. 企业客户注重"协商定方案"。"利奇马"台风造成的企财险案件占比高、涉及行业多、查勘难度大。公司采用"自有和公估人员相结合、自有人员和科技相结合"等多种模式，开展损失清理、损失厘定、定损方案等工作，在充分调查、有理有据的基础上与客户协商双方均认可的赔付方案，让客户感受到太保产险的速度、责任和用心。

（四）温度为心

一方面，做好内部应灾员工的后勤保障，关心一线人员生活。在应对"利奇马"台风灾害过程中，各级领导纷纷靠前指挥，察看灾情，为一线员工和受灾客户送去关怀和温暖。集团副总裁赵永刚、时任太保产险总经理盛亚峰一行赴营运中心上海分中心，了解营运条线应对第9号台风"利奇马"的相关工作，亲切慰问一线作业员工；盛亚峰带队专程赶赴宁波分公司察看灾情，了解、指导灾后工作开展和查勘理赔情况，代表集团总部和产险总公司领导亲切慰问连续奋战多日的一线员工，并实地走访查看了位于宁波东吴镇的部分企业受灾情况；太保产险副总经理曾义一行赴宁波分公司指导应灾工作，一线现场指挥。太保产险推出员工暖心服务，成立后勤保障组，负责理赔人员的住宿、餐饮等，向理赔人员发放避暑药品和遮阳帽，为查勘员统一清理烘干服装。

■ 产险公司领导赴一线现场指挥

另一方面，在大灾中输出"专业、一致、透明"的太保服务体验，满足困境中的客户需求。开通车险快速理赔通道，主动推荐客户到合作单位维修，使用查勘 APP 操作结案，平均结案 1 个小时左右，在大灾应对中体现了"快、易、暖"的"太好赔"温度；台风前，安排清单式的风险排查，为企业提供专业的台风风险防控建议，并帮助企业紧急加固"防线"，将"赔损失"变为"没损失"，体现"专享赔"的专属温度。

（五）科技为用

风险雷达。针对沿海沿江地区企业易受台风侵袭的特点，太保产险坚持"防重于赔"的风险管理理念，综合运用气象数值预报、地理信息系统、风险标签、风险量化评估等技术，开发"风险雷达"平台，建立了覆盖保单全生命周期"保前评、保中查"的智能化风控预警服务体系，实现了承保、理赔、风勘三位一体的闭环式主动风险管理，获得 2019 年度上海市金融创新奖三等奖。通过运用风险雷达，太保产险可以做到气象中期预报、台风跟踪预警、保单损失预测、标的分级管理、防台临前走访、灾后损失复盘的台风灾害闭环风险管理业务流程，开创国内业界台风跟踪预警模式的先河。

大灾指挥平台。大灾指挥平台与风险雷达、报案、车险理赔、非车险理赔等各个上下游系统互联互通，根据气象因素自动生成大灾标签，根除从前机构线下上报和维护的滞后问题，实现所有灾害出险案件的实时跟踪和流程简化。大灾指挥平台 T+0 生成涵盖报案、承保、再保、风险预警、理赔等 71 个多维度字段的大灾案件清单，快速掌握大灾案件的量级、分布和影响，更好调配服务资源。出险地址地理位置可视化，接入 Google Earth 卫星地图可识别重复报案、客户保单累积。

车险智能应灾工具。车险查勘人员配备 AIC 电气故障智能检测、连杆测量仪、数码内窥镜等工具辅助分类定损。

非车险理赔智能应灾工具。引入灾害预警机器人、卫星影像追溯、水灾损失评估模型、雷达差分干涉灾害预警、三维地形重建等前沿技术提升定损能力。部署固定翼无人机，根据灾情进展，随时赴重灾一线协助损失面积确定及损失程度勘验。

（六）专业为本

为了有效应对"利奇马"台风造成的大量理赔案件，太保产险总公司在理赔通道、流程等方面都进行了大量制度化安排，保障了理赔工作的及时、高效，减轻了灾害造成的损失，帮助当地企业和民众尽快恢复生产生活。

在制度保障方面，太保产险下发《关于加快大灾期间小额案件快速处理的指导意见》开通快赔通道，明确非车险大案的分类处理要求，还通过打通权限，提高快赔、直赔权限以实现快速赔付。在优化流程方面，通过案件协商和核赔前移一线，现场协同处理大灾案件实现了理赔对接。在简化单证上，对于符合条件的案件免基础单证，直赔案件通过微信、短信授权理赔。此外，还开通了"先赔后补"绿色通道，减免相关证明。

在具体案件的处理方面，遵循"先小后大、先易后难、先急后缓"的原则，同时辅以特殊个案特殊处理。对于小案，着重提高速度来提高体验度，民生案件则采用预付办法来提高社会影响力。对于企业的理赔工作，通过科技赋能来提高专业性，既减少了企业的损失，也帮助他们迅速恢复生产经营，稳定了当地的社会大局。

在共保案件方面，公司要求浙江全辖逐单排查，联系主承保方确定客户报案情况及损失情况，8月19日前根据损失情况按照我司份额进行系统立案，并跟进案件估损情况，做到跟单案件不遗漏。

在加快理赔速度的同时，公司也通过质检跟进来保证理赔工作的质量。从责任认定、损失核定、时效要求、流程规范、系统操作以及审批权限等方面加强质检工作。对于影像未上传、未做增值税核减、未录入减损、未核房屋所有权等问题，发现之后及时加以改进。

此外，公司还协助企业客户做好应对台风的各项工作，做好临灾风险控制以合理减损。在温岭新磊压缩机案例中，8月7日至9日，公司派业务员和理赔骨干一同驻守企业，指导企业加固屋顶，对机器用塑料薄膜临时封包。台风登陆后，该企业屋顶被掀翻，但由于提前实施了薄膜封包，价值上亿元的仪器没有遭受损失。在仙居润丰汽车零部件制造企业案例中，公司工作人员在台风登陆前先后两次上门指导，对放置于低洼地的原材料实施了加高处理，使该企业的进口橡胶和其他高价值原材料基本没有遭受损失。

■ 产险各级非车险理赔人员现场查勘

（七）宣传为优

在"利奇马"台风理赔工作中，太保产险总公司加大宣传力度，从两个维度为太保产险的优质服务奔走相告。

一是大力宣传中国太保的服务行动。在台风登陆五天内，撰写了多篇宣传稿，通过外部媒体、行业、集团总部、产险总公司、分公司来进行宣传。其中一些典型赔案，例如仙居县交通运输局预付行动得到浙江电视台、仙居当地电视台的报道。临海农商银行预付后，得到集团总部和产险系统广泛宣传。这些行动都体现了太保产险众志成城守初心、砥砺前行担使命的责任担当，也体现了理赔人员不惧困难、勇于挑战的服务精神，把勇担社会责任的行动向社会、客户、员工呈现。

二是大力宣传太保产险的服务能力。在查勘工作中，太保产险尝试使用无人机技术和传统查勘手段相结合的模式，应用于台州案件查勘定损，解决"多区域水淹入现场难、多条道路受损查勘难、特殊企业受损位置高定损难"等问题。公司还针对特殊情况多次主动预付，帮助企业恢复生产，得到当地政府的认可及各类媒体的深入报道，取得了较好的社会口碑和影响。

（八）六赢为果

太保产险注重从"利奇马"台风的理赔案例中总结经验，以完善公司应对大灾的体制机制，提高公司的服务能力和服务水平。

一是通过大灾理赔赢减损成效。重点关注残值拍卖、追偿减损，通过总公司专享赔平台、分公司合作等第三方平台，有效合理减损，减少公司损失。

二是大灾理赔赢队伍锻炼。通过全面复盘大灾，针对灾前、灾中、灾后工作，检验动作合理性和动作成效，反思缺失动作。通过案例剖析回溯，总结应灾经验。

三是大灾理赔赢品牌提升。通过专享赔服务实施，在个人客户、企业客户、政府和社会中提升公司品牌形象。

四是业赔联动赢业务发展。联动业务部门在灾后拜访客户，交流理赔意见，了解客户困难和需求，加强重要客户风险管理和应灾培训，提高风险预防，促进客户黏度和业务深度合作。

五是大灾理赔赢风控强化。通过分析受灾数据，找出易出险客户，加强风险管理，修正防灾知识，加强风控防范。

六是大灾理赔赢社会认可。"利奇马"台风的结案率处于行业领先，资源调度科学及时，重大案件处理稳妥，未出现投诉升级。在整个理赔工作期间，公司通过与当地政府监管部门保持互动，进行了多次专题汇报，赢得了当地政府和有关部门的认可。

以"六最服务"打响太保品牌

"太保八为"是产险公司在近年来灾害影响大、类型变化多的复杂形势下总结提炼的防灾应灾体系，在"利奇马"台风的严峻考验下提交了一份满意的答卷。其背后是太保产险坚持贯彻集团"太保服务"品牌战略的集中体现。

全力打响"太保服务"品牌，是太保产险推动落实集团战略转型2.0"客户体验最佳"目标实现、增强服务体系建设的重要载体，是推动公司高质量发展的重要举措。太保产险客户服务部深耕客户服务，协同制定和推进"太保服务"三年行动计划，以"六最"落地举措，着力实现服务能级全面增强、智慧服务提速增效、客户体验领先市场和服务价值逐步提升四大目标。

（一）保险最易——投保服务便捷精准

在投保端，太保产险从产品供给向销售服务转变，解决投保端服务不足。通过中后台的数字承保、数据支持、重大项目支持为前台提供信息实时查询、智能推荐、产品叠加、资源配置服务。整合各投保渠道和场景，打造随时随地、随人随需、随心随意的客户体验。

（二）最美声音——电话服务一站解决

在联络端，太保产险针对客户主动发起的场景，解决客户咨询、报案、投诉、商机等浅层问题和需求。对普通客户，突出流程简易、简明达意。对高端客户，开发专属路由、搭建专属团队。通过提升服务效率、智能人机结合、定制差异服务，打造"最多呼一次"、接通快、响应快、获得感的客户体验。

（三）最靓身影——服务触点产品呈现

在面对面场景下，太保产险聚焦服务针对性和全覆盖，建立客户信任，解决客户综合需求。车险理赔"太好赔"，定位全方位包办管家。非车理赔"专享赔"，定位理赔风控专家。农险理赔"e农险"，定位农险理赔专家。客户服务"易救援"，定位增值服务能手。云门店，定位一站式保险解决顾问。通过明确标准、技术应用、智慧门店、反馈评价，打造充实的服务内容、针对性的服务供给、透明的进度告知、一致的服务体验。

（四）最暖关怀——生命周期生态管理

太保产险探索服务＋保险模式，主动关怀客户，打造科技＋服务生态圈。通过客联中心、分公司回访客户，体现经营黏性。承保期1次、关怀期3次、续保期2次，6次周期关怀，体现客户价值。通过提升服务线上化、自助化和数据反馈的自动化，体现服务透明和便捷。通过一系列生命周期关怀打造增值、惊喜的客户体验。

（五）保障最优——企业责任品牌呈现

太保产险将企业社会责任融入公司服务之中，体现主动服务国家战略、服务实体经济、服务民生保障的责任担当，做好呈现，体现实力。近年来，一带一路、乡村振兴等国家战略，进博会、服贸会等重要展会，台风地震、响水爆炸等重大灾害社会事件均能看到"太保服务"的身影。通过客户节、发布会、防贫保固定传播平台，通过重大赔案、进博会保障讲好太保故事，通过战略客户拜访走进客户经营。服务既是保障，也是责任，大事参与方显格局。

（六）承诺最强——全面响应一线身边

太保产险通过企业号文化推动、太好评平台支持、服务质量评价考核等举措形成敏捷、赋能、支撑的内部服务文化，助力业务发展。

一分耕耘，一分收获。近年来，太保产险的客户服务工作取得了一系列荣誉。2016至2019年，太保产险凭借服务创新能力及便捷、高效的服务体验获得行业和社会的一致认可，连续四年荣获服务评价AA最高评级。同时，太保产险的"太好赔""专享赔"等服务品牌在行业内外具有较高知名度，连续多年获得"金诺奖"杰出品牌传播奖、中国保险年度服务创新项目等业内大奖。太保产险在 2019 年中国质量万里行主办的"3.15"第五届中国质量诚信品牌论坛上，喜获"全国质量诚信品牌优秀示范企业""2018 年度中国保险行业服务质量提升突出贡献企业"称号。

　　成绩的背后是太保产险对客户的责任与承诺。太保产险将积极践行太保服务"责任、智慧、温度"的品牌内涵，加快建设多层次服务体系，有效满足客户多元需求，持续提升客户经营能力，让"太保服务"品牌更立体、更具象，推动"太保服务"成为保险业高品质服务的代名词。

（作者：封寿炎）

第五节

服务不光是做生意

"就像一个很好的伙伴，给我一种巨大的影响，给我有一种后盾，有一种支撑的感觉。"谈及对太保寿险的感受，黄耀先生的话发自肺腑。他还说："（太保家园）给我一种归属感和依靠感。"表示将来有可能入住太保家园养老。

黄耀先生有很多头衔。他是上海均瑶（集团）有限公司董事长助理、上海均瑶国际广场有限公司董事总经理，也是上海市各地在沪企业（商会）联合会法定代表人、常务副会长兼秘书长。同时，他还是太保寿险的长期忠实客户。

23 年的忠实客户

黄耀与中国太保结缘很早。1998 年，他就购买了第一份中国太保的寿险产品"老来福"。那时候他离开上海，前往温州均瑶集团工作。因为在民营企业就业，所以他决定购买保险，为今后养老多做一点保障。

2004 年，时任均瑶集团董事长的王均瑶先生病逝，年仅 38 岁。王均瑶的英年早逝对黄耀触动很大。他认识到，保险就是保障，在生病时候它是医疗保障，万一意外身故，保险对于家人也是一种保障。因此，2004 至 2005 年，他集中购买了大量太保寿险产品，包括他和太太在健康方面的保险，还有他为女儿购买的少儿乐两全保险（保障范围涵盖孩子的健康和教育两方面）。这时候，他们家每年的保费支出高达五六万元，而且都是 20 年以上的长期产品。

2009 年，黄耀开始了第三波购买太保寿险产品的高潮。这时候他的财富积累已经达到一定程度，所以他开始考虑投资理财的事情。但是，他对于股市等投资渠道都不熟悉，也在投资方面亏过钱，所以他还是决定投资保险产品。这一波他侧重于购买投资分红类型的保险产品。现在回过头看，黄耀对于这一波购买的保险产品的回报率相当满意，他也由此获得了可观的经济回报。此外，随着年龄渐长，他还根据自己的身体情况，并结合家族疾病史的情况（他的父母都有心脏病史），有针对性地购买了一些心脏病方面的疾病险产品。

2021 年，黄耀 52 岁。他开始考虑将来退休之后的养老问题。参观太保寿险的养老项目太保家园之后，他感到很满意。过得体面、有尊严，这是他对未来老年生活的要求，太保家园很好地满足了这一点。谈到将来退休之后有可能入住太保家园，黄耀说，这使他感到一种归属感和依靠感。他认为，太保家园的设计理念对于老年人的身体健康非常好。它对老年人每天的健康指数都进行监测、检测，比如血压、心率等，还有专门的医护人员指导服药。此外它还有健身房，指导老人结合自身的身体状况开展运动。生活设施的设计也很人性化，比如床的设计，针对有腰椎病的老人，就有一些电动的自动化特殊设计。

太保家园还有一个吸引黄耀的地方，就是它在全国多个地区都有布点。很多老年人身体好、体力充沛，希望到全国各地去走走。黄耀设想未来的老年生活：春天上海的天气比较好，就住在上海。到了夏天比较热了，就到一个避暑的地方，或者去一个海滨城市，比如说北海。到了冬天，天气冷了，又可以到海南岛去住三个月。如果将来太保家园在全国更多的地区布点，就有可能可以满足他的这些需求。

王均瑶英年早逝对黄耀的第二个触动，就是改变了他对于身体健康的感悟。在那时候，很多民营企业家工作都很有拼劲，一年 365 天全年无休。王均瑶病逝之后，黄耀领悟到，健康和事业成就的关系，就是"1 和 0"的关系。健康就是前面的"1"，财富等成就就是后面的一串"0"。不管后面有多少个"0"，都需要前面的"1"去支撑。如果没有了前面的"1"，健康没有了，身体不好了、倒掉了，后面哪怕有再多的"0"都是空的。因此，从 2005、2006 年开始，他着手调整自己的工作和生活，把更多时间放在自己的身体健康上面。

从工作全年无休的"拼命三郎"，到重视运动和健康的"运动达人"，这当中中国太保也起到了巨大的推动作用。2017 年，中国太保举办"太爱跑"比赛，黄耀参加了 10 公里跑。他平时跑 10 公里大约需要 55 分钟，但这一次只用了 49 分钟出头。这给了他很大的信心，也给了他很大的动力，推动他去实现人生中一个很大的飞跃——2018 年，他报名参加了上海国际马拉松赛，耗时 4 小时 13 分钟跑完全程。2020 年，他再次参加"上马"比赛，并成功"破4"，仅用了 3 小时 55 分钟就跑完了全程。

运动改变了黄耀的生活，也赋予他良好的身体状态。他说，很多人都说他一点也不像 50 多岁的人，而像 40 出头的人。他甚至开玩笑说，他现在处于"逆生长"的状态，因为他现在的运动能力和运动水平，基本上每年都在提升，身体状态也越来越好。现在，他每天都保证 1 到 2 个小时的运动时间。

结缘 23 载，太保寿险改变了黄耀的生活和人生。他说："就像一个很好的伙伴，给我一种巨大的影响，给我有一种后盾，有一种支撑的感觉。"他甚至开玩笑说，有了太保寿险的保障，哪怕他在世界上任何一个地方出问题了、遇到危险了，只要打一个电话，国际救援组织就会前来救援，而且相关的费用都由太保寿险支付。这种后盾和支撑的感觉，用他最朴素的话来说，就是"因为我有保障，所以我不怕"。

23 年来，黄耀对太保寿险的信赖一以贯之，也一直给予高度的评价。那么，在他眼里，太保寿险的魅力体现在哪里呢？

首先，太保寿险的保险产品对客户很有价值，既为他和家人提供了各种保障，也帮助他们实现了财富保值增值。1998 年他购买的第一款保险产品"老来福"，当时每年保费只需要 3000 元出头。过了几年，同一款产品每年保费就涨至八九千元了。而且这款产品的年化收益率很高，接近 9%。这款产品让他品尝到了甜头，还后悔"买少了"。他的女儿出生于 2004 年，他为女儿购买的少儿两全险，保障范围涵盖了健康和教育，现在也已经可以领取回报了。他的女儿读高中、读大学时候都各可以领取一笔教育资金，到将来结婚时候还可以领取一笔资金。他在 2009 年前后大量购买投资理财型的保险产品。据他介绍，从 2009 年至 2021 年的 13 年间，中国太保的总投资收益率领先同行。他对自己获得的投资回报很满意。

其次，太保寿险的产品丰富多元，能够满足他在各个时期的不同需要。1998 年，他因为就业于民营企业，所以对未来的养老问题有些顾虑。这个时候，"老来福"等养老保险解决了他的后顾之忧。2004 年前后，他意识到自己对于家庭负有很大的责任。这个时候，太保寿险多元化的健康险、重疾险、教育成长类保险产品，为他和家庭成员的身体健康、疾病医疗、生活保障、教育保障等各方面都筑起了一道坚固的保护墙，提供了保险保障。2009 年前后，他的财富积累达到了一定程度，出现了投资理财的需求。这个时候，太保寿险的投资理财型保险产品满足了他的需求，帮助他实现了财富的保值增值。

再次，太保寿险拥有一支高素质的业务人员队伍，他们提供的优质服务，是黄耀先生长期信赖太保寿险、成为太保寿险忠实客户的关键因素。他认为，太保寿险的业务人员首先业务能力很强，他只要介绍自己的情况，说出自己的需求，业务人员就能根据他的实际情况，提供一个最优的解决方案。其次就是个人的素质、素养很好。黄耀回忆，他 1998 年第一次购买中国太保寿险产品的时候，接触的业务员就给他留下良好的印象。那位业务员为人很正派、很亲切，充满了书卷气，宣传解释业务知识非常细致，而且打交道的整个过程都很有修养。他们互相之间用一种交朋友的方式相处，有时候还一起去喝茶、打羽毛球。这位业务员没有急乎乎地催促黄耀买保险，只是在见面的时候宣传、解释一些关于保险的理念和概念。直至双方接触两三个月之后，黄耀才真正购买了第一份保险产品。后来，黄耀接触到的另外几位业务员也都跟他有长期的合作，并且成为了朋友。业务员和客户之间这种交朋友式的相处方式使他感觉很好。其实，黄耀的故事在太保寿险并不是孤例，在上海分公司业务员中流传着这样一个动人的故事，有一位业务员将自己的名片交给了他的一位客户，而这位客户把这张名片保留了 10 年，而这位业务员 10 年里从未间断与这位客户的联系，不断地递送名片，不断地上门、电话、短信、微信，不断地问候，不断地提供各种服务信息，不断地将公司的关爱传送给这位客户，10 年里这位客户积攒了一摞这位业务员的名片。于是感动了上帝，也感动了这位客户，在他们相交的第 10 年，终于将太保寿险的保单交到了客户的手上。现在这位客户正幸福地享受着太保寿险的年金保障。与人交贵在相知，与友交贵在情深，太保寿险就是你身边的朋友，是你终身的伴侣。

太保寿险客户服务的三个发展阶段

　　黄耀成为太保寿险客户的 23 年，横跨了太保寿险客户服务工作的三个发展阶段。他前后三波购买太保寿险产品的高峰期，也大体契合这三个阶段。所以可以说，作为一位客户，黄耀完整地见证、亲历了太保寿险客户服务工作的三个发展阶段。从他的经历和视角里，正好可以观察太保寿险客户服务工作三个发展阶段的主要特点。这三个阶段分别是：1991 年至 2001 年的初创期、2001 年至 2011 年的发展期和 2011 年至今的转型期。

　　一、1991 年至 2001 年初创期。这一时期的客户服务工作处于起步阶段，主要表现为产品服务。

　　黄耀与中国太保的结缘，开始于他在 1998 年购买的一份中国太保的寿险产品"老来福"。这份产品在他购买时候每年保费只需要 3000 元出头。但过了几年，同款产品每年的保费已经涨到了八九千元，而且这款产品的年化收益率接近 9%。就这样，黄耀与中国太保的"第一次亲密接触"就让他品尝到了甜头。当然，这个"初体验"也有着"甜蜜的烦恼"，那就是他后悔"买少了"。

在那个时期，商业公司对于客户服务的观念普遍比较薄弱。中国太保寿险业务对客户的服务，也主要体现在产品服务上——我的产品比别人的好、比别人的便宜、比别人的保障大，而且收益率更高，那就是我对客户提供的最好服务。

黄耀购买的"老来福"正是当时中国太保寿险业务的一款拳头产品。当时的产品开发聚焦消费者的实际需求，一是意外保险保障，二是养老，或者把两者结合起来。黄耀购买的"老来福"就把消费者的这两种实际需求结合起来。它既考虑了客户的储蓄需求，也考虑了保障需求，所以一经推出就广受欢迎，在市场上影响很大。

黄耀购买的"老来福"不但本身实现了保值增值，还获得了满意的收益率，使他觉得很划算，甚至后悔"买少了"。黄耀的这一客户体验，可以从中国太保开发产品的定价策略里面找到答案，因为保险产品的定价策略直接影响到客户利益。保险产品的定价原理涉及几个方面，一是运用大数法则计算出险的发生概率，保证定价能够实现"人人为我，我为人人"这个保险理念。二是要考虑销售人员的利益，因为保险产品要依靠销售人员去销售。最后还要综合考虑公司的利益。保险产品的定价，要在客户利益、销售人员利益和公司利益这三个方面取得平衡。当然，不同的公司、不同的产品在定价时，考虑这三个方面利益时侧重点可能不尽相同，哪些方面获得优先考虑可能也不尽相同。

中国太保的寿险客户能够获得更高的收益，跟中国太保的经营理念密切相关，就是要做一家负责任的保险公司。跟其他一些保险公司相比，中国太保更加突出客户需求导向，在客户、销售人员和公司利益三方平衡中，更加看重客户利益，所以在利益切割的过程中更加侧重客户，使客户的获得感和幸福感更高。

随着业务发展和思想观念的变化，在做好产品服务工作的基础上，独立的客户服务也开始纳入中国太保寿险业务的经营理念中来。1997 年 6 月至 8 月，中国太保在寿险客户服务工作启动了关爱工程（从 2006 年开始，关爱工程连续举办了几届全国少儿书法绘画大赛，影响很大，也大大加深了公司和客户之

■ 寿险客户服务节

间的联系。随着活动规模和影响力不断扩大，关爱工程后来升级成为客服节）。1998 年 9 月，公司在业务管理部下面设立客户服务处。同年冬天，在山西太原召开的一个座谈会上，一位分管寿险的领导提出"客户服务，刻不容缓"。1999 年，客户服务部正式成立，主要职能包括处理客户投诉、续期收费（建立客户服务专员队伍，专门为"孤儿保单"服务）、保单保全、增值服务等。当时推出的增值服务，包括于 1997 年在行业内第一个推出急难救助救援服务，客户在异地遇到医疗方面的问题，中国太保可以异地先行垫付医疗费用（经过不断的发展，急难救助救援服务后来逐步延伸到了海外救援）。2000 年，中国太保统一开通 95500 客服电话，这是中国保险业界第一个 7×24 小时客户服务热线。

二、2001 年至 2011 年发展期。这一时期太保寿险追求"规模为王"。怎样才能迅速扩大规模？一是要具备好产品，二是要靠业务员把产品销售出去。所以相应地，这个时期的客户服务，就主要体现为通过一支高素质的业务员队伍，把太保寿险的好产品优质、高效地销售给客户。

（一）以客户需求为导向完善产品体系

正是在这一时期之中的 2004 年、2005 年，黄耀迎来了第二波集中购买太保寿险产品的高峰期。跟第一阶段只购买一份"老来福"不同，这个时期黄耀购买的太保寿险产品一是数量大，二是品种多元，三是覆盖的生命周期更长。这其中，既有他和太太在健康方面的保险产品，也有他为女儿购买的、涵盖健康和教育两个领域的保险产品。

黄耀购买数量大、品种多、覆盖生命周期各阶段产品的这一时期，正好契合太保寿险规模迅速扩张的发展期。在 2001 年至 2011 年的发展期，太保寿险对产品体系进行了完善，注重为客户的全生命周期保障提供维护和支持，使产品形成一个系统。

黄耀感叹道，在这个时期，不管他有什么需求，只要把这个需求告诉业务员，业务员都可以提出有针对性的产品方案来满足他。他的感受也可以从太保寿险的产品开发理念里找到答案。事实上，太保寿险就是以客户需求为导向来开发产品的。

保险公司销售的产品实际上就是保险合同的保险条款，它呈现的是对客户的保障和承诺。从太保寿险的发展历史来看，客户需求一直很受关注。公司一直通过不同产品，满足客户在不同时间、不同层次、不同方面的需求。客户需求随着时间推移不断变化，太保寿险的产品从客户出生开始，到他们有了经济能力去承担家庭责任，再到他们的养老、疾病直至死亡，都实现了匹配。客户在整个生命周期里面，"从摇篮到坟墓"都能找到相应的产品来满足他们的需求。

太保寿险在具体开发保险产品时候，首要的考虑就是这个产品必须有市场需求。所谓市场需求就是产品能够满足客户某一方面的需求，解决他们某一方面的痛点。如果一个产品解决不了客户的具体问题，它的市场影响力就不会很大，那它可能就不需要考虑去开发。

个人客户的需求很多，包括储蓄、教育、疾病医疗、意外伤亡等，太保寿险就相应地开发提供这些方面的保险产品。针对团体客户的需求，则会匹配另外一些产品。比如说，团体客户的意外险，就根据不同行业的特点开发匹配，建工行业、矿业等一些高危行业，其意外险产品都各不相同。此外，还有一些产品针对一些特定客户群。比如说在家庭燃气使用方面的保险产品，对客户在燃气使用过程中出现的一些意外事故提供保险补偿。这个产品是太保寿险的首创，在很长一段时间都获得了市场独占地位。再如，对银行贷款客户提供的保险产品安贷宝。银行发放贷款一般都要求抵押，比如房产抵押。但是，农村信用社为了支持"三农"发展，给农民发放几万元、几十万元的小额贷款，支持他们创业。这种贷款很难要求抵押，因为农民往往没有可以抵押的财产。这样贷款银行就要承担风险，万一贷款的农户发生意外死亡了，这个贷款怎么回收？所以银行就需要投保，需要寻找托底方。中国太保就承担了这个责任，开发销售了安贷宝，为银行的小额贷款提供了保险保障，从而解决他们发放贷款的后顾之忧，支持"三农"发展。

（二）一支26年"零投诉"的服务团队

太保寿险发展期的客户服务，主要通过一支高素质的业务员向客户提供。说到太保寿险的业务员，黄耀更是赞不绝口。太保寿险上海分公司的营销业务员毛云娟女士长期为黄耀提供保险销售服务。多年合作下来，黄耀对她的评价是"人品好、素质高、业务能力很强"。

毛云娟是太保寿险营销业务员的一名优秀代表。1995 年，她进入太保寿险工作，那时候对保险还似懂非懂。随即，公司为新员工组织了各种培训，让他们学习保险的业务知识，培养他们的销售能力、销售技巧，还培训一些礼仪、服务方面的知识和技能。

毛云娟在营销工作中一直坚持一个理念，那就是尊重他人。不管对方有没有购买保险产品，也不管对方是大客户还是小客户，她都保持尊重。此外，她还有几个工作原则。一是诚信原则。二是站在客户的角度，为客户着想。如果业务员站在自己的角度，那可能就是保险产品卖得越多、卖得越贵越好。她反对这种做法。三是以客户的利益为重，充分考虑客户的经济承受能力，考虑他们真正的需求是什么。

秉承这样的理念和原则，毛云娟开始了营销业务员生涯。她说，市场是学校，客户是老师。在公司培训帮助她掌握了保险理论知识之后，她在市场实战中不断丰富自己的业务知识，提高自己的业务能力。她在工作当中的一个特点就是"啰嗦"，因为她要充分了解客户的实际情况，还要把保险产品的特点详细具体地向客户解释清楚。她对公司的各种产品都很熟悉，随着接触的客户多了，她对各种类型客户的情况和需求也能准确把握，可以为客户提供有针对性的解决方案。这就是经过市场实战考验的过硬业务能力。

在 26 年的营销业务员职业生涯里，毛云娟总共为 3000 多位个人客户，以及不少团体客户提供过服务。她对每一位客户都尽心尽力。在长达 10 年时间里，她的手机 24 小时不关机。她从来不考虑某位客户对自己有没有经济价值，也不考虑对客户的服务有没有经济回报，只要是客户提出来的需求，她都 24 小时响应，为他们提供帮助和服务。

刚开始工作时候，公司还没有高科技的信息平台，不能为业务员提供客户的详细个人信息。毛云娟就使用最原始的办法，用笔记本记录客户信息，比如某位客户什么时间买保险、什么时间过生日等。客户过生日时候，她都寄上一张生日贺卡，过年时候寄上一张新年贺卡。她有时候一年就要寄出好几箱贺卡，并在贺卡上写下自己的人生格言，与客户共勉。她甚至还动手制作一些简单的人物形象，随着贺卡一起寄给客户。

如果有客户生病住院了，不管早上还是晚上，她都开车去医院看望他们。鲜花产生花粉，还消耗氧气，可能对病人身体不好，她就给客户送上一束颜色鲜艳的绢花，并告诉客户，这是让他们出院之后带回家里摆放的。毛云娟说，她的用意既是对他们的一种祝福，也为他们送上一份希望，送上一份康复回家的盼头。

毛云娟跟不少客户都成为了朋友。有一位客户现在将近70岁了，从前是一家企业的出纳。毛云娟每年都为他送上一份挂历。时间长了，这位客户就像对待女儿一样对待她。毛云娟说，有时候甚至不敢去看望他，因为她已经没有父母了，这位客户对她说的话都非常暖心，听到这些话的时候，她就会特别感伤，有时候还会热泪盈眶。

这种尽心尽力的服务赢得了市场口碑。毛云娟所在的团队，2002年最高峰时候有80多位业务员。从1995年到2021年，这个团队没有一位业务员被客户投诉过，也没有一起业务被投诉过。26年保持"零投诉"纪录，太保寿险营销业务员的业务能力和业务素质可见一斑。

除了毛云娟之外，黄耀对1998年在温州向他销售"老来福"的那位业务员也印象深刻。他说，这两位业务员都有一个共同特点，"通过几次谈话，把我的心理摸得很透，所以他们讲出来的话就是我想要做的事情"。他们第一次和黄耀见面的时候都没有急于推销产品，而是跟他讲故事，聊聊保险的一些概念、知识和理念。在聊天的过程中，慢慢了解黄耀的需求，进而激发他的需求，最后帮助他满足这个需求。

有一些保险公司的业务员容易惹人反感，因为他们完全站在一个推销员的角度，只顾推销自己的产品。相反，如果业务员能够始终站在客户的角度，帮助客户分析需求、调整需求，就容易获得客户的信赖。同样，如果一家公司的销售工作能够从自我导向转为客户导向，从"以企业为中心"转为"以客户为中心"，那么这家企业和它的业务员就能成为客户终身的理财专家、一生的伙伴和永远的朋友。

三、2011年至现在的转型期。在这个时期，太保寿险的客户服务主要表现为彰显价值导向，提供价值服务。通过宣传、推销、销售和不懈的服务来彰显全生命周期的价值观。通过价值观的感召力，通过客户的口碑，把客户的丈夫、妻子、孩子、父母、朋友都变成太保寿险的客户，使他们成为太保寿险的朋友、长期合作伙伴和长期受益者。以一个个体客户为中心，再进行全方位的突破，使他们的家庭成员、朋友、身边人都成为太保寿险的服务对象，为他们提供全生命周期的服务。

（一）从风险补偿到风险防范（风险管理）

在这一时期，黄耀的太太和女儿等家庭成员都已经成为太保寿险的忠实客户。黄耀本人的需求也变得更加多元，他与太保寿险之间的合作拓展到了更加广泛的领域。在保险产品方面，他既购买了大量投资理财型产品，也购买了一些防范疾病风险的产品。在个人生活方面，他既参加了中国太保举办的"太爱跑"比赛，以此为契机爱上了长跑和健身运动，过上了"运动达人"的健康生活方式，也参观了"太保家园"等养老项目，开始考虑未来的退休生活和养老问题。

跟许多企业家一样，黄耀早年也是职场上的"拼命三郎"，365 天全年无休。在 2004 至 2005 年，他购买了大量太保寿险的产品，当时他看重的是产品的风险补偿功能，主要考虑"万一生病了怎么办？万一意外身故了怎么办？"，但到了现在，他对于人生和生活的理念，以及他的生活方式都发生了很大改变。现在他不但经常沿着黄浦江两岸长跑，还成了健身房的常客，每天上班前都先去健身房运动一两个钟头，形成了热爱运动、劳逸结合、重视健康的生活方式。

黄耀的这些改变，完美地契合了太保寿险转型期彰显价值导向、提供价值服务的客户服务理念。太保寿险在 2011 年以来的转型期里提出，要为客服提供价值服务。价值服务的主业价值就包括风险防范（也即风险管理）和风险补偿。

风险补偿很容易理解，客户出险了，保险公司就给予补偿。比方说，现在人们都热爱旅游，喜欢各种各样的挑战。旅游和挑战中就蕴含着风险，保险公司为这种风险提供保障。美国当地时间 2009 年 1 月 30 日，中国上海一赴美旅游团在亚利桑那州发生重大车祸事件，车上

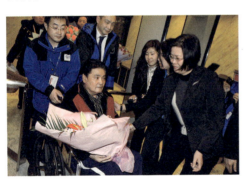

■ 2009 年 2 月 17 日，寿险相关人员在机场向在美国特大事故中受伤的归国人员表示慰问

的 20 名中国游客中 6 人遇难、10 人受伤。中国太保立即启动急难求助计划，委托国际 SOS 救援组织对在美国的伤亡游客实施海外救援，并快速将 185 万元赔款送至客户手中。这次跨国救援行动受到国内外媒体的高度关注，《人民日报》对中国太保海外救援工作进行跟踪报道，并将之评价为"这是目前国内保险公司与国际性救援机构联手合作开展的规模最大的一次海外救援"。

与风险补偿相比，风险防范的概念更加新鲜，也不太为人们所熟知。但事实上，在太保寿险的价值服务理念里，风险防范与风险补偿同等重要，甚至更加重要。客户，尤其是高净值客户购买保险，更多是希望获得风险防范，而仅仅是风险补偿。他们购买重疾险、意外伤亡险，买了很多、很贵的保险，但是绝对不希望自己出险，拿到那个补偿金。他们最不想花的钱就是保险公司的赔付款。他们花钱买保险，实际上是买平安、买保障，万一出险了，他们能够通过保险把家庭的风险锁定。但他们最大的心愿是永远都不出险，永远平安、健康地生活着，永远不要拿那个补偿金。太保寿险的价值服务，就要帮助客户实现这个心愿。

以前的保险服务，是客户出险了就提供风险补偿，客户不出险就不提供服务。现在太保寿险的价值服务理念，变成了通过一系列主动服务，帮助客户防范风险、管理风险，力争不出险。比如说，为客户定期体检，协助客户做好个人的健康管理，"防病于未然"。通过举办健康讲座来普及健康知识，帮助客户提高个人的健康知识和健康理念。举办"太爱跑"比赛，帮助客户建立积极健康的心态，鼓励他们参加体育锻炼，树立健康的生活方式，防范亚健康状态，防范疾病风险。

黄耀就品尝到了太保寿险价值服务的甜头。自从参加"太爱跑"，变成"运动达人"、过上健康的生活方式之后，他的身体状态迅速改善，运动能力不断提高，在工作和生活中都体力充沛、精神饱满，应对处理各种问题和困难都游刃有余。他开玩笑说，自己的身体机能已经进入了"逆生长"状态，运动能力和水平一年比一年提高。他自信哪怕到了 70 岁，自己应该还能跑得动。通过黄耀的亲身经历来看，风险防范和风险补偿哪一种价值更重要，可谓不言而喻。

风险防范的价值不但对客户很重要，对太保寿险来说同样重要。只有客户不得病、少得病，他们的生命才能更长。客户健康长寿，保险公司才能获得更多创造盈利、实现价值的市场机会。因为客户健康长寿，保险公司不但可以减少在疾病、伤亡方面的赔付支出，还可以围绕客户生命历程中不同阶段的需求，形成全生命周期的保险保障，包括人寿保险、健康保险和养老保险等等。当人寿保险产业化、健康保险产业化和养老保险产业化三者叠加之后，就形成了客户全生命周期的健康之盾，实现了客户全生命周期的健康价值。

（二）从转型 1.0 到转型 2.0

价值服务的客服理念转型，伴随着从转型 1.0 到转型 2.0 的整个过程。2011 年，太保寿险在集团领导下，率先启动"以客户需求为导向"的战略转型 1.0，围绕"关注客户需求、改善客户界面、提升客户体验"三大转型目标，推动商业模式变革。公司树立了"价值可持续增长"的经营理念，实施"聚焦营销、聚焦期缴"的业务发展策略，坚持人力和产能"双轮驱动"，逐步形成了大个险经营模式新格局，连续多年新业务价值保持持续较快增长。

2018 年，中国太保顺应外部环境变化，揭开转型新篇章，启动转型 2.0，围绕"成为行业健康稳定发展的引领者"的发展愿景，"客户体验最佳，风控能力最强，业务质量最优"的目标和人才、数字、协同、管控、布局五大关键词，推动方式转变、结构优化和动能转换。太保寿险贯彻落实集团转型要求，开启新一轮转型工作，坚持"价值可持续增长"的经营理念，深入实施"三个聚焦"（聚焦价值、聚焦队伍、聚焦赋能），打造三大新动能（一是推动营销队伍结构升级，二是以客户生态圈建设促进服务增值，三是丰富服务供给强化全流程科技赋能），着力建设三支队伍（一是做大核心人力，二是做强顶尖绩优，三是培育新生代）。

归纳起来，转型 2.0 可以概括为三句话：聚焦可持续的价值成长、"产品＋服务"和科技赋能。

第一就是进一步聚焦可持续的价值成长。在长期的经营行为中寻找、开拓可持续的价值成长，把太保寿险打造成"百年老店"，绝对不做昙花一现的"网红"品牌。

第二就是推进"产品＋服务"的系统。在公司发展的初创期和发展期，经营的核心都是销售产品。到了现在的转型期，除了开发、销售全生命周期的产品以外，还要加上服务。这个服务的品种非常多。比如说健康管理，帮助客户进行日常身体检查、年度体检，按照客户的身体状态开展健康管理。"上医治未病"，太保寿险的健康管理服务也要像"上医"一样"治未病"，让客户不得病、少得病、不得重病大病。再比如说养老服务。上海已经迈入老龄化社会，中国的老年人口规模也在不断壮大，但现在养老院一床难求。太保寿险的"产品＋服务"就要发展大健康、大养老，为客户提供养老服务。

第三就是科技赋能。随着"人口红利"逐步减少，未来的劳动力成本将不断上涨。在这个趋势下，保险行业必须更多地借助科技来获得赋能。比如说，太保寿险现在提供视频医生服务，客户不用跑到医院去，只要通过视频互动，把自己的症状告诉医生，医生就可以提供相应的诊疗服务。再比如，太保寿

■ 2019 年 12 月 12 日，寿险灵犀智能机器人上线

险还推出了保险机器人，由机器人提供保全服务，使客户的保单持续有效。客户只要输入需求、个人资料，机器人就可以帮助规划一个综合保障计划，满足客户需求。

归结到客户服务端，在客户身上，这个以"价值成长、产品＋服务和科技赋能"为核心的转型 2.0 如何实现呢？那就是要打造一个全生命周期、全方位、全维度的客户服务生态圈。它具有六大特征：一是多元化。从过去的单一产品、单一服务，变成多元化产品、多元化服务。二是场景化。比如说要给客户设计一个场景：如果没有保险，你将来会怎么样？如果有了保险，你将来又会怎么样？三是服务效率化。服务要解决问题，解决问题要注重效率。四是长期化。做"百年老店"，提供长期服务。五是个性化。为客户提供量身定制的个性化服务。六是适老化。按照老年人的特点，提供适合老年人、对老年人友善的客户服务。

（三）紧紧抓住客户的新特点

太保寿险在转型期提出价值服务理念，实际上因应了客户在当前和未来所呈现出来的新特点。这些新特点包括：

一是客户更加成熟理性。黄耀说，1998 年第一次购买"老来福"的时候，他就是一个成熟的消费者，很少冲动性消费。一款保险产品和服务是否适合

自己、自己是否需要、经济能否承担，他都会进行理性分析、理性决策。经过40多年的改革开放，尤其是从1991年太保成立，打破保险市场的垄断格局之后，中国保险市场的客户逐步从青涩走向成熟，变成了像黄耀一样的理性消费者。

二是客户对于保险的认知不断提高。客户对保险产品的认知程度不再局限于保障生命，还有健康、养老、子女的教育和婚嫁等。从前的客户服务，客户生日到了，保险公司打个电话问候一下。保单续费时间到了，再打电话催促一下。这种服务早就过时了。现在的服务要"随风潜入夜，润物细无声"，使客户在任何一个场景里面都可以感知保险服务的存在。

客户认知提高的另一个表现，就是客户的需求已经从关注风险补偿向关注风险防范转移。风险防范就是不让风险发生。过去客户注重风险补偿，就是"我只要出险了，你就要赔我钱"。现在变成了"我购买了保险，你就要帮助我不要让风险发生"。

三是客户更加注重全流程的服务体验。过去客户要的是产品服务、销售服务，现在要的是全流程的服务体验，服务体系要形成闭环。

四是客户更希望获得产品与服务相融合的综合解决方案。在形成闭环的全流程服务生态圈里，产品和服务互相融合，共同构成一个综合的，同时又是满足不同客户不同特点的差异化、个性化解决方案。

五是客户的群体分层明显。目前保险市场的客户群大致可以分成三种。第一种是高净值人群，他们主要追求财富和价值。第二种是银发客户，他们的需求主要是健康和养老。第三种是新生代客户，也就是"90后"新生代。这个客户群体也呈现出很多新特点。他们普遍拥有比较高的学历，所以特别重视消费体验，没有很好的体验就不会消费。他们的保险需求也更加多元，包括他们自己的需求、父母的需求、孩子的需求，以及他们在工作的不同阶段的不同需求。他们还特别有个性，更愿意接受量身定制的保险方案。他们的个人自主性也很强，更愿意自主搭配自己的保险方案，而不是选择别人搭配好的保险方案。

针对客户呈现的这些新特点、新变化，转型2.0在2021年确定了三个主题，一是以客户为中心，二是做长期主义者，三是做时间的朋友。

以客户为中心，意味着销售和服务模式的转变。如果说，过去设计产品、设计服务流程、设计财务流程和内部管理流程都是以公司为中心设置的话，那么将来就要转变成以客户为中心，站在客户的立场上为客户着想。

做长期主义者，意味着太保寿险不是谋一城一池、一时一事，而是谋求永远。长期主义者可以视为对"百年老店"的一种诠释。只要有保险市场，只要有保险公司，太保寿险就要存在。

做时间的朋友，意味着这个朋友不是一天两天，是亲密的朋友，是生死的朋友。具体到保险公司来讲就是"契友"。保险公司和客户之间的关系通过契约来建立，所以是"契友"。经过长期合作，双方高度默契，就成了默契的"契友"。保险公司和客户之间从契约到默契，这就是价值服务要追求的目标。

"做时间的朋友"包括三方面内容。一是对投资者来说，"资本＋时间"等于价值。二是对客户来说，"保单＋时间"等于陪伴。三是对员工来说，"员工＋时间"等于伙伴。通过长期的合作，公司和公司的内外勤员工都变成了合作伙伴，公司的成长和员工个人的成长相互促进，实现共赢共好。

在未来的转型 2.0 时代（也可以称为"后转型时代"），太保寿险客户服务的目标应该是三句话，一是跨前一步，提供的服务超越客户期望。客户服务工作怎样才能使客户满意呢？那就要比他们的期待还多一点，让他们感到喜出望外。二是解决问题。客户服务不光是微笑，不光是做生意，最关键的是要解决问题。帮助客户解决了实际问题，就能赢得客户的口碑。三是感受良好。感受不是感觉，它是客户心里面的感受，通过心灵去感受。赢得客户心里的认同，那就是优质的客户服务。

（作者：封寿炎）

第六节

"红色力量"撬动发展杠杆

熟悉中国太保的人常常感慨，这家企业总是有那么一股拼劲。

这股拼劲，不是拿国家的利益、客户的权益、股东的收益去冒险，而是在战略抉择时果敢坚毅，在创新发展时敢为人先，在落实政策时稳扎稳打，在履行责任时奋勇争先。

这一精神面貌，很大程度上源于企业历来高度重视党建工作，以制度保障、思想保障、人才保障、组织保障、作风保障为抓手，不断把党的工作优势转化为企业的竞争优势、创新优势、发展优势。

中国太保人深知，市场上的追逐，是物质的角力，也是精神的淬炼。唯有精神上站得住、站得稳，才能挺立潮头、一往无前。党建工作做实了就是生产力，党建工作做强了就是竞争力，党建工作做细了就是凝聚力。

"新时代，要始终把党建放在心上、扛在肩上、走在路上，要以有声有色、有着有落的党建引领企业高质量发展。"集团党委书记孔庆伟如是感言。

制度保障——
抓好党建是本职、不抓党建是失职、抓不好党建是不称职

一

火车跑得快，全靠车头带。

每年年底，中国太保的高管都会拿到一张来年重要会议安排的大致召开时间表，上面用三种颜色标注了全年党委会、董事会和经管会的大致召开时间。

这张时间表是党委办公室、董事会办公室和行政办公室反复协商后制定的，重点落实"把党组织研究讨论作为董事会、经理层决策重大问题的前置程序"的要求。

按照党建制度化、规范化的原则，集团和各子公司党委修订了"三重一大"决策制度实施办法，以列明事项明细和分工的形式明确了党委会、董事会

和经管会的议事内容边界，着力把党的领导贯穿于公司改革发展与法人治理的全过程，定期研判形势、把准发展方向、把握工作大局、推进工作落实。

同时，集团党委探索将部分党委会和经管会的内容合并，召开党委扩大会。围绕转型2.0项目集的实施，议大事、定方向，对转型发展的重大问题提出指导意见。

这既提升了会议效率，又达到了党委参与决策、严格规范决策程序、充分尊重和体现公司董事会、经管会在决策中的法定地位的目的。

又如，加强子公司和分公司党的领导力量，集团在子公司党委设专职党委副书记，产寿险公司在部分有一定基础的分公司设专职党委副书记。

二

2020年，是中国太保转型2.0全面冲刺年。

在"转型当先锋、服务立新功"的指引下，中国太保以全国和上海市国企党建工作会议精神为指导，出台《中国太保关于全面推进党支部标准化规范化建设的指导意见》等一系列规章制度，进一步激励各级党组织在重大项目和关键领域的发挥示范引领作用，进一步激发广大党员勇挑重担、实干争先。

在集团层面，首次举办"两班一营"专题培训，让各级干部进一步开阔视野，提升能力，增强信心，为"十四五"规划开局打下坚实基础。

在集团直属党委，聚焦服务转型和阵地建设，持续深化"一支部一品牌"活动，着力打造一批具有组织力、发动力和穿透力的总部党建特色品牌。

在产寿险公司，承保、理赔、客服、后勤保障等多个条线积极开展岗位建功活动，各级机构共创建"党员责任区"900余个、"党员示范岗"4633个，成为践行转型的"领头羊"、示范岗。

在重大项目和重点工作中，中国太保的党员始终冲锋在前。第三届进博会上，各级机构选拔出的261名党团员组成临时党、团支部和突击队，围绕主责主业，聚焦保险保障、金融开放、服务贸易、战略协同、内外传播等领域，以更新保障、更强支持、更好服务，实现方案专业化、保障精细化、服务智慧化、合作国际化，高质量完成进博服务保障任务。

三

转型2.0的成功推进，是中国太保抓机制制度建设、开创规范管理新局的生动体现。

■ 中国太保党建及党风廉政建设工作会议

一方面，集团党委与子公司党委签订党建工作目标责任书，与班子任期考核相结合，逐级落地压实"两个责任制"。

另一方面，建立和完善党委会议事规则、"三重一大"集体决策等，确保党组织对重大决策事项前置讨论研究，把党的领导贯穿法人治理全过程，实现党建工作与经营管理的有机融合。

2017年4月，为进一步健全党组织有效参与决策的运作机制，增强公司转型发展动力、机制创新活力和风险防范能力，中国太保率先把党建工作要求纳入公司章程。一是使党的领导成为法人治理的组成部分，二是坚持和完善双向进入、交叉任职的体制，三是在制度上确定党组织的法定地位。

根据资本构成、管理模式、战略规划、党建现状等实际，中国太保有意识地使章程修改成为宣传、贯彻、执行党的路线方针政策的过程，成为凝聚共识、汇集合力的过程。

依照《公司法》《公司章程》等相关规定，章程修订为特别决议事项，需要出席股东所持表决权66.7%以上赞成方可通过。作为一家上海和香港两地上市公司，中国太保股权结构相对分散，单靠国资股东的投票无法让议案获得通过。

考虑到外资股东对党建内容的增设会有一定的不理解甚至存在疑虑，公司在股东大会召开前与相关重要股东逐一进行沟通；孔庆伟亲自会见8家H股主要股东，积极争取理解和支持。

2017年6月9日，《关于修订〈中国太平洋保险（集团）股份有限公司章程〉的议案》在年度股东大会上以82.39%的高赞成比例获得通过。到2018年6月，各子公司全部完成将党建工作写入公司章程的工作。

四

在中国太保，提及"党建22条"，广大党员干部都耳熟能详。

以贯彻全国和上海市国企党建工作会议精神为契机，集团党委专门制定《贯彻落实全国和上海市国有企业党的建设工作会议精神重点任务》，部署22项重点任务，从顶层设计和制度建设出发，推动公司党的建设再上新台阶。

2017年5月起，集团层面成立四个工作小组，对产寿险80余家分公司和多家金融系统兄弟单位开展党建工作调研，全面梳理党建工作存在的重点、难点，并在全系统各级党组织中广泛征求意见。

6月，集团党委会审议通过《重点任务》并正式印发全系统，要求相关职能部门和各子公司党委按照重点任务列示的工作内容和时间要求，结合实际细化分解，制定工作计划和实施方案，扎实推进、责任到人，确保每一项重点任务的保质保量完成。

时任集团党委副书记贺青组织子公司党委分管领导和职能部门负责人先后召开三次专题会议，研究部署《重点任务》的落地落实。

集团党群部以周为时间单位，建立定期追踪协调机制，督办各项任务的落实进度；以月为时间单位，召开进度追踪分析会，定期向集团党委领导汇报工作进展。

经过近两年的努力，除个别项目有调整并持续推进外，其他重点任务、工作举措均已全部落地落实。

在22项重点任务的分解、破解中，中国太保"大党建"工作格局运转高效。

2017年前，集团党群部是党建主要职能部门，集党办、宣传、组织、群团和党风廉政建设等职能于一身，责任重大，但人力有限，面对日益繁重的任务，工作中难免疲于应付。

2018年起，随着集团总部部门架构改革，在集团党委高度重视下，党委办公室、党委宣传部、党委组织部、党委巡察办和工会、团委独立成部，配齐配强各类专职党务干部；各子公司参照集团架构，配置相应的部门和人员。

架构调整后，党建工作分工更加明确、职能更加清晰、协同更加有力。2021 年起，集团实施全新的党建条线工作例会制度，党工团组织紧扣服务转型发展中心，统一思想、聚焦重点、对标对表、上下联动，一体化协同推动党建重点工作落实落地，形成集团党建部门的"大合唱"，奏响太保党建工作的"最强音"。

思想保障——
不仅走"新"而且走"心"，提升向心力与凝聚力

一

在中国太保，几乎每名党员的手机里都装有同一个 APP——"先锋队"。大家亲切地称它是宣传教育"新窗口"、党建动态"活地图"、党员管理"好助手"。

2017 年 5 月，正在参加上海市第十一次党代会的太保寿险党务工作部部长尹满红在会议期间一直在思考一个问题："作为全国性金融企业，中国太保党组织层级多、地域分布广，党员教育和党建管理难度大，怎样把上级和集团党委的会议精神和工作部署第一时间传达到一线党员，新形势下党员的思想政治教育到底如何创新而有效地开展？"

有着 IT 专业背景的尹满红想到了开发一款党建 APP。在太保寿险党委的大力支持下，"先锋队" 1.0 版本孕育而生，2018 年起，根据集团党委书记孔庆伟的要求，集团党群部联合 IT 开发部不断进行改版升级，将其打造成为太保全系统的党建数字化平台。

■ 中国太保党建"先锋队"APP

"先锋队"的标识由金色的党徽和飘扬的旗帜组成，寓意中国太保党宣工作积极担负新形势下宣传思想工作"举旗帜、聚民心、育新人、兴文化、展形象"的使命任务。

一次次的升级，让"先锋队"传播更快速、形式更丰富、功能更实用、界面更亲和、体验更友好。

中国太保首次党代会的召开日，

是"先锋队"3.0版本正式上线的第一天。"先锋队"提前策划"首次党代会"专题，通过"大会议程""会议材料""大会聚焦"等栏目发布会议信息，通过"会议视频"转播大会现场盛况，通过"代表风采"和"大会助力"调动党员和员工随时随处为大会点赞、写寄语、送祝福、发表情。在集团第四届职代会上，"先锋队"又新增了选举表决功能，既提高了会议的效率，又提升了会议的透明度，耳目一新的界面视觉体验、同步即发的图文资讯、及时统计的选举结果获得广泛好评。

在"不忘初心、牢记使命"主题教育中，"先锋队"开设"学习书架"，汇集习近平新时代中国特色社会主义思想的原著原文；开设"学习有声"，收录习近平新时代中国特色社会主义思想学习纲要的朗读版；开设"学习图解"，让人一图读懂主题教育的各项要求和专题部署；开设"学习微课"，通过理论新视野、情景党课等微视频全面深入开展党的十九大精神宣传教育。

据统计，在主题教育开展的3个月里，"先锋队"共收到来稿近200篇、"百字百秒"微视频80个，浏览量近10万。

广大党员干部纷纷点赞这款中国太保人自己的"学习强国"，为自主学习提供了丰富的学习资源和随时随处的学习场景。

二

近年来，中国太保以"爱党爱国爱司"为主线，通过党建工作的扎实开展，坚持宣扬党的优良传统、弘扬先进文化、传播社会主义核心价值观，不断将党建的思想政治优势与企业文化建设、企业改革发展结合起来。

在中国太保连续三年服务进博会期间，宣传部门的工作人员每天都会制作最新的视频新闻第一时间在多个平台、渠道上传发布，让中国太保人及时了解进博会、了解进博会上的太保服务、了解太保服务背后的团队。

一花独放不是春，百花齐放春满园。转型发展的征程需要每一个基层组织的积极参与，需要每一名员工贡献智慧和辛勤付出。

2020年7月，以中国太保司庆日命名的"太保之声513频率"在"先锋队"开播，设置"先锋讲堂"和"美文享听"栏目。围绕党员政治思想教育和"四史"学习教育，从集团党委主要领导示范开讲到邀请各级党员走进讲堂，创新支部组织学习形式，倡导在线学习打卡，分享学习心得互动，抒发中国太保人"爱党爱国爱司"的情怀。

由党委书记孔庆伟讲述的第一堂课收听达 5.1 万人次，留言互动近 2000 人次，首次实现了万名党员跨时空同听一堂党课。这种"互联网＋党建教育"的创新形式，不仅走"新"，而且走"心"，已成为不少中国太保人的每日必修课。

通过一次次创新实践，中国太保人越来越意识到，新时代加强思想保障，既要及时准确传递党的声音、交流党建经验，还要融合党工团合力，发挥好新媒体的传播互动优势，促进线上线下融合，做好舆情管理。只有这样，才能切实提升企业思想政治工作的针对性、有效性，提升党员和员工的向心力、凝聚力。

三

上海是党的诞生地、初心孕育地。

作为唯一一家总部设在上海的大型综合保险公司，中国太保全方位、多形式、高质量开展"四史"学习教育活动，不仅党员干部带头学、基层组织分类学，而且结合实际创新学，在学史温故中汲取奋斗力量，在学思践悟中积聚前行动能。

2020 年 8 月，中国太保三江源生态公益林在青海正式落成。9 月，集团党委班子前往公益林附近的全国爱国主义教育示范基地原子城开展"四史"学习教育，现场学习"无私奉献、自力更生、艰苦奋斗、勇于攀登"的"两弹一星"精神，进一步增强了党员干部的使命感和责任感。

开展"四史"教育之外，中国太保还注重以习近平新时代中国特色社会主义思想武装广大干部、党员和员工。

党的十八大以来，全系统广泛开展党的群众路线教育实践活动、"三严三实"专题教育、"两学一做"学习教育、"不忘初心、牢记使命"主题教育等，夯实了高质量发展的思想基础。

同时，集团党委坚持把党的政治建设摆在首位，坚持开展中心组学习，自上而下建立健全基层党委中心组学习督导机制；集团党委班子和各级党组织书记坚持讲授专题党课，带领全体党员学史明志，蓄力转型发展新动能。

各级党组织积极开展参观学习、读书观影、情景党课、云党课、微党课、知识竞赛等主题党日活动，广大党员带着使命看、带着感情听、带着初心写、带着思考讲，并结合公司实际，共话太保发展、共谋太保未来。

中国太保宣传平台和载体众多，在坚持党管意识形态领域，公司尤其强调行为规范与阵地创新的结合。集团党委印发《意识形态责任制清单》，推动意识形态责任层层落实；围绕重要敏感时间节点，优化舆情监控和应对处置，全年舆情保持平稳；全面梳理系统内部各类意识形态阵地，夯实"三审"把关制度，防止在导向和真实性上出现偏差。

集团党委还进一步完善文明单位创建管理机制，发挥示范引领作用，上下联动形成创建合力。

长江养老、寿险大兴安岭中心支公司、产险天津分公司先后获评全国文明单位，产险上海分公司连续五届蝉联全国文明单位。

一位参加了产险上海分公司复评的上海市国资委领导感言：创建工作使这家公司充满了战斗力、凝聚力和正能量，能成为太保系统内首家保费突破百亿元的机构，党建引领、创建助力、实至名归！

人才保障——
让吃苦的人吃香，让实干的人实惠，让有为的人有位

一

30年来，坚持党管干部、党管人才，培养高素质的干部人才队伍，是中国太保一贯的坚守。

从青年人才成长到党员干部发挥先锋模范作用，从牵引干部素质大跨越到人才机制体制完善，"让吃苦的人吃香，让实干的人实惠，让有为的人有位"正在成为共识、现实。

在集团层面，党委始终关心青年、重视青年、爱护青年、信任青年，注重在日常实践中锻炼磨砺青年，在大战大考中考验培养青年，给平台、给擂台、给舞台；团委着力加强青年思想引领，创新开展团建联建，聚焦转型发展的主题主线，开展青年特色活动，以青年的智慧力量助推中心工作。

2019年，集团总部搬迁至南外滩。这座大气磅礴的建筑，成为太保职工暖心的"家"。集团工会为员工精心打造了包括理发、健身、医疗、阅览、餐饮在内的"一站式"职工服务体系，让员工不出楼宇即可满足日常需求。

有力的"后勤"支持，催生更强的一线战斗力。由集团团委组建的进博服务青年突击队圆满完成进博重任，荣获"上海市标杆青年突击队"称号。

"在党委指导下，在工会、团委带动下，广大员工和青年积极参与公司民主管理，充分发挥投身转型发展的热情和主人翁精神，是守初心、担使命、促转型的生动实践。"集团党委副书记季正荣说。

二

在中国太保内部，每一名员工都是一滴水，一滴春风化雨润物无声的水。

2020年，在新冠肺炎疫情最严重的武汉，很多中国太保人冲锋在前。仅太保产险湖北分公司在鄂参加志愿者活动的团员青年就有40多人。

他们用自己的行动书写了"平时是保险员，难时是战斗员"，践行了"在挑战中奋起、在困境中逆行"的铮铮誓言。

因在新冠肺炎疫情防控中的突出表现，太保产险湖北分公司青年突击队荣获共青团中央金融工委颁发的"全国金融系统青年五四奖章集体"称号。这是2020年全国保险行业唯一获得此项集体荣誉的保险机构。

面对疫情，集团党委第一时间向全系统2万余名党员发出动员令，组建党员突击队885个，吸引15889名党员报名参加，在交通道口检查、防控物资保障协调等疫情防控最需要的一线挺身而出。

■ 中国太保"红保行动""同在党旗下""救在你身边"荣获上海国企百强党建品牌

同时，集团总部30个党支部主动对接湖北地区57个党支部，对接捐款捐物赠险、升级线上服务等服务；为武汉辖区定向捐赠千万元，帮助当地中小企业纾困解难；向湖北一线医护人员提供专属风险保障……

"我是党员，我先上。"太保产险党委书记顾越荣获"上海市抗击新冠疫情先进个人"称号，集团科技运营中心党委、健康险党总支和产险湖北分公司党委荣获"上海市国资委系统基层党组织疫情防控、复工复产百个特色工作品牌"称号。

三

新形势下，把企业做强、做优、做大靠什么？

最重要的还是要有一种为国家为人民真诚奉献的精神、一个坚强有力的领导班子、一支勇于攻坚克难的高素质干部队伍、一支充分组织起来的职工队伍。

30 年来，中国太保坚持"对党忠诚、勇于创新、治企有方、兴企有为、清正廉洁"，健全选贤任能制度，牵引干部和人才队伍素质大跨越。

比如，持续优化班子结构。

2018 年，集团党委下发《关于进一步激励广大干部在推动战略转型 2.0 中新担当新作为的实施意见》，完善在更大视野、更宽领域广纳群贤的人才选拔机制。在 2018 年 12 月的集团总部干部竞聘工作中，一大批高素质年轻干部被选拔到重要领导岗位。

又如，不断完善人才培育机制。

立足产寿险核心业务板块，聚焦关键人才试点实施"长青计划"，激活队伍活力和驱动力，加强稳预期、稳队伍、稳业绩的机制保障。

发挥市场化机制在人才资源配置管理中的主导作用，鼓励优秀人才到基层发挥才能、创造更大的价值。

在长沙、成都两地设立中国太保党校分校，打造大学生实习基地，为实现人才育用结合提供坚实阵地。

……

组织保障——
以需求和问题为导向，把基层党建做精、做细
一

越是关键时刻，越看担当作为。

2020 年 11 月，中国太保服务第三届进博会誓师仪式在国家会展中心举行。现场成立了中国太保进博服务临时党支部、临时团组织和多支进博服务青年突击队，凝聚进博保障合力。

当时，产险上海分公司组建的进博核心工作团队在第一时间成立了进博会现场服务临时党支部。热血沸腾的两名青年突击队员程敏诚、蒋尘逍还提交了入党申请书。

为了确保准确的嘉宾护送路线和耗时，团队成员那几天几乎霸占了微信朋友圈步数排行榜。进博会首日上午 9 时，团队成员于华溢的微信朋友圈步数统

计已突破 1 万……

经历风雨，方显英雄本色。

在抗台救灾、灾后救援的前线，同样闪耀着中国太保各级党组织的身影。

2019 年 8 月，超强台风"利奇马"横扫多个省市，造成 1402 万人受灾，1.6 万间房屋倒塌，农作物受灾面积 1139 千公顷。

"利奇马"过境前，太保产险党委提前部署、积极应对，组织召开抗台救援动员大会，明确各级党组织负责人作为抗击台风的第一责任人，务必全面做好抗台的组织保障，认真落实好抗击台风的人员配备、物资保障、快速理赔、紧急救援、抗灾抢险、灾后救助等各项工作。

灾区各分公司积极贯彻落实，纷纷成立抗击台风临时党支部、成立青年党员突击队，积极开展抗灾救援应急演练，认真配备救灾物资和车辆等。

党员叶伟敏是产险温州分公司的理赔人员，家在台风重灾区乐清，却加班加点、快速响应为受灾客户定损、理赔咨询，在岗位上连轴转，忙得家都回不了、饭也来不及吃；应急救援队队长潘章伦，带领应急救援员前往重灾区勘察堤防受损情况，不慎跌入泥沟，简单清洗过后又重新走入了泥潭……

二

人是影响企业改革经营最活跃的要素，党建最重要的就是做人的工作。中国太保人"叫得应、靠得住"，关键在于狠抓基层组织建设，适应转型发展新要求。

■ 集团党委副书记季正荣在上海市国资委交流"万名书记进党校"工作经验

2016 年起，集团党委先后在全国几十个城市按片区高质量举办"万名书记进党校"活动，累计培训基层党组织书记超过 2000 人，成为中国太保建司以来规模最大、范围最广、人数最多、受关注程度最高的党建培训活动和上海市国资系统党建主题教育活动的最佳实践案例。

集团党委书记孔庆伟带头走基层、进班级、入课堂，其他集团党委委员分赴各地看望慰问学员，参加有关活动，调研基层党建，身体力行推动"万名书记进党校"成为夯实党建基础、推动转型发展的重要抓手。

集团党群部克服分公司点多面广、难以集中的实际困难，提前谋划，精心组织，派出专员奔赴各地，最大程度地完成教学任务。各地培训班用情用心、氛围浓郁、创新连连、亮点纷呈。

2020 年起，新一轮的党组织书记培训全面展开，集团旗下的产险党校、寿险党校也相继在成都、长沙挂牌成立。

在以学促进、以学促干的引领下，中国太保深入贯彻"党的一切工作落实到支部"，以党建主题活动、党支部组织生活指引、组织生活创新案例评比为抓手，围绕转型，服务大局，打造了一批基层党建创新特色项目。

作为"党建在基层作用的发挥机制"转型 2.0 的子项目，太保产险截至 2020 年底共创建责任区 760 余个，在加强党组织建设、提升公司整体竞争力、优化资源配置、提升经营业绩等方面取得实际成效。

太保寿险以"双报到""双报告"的形式，设立营销员党建示范点 17 个，组建营销员党员学习小组 173 个，成立营销员党员突击队 161 个，充分发挥营销员党员带头出勤、带头举绩、带头合规的先进模范作用。

三

党支部是桥梁和纽带，也是"最后一公里"。

根据集团党委副书记季正荣对党建工作"有组织、有人做、有声音、有抓手、有经费、有成效"的"六有"要求，中国太保全面启动党支部标准化规范化建设工作。

2020 年 7 月 1 日，集团党委召开推进大会，发布《中国太保党支部标准化规范化建设优秀案例集》《中国太保党支部标准化规范化工作指南》和"党建管理云平台"，并对评选产生的 106 个"党支部标准化规范化建设示范点"、105 名"党支部书记带头人"进行表彰。

目前，中国太保全系统共有党支部 1596 个。截至 2020 年底，已有 70% 的支部完成标准化、规范化建设。为了献礼建党 100 周年，各级党组织正在自我加压，加快推进标准化、规范化建设，争取到 2021 年"七一"前实现百分百达标。

为此，集团党委组织部按照当"基层党建工作内行人"的要求，正在完善基层党支部标准化、规范化框架设计与内容编排，借助"一文一图一答疑 +X"的工作手册模板，为基层党务工作者赋能添能。

在畅通"最后一公里"基础上，中国太保还十分重视"优党建联建、树创新品牌"，鼓励各基层党支部因地制宜、因企制宜，在理念方法、内容形式、载体手段等方面大胆创新，探索富有实效的特色做法。

太保产险党委根据国家区域发展战略，划分长三角、京津冀、大湾区等 9 个区域，共建组织基础、共享区域资源、共办各类活动、共树品牌形象、共抓党风廉政、共解发展难题。

太保寿险 600 多个党支部开展"走四方"党建活动逾千次，并通过"上下互动 1+1 模式"强化总分联动，通过"内部结合 1+1 模式"强化条线协同，通过"市场链接 1+1 模式"强化品牌拓展，通过"产寿协同 1+1 模式"强化资源共享。

目前，中国太保以区域共建为抓手，初步涌现了"救"在你身边、同在党旗下、红保行动等一大批党建特色品牌。

作风保障——
从"蔚蓝"驶向"深蓝"，要有党风廉政与作风建设护航

求木之长者，必固其根本。

从"蔚蓝"驶向"深蓝"，中国太保这艘巨舰想行稳致远，必须要有党风廉政与作风建设的护航。

2019 年 7 月，上海市纪委监委驻中国太保纪检监察组成立。集团党委委员、纪检监察组组长刘济南指出，坚持党的领导、加强党的建设是国有企业的"根"和"魂"，是我国国有企业的独特优势，派驻纪检监察组要发挥好"派"的权威和"驻"的优势，切实履行好监督职责。

集团党委始终站在政治和全局的高度，深入贯彻落实党中央、市委、市纪委监委关于深化派驻机构改革的决策部署，持续推动纪检监察体制改革在太保的落地，并与纪检监察组共同建立了定期会商、"四责协同"联席会议、列席集团有关会议、重要情况通报、信息共享等工作机制，形成同向发力的工作格局。

查纠"四风"，踏石有印。

太保寿险纪委细化完善行政接待、公务用车、培训、会议、差旅等各项费

用支出制度，通过采取"节前提醒、纪律教育、案件警示"等措施，形成并固化了"节前教育→节期检查→节后通报"的工作机制。

强化监督，抓铁有痕。

比如，修订《员工亲属回避规定》，推出集团高管人员廉洁从业八项承诺和负面清单，与708名高管人员签订廉洁从业承诺书，要求其就亲属回避、个人及配偶、子女移居国（境）外情况等进行承诺，并规定公司领导人员的配偶、子女及其配偶在其任职单位及关联单位的业务范围内有经商办企业行为的，须进行任职回避。

深化教育，久久为功。

工作中，注重把廉洁文化宣传教育与企业文化建设、争先创优、业务竞赛等活动有机结合起来，依托公司OA、《纪检园地》、电子屏、橱窗、简报和纪检干部微信平台，传播廉洁思想、解读政策信息、交流心得体会、组织知识测试、剖析典型案例，推动党纪党规教育从"关键少数"向全体党员拓展、从集中性教育向经常性教育延伸。

纪检派驻制改革前，集团纪委先后深入产寿险5个地区的19家省会型、城市型、区域型分公司进行专题调研，梳理影响和制约纪检监察条线监督执纪的瓶颈问题，进而向集团党委提出了关于加强和改进纪检监察工作的意见建议。

实践充分证明，加强和改进作风建设，把反腐倡廉工作与经营管理结合起来，才能为企业改革发展营造风清气正的环境。

二

党的十八大以后，中国太保主动适应新形势、新任务、新要求，增强"四个意识"、坚定"四个自信"、做到"两个维护"，全面落实中央、上级纪委和集团党委工作部署，认真落实"转职能、转方式、转作风"要求，坚定不移推进党风廉政建设和反腐败斗争，着力构建不敢腐、不能腐、不想腐的体制机制。

一方面，推动落实"党委负主体责任、纪委负监督责任"。

集团党委制定印发《贯彻党风廉政建设责任制实施办法》《党风廉政建设责任制考核办法》《关于落实党委主体责任进一步做实党风廉政建设责任制的实施意见》，集团纪委制定《纪委监督责任清单》，为构建"党委主体责任、书记第一责任、纪委监督责任、班子一岗双责"的"四责协同"体系奠定基础。

同时，探索实施巡察工作机制，建立健全巡察工作制度，印发《党委巡察工作办法》、制定《年度巡察方案》，先后派出 11 个巡察组对 3 家子公司、产寿险 19 家分支机构进行巡察，共发现问题 130 个，提出巡察整改建议 171 条；协助集团党委落实管党治党责任，严把干部提拔任用廉洁情况审核关，防止带病提拔。

建立容错纠错工作机制，为担当者担当，是中国太保党风廉政建设的一个亮点。在责任认定上做到"三个区分"：一是把创新工作与工作失误结合起来区别开来；二是把为公司发展和为个人牟利区别开来；三是把制度不健全和故意为之区别开来。

另一方面，积极履行监督执纪问责职责。

按照"下管一级、下查两级"的原则，加强对下级纪委的领导和监督，落实下级纪委向上级纪委述职制度，规范线索处置、谈话函询、调查核实、立案审查、立案审理流程。

对上级转办、领导有批示、集团自收、包括反映分支机构领导班子成员和全系统纪检干部的实名信访举报件，由集团纪委重点督办，体现全面从严；对各项审计、合规检查中发现移送、群众反映集中强烈、线索清晰翔实的问题线索，加大集体研判力度；对需转交办理的重点问题线索，实行集中管理、动态更新、定期核对、跟踪督办。

三

在肯定成绩的同时，中国太保人清醒地看到：反腐败斗争与正风肃纪形势依然严峻复杂，全面从严治党依然任重道远。

■ 2021 年 1 月，市纪委监委驻中国太保纪检监察组组长刘济南在集团党建及党风廉政建设工作会议讲话

一些党组织主体责任虚化，压力传导层层递减，怎么办？

中国太保决定用好党委巡察这个手段，深化"四责协同"机制。坚守政治巡察定位，注重从政治上发现问题、从业务上查找政治偏差，加大对被巡察机构党组织和党员领导干部贯彻执行党的路线方针政策，贯彻落实中央、市委和集团党委重大决策部署，遵守党内政治生活、选人用人、廉洁自律制度等方面的监督检查。通过巡察解决责任落实"上热下冷"、业务党建"两张皮"、压力传导不"触底"等问题，督促被巡察机构党组织担起主体责任。

重点领域和关键环节廉洁风险依然存在，违规违纪违法行为时有发生，怎么办？

中国太保决定把完善风险防控机制作为根本，从源头预防腐败。比如，聚焦人财物聚集的重点领域和关键环节，建立廉洁从业和防范利益冲突负面清单，划出各级管理人员必须遵守的"禁区"和"红线"；依托"风控一体化"项目建设，整合监督类管理制度，完善风险防控机制，及时发现、及时预警、超前化解倾向性、苗头性问题，切实提高风险管控的精准度和效力，让权力在阳光下运行。

少数党员领导干部管党治党意识不强、担当不足，认为纪检监察监督太强会打击经营管理者的积极性、影响企业的发展，怎么办？

中国太保决定践行监督执纪"四种形态"，把严管和厚爱、激励和约束结合起来，营造干事创业氛围。根据《关于进一步激励广大干部在推动战略转型2.0中新担当新作为的实施意见》的要求，对有关问题反映，及时查清事实、作出结论；对函询回复情况说明清楚且没有证据证明存在违纪违规问题的，予以采信了结；对受到诬告、诽谤等不公正待遇的干部，通过适当方式及时为其澄清正名、消除影响；严肃查处诬告陷害行为，对造谣中伤、散布谣言、恶意炒作、干扰公司改革创新造成恶劣影响的，严肃依纪依法追究责任。

尾声
回首过往，方见成长——

1991年成立伊始，中国太保率先成立党组织，坚持党的建设与企业发展同步谋划，做到"把方向、管大局、保落实"。

1998年，党组正式改为党委，进一步把党的领导融入公司治理各环节，把党组织嵌到公司治理结构之中，明确和落实党组织在公司法人治理结构中的法定地位。

1999年8月，在建司以来首次党建会议上，公司党委提出："紧密联系公司改革与发展的实际，突出重点，创造性地开展全系统党的建设工作，充分发挥党的政治优势，从思想上、组织上、作风上为推进太保的改革与发展提供坚强的保证。"

2000年9月10日，中国太保召开了一个极具意义的会议：中国太平洋保险公司分业经营机构体制改革暨思想政治工作会议。会议强调，以加强和改进思想政治工作来确保深化改革，充分体现了党建工作的时代价值。

强根铸魂，理直气壮——

党的十八大以来，"抓党建从工作出发，抓工作从党建入手；抓党建就是抓队伍，抓队伍就是抓业务"，不仅是中国太保人耳熟能详的理念，更是中国太保人身体力行的誓言。

2017年上半年，新一届董事会采取的第一项深化改革举措就是把党建工作要求正式写入公司章程，使党组织的职责权限、机构设置、运行机制、基础保障等得以明确。这项工作在上海市属国有企业中走在了前列。

集团党委聚焦"把加强党的领导与完善公司治理统一起来""建设高素质国有企业领导人员队伍""加强国有企业基层党组织建设"和"加强国有企业党风廉政建设"主题，全面梳理公司的党建现状，制定并实施"太保党建22条"，向全公司乃至全社会传递出讲政治、抓党建、强经营、促发展的信号与信念。

岁月荣光，催人奋进——

2019年7月5日，中国太保第一次党员代表大会胜利召开。这次大会是中国太保迈入转型新时代、新征程中具有里程碑意义的重要会议。

200名代表齐聚上海，大会回顾总结集团党的建设主要成果和基本经验，动员集团各级基层党组织和全体党员进一步坚定信念、凝心聚力、聚焦转型、创新突破，激励广大干部在推动战略转型中勇于担当作为。

新目标，新起点。中国太保提出了"党建工作走在行业前列"的目标，全面启动党支部标准化建设，广泛开展党员先锋行动，创建"党员攻坚克难责任区"，聚焦转型攻坚中难点问题，深入开展课题攻关、立功竞赛和技能比武等；打造富有特色的"万名书记进党校"品牌，成立产寿险党校，组建党建讲师团，为基层党员教育培训提供强有力的保障。

　　在加强党风廉政建设上，以深化党委巡察工作为重要抓手，分期分批对全国各分支机构开展巡察，聚焦班子建设、政治思想、选人用人、风险防范、党风廉政审计与合规检查发现的问题开展巡察，确保该提醒的提醒、该纠正的纠正、该处理的处理、该立案的立案。

　　凡心所向，素履所往。新蓝图赋予新使命，新使命呼唤新作为。中国太保人感恩奋进、起而行之，征途必定是星辰大海，未来必定是其道大光！

（作者：夏斌）

后 记

　　《起于浦江潮　扬帆太平洋——中国太保 30 年》的编辑出版是在中国太平洋保险（集团）股份有限公司党委书记、董事长孔庆伟，党委副书记、总裁傅帆，党委副书记季正荣领导与主持下进行的。编委会委员们对编辑工作进行了指导，编辑部编辑负责本书的策划、审校、编务等工作。

　　本书根据中国太保三十年发展脉络，精心挑选重要事件节点，采用由各条线、子公司安排人员讲述并提供相关资料，解放日报社进行采访和撰写的形式，梳理回顾三十年波澜壮阔的发展历程。

　　从决定编写本书，并在 2020 年 11 月 6 日召开启动会算起，到 2021 年 4 月中旬付梓，其间包括了草拟、确定大纲、资料准备、物色人选、采访撰写、校核稿件和排版等一系列工作，不能不说时间紧、任务重，然而在集团总部、各子公司和解放日报社的群策群力下，经反复讨论、多次修改，总算是在建司 30 周年前成书。参与本书故事讲述、资料提供、文章撰写和编辑出版工作的，除编委、编辑和解放日报社的 31 位撰稿记者外，公司部分老领导、老同事和相关事件的亲历者也提供了极大的帮助，他们是：

　　本书相关故事讲述者——第一篇章：戴相龙、李祖德、杨顺根、乐长青、林志坤、王明权、王京、王国良；第二篇章：高国富、霍联宏、李莉、韩瑞、朱启丹、赵荣年、袁烨、文霞、周莉莉、蒋洪浪、孙敏、林阳、邱瑞琳、李玉兰、刘艳、冯洁、刘贤明、赵晶、郑振儒、王奕渲、侯志远、吴丹、李淑会、辜玉泉、丘碧山、田蕊、姜兴汉、易平、赵峰、杨曦；第三篇章：齐伟山、戚开铭、薛咏贤、刘宏霞、李祺、朱炜、孙黎骏、何了乙、王晶、胡德雄、蒯本非、蔡艳艳；第四篇章：艾四洋、黄锐、张吉东、刘碧原、李稚林、林萍、刘大明、陈青、叶红波、熊大智、周燕芳；第五篇章：葛成晓、李志军、李旄雅、文董、顾李刚、胥海东、叶思奇、周延军、衣娜、伍宇、范素霞。

本书相关资料提供者及协调人——第一篇章：邵党娣、施解荣、张湘、曹载庆、顾常春、王颖涛、钱芸罕；第二篇章：周卿、徐鹤群、李紫怡、王珏、奚臻、徐政蕾、张博、仲伟、田艳、肖文强、刘宏宇、严守恒、李晓燕、郑利平；第三篇章：胡耀文、孙庆虎、施洪杰、林海天、李强、蒋菁、李帆、江浩、章婷、陈翔燕、焦巍巍、王文烜、徐庆军、孔玉玉、邓芳、赵瑞芹、张斯恒、张全；第四篇章：赵建中、朱宝、顾文军、王樱、赵斌、黄怡静、胡仙丹、雷宇平、王颖涛、李红波、张仁俐、纪云飞；第五篇章：刘荣、王磊、孙定耀、欧涛、成中玮、马飞孝、徐笋、顾颖、何锋、张文旭、李宁、张佳、付潇、尚律成、李婷、沈奕、聂玉国、朱冬梅、宋慧卿、邢华、胡倩立、晋波。

解放日报社稿件审核团队——高渊、郭泉真、朱珉迕、张奕、徐敏、伍斌、朱泳武。

信息披露审核人员——孔庆颖、张永珠、梁文襦。

上海三联书店也对本书的出版给予了极大帮助。

在此，本书编委向以上在本书编纂过程中提供过帮助的各位同仁致以诚挚的感谢！

特别要向在本书采写过程中给予了大力支持的青海省林业和草原局李晓南局长、三江源国家公园管理局赫万成局长、上海交响乐团周平团长、公司非执行董事吴俊豪先生、梁红女士、公司前非执行董事冯军元女士和公司长期客户黄耀先生致以诚挚的感谢！

本书主要是供中国太保内部学习使用，正式出版有利于吸收社会各界的批评和真知灼见。由于编者的水平和时间有限，本书难免有疏漏之处，敬请读者批评指正！

编辑部

2021 年 5 月

图书在版编目(CIP)数据

起于浦江潮 扬帆太平洋:中国太保 30 年/孔庆伟,
李芸主编.—上海:上海三联书店,2021.5
ISBN 978 - 7 - 5426 - 7372 - 5

Ⅰ.①起… Ⅱ.①孔… ②李… Ⅲ.①保险公司-企
业史-中国 Ⅳ.①F842.31

中国版本图书馆 CIP 数据核字(2021)第 048664 号

起于浦江潮 扬帆太平洋:中国太保 30 年

主 编/孔庆伟 李 芸

责任编辑/殷亚平
装帧设计/一本好书
监 制/姚 军
责任校对/张大伟 王凌霄

出版发行/上海三联书店
　　　　　(200030)中国上海市漕溪北路 331 号 A 座 6 楼
邮购电话/021 - 22895540
印 刷/上海南朝印刷有限公司

版 次/2021 年 5 月第 1 版
印 次/2021 年 5 月第 1 次印刷
开 本/710×1000 1/16
字 数/420 千字
印 张/28.25
书 号/ISBN 978 - 7 - 5426 - 7372 - 5/F・837
定 价/88.00 元

敬启读者,如发现本书有印装质量问题,请与印刷厂联系 021 - 62213990